"十二五"普通高等教育本科国家级规划教材

高等学校经济管理类核心课程教材

公共关系

理论、实务与技巧

第9版

林升栋　周安华——编著

中国人民大学出版社
·北京·

前 言

公共关系是人类社会发展的必然产物，是各类组织营造有利生存环境的重要手段，在现代政府治理与企业经营管理活动中发挥着极其重要的作用，在我国各行各业中越来越受到重视。中国共产党第二十届中央委员会第三次全体会议通过的《中共中央关于进一步全面深化改革 推进中国式现代化的决定》提出，“健全相关规则和政策，加快形成同新质生产力更相适应的生产关系，促进各类先进生产要素向发展新质生产力集聚，大幅提升全要素生产率。”生产关系是一个具有复杂结构的系统，各个方面相互联系，共同组成一个有机整体，涉及社会再生产的整个过程。在构建同新质生产力更相适应的生产关系，打通束缚新质生产力发展的堵点、卡点方面，公共关系必将发挥不可替代的作用。

本书介绍公共关系的理论、实务及改善组织公共关系的具体手段、工具与方法，告诉人们如何从事公共关系活动，如何搞好公共关系，有效的公共关系活动的技巧是什么。此前的版本主要站在企业的角度展开教学，当前国家和各级地方政府、事业单位越来越重视公共关系，设立公共关系的部门与岗位，第 9 版适应这一需要，将公共关系的组织机构扩展至政府部门。现代社会的竞争已扩展为全方位的信誉竞争、形象竞争，组织（包括企业和政府）需要在总体上注意自身形象的塑造，这些都离不开公共关系方面的活动，因此，公共关系已经成为现代组织不可或缺的高级管理技术，也是高级管理人才的知识结构中必不可少的组成部分。

本书自 2004 年 5 月初版以来，受到了广大读者的欢迎，先后入选普通高等教育“十一五”国家级规划教材和“十二五”普通高等教育本科国家级规划教材。目前本书已被全国众多高等院校采用，并被用作商务人员、营销人员、管理人员、政府公务人员、公共关系人员岗位培训的基本教材或参考书。考虑到公共关系领域的跨学科交叉特点，本书从第 8 版开始新增厦门大学新闻传播学院院长林升栋教授为作者。林升栋教授对第 9 版做了较大幅度的修订。厦门大学于 1983 年在中国首设广告学专业，并开始了公共关系课程的教学。为便于教学使用，本书提供了丰富的教辅资料，编选了与各章内容相关的案例，以帮助学生深入研究和掌握所学的知识。

中国人民大学出版社极其重视教材使用者的反馈。根据调研，本版新增“公共关系制度建设”“舆情分析”“公关文稿写作”“公共关系的新趋势”四章，以满足广大师生的需要。

需要说明的是，鉴于课时限制以及学生的需求有所不同，教师在使用本书时可以根据不同的讲授对象在内容上进行一定的选择和安排，一些外围性和应用性的内容可以安排学生自学。

在第 9 版的修订过程中，厦门大学新闻传播学院博士生孙晓韵、靳占瑛，硕士生喻聪、陈茗诗、陈玛丽莎、章修愚、鄢思琪帮忙收集新的资料，使得本书的面貌焕然一新，在此表示感谢。孙晓韵协助对第 9 版进行全面的统筹修订，花费了大量心力。

本书参照目前国际教材的写法，尽可能标明了文献详细的出处。鉴于书中引用的部分理论与案例流传较广，之前的版本采用书末列出全书参考文献的方式，部分内容无法一一标明出处，在此谨向相关内容的初始作者致以真诚的谢意，将在后续版本中尽量查明并完善。

由于作者水平有限，书中不妥和疏漏之处在所难免，诚盼同行专家的指导，敬请广大读者不吝指正。

目 录

/ 第 14 章 /

国际公共关系 263

/ 第 15 章 /

公共关系的新趋势 294

参考文献 322

第 1 章

公共关系概论

公共关系是一种科学的现代管理方法，是协调、处理现代组织与公众之间的各种关系，保证事业成功的一门不可或缺的学问。有人把公共关系与技术、管理一起列为现代企业的三大支柱，也有人把公共关系与资金、人才、设备一起列为现代企业的四大支柱，还有人把以计算机为代表的科学技术水平、以旅游为代表的生活富裕程度、以公共关系为代表的经营管理效能，并列为一个国家发达程度的三大标志，更有人把公共关系形象地比喻为通行于 21 世纪的“绿卡”、通行于地球村的“绿卡”。且不论公共关系是三大支柱、四大支柱或三大标志之一，还是“绿卡”，有一点可以肯定，即在所有管理方式中，公共关系的影响力和魅力毋庸置疑。

现代公共关系诞生于 20 世纪初，是一门现代管理科学。在当今世界，许多国家把公共关系应用于政治、经济、军事、文化等各个方面，指导各类社会组织的实践活动。究竟什么是公共关系？公共关系学研究什么？构成公共关系的基本要素有哪些？公共关系与宣传、广告、市场营销、庸俗关系等又有哪些联系与区别？这些问题必须先搞清楚。现在，就请大家一起来认识公共关系的基本概貌。

第 1 节　公共关系的基本概念与要素

一、公共关系的基本概念

自公共关系成为一门学科以来，人们对公共关系的定义有成百上千种。从不同视角出发，可尝试对其进行多层次的定义。

（一）公共关系的定义

《人民日报》对“公共关系”一词的界定体现了中国官方对“公共关系”的认识变化过程。张鹏对1946—1996年50年间《人民日报》中出现的“公共关系”一词进行研究，认为这一概念从“概念舶来”走向“初步内化”。在改革开放之前，“公共关系”尚处于概念舶来期的早期。中国作者主动使用“公共关系”一词见于中山大学夏书章先生在《人民日报》1982年8月24日第5版发表的《论领导班子专业化》一文。上海市公共关系协会首任会长毛经权教授在20世纪80年代的《文汇报》头版发表了《发展公共关系》一文，其中特别指出，“每个部门，包括各级政府和各种单位，都有一个如何协调与公众的关系问题，以求得公众的谅解和支持”“公共关系是当代决策的一个重要因素”。这一时期属于学术探讨和学术吸收的阶段。

1989年1月28日《人民日报》第3版刊登《费孝通纠正对公关的一种误解 公共关系学不是拉关系学》，探讨公共关系学理论。费孝通先生认为，“公共关系是现代社会一个必要的工作，我国进行现代化生产的分工合作需要发展真正的公共关系。”“现在人们对公关的意义有不完全的理解，许多人把它当作是‘拉关系’的学问，其实它的内容很深。‘公关’的对立面是‘私交’。在中国传统的社会里，人认识人是靠私人间的接触。人们的政治生活、经济生活、社会生活是在这样的‘私交’当中发生、活动的，譬如去买肉也常常要靠私人关系才买到好的。但是现代化社会却不能靠私人的认识进行分工合作，譬如大工业生产大规模招工，认的是甲乙丙丁，不认哪一个人。公共关系就是在不相识的人当中进行分工合作，完成共同的事业。”“我们现在正在由一个乡土社会变成为现代社会，自己在变，也接触到现代社会来的人，怎么搞好合作？怎么沟通？因此进行公共关系学的研究已是当前的现实需要。”

冯丙奇等对1949—2012年间《人民日报》对“公共关系”界定类型进行研究，他们将十类界定分为三种情形：主导界定（“媒体关系”“非正式关系”“劝服”）、次要界定（“活动组织执行”“正式关系管理”）和边缘界定（“辩解”“辅助服务”“耍花招”“形象管理”“多向界定”）。其中，最能体现《人民日报》对公共关系界定情形的是主导界定。作为一个外来词，“公共关系”经历了较为漫长的概念舶来期、短促的学术吸收期和至今仍未完成的内化受用期。

要完整地了解“公共关系”这一概念，就要先从它的舶来定义入手。“公共关系”英文为public relations，缩写为PR。“public”既可译为形容词“公关的”和“公众的”，也可译为名词“公众”；“relations”可译为“关系”，由于“relations”是“relation”的复数形式，显然，这个“关系”指的是与“众多人”之间的关系。因此，“public relations”也可译为“公众关系”，既可理解为“与公众的关系”，也可以理解为“公众间的关系”，对于一个社会组织来说，前者具有单向性，后者则具有无关性。译为“公共关系”更容易被人们准确理解，其理由有三：一是公共关系的“公众”不仅包括人群，还包括政府、社区、媒介等机构，它们在中国人的心目中都是公共事业单位，因此译为“公共关系”更容易被接受；二是我国港台等地的中文著述多是这样的译法，已成为主流；三是“公共”一词与“私人”一词相对应，准确表达了“公共关系”与“私人关系”的不同本质。

对“公共关系”一词做辞源学上的界说是必要的，但同时也需要给出科学的定义。为此必须对它进行科学的分析。

那么，究竟什么是公共关系呢?

公共关系的定义五花八门，可以说有多少本公共关系学著作，就有多少种公共关系的定义，其中，较有代表性的定义大致可以分为以下几类。

1. 传播说

《不列颠百科全书》将公共关系定义为：“公共关系是旨在传递关于个人、公司、政府机构或者其他组织的信息，以改善公众对其态度的政策和活动。”这是一种主要描述公共关系的传播性质的定义。

英国公共关系专家弗兰克·杰夫金斯认为：“公共关系就是一个组织为了达成与它的公众之间相互了解的确定目标，有计划地采用的一切向内和向外的传播沟通方式的总和。”

美国学者约翰·马斯顿讲得更为直白：“公共关系就是运用有说服力的传播去影响重要的公众。”

作为当下传播学领域的两个重要概念，战略传播（strategic communication）和整合营销传播（integrated marketing communication）都与公共关系有着密切的关系。

美国战略传播学者柯克·哈拉汗（Kirk Hallahan）等认为，战略传播是一个组织有目的地利用传播来完成其使命，具有三大特点：（1）目的性，旨在完成组织任务；（2）整体性，传播行为是整体性、全局性的；（3）复杂性，各种声音碰撞、交汇，并且相互干扰，是多方发声的复杂过程。战略传播主体包括所有类型的组织，如公司、政府或非营利组织，以及社会运动和公共领域的知名人士。对于以企业为主体的战略传播而言，关键在于组织与关键公众之间建立互惠共赢的关系。企业战略传播不是传统的自上而下的螺旋式传播，而是有计划地与不同类型的公众持续进行双向传播的过程。①②③ 战略传播是公共关系概念的升华与发展，将公共关系进一步提升至组织战略高度进行统一的运筹、规划与协调。

整合营销传播理论诞生于 20 世纪 80 年代末，是传播学与营销学结合的产物，其内涵主要包括：以消费者为导向，运用一切传播形式，寻求协同优势，建立持久关系，整合内外传播，强调战略管理，重视长期效果。该理论超越以往对营销与传播的割裂认识，把“营销”与“传播”整合成一个完整的概念，促使品牌与消费者实现系统的、充分的接触与沟通。首先，广告、公关、促销、直效行销等作为不同的营销沟通方式，在操作过程中需要加以整合；其次，营销沟通价值的核心指向消费者对产品或者品牌的认

---

① Hallahan K, Holtzhausen D, van Ruler B, Verčič D, Sriramesh K. Defining Strategic Communication. International Journal of Strategic Communication, 2007, 1 (1): 3-35.

② Aggerholm H K, Thomsen C. Legitimation as a Particular Mode of Strategic Communication in the Public Sector. International Journal of Strategic Communication, 2016, 10 (3): 195-206.

③ 吴瑛，乔丽娟. 战略传播的概念、内涵与中国特色战略传播体系构建. 西北师大学报（社会科学版），2023，60 (2)：36-48.

同与关系；最后，整合的终极目标指向品牌资产，即品牌与顾客以及利益相关者之间的关系。这种认识促使现代企业纷纷从简单的交易性营销转向关系营销，谋求企业与顾客和其他利益相关者之间建立、稳固保持一种长远关系，这与公共关系高度契合。当代公共关系需要考量与顾客及其他利益相关者关系的维系，以品牌资产为目标，统筹协调企业各种营销与传播手段的合理运用。①②

公关视角 1-1

线上线下整合传播

勇闯天涯 superX 与 Z 世代共舞，引领啤酒新世界！勇闯天涯 superX 致力于线上线下全渠道深度拓展，包括视频内容平台、社交媒体平台、新零售渠道等，形成了一个多维度的传播网络。利用数字人 LimX 和数字藏品等元宇宙玩法，探索全新营销渠道，并通过传统媒体与新媒体相结合，拓宽品牌传播边界。

资料来源：ADMEN 国际大赏组委会. ADMEN 国际大奖"实战金案"年度研究报告——整合营销驱动品牌长效增长与竞争优势.（2024-04-17）. https://www.admen.cn/content/43071.

2. 管理说

1975 年美国公共关系研究和教育基金会组织了一场有 65 位公共关系权威人士参加的研究活动，试图通过对 472 种公共关系定义的分析，找到一种能够被普遍接受的定义。经过研究，他们提出了这样一个定义："公共关系是一种独特的管理职能，它协助建立与维持一个组织与其公众之间相互传播、了解、接受与合作的渠道；参与问题和纠纷的处理，协助管理当局了解民意，并对之做出反应；解释及强调管理当局为公众利益服务的责任；协助管理当局顺应并有效地利用变化的环境，扮演早期预警系统的角色，协助预测未来趋势，并以研究工作及合乎道德的正确的沟通技术为其主要工具。"

国际公共关系协会给公共关系做过如下定义："公共关系是一种管理功能。它具有连续性和计划性。通过公共关系，公立的和私人的组织、机构试图赢得同它们有关的人的理解、同情和支持——借助舆论评价，以尽可能地协调它们自己的政策和做法，依靠有计划的、广泛的信息传播，赢得更有效的合作，更好地实现共同利益。"

3. 关系说

美国普林斯顿大学资深公共关系教授蔡尔兹认为："公共关系是我们所从事的各种活动、所发生的各种关系的通称，这些活动与关系都是公众性的，并且都有社会意义。"

英国公共关系协会对公共关系所做的定义为："公共关系的实施是一种积极的、有计划的以及持久的努力，以建立及维护一个机构与其公众之间的相互了解。"

日本电通广告公司对公共关系的定义是："所谓公共关系，就是与社会保持良好关系的技术。"

① 初广志. 整合营销传播在中国的研究与实践. 2009 年中国广告协会学术委员会年度会议暨 2009 年全国广告学术研讨会论文集，2009.

② 卫军英. 整合营销传播中的观念变革. 浙江大学学报（人文社会科学版），2006，36（1）：150-158.

4. 形象说

中山大学王乐夫教授在《公共管理学》一书中写道：“公共关系是一种内求团结、外求发展的经营管理艺术。它运用合理的原则和方法，通过有计划而持久的努力，协调和改善组织机构的对内对外关系，使本组织机构的各项政策和活动符合广大公众的需求，在公众中树立起良好形象，以谋求公众对本组织机构的了解、信任、好感和合作，并获得共同利益。”

公共关系学者明安香在《塑造形象的艺术——公共关系学概论》中认为：“公共关系是用传播手段塑造组织自身良好形象的艺术。”

5. 咨询说

1978 年 8 月，在墨西哥城召开的世界公共关系大会上，代表们对公共关系的含义达成了共识：“公共关系是一门艺术和社会科学。它分析趋势，预测后果，向机构领导者提供意见，履行一系列有计划的行动，以服务于本机构和公众的共同利益。”

6. 现象描述说

持这类观点的研究者往往倾向于公共关系实务，他们通常抓住公共关系的某一功能或某种现象进行具体的描述。如美国公共关系协会征询了 2 000 多位公共关系专家的意见，从中选出的四种公共关系定义，都带有浓厚的现象描述色彩。

（1）公共关系是企业管理机构经过自我检讨与改进后，将其态度公之于众，借以获得顾客、员工及社会的好感和了解的经常不断的工作。

（2）首先，公共关系是一个人或一个组织为获取大众之信任与好感，借以迎合大众之兴趣而调整其政策与服务方针的一种经常性工作；其次，公共关系是对此种已调整的政策与服务方针加以说明，以获取大众的了解与欢迎的一种工作。

（3）公共关系是一种技术，此种技术在于激发大众对任何一个人或一个组织的了解并产生信任。

（4）公共关系是工商管理机构用以测验大众态度，检查本机构的政策与服务方针是否得到大众的了解与欢迎的一种职能。

此外，还有一些定义更为具体直观、简洁明了。例如：

- 公共关系就是争取对你有用的朋友。
- 公共关系是说服和左右社会大众的技术。
- 公共关系是信任与爱的运动。
- 公共关系就是讨公众喜欢。
- 公共关系是创造风气的技术。
- 公共关系即通过良好的人际关系来辅助事业成功。
- 公共关系是 90%靠自己做得对，10%靠宣传。
- 公共关系是“人和”的学问。
- 公共关系就是促进善意。

除以上几类说法，还有协调平衡说、决策咨询说、处理危机说、表征综合说等。各种不同的公共关系定义从不同的角度揭示公共关系的本质属性，都有其合理性。这些不同的定义对我们正确理解与全面把握公共关系的丰富含义都具有积极的作用。

由以上列举的公共关系定义可以看出，尽管公共关系作为一种职业活动和一门科学已有百年历史，但时至今日，还是很难给出一种能够被所有人认同的科学定义。这说明公共关系作为一门新兴学科，尚处在发展的“幼年”时期。不过，在学者们对公共关系的不同定义中，也不难发现一些趋同之处，主要表现在以下几个方面：

第一，公共关系是一个组织与其公众之间的关系。这种关系是一个组织在与公众的相互作用和相互影响中形成的，无论对组织还是对公众来说，这种关系都具有确定的意义和内容。

第二，公共关系是一种特殊的思想和活动。作为一种思想，它渗透到一个组织的全部活动之中；作为一种活动，它又具有区别于组织的其他活动的特殊性和特殊要求。

第三，公共关系是现代组织的独立管理职能。公共关系的主要任务是协调组织与公众的相互关系，使组织适应公众的要求，使公众有利于组织的成长与发展。

第四，信息沟通与传播是公共关系的特殊手段。公共关系用以协调组织与公众的关系的主要手段就是信息沟通与传播，信息沟通与传播是以现代大众传播媒介为物质工具的。

综合以上内容，我们可以给出一个简洁的公共关系的定义：所谓公共关系，就是一个组织运用有效的传播手段，使自身适应公众的需要，并使公众适应组织发展需要的一种思想、政策和管理职能。

（二）公共关系一词多义

公共关系到底有几层含义，目前还没有一个公认的看法，对其含义的理解和定义的表述是多层次的。人们普遍认为它既可以是一种状态、一种活动、一种学说，又可以是一种观念和一种职业。

1. 公共关系状态

公共关系状态是指一个组织所处的社会关系和社会舆论的状态，即这个组织在公众心目中的现实形象。任何组织，不管承认或不承认、喜欢或不喜欢，都处于一定的公共关系状态，这是一种客观存在的形态。

一般来说，公共关系有四种状态：第一种是高知名度、高美誉度，这是组织最理想的状态；第二种是低知名度、高美誉度，这是组织的一种较为稳定和安全的状态，说明组织处于发展阶段，有很好的发展前景；第三种是低知名度、低美誉度，这是组织的原始状态；第四种是高知名度、低美誉度，这是最不理想的状态，是组织的一种危机状态。任何组织都会处于一种公共关系状态且属于这四种状态中的一种（见图 1－1）。

2. 公共关系活动（工作或实务）

公共关系活动（工作或实务）是指一个组织为创造良好的社会环境，争取公众舆论支持而采取的政策、行动和手段，主要包括协调、传播、沟通等活动，即以创造良好的公共关系状态为目的的一种信息沟通活动。这种活动是一种主观见诸客观的社会实践。当一个组织自觉地采取各种公共关系手段去改善原有的公共关系状态时，就是在从事公

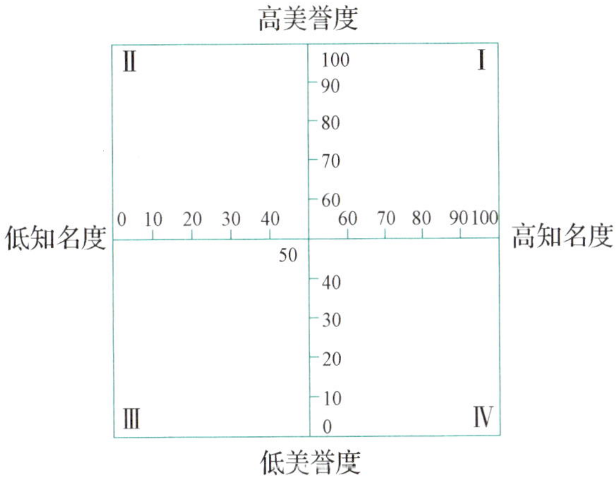

图 1-1　公共关系状态

共关系活动。组织的公共关系活动是一个组织长期进行社会交往、信息沟通、广结良缘、树立自身良好形象的过程，它表现为日常公共关系活动和专门性（专项）公共关系活动两大类。

日常公共关系活动是指为改善公共关系状态，人人都可以做到的那些日常接待工作，如热情服务、礼貌待客以及大量例行性的业务工作和临时性的琐碎工作等。专门性（专项）公共关系活动是指有计划、系统地运用有关技术、手段去达到公共关系目的的专门性活动，如新闻发布会、产品展示会、社会赞助、广告制作与宣传、市场调查、危机公关等。对于一个组织来说，日常公共关系活动有赖于组织的全体成员建立起"全员公关"的观念，专门性（专项）公共关系活动则应由公共关系部门负责，由专门的公共关系人员去完成。

3. 公共关系观念（意识）

公共关系观念（意识）是人们在公共关系实践中形成的影响其思想和行为倾向的深层的思想意识，既有已为人所共识的公共关系观念，又有尚未被人意识到的潜在观念，是人们对公共关系活动的一种自觉的认识和理解。它影响和指导个人或组织决策与行为的价值取向，从而反作用于人们的公共关系活动，并间接影响实际的公共关系状态。当人们自觉地意识到公共关系状态的客观性和公共关系活动的重要性时，便会形成一定的公共关系观念（意识）。公共关系观念（意识）主要有：

（1）形象观念。表现为在决策和行动中高度重视自身的声誉和形象，自觉地进行形象投资、形象管理、形象塑造，将树立和维护良好的组织形象作为重要的战略目标。

（2）公众观念。表现为重视公众的利益，将公众的意愿作为决策和行动的根据，将满足公众的要求作为重要的经营方针和管理政策。

（3）传播观念。表现为强烈的传播欲望，自觉地利用一切传播机会去影响公众、引导公众和争取公众，并善于运用双向沟通的方法去赢得理解、信任和好感。

（4）协调观念。表现为善于调节、平衡和统一各种不同的关系、不同的利益、不同的要素，懂得兼顾、统筹、缓冲和必要的调和，了解折中的意义与价值，努力在矛盾中求平衡、求和谐。

（5）互惠观念。表现为在交往与合作中，将平等互利作为处理各种关系的行为准则，将自身的发展与对方的发展联系起来，通过协助对方来争取双方的共同利益。

此外，公共关系观念（意识）还包括团队观念、创新观念、服务观念、社会观念等。

4. 公共关系学

公共关系学是以公共关系的客观现实和活动规律为研究对象的一门综合性的应用学科，是研究组织与公众之间传播与沟通的行为、规律和方法的一门学科。公共关系学研究的内容大致有以下三个方面：一是公共关系的产生、发展过程，着重从历史动态角度研究公共关系产生的社会背景、发展的动力及其演化过程；二是公共关系的本质，着重研究公共关系的本质特征、基本职能等；三是公共关系活动的规律，着重研究公共关系活动的具体形式、方法和技巧、基本原则、操作规则、工作模式及其在各个领域的具体运用。这三个方面分别构成公共关系学中的公共关系史、公共关系原理和公共关系实务，它们共同形成公共关系学的理论体系。

公共关系学科具有如下特点：首先，它是一门应用性很强的边缘性学科；其次，在理论上它又是一门综合性、交叉性的学科，涉及的学科有社会学、哲学、政治学、经济学、传播学、管理学、营销学、心理学、伦理学等，是以传播学和管理学为基础的新兴学科。正是这些特点，要求公共关系人员拥有广博的知识和多方面的技能，这样才能应用好相应的技能做好公共关系工作。

5. 公共关系职业

公共关系职业是指专门以提供公共关系方面的劳务来获取报酬的职业。其职能是协调组织与公众的关系，塑造组织良好的社会形象，以促进组织不断发展和完善。公共关系职业诞生于1903年，人们通常把美国新闻记者艾维·李（Ivy Lee）尊称为“现代公共关系之父”，事实上，这里的“公共关系”主要是指公共关系职业。艾维·李1903年开始投身于公共关系方面的工作，在1904年创办了世界上第一家公共关系咨询事务所并公开营业。现在，公共关系职业已成为一种时髦的职业，越来越多能力强、素质高的人从事这一职业，提高了这一职业的地位。进入21世纪，公共关系职业得到了快速发展，因为不论是个人还是组织都希望获得更多的信息，创造良好的内外部环境，谋求自身事业的成功。

根据以上分析可以看出，公共关系一词在不同情况下使用时往往有不同的含义。我们在使用公共关系一词时，应尽量区分它的各种含义，在不同的场合使用应注意其含义区别，以避免含义不同导致不必要的混乱。

（三）公共关系的特征

公共关系是社会关系的一种表现形态，科学形态的公共关系与其他任何关系都不同，有它自己的特征，了解这些特征有助于加深对公共关系概念的理解。

1. 人情性

公共关系是一种创造美好形象的艺术，它强调和谐的人与环境关系和人事氛围、最佳的社会舆论，以赢得社会各界的了解、信任、好感与合作。在我国传统文化中，事业的成功有赖于“天时、地利、人和”，把“人和”看作事业成功的重要条件。公共关系就是要追求“人和”的境界，为组织的生存、发展或个人的活动创造最佳的软环境。离开了这一点，任何公共关系都会失去其本身的意义。公共关系期望达到以普遍人性、共同情感为基础的人际关系的新境界；提倡广结善缘，甚至视对手为朋友，处处为公共利益着想，以调节自身的行为规范、满足公众需要为出发点；强调相互理解，相互信任，相互支持与帮助，共同发展。因此，人情性是公共关系最明显的特征之一。

2. 双向性

公共关系是以真实为基础的双向沟通，而不是单向地向公众传达或对公众舆论进行调查、监控，它是组织与公众之间的双向信息沟通系统。组织一方面要关注人情民意，以调整决策，改善自身；另一方面要对外传播，使公众认识、了解自己，达成有效的双向沟通。在公共关系活动中，组织应该首先了解公众喜欢什么，对组织有什么期待或要求，在确定公众的价值理念和态度的基础上，进行自身形象的设计，使自己的方针、政策、产品和服务等更加符合公众的需要，并及时向公众传递有关组织的信息。因此，以双向沟通为特征的传播活动是公共关系最具实质性的方面。

3. 广泛性

公共关系的广泛性包含两层意思。一层意思是指公共关系存在于主体的任何行为和过程中，即公共关系无处不在、无时不有，贯穿主体的整个生存和发展过程，因此，公共关系是一个不间断的过程。另一层意思是指公众的广泛性，即公共关系的对象可以是任何个人、群体和组织，既可以是已经与主体发生关系的任何公众，也可以是将要或有可能与主体发生关系的任何暂时无关的人。也就是说，公共关系对客体有一种无限扩展的趋势和倾向，它要广泛地向所有有关或无关的人施加影响。

4. 整体性

一个企业或个人开展公共关系工作的目的是使人们全面地了解自己，从而建立自己的声誉和知名度。公共关系工作侧重于塑造企业或个人在社会中的竞争地位和整体形象，使人们对自己产生整体性的认识。它并不是单纯地传递信息，宣传企业或个人的地位和社会威望，而是要使人们对自己的各方面都有所了解。对于一家企业来说，公共关系不仅要宣传产品，而且要全方位地介绍企业的服务、员工、机构、管理、历史与现状、设备与工艺水平等各个方面。对于个人来说，公共关系不单要宣传自己的成就、财富或社会地位，还要如实地介绍自己的为人、道德水平、对社会活动的关心等诸多情况。企业或个人通过全面的传播活动，塑造自己真实的、内容丰富的整体良好形象。

5. 长期性

公共关系的实践告诉人们，不能把公共关系人员当作“消防队员”，而应该当作“常备军”。公共关系的管理职能应该是经常性与计划性的。如果组织平时注重公共关系工作，在遇到危机时，就会看到其神奇的效果；反之，如果组织平时不注重公共关系工作，当需要公共关系帮助时，则很难在短期内见效。因此，任何组织都应在平时的公共关系工作上下功夫，只有这样才会使组织在发展过程中不论遇到什么样的困难与险阻，都能在公众的支持下渡过难关，这对组织而言是一项长期投资。因此，公共关系工作应该列入组织的战略蓝图中，做到时时有公关，处处有公关。

6. 创造性

公共关系面对的是纷繁复杂的社会环境，其对象又是层次多样、心态各异的公众，只有不断创新，公共关系才能适应变化的环境和公众的要求，才会有生命力。公共关系本质上是一种创造性的工作，缺乏创造意识的公共关系活动是没有生命力的。公共关系活动的创造性特征体现在公共关系部门及公共关系人员在创新意识下标新立异、新颖独特的辛勤工作之中。要使公共关系发挥出创造性特点，从事公共关系活动的人员就必须具有强烈的创新意识，按照科学精神办事，同时，要善于思考，富有激情，思维敏锐，工作细致踏实。

7. 全员性

公共关系工作在社会组织中与全员相关。只有动员和组织全体成员参与公共关系工作，才会有真正的、实效的公共关系。其理由是：第一，任何组织都是由一个个成员组成的有机整体。静态看，每一个组织成员都代表着组织，公众对某个员工的印象往往构成对组织的印象，对某个员工的态度也往往成为对组织的态度。公众与员工的关系会影响公众与组织的关系。第二，组织与公众的关系、联系与沟通，都是在组织的活动和运行中实现的。组织的活动和运行就是全体员工的活动和运行。没有员工的工作，就没有组织的活动和运行，也就没有组织的公共关系。员工工作努力、积极，组织的活动和运行就正常，就积极有序，就会有好的公共关系；反之，就不会有好的公共关系。第三，由于组织内的每一位员工都在从事组织在社会分工中的专业活动，他们在工作中容易体察到组织在公众心目中的地位和引发的情感，体察到组织的公共关系状况，因此，他们可以为组织的公共关系活动提出许多有益的建议，他们的参与会使组织的公共关系活动卓有实效。

二、公共关系的基本要素

我们首先看一看公共关系要素构成图（见图 1－2）。

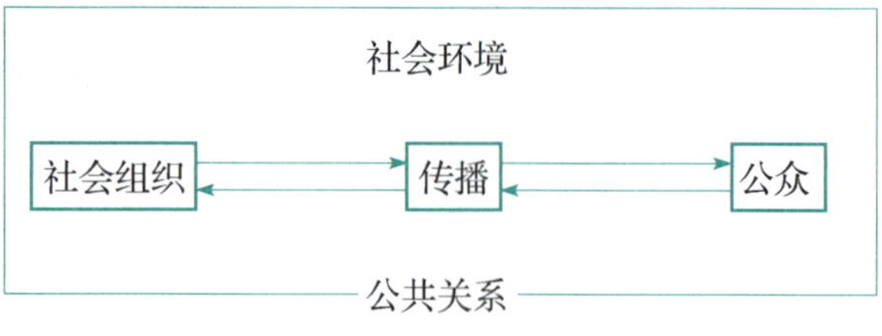

图 1－2　公共关系要素构成图

公共关系是由社会组织、公众、传播三个要素构成的。公共关系的主体是社会组织，客体是公众，连接主体与客体的是传播。这三个要素构成了公共关系，公共关系的理论研究、实际操作和发展都是围绕这三者层层展开的。

（一）公共关系的主体——社会组织

公共关系离不开主体，没有主体就无法确定是谁和为谁的利益开展公共关系活动。主体就是活动的发动者、组织者、控制者、实施者和利益相关者，在公共关系中处于主动和主导地位。公共关系的主体是社会组织，尽管有些个人为了某种特殊利益也进行公共关系活动，如参加竞选的候选人、社会名流等，但他们往往不是以自然人的身份进行公共关系活动，而是以法人代表的身份进行公共关系活动。全面研究组织行为是社会学的课题，公共关系学主要是从公共关系活动的角度对与组织相关的性质进行一些必要的分析。

1. 社会组织的特点

社会组织简称组织，是指由一定的社会成员按照一定的规范、围绕一定的目标聚合而成的社会团体。它是一个与个体相区别的概念，是人们有意识地为实现某个特定的目标、依照一定的结构形式组成的有机整体。社会组织一般具有以下特点。

（1）群体性。社会组织是多数人的集合体，是一个团体、群体，而不是哪一个人。也就是说，组织的成员是复数而不是单数。

（2）导向性。社会组织这个多数人的集合体是靠共同目标来维系的，所有的组织成员、组织的所有活动都必须指向共同目标，其行为有较强的目标导向。建立社会组织就是达成某个特定的目标，其成员根据目标属性和特定的功能聚集，结合成群。

（3）系统性。社会组织的成员不是乌合之众，是以一定的规章制度、责任分工约束的整体。只有以系统的方式组织和构建起来，社会组织的成员才能形成合力，达成共同目标。

（4）协作性。社会组织都有与实现其特定目标相适应的结构形式，通过这种结构纽带，把分散的、没有联系的人、财、物、时间、信息与环境等诸多因素在一定的范围内联系起来。社会组织成员之间应相互协作、相互制约。

（5）变动性。社会组织是社会发展的产物，它的存在受到社会环境的制约，因此，无论组织的形式还是目标，都不是一成不变的。环境的变化必然导致组织的相应改变，因为组织存在的意义在于完成社会分工任务，这只有通过组织自身的动态运作来实现。

（6）稳定性。尽管社会组织的成员及其领导者都是可变的，在数量和规模上有不断扩展的趋势，但作为一种活动结构，将组织成员组合在一起的基本框架总是稳定的，不会轻易发生变化。

2. 社会组织的分类

人们组合成为组织是为了达到某个共同目标，但目标的存在方式各不相同，这就决定了社会组织必然具有多种类型。

（1）营利性组织，即以经济利益为目标，追求盈利的组织，如工商企业、金融机构、旅游服务性单位、宾馆等。这类组织的公共关系工作往往直接为提高经济效益服务。

（2）非营利组织，即以服务对象的利益为目标，为服务对象谋求利益，不以营利为目的的组织，如学校、医院、慈善机构、社会公用事业机构等。这类组织的公共关系工作要为树立真诚服务的组织形象而努力。

（3）互利性组织，即以组织内部成员之间互获利益为目标的组织，如政治党派、群众团体、宗教组织等。

（4）公益性组织，这类组织以国家和社会利益为目标，即维护一定范围内所有人的利益，如政府、军队、公安机关、司法机关等。

这里需要指出的是，有人错误地认为，只有营利性组织才需要开展公共关系活动，其实并非如此，任何组织都需要公共关系。理由有三：一是每一种组织都需要树立良好的形象，公共关系的主要职能之一就是形象管理和自我调控，只有那些不希望树立良好形象的组织才不需要公共关系；二是任何组织都要与各类公众发生关系，需要一定的公众支持，公共关系的重要任务就是创造良好的生存和发展环境，特别是争取公众舆论的支持；三是事实上许多组织尽管没有专职的公共关系人员或公共关系组织机构，但它们都在自觉或不自觉地开展着公共关系活动。

3. 社会组织与社会环境

任何组织都不可能孤立地存在于社会之中，必然与一定的环境发生关系。公共关系意义上的环境又称社会环境，是指组织所面临的各种社会条件以及各类公众。组织与环境处在永不停歇的相互作用中。一方面，每个组织都是环境的产物，一定的环境提供的物质资源、人力资源乃至信息资源在很大程度上规定了组织的活动性质和范围，组织必须适应环境才能生存与发展；另一方面，组织又并非消极被动地任环境摆布，它可以反过来对环境施加影响、发挥作用，只要这种反作用建立在组织对环境状况的准确把握上。由于环境在本质上是动态系统，它的一个显著特征是具有较大的不确定性，这样，组织与环境之间就始终存在一个矛盾，即组织目标的确定性与环境的不确定性之间的矛盾。一方面，每个组织都必须确立自己的奋斗目标；另一方面，每个组织又必须在实现既定目标的过程中，使既定目标与不断变化的环境相适应。正是由于这个矛盾，才产生了组织对公共关系的需求。公共关系活动为组织创造良好的公共关系，就可以视为营造良好环境的行为，这是组织对环境的能动作用的具体表现。

为此，组织必须具备以下五个方面的能力。

（1）应变能力。任何一个组织都必须适应环境的变化。一方面，组织要适应社会环境的变化，包括市场、社区、政治、文化等环境的变化，进行相应的整合活动；另一方面，组织要适应内部心态环境的变化，适时调整组织与成员的关系，使内部环境与外部环境相协调。

（2）认知能力。任何组织都必须准确地认知自己，使内部组织知觉与外部组织知觉相一致。内部组织知觉是指组织对自身的认知；外部组织知觉是指公众对组织的认知。这两种组织知觉有时一致，有时背离，这就需要组织准确地加以辨别。

（3）检验能力。组织必须敏锐地把握发展机会，及时识别出组织内外有利于组织目标的因素并加以放大；及时消除不利于组织目标的因素，做好善后工作。

（4）协调能力。组织必须有效地调节部门关系、人际关系，消除各种关系冲突，形成有利于实现组织目标的关系网络。

（5）结构能力。组织只有适时进行组织设计、组织变革和组织发展，才能提升组织的活力，形成较强的凝聚力。组织设计是指岗位设置、人员配备、管理层级和管理幅度的变更。组织变革是指成员思想和心理的变革。组织发展是指工作群体关系的进化。一个健全的组织必须满足这三个方面的基本要求。

因此，随时收集各种环境信息，增强组织的各种能力，就成为公共关系部门的一项重要任务。

（二）公共关系的客体——公众

公共关系也称作公众关系，因为公共关系的工作对象就是公众。要做好公共关系工作，就必须了解和研究公众。只有了解公众，才能真正了解公共关系的对象和内容，才能制定正确的目标、策略和方法，从而使公共关系工作建立在科学的基础上，并与公众建立良好的关系，使组织形成良好的公共关系状态。

1. 公众的基本特点

公共关系的工作对象统称为公众，公众这一概念在公共关系学中有其特定含义，正确理解这种含义，树立正确的公众意识，对于理解和把握公共关系工作的实质具有指导意义。在公共关系学里，公众与大众、群众是有区别的，它不是泛指社会生活中的所有人或大多数人，也不是泛指社会生活中的某一方面、某一领域的部分人，而应具体地称为组织的公众。其特定含义是：与一个社会组织发生直接或间接关系，对该组织的生存和发展具有现实或潜在影响力的个人、群体和社会团体。也就是说，公众必须是与某一组织具有现实或潜在的利益关系，并且对组织的目标与政策具有一定影响力的个人和团体。简言之，公众与组织之间必须存在相互影响和相互作用。

作为公共关系的客体，公众有其自身的特点。

（1）群体性。从组织的角度来说，公众在很大程度上具有群体的特征。常见的群体可划分为三个层次：

1）法人群体，即依法成立的社会实体，如工厂、机关、学校、医院等，它们都拥有一定的财产和生存空间，依法行使权利和承担义务。

2）任务群体，即在一定的时间内暂时汇集到一定地点，从事类似活动，在一定程度上达成共同目标的社会成员集合体，如图书馆里的读者、商店的顾客、风景区的游客等。

3）角色群体，即有某一共同身份或从事某一共同职业的社会成员集合体，如学生、工人、干部、教师、医生等。角色群体的种类很多，社会生活中有多少种角色，就有多少个角色群体。

了解公众的群体特点对于组织根据目标与环境确定公共关系对象非常重要，因为任何组织的公众都是由各种群体相互交织、相互渗透构成的。

（2）同质性。公众是由一个组织的性质来确定的。一般来说，具有相似目标和性质的组织往往拥有相似的公众。如所有的企业都要向顾客销售产品，因此，所有的企业都有顾客公众；所有的企业都要有员工从事生产，因此，所有的企业都有员工公众。需要指出的是，尽管社会群体各具独立性，但只要公众是因面临同一个问题形成的，他们就是同质的，即公众之间具有某种共同点，如共同的需要、共同的利益、共同的目的、共同的背景、共同的兴趣等。这些共同点使一群人或一些团体或组织具有相同或相似的态度与行为，成为同一个组织的公众。例如，一家商店进进出出的顾客本来没有直接联系，但由于他们都去购买商品而成为商店的公众。再如，美国在印度的一家化工厂有毒物质泄漏，造成当地居民大量伤亡，尽管这些伤亡者之间原来毫无联系，也不属于同一个组织，但由于他们都是有毒物质泄漏的受害者，他们的态度和行为具有内在的联系，他们不约而同地或者有组织地对这家化工厂施加一定的公众压力、舆论压力，甚至采取一致的行动，因此成为该化工厂的公众。

（3）变化性。公众不是封闭僵化、一成不变的，而是一个开放的系统，处于不断发展变化的过程中。任何组织面对的公众都在不断地变化，他们的性质、形式、数量、范围等随着主体条件、客观环境的变化而变化。例如，某航空公司的一次空难事件的受难者家属公众，会因问题的解决而消失。再如，对商店来说，你是顾客公众；对学校来说，你是家长公众；对工厂来说，你是员工或股东公众。另外，在关系紧张时，你可能是特定组织的重要公众，关系缓和了，就不再是重要公众。有些公众还会发生性质的变化，如竞争关系的公众变成协作关系的公众，敌对的公众变成关系友好的公众，等等。只有明确公众的变化，组织才能随时修改计划，采取有效的公共关系措施，让公众朝有利于组织的方面变化。

（4）相关性。公共关系所指的公众是与特定社会组织相关联的个人、群体和组织。这种关联性是由组织与公众间的相互利益关系决定的。一群人之所以成为某一组织的公众，是因为他们与该组织具有一定的相关性，即他们的意见、观点、态度和行为对该组织的目标和发展具有现实或潜在的影响力、制约力，甚至决定了该组织的成败；同样，该组织的决策和行为也对这些公众具有现实或潜在的影响力、作用力，制约着他们利益的实现、需求的满足、问题的解决等。这种相关性是组织与公众形成公共关系的关键。因此，在寻找公众、确定公众的过程中，组织很重要的一点就是寻找和确定这种相关性，把它们揭示出来并分析清楚，从而确定自己的工作目标。

从公众的群体性、同质性、变化性和相关性这四个方面来把握公众的特定含义，有利于我们理解公众这一概念与大众、群众等概念之间的区别，有助于我们了解、研究公众，从而更好地开展公共关系工作。

2. 公众的分类

公众是广泛而又复杂的，一个组织开展公共关系工作，需要认清本组织所面对的各类公众，需要对公众进行科学的分类。弄清楚公众的分类，目的是根据不同类型的公众制定不同的方针、政策和措施，取得良好的公共关系效果。组织面对的公众有不同的类别，我们可以从不同角度去划分。这里主要介绍几种常见的划分方法。

（1）根据公众与组织的所属关系分类。按照公众与组织有无归属关系，可以将公众分为两大类：内部公众与外部公众。

1）内部公众。内部公众主要指组织的员工，还包括组织的股东和员工的家属。员工是组织直接面对且最接近的公众，是组织赖以生存与发展的细胞，是组织内部公众的主体。如果组织中的员工都与组织离心离德，组织将解体、崩溃以致不复存在。任何组织的首要任务都是培育组织的凝聚力和向心力，因此，每个组织的公共关系的基本任务之一都是内求团结，搞好员工关系。股东是组织的投资者和资产拥有者，具有一定的法定权利，是组织的“自家人”，只有争取他们的信任和支持，才能创造出有利的投资环境和融洽的气氛。员工的家属虽然不是组织的一分子，但他们与组织形成一种特殊的归属关系，是组织的“后院”或“大后方”，可以起到凝聚信心或动摇军心、强化或削弱组织向心力的作用。

2）外部公众。外部公众是指内部公众之外的一切与组织相互影响、相互作用的公众。以某宾馆为例，该宾馆的上级主管部门是它的隶属型公众，新闻媒体、开户银行、同行业的另一家宾馆是它的合作型或竞争型公众，广大顾客则是它的辐射型公众。前两种公众多由法人构成，最后一种公众主要由任务群体和角色群体构成。一般来说，在组织的外部公众中，消费者公众、传播媒介公众、社区公众、政府公众等对组织的发展尤为重要。这类公众与组织的关系虽然不像内部公众与组织的关系那么直接、密切，但他们和组织之间具有利益关系，他们的数量也要比内部公众多得多，情况要复杂得多，因此，需要对他们进一步分类，以便有的放矢地开展公共关系工作。

（2）根据公众与组织发生关系的时序特征分类。公众的发展有一个过程，根据公众与组织发生关系的时序特征分类，就是把公众理解为一个连续的发展过程。依循这一过程，可以把公众分为非公众、潜在公众、知晓公众和行动公众。

1）非公众。非公众是公共关系学中的特殊概念，指的是在组织的影响范围内但不受组织各项方针、政策和行为左右的人，同时，他们的行为和要求也不影响组织的方针、政策和行为。例如，在一般条件下，文具店可以看作服装店的非公众，洗衣店可以看作钟表修理店的非公众等。也就是说，非公众是“非公共关系对象”。把这些非公众排除在组织的公共关系范围之外，有利于减少公共关系工作的盲目性，增强针对性。在公共关系工作中，如何避免在非公众问题上误入歧途，是一个十分重要的议题。

2）潜在公众。潜在公众有两种：一种是尚未与组织发生任何直接关系的公众，或称为未来公众，即未来可能与组织发生利害关系的公众；另一种是已经同组织发生某种直接关系，由此引起某种问题，但尚未意识到这一问题存在的公众。这里主要是指后一种公众。潜在公众在一定时间内，至少在意识到他们面临的问题之前不会采取行动，他们对组织的影响力是潜在的。但是这种状况不会持续下去，他们迟早会意识到问题的存在。例如，在火车发生重大事故后的短时间内，遇难者的家属还不知道他们的亲人遇难，对铁路部门来说，遇难者的家属就是其潜在公众。在公共关系工作中，能否发现潜在公众关系到公共关系工作的预见性。

3）知晓公众。它是由潜在公众发展而来的。潜在公众已经面临行为引起的问题，但尚未意识到；知晓公众则不仅面临问题，而且已经意识到问题的存在，但尚未采取行动。例如，顾客发现购买的产品质量不好，他们有可能去找生产该产品的企业退货或者向新闻媒体曝光，但尚未付诸行动，这些顾客就是知晓公众。知晓公众一旦形成，就急切地想了解问题的真相、原因和解决的办法。公共关系工作的重要任务之一就是必须向知晓公众讲真话，毫不隐瞒地向他们讲清一切，以争取知晓公众的理解、谅解、合作，防止事态恶化，使知晓公众的态度和行为朝有利于问题解决的方向转变。美国前总统尼克松在处理“水门事件”时，由于没有满足或正视知晓公众的要求，失去了引导舆论的时机，导致自己越来越被动，最后只好辞职下台。因此，能否以积极的态度、正确的方法对知晓公众开展公共关系活动，关系到公共关系工作的及时性且往往是成败的关键。

4）行动公众。它是由知晓公众发展而来的。行动公众不仅意识到问题的存在，而且准备或者已经采取解决问题的某种行动。他们的形成对组织的生存和发展具有极大的影响，不利于组织的行动公众会对组织的生存和发展构成直接威胁。对他们开展公共关系工作，比对潜在公众和知晓公众开展公共关系工作的难度更大。例如，产品质量出现问题的企业如果对已经形成的知晓公众不理不睬，许多蒙受损失的买主就会找企业来理论，甚至指责或声讨企业欺骗消费者，不讲信誉，如果被媒体曝光，形成负面影响，那么该企业会信誉扫地，声名狼藉，其社会效益、经济效益都会受损。因此，在公共关系工作中，能否经过努力改变行动公众的态度，是检验公共关系工作效果好坏的依据。

（3）根据公众对组织的重要程度分类。不同的公众对组织生存和发展的影响力不同，即使是相同的公众，对条件不同、需求不同的组织的影响力也不相同。因此，根据公众对组织的重要程度，即根据公众对组织影响力的大小，可以把公众划分为首要公众、次要公众和边缘公众。

1）首要公众。首要公众是指组成组织的内部公众及决定组织生存和发展的公众，他们对组织的生存、发展与成败具有举足轻重的影响。比如，所有组织的员工和股东、商店的顾客、产品的用户等都是组织的首要公众。首要公众是组织生存和发展的基础，对组织拥有“生杀大权”，因此，组织往往投入最多的时间、精力、人力和财力来维持和改善同这类公众的关系。

2）次要公众。次要公众是指对组织的生存和发展有影响，但不起决定作用的公众，其重要性小于首要公众。他们虽然不是公共关系工作的重点对象，但如果忽视他们的存在，也会造成组织的公共关系状态不良。

3）边缘公众。边缘公众是指与组织虽有关系，但联系较少、影响较小的一类公众，其重要性最小。以一家商店为例，其首要公众是员工、顾客、上级主管部门、业务往来单位等；次要公众是政府机构、社区、新闻媒介等；边缘公众主要是行业的竞争对手等。

就一个组织来说，它的首要公众、次要公众和边缘公众处在一个闭环系统中，这三类公众在不同的时期可以互相转换。这种发展变化主要由组织的目标决定，同时也取决于形势发展的需要。今天的首要公众可以变为明天的次要公众，明天的次要公众又可能成为日后的首要公众。同样，次要公众也并非永远是次要的。如何处理好这三类公众之间的辩证关系，是处理公共关系的一种艺术。

（4）根据公众对组织的态度分类。一个组织面临的各种公众，由于所处地位和环境不同，扮演的社会角色以及主观认识水平等不同，会形成对组织的不同态度。我们可以根据公众对组织是否具有合作态度，将其分为顺意公众、逆意公众和独立公众。

1）顺意公众。顺意公众又称为支持公众，是指对组织持赞赏、支持、合作和信任态度的公众。他们是推动组织发展变化的基本公众与主要力量。一个组织的公共关系工作的首要目标是保持和扩大顺意公众的队伍，经常与他们沟通联系，不使他们的态度发生逆转，不让他们被竞争对手争取过去。

2）逆意公众。逆意公众又称为敌对公众，是指对组织持反对意见、不合作态度，甚至采取敌对立场的公众。他们是公共关系工作的重要对象。逆意公众的形成一般有两个原因：一个是在利益上与组织发生了冲突；另一个是沟通不畅，对组织的政策和行为产生了误解。在公共关系工作中，如何争取逆意公众转变是一个难题，但不能因为这是一个难题而放弃促使逆意公众向顺意公众转变的工作。

3）独立公众。独立公众又称为中立公众或不确定公众，是指那些持中立态度、态度不明朗或未表态的公众。由于独立公众的态度具有极大的可塑性，他们既可以向顺意公众转变，又可以向逆意公众转变，对他们宜采取说服、争取的工作方式，使他们朝对组织有利的方向转变，绝不能掉以轻心。

对于公共关系人员来说，顺意公众是组织的基本依靠对象，逆意公众是组织急需转变的对象，独立公众是组织争取的对象。

对公众的分类还有其他一些方法。例如，根据公众的功能划分为生存性公众、功能性公众、协作性公众、扩散性公众；根据公众的稳定程度划分为稳定性公众、临时性公众；根据公众的性质划分为内部员工、业务单位、政府部门、新闻媒介、社区等公众；根据组织对公众的看法划分为受欢迎公众、被追求公众、不受欢迎公众等。这里不再一一介绍。总体而言，公众的划分不是单一的，公众的分类方法完全视组织的实际工作需要而定，几种方法可以单独使用，也可以结合使用。组织对公共关系的对象做多方面综合分析，可以更好地掌握公众的基本特征，为进一步调查研究、制订计划、开展活动、解决问题提供重要依据。

（三）公共关系的中介——传播

传播是公共关系的连接手段。公共关系的主体和客体——社会组织和公众，是通过传播的手段相互连接和相互沟通的，因此，传播也是公共关系的构成要素。公共关系的三个要素各有各的作用，缺一不可。没有主体，谁来进行公共关系活动？又是谁的公共关系？没有客体，就没有了公众，也就没有了处理公共关系的要求。如果没有传播，又会怎样呢？

传播是组织与其公众之间相互联系、相互沟通、相互影响的一种手段。当组织明确了公共关系目标，确定了目标公众，并有了开展公共关系活动的设想之后，便要考虑如何运用媒介把目标和设想变成行动。媒介即传播，是连接社会组织和公众的桥梁，是完成沟通的工具，也是实现公共关系目标的唯一手段。

1. 传播的基本含义

（1）传播的含义。传播，广义上指人类社会、生物界乃至整个自然界的一切信息传播现象，如人与人之间对语言、文字的使用，动物世界中色、味、声、光的传递，电子技术中符号、图像的传播等。但是，我们这里指的是狭义的传播，它是一种社会现象，是人类在发展过程中所特有的。从这个意义上说，传播是指个人之间、群体之间或群体与个人之间交换和传递新闻、事实、意见、感情等信息的过程，传播是双向的信息交流与分享。公共关系的主体与客体之间正是通过这种双向信息交流建立起相互信任、相互理解的关系。离开传播这一媒介，主客体双方就缺少沟通的桥梁，也就不可能有公共关系的建立与发展。

（2）传播的要素。传播作为信息交流活动，有其内在的结构，它是由以下要素有机组成的动态过程。

1）信源。信源也称传播者、传者或信息发送者，即信息的制造者。在公共关系传播活动中，传播者与公共关系的主体是同一的，既可以是个人，也可以是群体或机构。在传播活动中，传播者作为传播主体承担着对信息进行筛选、制作、发送的责任。

2）信宿。信宿也称传播对象、受者或信息接收者，指的是传播者的作用对象，即传播内容的接收者和反应者，一般是指公众。在传播活动中，信宿同样既可以是个人，也可以是群体或机构。信宿接收信息符号并对信息符号传递的内容做出反应。公共关系传播的受者是全部或某一特定部分公众。公众成为受者的数量和范围取决于传播的具体需要，即由公共关系的具体目标决定。

3）信息符号。在传播活动中，任何信息内容都是以一定的符号形式传播出去的，符号是信息的外在形式或物质载体。公共关系信息是组织传达给公众的具体意见、观点等，也包括公众向组织反馈的各种意见、建议等。人类拥有的最完整的符号体系就是语言符号和非语言符号，符号作为信息的载体，是现代社会运用最广泛的一类传播媒介。

4）信息通道。信息通道指的是信息在传播过程中必须经过的传播途径。传播者和传播对象之间通过信息符号进行的交流和沟通，还要借助一定的传播媒介形成的具体信息通道，如文字需要写成文章、书籍，通过纸张印刷等才能广为流传。传播媒介是传播双方之间传送信息符号的媒介，它能在空间定向运动，能被发送和接收，能负载信息并降低失真的程度。传播媒介的种类繁多，如书籍、报刊、广播、电视、磁带、光盘、人际交流、联谊活动等，它们形成了各种各样的信息通道。

2. 传播的过程

传播的过程就是信息发送者将需要交流的内容转换成各种信息符号，并利用一定的信息通道将信息符号传送给信息接收者，再由信息接收者解读信息符号并了解其中含义的过程。

在传播学的研究中，学者归纳了几种传播过程模式。

（1）传播过程的直线模式。美国著名政治学者、传播学研究的先驱拉斯韦尔于 1948 年提出了著名的拉斯韦尔模式——“5W”要素理论（见图 1－3），首次为人们理解传播过程的结构和特点提供了具体的出发点。

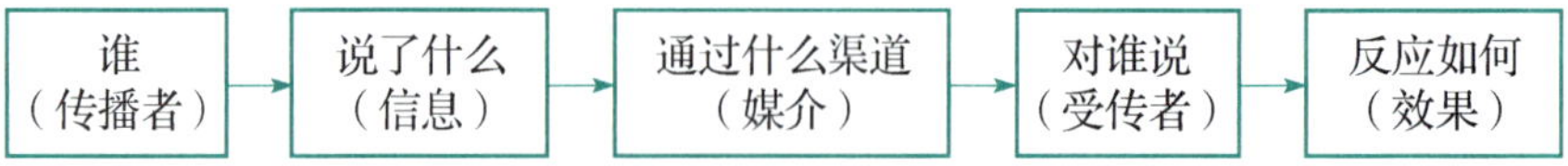

图 1－3　拉斯韦尔模式

1）谁——Who。

2）说了什么——Say what。

3）通过什么渠道——Through which channel。

4）对谁说——To whom。

5）反应如何——With what effect。

1949 年，美国信息学者香农和韦弗提出了传播过程的数学模式（见图 1－4）。

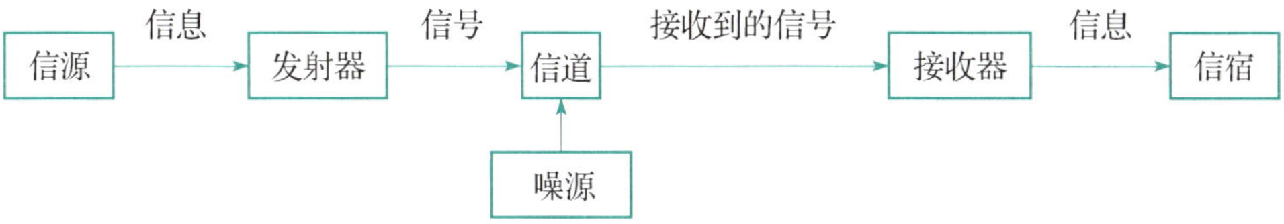

图 1－4　香农-韦弗数学模式

香农-韦弗数学模式为传播过程的进一步研究提供了重要的启示。这个模式的第一个环节是信源，由信源发出信息，再由发射器将信息转换为可以传送的信号，经过传输，由接收器把接收到的信号还原为信息并将之传递给信宿。噪源表明传播不是在封闭的真空中进行的，传播过程中内外的各种障碍因素会形成对信息的干扰，从而使传递的信息产生某些衰减或者失真。噪源对所有形式的信息传播过程来说都是一个不可忽视的重要因素。信息发送者要提高自己的传播效果，必须关注并排除传播过程中可能产生的各种干扰信息正常传递的因素。不过，香农-韦弗数学模式存在两个明显的缺陷：一是缺乏信息反馈；二是忽视了影响社会信息传播过程的两个重要因素，即客观上社会环境的制约因素和主观上传、受双方的能动因素。

（2）传播过程的反馈模式。这种传播模式是美国学者施拉姆提出的，如图 1－5 所示。

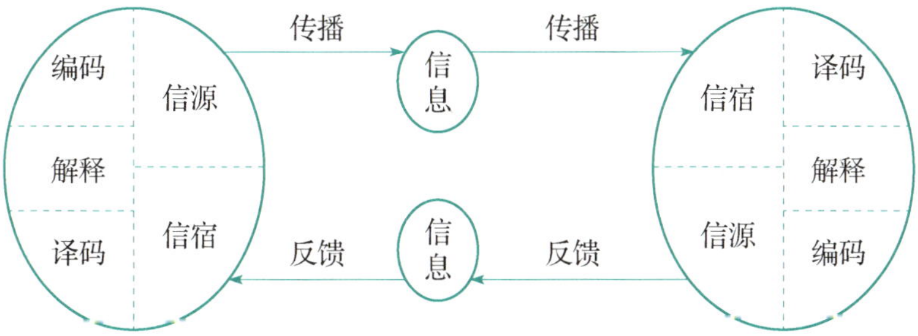

图 1－5　反馈传播模式示意图

这种模式是一种双向循环式传播过程，它与传播的数学模式的根本区别在于：第一，引进了反馈机制，将反馈过程与传、受双向的互动过程联系起来，把传播理解成一种互动的、循环往复的过程。第二，在这一循环系统中，反馈对传播系统及传播过程构成一种自我调节和控制。传、受双方要使传播维持、发展下去，达到一定的目的，就必须根据反馈信息调节自身的行为，从而使整个传播系统基本上始终处于良性循环的可控状态。经验丰富的传播者会时刻注意反馈，并且随时根据反馈来修改自身的信息，因此，反馈在传播过程中扮演着很重要的角色。

（3）公共关系传播模式。公共关系传播模式是根据传播过程的反馈模式的原理设计的，并包含拉斯韦尔的“5W”模式的基本要素。具体可用图1－6来表示。

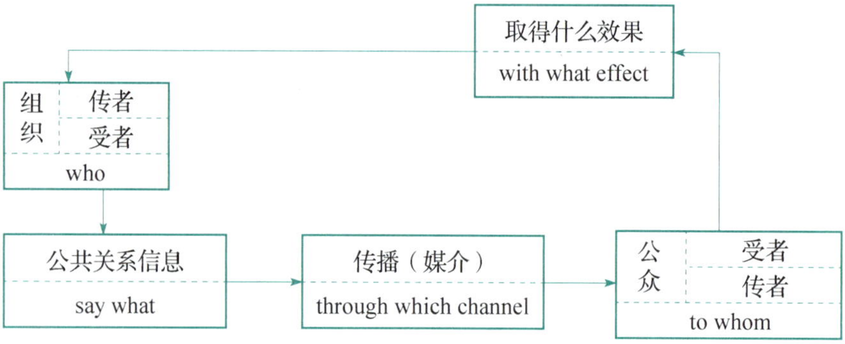

图1－6 公共关系传播模式

如图1－6所示，公共关系传播的主体是组织，组织通过传播渠道、借助传播媒介，将公共关系信息传播给公众，公众在接收了组织传来的信息后，对组织所做的反馈便是公共关系传播取得的效果，这就是信息的循环传播过程。当组织首先将信息传播给公众时，组织是信源，是传者；公众是信宿，是受者。公共关系传播的受者并不是社会大众，而是特定的目标公众。当公众将接收信息后的效果反馈给组织时，公众就成了信源，是传者，组织则成了信宿，是受者。整个公共关系的传播过程是一个双方不断适应、彼此影响、相互了解与理解的过程。

3. 公共关系传播媒介及传播活动的作用

公共关系传播可以分为自发传播与自觉传播两种。自发传播是未对信息内容加以筛选，未对传播过程加以控制的自由式传播；自觉传播则是根据公共关系目标对传播内容加以筛选，对传播过程进行有意识的策划和控制的传播，因此，必须对媒介进行有效的运用，以提高传播效果。自觉传播有意识、有计划地开展各种信息传播活动。自觉传播活动比自发传播活动要高效得多，它一方面减少了中间环节，加快了信息传播速度；另一方面减少了信息噪源和干扰因素，提高了信息的真实程度，有利于防止信息传播过程中的损耗和失真。公共关系的传播媒介既有大众媒介（广播、电视、报纸、杂志、网络等），又有群体媒介（联谊会、新闻发布会、茶话会等）和人际媒介（具体的个人）；既有符号媒介（掌声、姿态、图画等），又有实体媒介（公共关系礼品、象征物、购物袋等）和人物媒介（社会名流、新闻人物、意见领袖等）。

有意识地开展各种双向传播活动对于公共关系主体有重要作用。首先，可以使公共关系主体准确地把握自身与现实环境及其关系的真实状况；其次，可以使公共关系主体增强选择能力，扩大选择范围，从而提高决策的可行性；最后，可以使公共关系主体的预定目标易于实现。因此，离开了有意识的信息传播，很难想象主体与客体之间还会存在任何公共关系。传播是主体和客体相互作用、相互联系的必要纽带。

第 2 节 公共关系的职能界定

公共关系是一种塑造组织形象的管理职能。作为一项涉及面广、综合性强的工作，公共关系在履行职责的过程中，经常涉及一些外围的、相关的活动，它们与公共关系有联系，但也有区别。这些实践活动往往容易被误认为是公共关系，或简单地等同于公共关系，从而造成认识上和实践中的混乱。为了准确把握公共关系，还需要进一步从公共关系与其他相关实践活动的比较与区别中加以认识。

一、公共关系与宣传

宣传是社会组织有意识地把某种观念、意见、态度和情绪以及风俗、信仰传播于社会的努力，是一种有意控制社会心理的活动。公共关系与宣传的联系主要表现在：两者本质上都是一种传播过程，具有一些共同的特点，如两者都必须以一定的传播对象（受者）为活动的指向，都需要借助各种新闻媒介，都必须了解受者的需求与希望等。另外，两者的工作内容有时也是相同的，如每个组织都有团结内部成员，增强群体凝聚力、向心力、荣誉感等方面的任务，这既是组织内部宣传工作的内容，也是组织内部公共关系工作的目标。但公共关系与宣传是有区别的，其区别如下。

1. 工作性质不同

传统的宣传工作属于思想政治工作范畴。宣传的目的主要是改变和强化人们的心理状态和精神状态，获得人们对某种主张或信仰的支持。宣传的主要内容是国家的方针政策、社会道德、伦理、法制等方面。公共关系作为一种特殊的管理职能，目的是塑造组织形象，建立组织与公众的良好关系，除了宣传、鼓动，其工作的主要内容是信息交流、协调沟通、决策咨询、危机处理等。

2. 工作方式不同

宣传工作是单向传播过程（组织→公众），带有灌输性和强制性；其目的有时是隐秘的、不为公众所知晓的；工作重点往往是以组织既定的目标来控制公众的心理；有时为了获得目标对象的支持，容易出现夸张渲染的片面效应。公共关系工作是一种双向传播过程（组织⇆公众）；公共关系必须尊重事实，及时、准确、有效地向公众传播组织信息，以真诚换取公众对组织的理解和信任；公共关系除了向公众进行解释、做说服工作外，很重要的职能是向组织的决策层提供信息和咨询；其目的、动机是公开的，努力使公众了解、让公众知晓；公共关系工作是做与说的统一，不仅要求组织本身做得好，而且要把自己做好的工作告诉公众。

二、公共关系与广告

广告即广而告之，是指向广大公众传播信息的手段和行为。一般情况下，人们提到的广告大多是指商业广告，即广告主为了扩大销量、获取盈利，以付费的方式利用各种传播手段向目标市场的广大公众传播产品或服务相关信息的经济活动。开展公共关系无疑需要运用广告这种重要的传播形式，但广告不等于公共关系，它们之间既有联系又有区别。联系主要是两者都具有依靠传播媒介传播信息的特征。例如，公共关系工作能对广告起指导作用，它可以确定广告的主题、传播对象、传播方式和传播周期；公共关系常常借助广告形式传播信息，通过产品广告或形象广告间接起到树立组织形象的作用，活泼清新、艺术性强的广告更容易被公众接受。因此，从某种意义上说，广告在一定程度上起着扩大组织影响、树立组织形象的作用。公共关系与广告的主要区别如下。

1. 传播目标不同

公共关系的目标是赢得公众的信赖、好感、合作与支持，树立良好的整体形象，“让别人喜欢我”；广告的目标是激发人们的购买欲望，使人们对产品产生好感，“让别人买我”。

2. 传播原则不同

广告的信息传播原则是引人注目，只有广告引人注目，才能使企业的产品和服务广为人知，激发人们的购买欲望，最终达到提高产品和服务销量的目的。公共关系传播的首要原则是真实可信，其传播的信息都应当是真实的、可信的，绝不能有任何虚假。当然，公共关系信息传播也要讲究引人注目，但引人注目从属于真实性，是为真实性服务的。如果所传播的公共关系的信息的真实性受到怀疑，公共关系工作就很难取得预期的效果，甚至会一败涂地。

3. 传播方式不同

广告为了引人注目，可以采用各种传播方式，包括新闻的、文学的及艺术的传播方式，可以采用虚构的乃至夸张的手法，以激起人们的兴趣，激发人们的购买欲望，如“金鸡”鞋油广告中，一只金鸡给喜剧大师卓别林擦皮鞋，皮鞋擦得锃亮。只要产品的质量有保证，允许在广告中采用各种表现手法，因为这样做可以给人以新鲜感、形象感，从而加深人们的印象。但是，公共关系的传播方式，最重要的是靠事实说话。其信息传播手段主要是新闻传播手段，如新闻稿、新闻发布会、报纸、杂志等。这些传播手段的特点是：靠信息的真实性、客观性及其内在的新闻价值说话；不在于当事人运用哗众取宠、耸人听闻的表现手法，而在于选择适当的时机，采用适当的形式，通过适当的媒介，把适当的信息及时、准确地传递给目标公众。

4. 传播周期不同

通常来说，广告的传播周期较短，短则十天半月，长则数月一年，一般不会太长，而且是一个时期集中宣传某一种产品或服务，有比较明显的季节性、阶段性。相对来说，公共关系的传播周期则是长期的，其主要任务是树立企业的信誉和形象，这绝非急功近利的方式所能奏效的。一个企业建立良好的信誉和树立完美的形象，并不是一件容易的事，需要公共关系人员有计划、有步骤、长期不断地努力，实事求是、有效地向外界开展传播活动，此项任务是长期的，甚至是永久性的，只是不同时期的具体内容和重点不同罢了。

5. 所处地位不同

一般来说，广告在经营管理的全局中所处的地位是局部性的，其成败对全局没有决定性影响。一则产品广告的成功与失败通常并不决定整个企业的命运。但是公共关系不同，它在经营管理中处于全局性的地位，贯穿经营管理的全过程。公共关系工作的好坏决定着整个企业的信誉、形象，决定着整个企业的生死存亡。在激烈的竞争环境中，如果一个企业声名狼藉、信誉扫地，这个企业必定难以生存。

6. 效果不同

一般来说，广告效果直接可测，经济效果显而易见，但广告效果通常局限在局部，影响某个产品或某项服务的销路。相比之下，公共关系的效果则是全局性和战略性的。一个企业一旦确立了正确的公共关系思路，并开展了成功的公共关系工作，不仅能使企业树立良好的信誉和形象，企业自身受益无穷，而且社会各界都会因此受益。成功的公共关系所取得的效益应该是包含政治、经济、社会等各方面效益的社会整体效益，一般来说，这样的整体效益是难以通过利润直接衡量的。

做广告并不等于公共关系工作，但是公共关系工作可以采用广告的方法，这就是公共关系广告。公共关系广告仍属于公共关系的范畴，不是商业广告。对此，我们将在第 11 章予以专门介绍。

三、公共关系与市场营销

市场营销是企业在市场上的经营活动的总称。它包括市场调查、新产品开发、制定价格、选择销售渠道、选择促销手段以及开展售后服务等一系列活动。公共关系与市场营销关系紧密，但它们之间的区别也是明显的。

（一）公共关系与市场营销的联系

在企业中公共关系几乎与市场营销融合在一起。换言之，企业的公共关系工作几乎完全是为市场营销活动服务的。正如英国公共关系专家弗兰克·杰夫金斯所说：“销售中的每一个因素都需要公共关系人员来加强、完善。”公共关系涉及市场营销的各个方面。它们的联系主要体现在以下几个方面。

1. 共同的产生条件——商品经济的高度发展

市场营销的产生是由于资本主义高度发展使企业外部环境发生了很大变化。一方面，买方市场形成，消费者对产品的需求变化很大，要求也越来越苛刻；另一方面，同行竞争日益激烈，企业不得不重视市场，重视营销，重视企业外部公众（顾客）等。公共关系的产生是由于在商品经济高度发展的情况下，企业在争取消费者时，不仅要在产品质量、品种、技术、价格等方面展开竞争，更重要的是在企业整体形象上展开竞争。企业为了赢得良好的社会评价，就必须与各方面建立良好关系，即开展公共关系活动。

2. 共同的指导思想——用户第一，社会效益第一

新的市场营销观念要求企业把顾客的利益放在第一位，把社会效益放在第一位，这种指导思想（经营哲学）正是公共关系的指导思想，这一点与公共关系的基本原则和要求是相吻合的。

3. 相似的传播媒介——大众传播媒介

现代大众传播媒介可以使社会交往和市场交易活动摆脱时间以及国家地域的限制。在公共关系与市场营销活动中，为了扩大品牌影响力，打开产品销路，保持与对象公众沟通，都必须借助大众传播媒介。

4. 市场营销把公共关系作为组成部分

市场营销在运用非价格竞争的促销策略时，把公共关系作为促销手段之一，吸收、运用公共关系的各种手段来达到销售目的。市场营销专家菲利普·科特勒提出的大市场营销观，在保留原有的产品、价格、渠道和促销四个策略的同时，增加了公共关系和政治权力两个策略。这充分地表明，公共关系与市场营销的联系更加紧密了。

（二）公共关系与市场营销的区别

虽然公共关系与市场营销有不少相同、相似之处，但它们毕竟不是一个学科，存在很大的区别，主要表现在以下几个方面。

1. 范围不同

市场营销仅限于企业生产流通领域，最多不过是经济领域，但公共关系所涉及的是社会上任何一种组织与公众的关系，除了企业，还有政府、学校、医院等各种组织，远远超出了经济领域。公共关系比市场营销有更广泛的社会性，学科应用范围更广。

2. 目的不同

市场营销的直接目的是销售产品，进一步扩大盈利，产生经济效益；公共关系的目的是树立组织形象，产生良好的公众信誉，使组织取得长足的发展。

3. 手段不同

市场营销所采用的手段是价格、推销、广告、包装、商标、产品设计、分销等，这些手段都紧紧地围绕产品销售的目的。公共关系所采用的手段是发放宣传资料、举办各种专题活动，如记者招待会、社会赞助、典礼仪式、危机处理等。当然，市场营销有时也可把公共关系的一些手段作为自身的手段，但严格来讲，两者在手段上还是有很大差异的。

四、公共关系与庸俗关系

庸俗关系是指日常生活或经济交往中利用金钱或职权“拉关系”“走后门”“套私情”，为个人谋取好处等不正当的人际交往活动。从表面上看，庸俗关系与公共关系的协调沟通是一致的，目的都是解决问题或获取利益，因此，有人一听说公共关系就联想到不正当的庸俗关系，认为公共关系就是教人花言巧语，搞不正之风，其实这是一种极

大的误解。公共关系与庸俗关系有着本质上的区别。

1. 两者产生的基础不同

公共关系是商品经济充分发展、传播手段和通信技术进步、现代管理理论发展的产物（详见本章第 5 节）；庸俗关系则是在封闭落后的经济条件下，生产力不发达、市场经济发育不完善、物资供应不充足的产物，带有浓厚的血缘、地缘色彩。

2. 两者的理论依据不同

公共关系以现代科学理论为指导，按照正确的目标、科学的方式、规范的组织形式、严格的工作程序和道德准则来进行；庸俗关系则建立在市侩经验的基础上，其方法是险恶的权术，奉行的是“人不为己，天诛地灭”的信条。

3. 两者的活动方式不同

公共关系是社会组织与社会公众之间的正当联系，主要是通过正式渠道，采取大众传播或人际传播等手段，公开地进行活动，其活动是正大光明的。特别是公共关系向公众及时、有效地传播信息，向决策者提供社会公众的反馈，建立双向信息沟通网络，能够提高管理的有效性。庸俗关系是个人之间的不正当联系，是私人之间相互利用的一种不正当的活动，其参与者尽量掩盖所作所为，进行幕后交易，如通过奉承拍马、内外勾结、营私舞弊、行贿受贿等庸俗或不法手段，暗中拉关系、谋私利。这些活动见不得光，在暗地里偷偷地进行。

4. 两者所要达到的目的不同

公共关系以建立良好的组织形象、提高知名度与美誉度、维护组织与公众双方的合理利益为目标，恪守公正诚实、信誉至上的原则，使组织获取较好的社会效益与经济效益；庸俗关系则是通过各种卑劣手段来谋取个人私利，如搞些紧俏商品，买些便宜货，谋个好职位，在竞标中搞到竞标项目，等等。前者是为公共利益服务，后者只是为个人的私利投机钻营。

5. 两者产生的效果不同

公共关系是通过一系列有计划的活动，使社会组织在与社会整体利益一致的前提下不断发展，结果是组织、社会、国家和公众都受益：为社会创造一种以诚相待、讲求信誉、提高声望的良好风气；有利于形成和谐、友善、正常、健康的人际关系；有利于提高社会文明程度，促进社会的发展。庸俗关系则将人际交往商品化，使人们变得唯利是图、目光短浅，使整个社会充满市侩气，个人中饱私囊，国家和公众的利益都受到损害。庸俗关系严重污染社会风气，毒害人们的心灵，破坏正常的人际关系，降低社会的文明程度，对社会产生恶劣的影响，阻碍社会进步。

第 3 节　西方公共关系的起源与发展

从人类社会的发展历史观察，公共关系学作为一门独立的学科出现在 20 世纪初，距今已有 100 多年。研究公共关系的历史及发展现状，可以使我们了解公共关系产生的背景和条件，了解公共关系在社会发展中的地位和作用，明晰公共关系在不同历史时期的特征与目的，使公共关系的社会价值得到充分挖掘和更好利用。

一、西方公共关系自发阶段

延伸阅读 1-1　西方公共关系的思想起源

公共关系作为一种职业和一门学科，最早产生于美国，但公共关系作为一种客观的社会现象，作为一种人类朴素的思想意识和自觉的社会活动，早已存在了。当然，这种萌芽状态的公共关系是自发的、初级的，与现代的公共关系有很大的区别。

公共关系和其他学科一样，都是先有社会实践，后有理论，理论又反过来指导实践。在公共关系工作中，要运用修辞、符号、标语口号、报纸、广告牌、传单、书籍等手段，其中有些手段的历史和人类的历史一样久远，因此，有些学者认为，公共关系作为一种社会现象，从人类社会诞生那天起就存在了，它贯穿整个人类的历史，但是作为一种现代管理职能出现，则是 20 世纪初的事情。

现代公共关系出现以前，人类社会生活中就存在与公共关系观念相似的思想和带有公共关系色彩的活动，但那时的公共关系只是一种客观存在的“原始状态”，还不是现代意义上的公共关系，它主要表现为朴素的、自发的公共关系思想与活动。

考古学家发现，公元前 1800 年，伊拉克就有一种古老的农业公告，内容包括农民怎样耕种土地、怎样灌溉、如何对付老鼠、怎样收获作物等，这就是一种古老的信息传播形式，很像现代社会农业科学组织的公共关系部门的广告。

概括来说，人类早期的公共关系具有两个基本特点：首先，从自觉的程度来看，当时人们所开展的各种沟通、协调活动带有明显的自发性和盲目性。其次，从发挥作用的社会领域和范围来看，由于当时社会生产力低下，经济落后，人与人之间的经济关系还比较简单，人类早期的公共关系活动主要发生在政治领域，带有强烈的政治色彩和伦理色彩。这是因为在当时的社会历史条件下，只有社会政治组织以及人们的政治关系和人际关系得到了一定程度的发展。此后，随着社会的不断发展，公共关系思想和活动逐渐得到丰富和发展，公共关系所发挥的社会作用也日益显著。

二、西方公共关系萌芽阶段

现代公共关系起源于美国，这已为国内外公共关系学者所公认，但它究竟是什么时候、在什么情况下产生的？

美国是一个移民国家，国民具有很强的竞争意识。“地理大发现”后，17 世纪欧洲殖民者开始向北美洲大量移民。之后，欧、非、亚三大洲不断有移民迁居到这里，他们历经千辛万苦，渴望在新的天地里建立新的家园，过上新的生活，谁也不愿任人宰割、奴役。

由于民族不同、语言不同、风俗习惯不同，很自然地产生了群体观念和竞争意识。

美国是资本主义国家中的后起之秀，本身没有什么传统的包袱，可以较好地吸收其他国家的经验。经过独立战争、南北战争（废奴运动），美国逐渐形成了三权分立的政治体制，至 20 世纪初这种体制在美国得到了比较稳固的确立。美国社会孕育了现代公共关系的雏形。

美国的一些公共关系学者认为，早在美国独立战争前，就出现了现代意义上的公共关系的萌芽。塞缪尔·亚当斯和他的助手们利用当时的出版物公布英国殖民者傲慢自大和压迫人的证据。在 1750—1783 年共印刷了 1 500 余种揭露英国殖民者罪行的小册子，这些小册子便是当时公共关系的基本工具，其中有很多文章都出自亚当斯之手。他通过一系列有组织的传播活动，激起人民的革命热情。他还建立了通讯委员会，在全美（当时还是英国的殖民地）传播反英意识。亚当斯策划了若干重大事件，其中最著名的是“波士顿倾茶事件”。

亚当斯及其合作者托马斯·潘恩、本杰明·富兰克林和亚历山大·汉密尔顿都被认为是美国早期开展公共关系活动并取得成果的先行者。托马斯·潘恩是一位学者和革命活动家，他在美国独立战争中写成的《美国危机》极大地鼓舞了士气。亚历山大·汉密尔顿在争取宪法获得批准的运动中，通过编写《联邦党人文集》宣传自己的主张，引导公众舆论，推动制宪会议召开并代表纽约州签署了美国宪法。国外的一些学者把他称为“今天公共关系的方法和途径的先驱”，把《联邦党人文集》称为“迄今为止美国公共关系领域取得的最大成果”。

从 19 世纪初开始到美国南北战争结束，美国以空前的速度成长、发展和扩张。在地理扩张的同时，美国在工业、经济及技术方面也突飞猛进。铁路修筑起来，轮船接连下水，公路不断开通，蒸汽机的引进使新式工厂如雨后春笋般纷纷建立。与经济发展相适应，美国的政体也在逐步建立和健全，舆论在美国的政治生活中变得举足轻重，成为对统治者的有效牵制。例如，能否获得舆论的支持成为历届美国总统竞选成败的关键因素之一。

以上情况说明，美国最早的公共关系活动完全是出于政治上的需要，在一些重大的政治运动中表现出来。对于工商企业而言，现代公共关系的萌芽出现在 19 世纪 30 年代，以美国的报刊宣传活动为标志。当时随着经济的繁荣、技术的发展，大众传播事业获得了长足发展。1833 年，《纽约太阳报》带头掀起了“便士报运动”，即只用一便士即可购得一份报纸，《纽约太阳报》以通俗、廉价为手段扩大订户，以便在竞争中处于优势地位。《纽约太阳报》的这一举措得到了其他报纸的呼应，使许多普通民众也买得起报纸，报纸发行量大增，报纸进入了千家万户。但是，报纸售价的降低造成了另一个结果，即报刊广告费的大幅上升。一些大公司为了节省广告费用，便雇用大批专门人员，制造煽动性新闻，在报刊上为自己的产品或服务进行宣传，以此扩大影响。有些报纸为了迎合民众的阅读心理，也乐意刊登这类新闻，两相配合，就出现了所谓的报刊宣传活动。那些专门为企业制造新闻的人被称为报刊宣传员。

当时许多企业雇用的报刊宣传员编造了大量离奇的新闻，以引起公众对自己所代表的组织的关注。最具代表性的报刊宣传员是受雇于纽约一家马戏团的菲尼斯·泰勒·巴纳姆。他一改常规方式，不直接宣传马戏团的演出多么精彩，而是说马戏团中的一名黑人女奴海斯已经 160 多岁，哺育过美国第一任总统华盛顿。在报纸上刊登了这一耸人听闻的“新闻”后，他又用不同的笔名向其他报刊寄去许多“读者来信”，有的说人不能活 160 岁，巴纳姆是个骗子，有的则说巴纳姆发现海斯是一大功劳。对这一“新闻”的热炒激发了公众的好奇心，公众纷纷到马戏团一睹海斯的风采，这为马戏团吸引来大量的观众。不久海斯去世了，人们对她进行了尸体解剖，确定她最多不超过 80 岁，一时舆论哗然。历史上这一事件被称为“海斯事件”。人们纷纷谴责巴纳姆是个骗子，可他竟厚颜无耻地说，“凡宣传皆是好事”，只要别把他的名字拼错了就行。

从“海斯事件”可以看出，在报刊宣传活动时代，报刊宣传员在争取顾客关注时不择手段地编造“新闻”，甚至愚弄公众，他们只顾为企业赚钱，完全不顾公众的利益，甚至公开嘲笑、谩骂公众。美国铁路大王范德比尔特有一次竟然对记者说“让公众见鬼去吧”，这在很大程度上代表了那个时代资本家及其代理人的心态。因此，报刊宣传活动还不是真正意义上的公共关系，它并没有认识到公众的作用，也没有以公众的利益为出发点。从思想实质来看，这一时期实际上是一个反公众、反公关的时期。不过，当时巴纳姆等运用报刊等大众传播媒介为组织进行宣传，已经具备了现代公共关系活动的雏形。

三、西方公共关系职业化阶段

现代意义上的公共关系产生于 20 世纪初的美国，它首先在政治竞选活动中出现，然后在企业活动中走向成熟。现代公共关系活动出现于美国政界，其源头可追溯到 1888 年美国总统的竞选活动。当时，面对社会各界对垄断资本的强烈不满，共和党和民主党的候选人都以反对托拉斯为招牌，展开竞争。双方都利用演说、与选民握手等方式，力求把自己塑造成公众代言人的形象，以赢取选票。自此以后，美国历届总统竞选，候选人的竞选班子无不大张旗鼓地开展公共关系活动，以赢得民心。

资本主义奉行社会达尔文主义，以致大企业和公众的冲突不断，而兴起的大众媒体更加剧了这种紧张的社会关系，1903 年，美国新闻界掀起了一场揭露资本家丑行的运动，在社会上形成了强大的舆论攻势，使众多企业处于十分窘迫的境地。这迫使企业采用各种手段来缓和与公众的紧张关系，以摆脱所面临的困境。这样，公共关系活动就开始在工商企业中出现，扮演企业和公众之间的润滑剂，尤其是在企业发生危机的关头。如“现代公共关系之父”艾维·李把科罗拉多悲剧转变成一场公共关系的胜利。公共关系被逐步细化为若干操作规则和条目，公共关系机构或部门代表企业或政府对公众进行“说服”。至今，公共关系修辞研究的重点还是修辞性危机传播策略/危机修辞研究以及修辞学媒体操作的分析（如新闻发言人）。由于在危机沟通时组织的发言人或公司负责人通常必须对外公开发言，因此最初研究危机沟通者常常是修辞或口语传播的学者，提出的危机言说策略也都是具体可执行的，比如否认责任、规避责任、迎合或提出修正以及引出同情。公共关系修辞被普遍认为是出于组织利益而采取的修辞策略，修辞学与公共关系都是专注于实践

延伸阅读 1-2　艾维·李化解科罗拉多悲剧

的需要。①

但是，具有公共关系性质的活动不等于公共关系职业，公共关系作为一种职业，是从美国公共关系的先驱艾维·李开始的。

艾维·李的公共关系思想是“说真话”，他认为一个组织（企业）要获得良好的声誉，不是靠向公众封锁信息或者以欺骗来愚弄公众，而是必须把真实情况披露于世，把与公众利益相关的所有情况都告诉公众，以此争取公众对组织的信任。一旦披露实情确实对组织不利，那就应该调整组织的行为而不是极力掩盖真实情况。因此，组织要想建立良好的公共关系，创造最佳的生存和发展环境，最根本的办法就是：说真话！他的信条是：“公众必须被告知。”在坦诚原则的指引下，艾维·李确立了现代公共关系的基本业务规范：实现宣传价值与新闻价值的统一。

公关视角 1-2　公共关系的先驱艾维·李

四、公共关系科学化阶段

伴随公共关系职业的兴起和实践活动的增多，公共关系理论有所发展。

1913 年，爱德华·伯纳斯（Edward Bernays）被聘为美国福特汽车公司的公共关系部经理，他为该公司策划并实施了一系列旨在发展公众福利及社会服务的计划，大大提高了该公司在公众及社会中的影响力，为促进福特汽车公司的发展起到了重大作用。第一次世界大战期间，他曾在威尔逊总统成立的官方公共关系机构公众信息委员会（又称克里尔委员会）担任委员，负责向国外新闻机构提供美国参战的有关情况和背景资料。第一次世界大战结束后，他和妻子在纽约开办了一家公共关系公司，致力于公共关系的教学和理论研究。

伯纳斯公共关系思想的一个重要组成部分就是他所主张的“投公众所好”。他认为，企业不仅要被社会及公众了解，更重要的是必须获得公众的谅解与合作；企业只有获得公众的谅解与合作，方能得到稳定、持续的发展。为此，他主张，无论一个企业或组织有什么要求或期望，都要在确定公众价值观和态度的基础上，再进行社会组织的宣传工作，以投公众所好。伯纳斯认为，公共关系工作的出发点就是公众的态度，围绕公众的态度进行有的放矢的工作，他第一次指出了调查研究是公共关系工作的起点。

延伸阅读 1-3　《舆论的结晶》

爱德华·伯纳斯的理论研究和实践活动为公共关系的职业化、科学化以及公共关系教育和学科的发展做出了重要贡献。伯纳斯在公共关系理论上做出的贡献，对于公共关

① 刘晶．话语·意义·行动：公共关系的修辞学溯源．海南大学学报（人文社会科学版），2019，37（2）：79-85.

系学科的形成和发展具有划时代的意义。

20世纪50年代，公共关系得到了突飞猛进的发展，其中最有代表性的人物包括斯科特·卡特李普、弗兰克·杰夫金斯等公共关系专家和大师。

斯科特·卡特李普1915年出生于美国西弗吉尼亚州，1939年获雪城大学学士学位，1941年获威斯康星大学哲学硕士学位，1971年在西弗吉尼亚卫斯理学院获文学博士学位，做过记者、编辑，1941—1942年任西弗吉尼亚公路委员会公共关系主任，1946—1975年历任威斯康星大学副教授、教授、副校长。1952年他在与阿伦·森特、格伦·布鲁姆合著的《有效的公共关系》一书中第一次明确提出了双向交流的公共关系原则，创造了公共关系双向对称模式。

卡特李普说："本世纪（20世纪）初，公共关系经常被用来保护大企业的利益，抵御新闻部门的攻击与政府的管理。虽然这一时期公共关系有许多积极作用，但它的重点是介绍自己的情况，制定对应的策略，影响公众舆论，避免公共政策变化给企业经营活动带来不利影响。在美国卷入第一次世界大战期间，公共关系的概念被说成是一种控制社会舆论和社会局势的单向劝说性传播。为战争服务的公众信息委员会建立，由乔治·克里尔领导的这个委员会负责通过全国范围内的宣传活动，组织支持战争的公众舆论。在这些早期的岁月中人们把公共关系看成是影响别人的一种宣传活动。第二次世界大战后的几十年中，公共关系从早期的概念发展到了包容双向交流、相互作用和组织行为的概念，有关公共关系的定义中增加了'相互作用''双方''两者之间'这样的字眼。这表明对公共关系的认识已从单向影响发展到相互作用。"

上述双向对称模式的含义是以相互理解为手段，强调组织与公众之间的信息传递与反馈，其效果大致是均衡的。一次公共关系活动之后，组织和公众行为或多或少都发生了变化，组织和公众同时获利。这是现代公共关系的理论基石和行为准则。《有效的公共关系》一书在公共关系领域十分畅销，被译成意大利文、日文、韩文、西班牙文和中文等。此书在世界范围内满足了几代公共关系人员的需要，在理论上和实践上把公共关系推向了一个全新的历史发展阶段。

弗兰克·杰夫金斯是现代公共关系著名的代表人物之一，他是英国公共关系专家，早年主攻经济学，大学毕业后曾在伦托基尔公司从事公共关系工作，主要负责处理科技公共关系事务。1968年他在英国开办了公共关系学校，亲自讲授公共关系学、广告学、市场营销学等课程，是一位出色的公共关系教育家。他还先后到比利时、埃及、肯尼亚、加纳、荷兰、赞比亚等十几个国家讲学。弗兰克·杰夫金斯是第一位获得英国传播学、广告学和市场营销教育基金会公共关系学证书的人，也是第一位获得该基金会公共关系学和广告学双证书的人。他曾被许多大学授予荣誉学位。由于出色的公共关系教育实践，尤其是海外公共关系教育及服务实践，他被英国公共关系协会接纳为会员和理事，负责公共关系教育实践方面的工作。弗兰克·杰夫金斯是一位多产的公共关系作家，有多部著作，如《公共关系学》《公共关系·广告·市场》《公共关系与成功的企业管理》等，对公共关系教育和理论发展起到了积极的推动作用。

第 4 节　中国公共关系的起源与发展

在我国历史上不乏具有公共关系性质的观念和活动。例如，封建王朝统治者为了稳固王权，维护统治阶级与民众的关系、处理各民族间关系的丰富实践；在民间，在酒肆、茶楼里贴着“童叟无欺”的横幅，是对正派的经营作风、诚实的服务态度的宣传；店铺门楣上的“百年老店”“祖传秘方”的匾额，说明店铺历史悠久、质量可靠、信誉良好。只要有社会组织与公众存在，就存在对社会组织与公众如何通过信息交流协调关系的规律的把握和运用。①

一、中国古代的公共关系

在中国古代历史中，政权组织与其他社会组织相比出现得最早，也完善得最早。因此，中国传统公共关系的理论和实践在政权组织开展公共关系活动中表现得最为充分，在中国传统公共关系中也最具有代表性。

早在原始社会的部落联盟时期，中国古代首领们就已展现出对公共关系的理解，他们通过各种集会，包括“群众大会”来沟通信息，协调首领与大众之间的关系。

中国历史上较早的可信且典型的公共关系案例当属《尚书》中记述的盘庚迁殷。为了躲避洪灾和止息权力斗争，商王盘庚决意将都城从奄（今山东曲阜）迁至殷（今河南安阳小屯村），但遭到百姓的反对。盘庚通过了解得知百姓反对是由于不了解迁都的真相，受了官员和贵族的煽动，“动以浮言”的结果。为了规劝官员和贵族与他合作，说服百姓支持他迁都，盘庚发表了三次讲话。第一次是对群臣的讲话，第二次是对“万民”的讲话，第三次讲话是在迁都之后对群臣的告诫。这三次讲话对沟通商朝百官和百姓的思想，统一认识，团结一致完成迁都的任务起了决定性的作用，这三篇讲话成为极其珍贵的历史资料，记载在《尚书》里。由此可见，召开群众大会、召开领导者的协商会议，已成为夏商时期协调关系重要而有效的公共关系手段。

中国古代公共关系思想体系建立在中国奴隶制瓦解、封建制兴起，诸侯“争雄称霸”的春秋战国（前 770—前 221 年）。在这个社会大变革时期，社会生产力得到了较大提升，公共关系思想得到了异常活跃的发展。很多政治家、思想家站在不同的阶级立场，提出了各种不同的协调社会矛盾和稳定社会秩序的主张，最后逐步形成了以孔子为代表的，影响中国两千多年的儒家思想体系。孔子不仅讲学教育、编审典籍，也率领弟子周游列国，宣传自己的思想和主张，孔子也可称为我国古代社会的公关活动家。

延伸阅读 1-4　儒家学说与中国的公共关系

① 余明阳，薛可. 中国公共关系史 1978－2018. 上海：上海交通大学出版社，2020.

此后各个朝代统治者都要处理与百姓的关系、与群臣的关系，以及与边疆各民族的关系。能较好协调三方面的关系，采取“与民休息”“轻徭薄赋”“广谏争之路”等政策，使社会走向安定，社会经济得到恢复和发展，都会出现历史上的盛世，如“文景之治”“贞观之治”“开元之治”。汉代以来的“丝绸之路”和海上通道，使得与外国的经济、文化交流日益频繁。国家政权组织在处理与他国的公共关系上也积累了丰富的经验。

除了政权组织，一些老字号在商业领域也有诸多公共关系的实践。始创于1669年的北京同仁堂至今已有300余年历史。在其漫长的发展过程中，同仁堂以各种方式回馈顾客和患者。如每到严冬便搭起暖棚，布施热粥，救济贫民度过寒冬；盛夏则经常免费供应避暑药，并在自己的店铺外搭设凉棚，摆上大板凳，装满大缸的茶水供人免费饮用。1867年，同仁堂从德国购买新式高压水车以及各种消防器材，建立了中国最早的民营消防队“同仁堂普善水会”，不仅为同仁堂消防灭火，还承担公共事务为社区和政府扑灭火灾。由于帮助清政府灭火有功，“同仁堂普善水会”得到谕封的“小白龙”称号，提升了同仁堂的美誉度。1903年，同仁堂出地创立“普励小学”。很多老百姓都说：“同仁堂虽然供奉御药，可我们要是哪儿不舒服，首先想到的还是同仁堂。”这些义举不仅反映了同仁堂的经营理念，也为其带来了经济效益。可以看到，中国传统老字号企业善于处理“义”和“利”的关系，在承担企业社会责任、维系顾客关系方面有不少切实可行的方式。“顾客就是上帝”虽然是西方企业信奉的商业信条，但在中国的老字号中有另一种体现。同仁堂具有“仁爱之心”，一方面体现在同仁堂的品牌命名中，也融入了其经营理念；另一方面体现在同仁堂的市场观念和公众观念中，即同仁堂视顾客为真正的衣食父母，通过赢得公众认可和信赖赢得市场。这两个方面相互依存，相互统一。仁爱之心可以带来更加广阔、更加长远的市场。①

二、民国时期的公共关系

20世纪初，现代意义上的公共关系在美国产生后，其理念逐渐传入中国。民国时期出现了我国最早的公共关系教育，出版了公共关系相关的书籍，系统的公共关系理念也被运用于政府与企业的实践。

1934年，燕京大学新闻学系开设了“实用宣传与公共关系”必修课和“舆论与宣传”选修课，由梁士纯执教。这是国内高等教育机构中首次出现的公共关系课程。早在1931年梁士纯已经在燕京大学尝试将早期的公共关系思想与方法引入中国的课堂，与美国最早的大学公关教育相差不过十年左右。此外，梁士纯所著的《实用宣传学》（1936年）和《战时的舆论及其统制》（1936年）等书籍出版，成为中国现代公共关系教育与研究的正式发端。

公关视角1-3 梁士纯的公共关系思想

① 陆建国，张景云．善处“义”与“利”：同仁堂近代公共关系案例及评析．公关世界，2021（3）：49-52.

民国时期，公共关系的原理与方法已开始应用于国际宣传、外交与社会动员实践中，在抗日救亡等多个历史关键时期发挥了积极作用。这些尝试有深刻的历史背景。当时，燕京大学新闻系认为："现在正处于国难当头的时期，进行适当的国际宣传对中国极为重要"。"宣传与联络"成为抵御外敌入侵的有效方式，体现了一代学人挽救民族危亡的责任感与紧迫感。

19 世纪洋务运动后，中国开始出现自己的民族资本主义经济，但是历经艰难，发展缓慢。中日甲午战争后，随着民族危机的加深，"实业救国"成为一种思潮，一些有志向的中国人开始走上弃官从商的道路。民族资本主义企业在当时半殖民地半封建社会中，也开展着最初的公共关系实践。第一次世界大战期间，西方列强无暇东顾，我国民族工业迎来发展契机，在夹缝中求得生存和发展的民族资本主义工商业，在与西方国家的商战中合理运用广告、公关等手段，在复杂的局面下赢得发展。

民国时期，民族资本主义企业利用公共关系手段开展商业竞争。它们积极参与赈灾、赞助慈善和公益事业，被称为"义举""行善积德"，受到社会尊重颂扬。它们重视与政府建立良好关系。它们还积极捐资兴学。在实业家张謇看来，实业、教育二事，有至密至亲之关系。张謇提出，"实业为教育之母"，因为"教育必资于经费，经费惟取诸实业"。1902—1926 年，张謇从南通到他的故乡海门长乐，共创办了从幼稚园、小学、中学到大学，从基础教育到专业教育、职业教育、社会教育、特殊教育共 400 多所学校，构建起完整的示范性学校教育体系，为南通乃至整个中国奠定了近代教育的基础，开创了近代教育的先河。① 民族企业家在学习、引进西方和日本的资本主义管理模式的同时，继续把中国"仁爱""德治"的传统思想发扬光大，提升员工福利。② 种种实践表明，近代民族资本主义企业在公共关系方面进行了积极的探索和实践，通过联合、合作、社会责任、品牌建设等多种方式，增强了企业的竞争力和社会影响力。

三、改革开放后的公共关系

我国现代公共关系诞生于改革开放后。作为西方舶来品，公共关系由国外至港台，再至其他东南沿海地区，最后辐射到全国。对于我国的现代公共关系而言，改革开放后的新启蒙和现代化是其重要的历史与文化土壤。我国改革开放以来成功地实现了从计划经济体制向社会主义市场经济体制的历史性转变。随着我国市场经济的发展，人民生活水平提高，对商品质量和服务等提出越来越高的要求，同时，各种社会关系、生产活动发生了深刻的变化，社会分工趋于精细，协作关系日趋复杂，整个社会经济呈现出综合性、相关性、多变性的特点。组织或企业在这种相互制约、相互作用的社会经济环境中生存与发展需要社会公众的关心和支持，需要处理好错综复杂、纵横交错的社会关系，提高知名度，树立良好的信誉。因此，各类市场主体在市场经

---

① 黄泽. 张謇与近代校园建筑文化. 光明日报，2023-05-19.

② 姜新，郑传龙. 近代企业与慈善公益的结合：荣德生的慈善公益思想及实践活动评析. 中国矿业大学学报（社会科学版），2007，9（2）：114-118.

济背景下对公共关系产生了迫切的需求。

1981年，在改革开放最前沿的深圳特区，一些中外合资的宾馆、酒店率先设立公共关系部门，开展公共关系业务。1984年，广州白云山制药厂设立公共关系部，开创我国国有企业设立公共关系部门的先河，成为中国公共关系史上具有里程碑意义的事件。从此，公共关系工作及其职业引起国人极大关注，公共关系以极快的速度由南向北、由东向西、由酒店向一般性企业传播开来。同年，中国社会科学院新闻研究所成立国内第一个公共关系研究课题组；《经济日报》发表社论《认真研究社会主义公共关系》。1984年被视为"中国公关元年"。1985年，新华社与全球领先的公关公司之一博雅公关（Burson-Masteller）合资建立了第一家本土公关公司——环球公关。从此，中国的公共关系行业如火如荼地发展起来。中国国际公共关系协会2023年年度调查报告显示，中国公关行业的年营业规模约为802亿元。①

第5节　公共关系产生的历史条件

现代公共关系产生于20世纪初期的美国，是当时美国资本主义社会的基本矛盾以及经济、政治、科学技术和文化等发展到一定阶段的必然产物。可以说，现代公关于美国诞生之初便服务于美国劳资对抗中的冲突化解、社会抗争中的官民对话、战争中的舆论动员和总统大选中的意见竞争。中国的公共关系事业诞生于社会转型的背景下——以思想解放、改革开放和现代化为主题的20世纪80年代中前期。中国现代公关的诞生和发展存在明显的"由外而内，西学东渐"的路径。为了全面、深刻地把握和理解现代公共关系的精髓，我们有必要结合社会历史条件进行具体分析。

一、经济基础——商品经济的充分发展

商品经济的充分发展是公共关系产生与发展的经济基础。在商品经济条件下，整个生产活动都是社会化的，人们生产的产品主要用来交换以实现其价值。市场交换实现后，人们生产的产品和劳动才得到社会的承认。无论是个人还是社会组织，只有通过自觉的努力得到社会的认可和支持，才能为自己创造良好的生存和发展环境。

封建社会的经济模式是自给自足的小农经济，生产组织方式以家庭为基本单位，以村落为活动区域。这种社会环境下的社会联系是以血缘、地缘、姻缘为主要纽带的人际关系。这种关系的突出特点是非常狭隘、相对固定、极端封闭。受经济水平的限制，这种特点一直延续到资本主义社会前期。

美国南北战争之后，美国北方的工业经济与南方的种植园经济归属于同一政府管理，社会环境趋于稳定。政府的有效管理促进了国内市场体系的健康发育。19世纪末

① 2024年中国国际公共关系大会在京举办，杜孟获终身成就荣誉.［2024-11-18］. 中国商报网，https://www.zgswcn.com/news.html?aid=231276.

20 世纪初，在工业革命的基础上，商品经济得到迅速发展。商品经济社会以社会化生产、社会化交换为重要特征。任何社会组织只有得到社会的广泛认可和整体支持，才能生存和发展，这便成为公共关系兴起的必要条件。

美国进入资本主义的垄断时期后，垄断资本间的竞争深入、广泛地影响着整个社会，不仅使生产结构和人际关系迅速发生变化，而且使市场体制发生深刻的变化。在经济活动以生产为中心转向以市场为中心的情况下，一个企业或部门能否更好地生存和发展，不仅取决于产品的质量，而且取决于适应市场、开拓市场的能力，换句话说，就是看其能否争取到广大消费者或社会舆论的支持。越来越多的企业管理人员认识到市场机制的重要作用，这便在客观上为企业通过开展公共关系活动与社会各界和广大消费者建立互相信赖、互相合作的关系提供了有利条件。

总之，市场经济取代小农经济，买方市场取代卖方市场，以市场为中心取代以生产为中心，成为公共关系在美国兴起的经济基础。

公共关系在中国的发展和社会主义商品经济的提出与确立密切相关。随着现代市场体系逐步建立并不断完善，现代企业面临复杂的市场环境和多元的市场主体，这给公共关系提供了巨大的舞台，公共关系的功能逐渐被人们认识。由此可见，商品经济的发展促进了社会分工的深化，社会组织的高度分化以及在此基础上形成的相互协调、融通和整合的发展趋势，成为公共关系产生和发展的社会基石。

公共关系在我国社会主义市场经济的发展中扮演了不可替代的角色。公共关系具有重要的现代管理职能，即社会组织或企业以大众传播媒介为主要工具，以真诚的态度、周密的计划、准确的信息、长期的努力，实现与其相关公众的交流、沟通，达到相互理解、信任、支持与合作；在塑造组织良好形象的同时，实现社会组织、公众的社会利益。因此，现代公共关系是商品经济充分发展的产物，但它并不局限于商品和服务的生产、交换、分配，也不局限于狭义的商品消费市场，而是面对一个由社会的、经济的、科技的、文化的、心理的等更为广泛、更为复杂的诸多因素共同作用和相互交融的广义的社会化大市场。在市场经济条件下，每个组织或企业作为市场经济的主体，都需要对各种关系高度运筹，高度重视公共关系对其经营活动的重要作用。①②

纵观中国市场经济的确立和发展历程，现代公共关系的产生和发展是建立在市场经济基础之上的，而现代公共关系在市场经济的平稳运行中扮演着至关重要的角色，增强市场各个主体的双向沟通与联系，公共关系成为调适各市场主体间关系的调节器和润滑剂，促进了市场经济良性发展。

二、技术基础——传播手段和通信技术的进步

传播手段和通信技术的进步是现代公共关系兴起的技术基础。20 世纪初，科学技

---

① 何颖. 社会主义市场经济条件下公共关系发展探析. 青海师范大学学报（哲学社会科学版），1999（1）：9－12.

② 故事，从大讨论开始：社会主义市场经济体制确立历程.［2018－11－16］. 新华网，http://www.xinhuanet.com//politics/2018－11/16/c_1123726465.htm.

术在美国飞速发展，尤其是交通工具和传播手段的现代化为现代公共关系的产生和发展提供了有利的技术条件。

在农业社会中，由于受经济、科技水平以及传播沟通手段的限制，社会公众的交往范围是非常狭小的。在规模较小、变化缓慢的自然经济中，人们没有进行广泛交流、相互沟通的迫切需要。即使有沟通的愿望与需要，也受到交通工具和传播手段的限制。

在工业社会中，商品经济日益发达，科学技术突飞猛进，交通工具和传播手段日新月异。火车、轮船的发明改善了交通条件，电话、电报、广播的应用优化了传播手段，印刷技术的提高使报刊遍及千家万户。20世纪初，艾维·李在处理企业危机中，通过报纸与公众真诚沟通，帮助企业平稳渡过公关危机；20世纪30年代美国经济大萧条时，美国总统罗斯福通过广播进行“炉边谈话”，向美国各界民众分析局势、解释政策、提出呼吁，安抚人心，用“家常式”的谈话有效拉近总统和大众的关系等，都是通过大众传媒向公众传达信息，维系组织和民众之间的关系。

进入电子媒介时代，大众传媒的迅速发展和广泛应用为人们进行广泛深入的相互交往提供了方便。日益精细的社会分工使人与人之间、组织之间产生了纵横交错的复杂关系，同时也产生了相互沟通、彼此交往的迫切需要。传播手段和通信技术的进步与普及使得地球在逐渐“变小”，人们确实有了“天涯若比邻”的感受。同时，现代传媒技术使得信息能够迅速、广泛地传播到公众之中。这种广泛的信息传播能力为公共关系活动提供了必要的技术支持，使组织能够与广大公众进行有效的沟通。互联网和社交媒体使得信息传播几乎可以实现实时更新，公共关系专业人员能够迅速响应突发事件，及时传达组织的立场和信息，从而有效地管理公众舆论。社交媒体等新兴媒体提供了双向沟通的可能性，使得公众不仅可以接收信息，还可以反馈意见和参与讨论。这种互动性增强了公共关系活动的参与度和效果，有助于建立组织与公众之间的良好关系。

传播手段和通信技术的进步为公共关系的产生和发展提供了必要的技术基础，使得公共关系活动能够更有效地实现组织与公众之间的沟通，促进了公共关系学科的产生和发展。

三、文化基础——现代管理理论的发展

美国是个移民国家，移民来自不同的国家或地区，由于语言不同、习俗不同，很自然地形成了强烈的群体观念。美国独立战争后，美国成为一个独立统一的国家，在政治、经济和思想文化上出现了大融合。各个社会组织之间、组织与公众之间有计划、有目的的沟通与协调，为公共关系首先在美国兴起奠定了文化基础。

美国的文化体系有三个突出的特性：个人主义、英雄主义、理性主义。具体表现为崇尚自由，富有竞争精神，遵规守法，重视数据和实效。管理学家泰勒的思想及其制度就是理性主义的典型代表。

泰勒是美国19世纪末20世纪初科学管理运动的创始人，人们称他为“科学管理之父”。泰勒在一家工厂从一名学徒开始，一步步被提拔为总工程师，在这家工厂的经历

使他开始探索科学管理的方法和理论。当时工厂里很多工人的工作效率很低，工资制度是多劳不多得，因此工人尽量少干，只要过得去就行。有些工作虽然实行计件制，但雇主在工人产量上升后就降低计件单价，结果谁也不愿意超过定额。泰勒深知工人的生产潜力，他们的实际产量只有他们所能达到产量的 1/3。他认为真正的困难在于没有人知道一个人做多少工作是合理的。当时，雇主往往是靠一般的印象或通过观察来制定一个所谓的合理工作量。泰勒在对工作量标准进行研究时，用秒表来测量工人每一项工作（包括许多组成部分）的每一个动作所需的时间，从而得出完成该项工作所需的总时间，这就是泰勒制的时间研究和动作研究的开始。泰勒制的核心是通过对时间和动作的分析、研究，规定一切活动的计量定额，强调严格的操作程序，甚至连手足动作的幅度、次数都要计算限定，“人是机器”是这一时期最典型的口号。将人看作机器的一部分，颠倒了人与机器的关系，使手段异化为目的。这种机械的唯理性主义的管理虽然在一段时期内取得了显著的高效率，但也使劳资矛盾日趋激化。泰勒制的特征是把劳动者视为“机器人”“经济人”“完全理性人”，对人的管理过于简单化，在其管理过程中基本上找不到开展公共关系的依据。

20 世纪 20 年代末由主持霍桑实验的哈佛大学教授梅奥创立的人际关系理论和 40 年代末崛起的行为科学理论，为公共关系的产生及成长提供了理论依据。人际关系理论针对科学管理理论的“经济人”提出了“社会人”的概念，认为人并不只是为经济利益生存的，除了经济动机，人还有其他的社会动机。

延伸阅读 1－5

中国公共关系研究的本土化探索

人际关系理论与行为科学理论的共同精神是：组织的管理活动应由原来的以“事”为中心发展到以“人”为中心；由原来的对强制性纪律的研究发展到对自觉性行为的研究；由原来的监督管理发展到动机管理；由原来的独裁式管理发展到民主领导的管理。这些观念的形成从理论上为开展组织内部的公共关系提供了依据。另外，20 世纪以来社会学、心理学、传播学等现代学科的发展也为公共关系提供了理论武器。特别是社会系统理论的建立，从理论上验证了为组织建立良好的外部公共关系的必要性。这样，在现代管理理论中，公共关系内求团结、外求发展的职能都找到了理论依据，得到了理论说明，为在实践中推行公共关系建立了理论基础。

当然，公共关系与中国文化传统也有很多契合点，比如在价值道德层面的公德、公心和公共的善，共同体意识以及对关系背后的资源、情感、信任、网络和权力运作的理解和重视，这些都是发展积极公共关系的文化再生产资源。根据文化再生产理论，文化本身就带有流变的意义，文化作为过程，本身就是新生的、即将到来的，文化因为不断地再生产而得以延续。总之，文化传统对公共关系的“濡化”，以及人在公共关系实践中的主体性是本土化研究的主要叙事。

资料来源：陈先红，侯全平．积极公共关系：中国公共关系研究的本土化探索．新闻大学，2019（4）：87－99，119－120.

第6节　公共关系的主要职能

公共关系的职能是指公共关系在社会组织运行过程中的工作范围和应承担的责任。组织的公共关系职能是多种多样的，其中主要的职能有信息管理、咨询建议、宣传推广、协调关系、提供服务、危机处理。

一、信息管理

公共关系的一个主要职能是信息管理，包括信息沟通、信息收集等多方面的内容。

信息沟通是公共关系的本质。现代社会是一个高度信息化的社会，在信息社会中，知识与信息都是重要的战略资源，是竞争力与生产力。在市场经济中，信息已成为一项宝贵的资源，是当今科技发展的三大支柱之一，是提高竞争力和创造经济成就的关键因素，这已成为现代社会人们的共识。

从信息的角度说，公共关系可以看作公开的信息交流关系。现代社会信息的概念十分广泛，公共关系的信息是社会性、经济性的信息而不是自然信息或生物信息。公共关系的本质就是通过双方沟通，有效实现组织与公众之间的信息交流。

对于信息收集应当而且必须通过多种渠道和运用各种传播媒介，以保证信息的全面性，同时对信息的处理要经过去粗取精、去伪存真、由此及彼、由表及里的筛选和分析，以确保信息的质量。

公共关系部门在信息管理中发挥着独特的作用：它收集、存储和处理同组织密切相关的各种信息，是组织的资料存储中心；它集中观测社会环境的变化，是组织的环境监测中心；它分析和预报同组织有关的发展趋势，是组织的趋势预报中心；它对外发布组织的有关信息，又是组织的信息发布中心。

公共关系活动的有效性在很大程度上取决于公共关系人员能否成功运用现代传播理论和方法、传播媒介和手段，沟通组织和公众的关系，以提高组织的工作效率和知名度。

一般来说，公共关系工作中需要的主要信息类型有：组织形象信息（公众对组织领导机构、组织管理水平、组织内部工作人员的评价）；组织产品形象信息；组织运行状况及其发展趋势信息；有关公众信息；其他社会信息等。

公共关系具有信息收集、信息管理的职能。公共关系活动的基本目的就是通过双向的信息沟通，有效地达成组织与公众之间的信息交流。信息管理已成为公共关系工作的一项主要职能。很多优秀的组织都非常重视信息的收集、整理和分析。在信息大爆炸的时代，能否从海量信息中提取出对组织经营有影响、对组织决策有帮助的信息，成为一个现代组织能否成功的关键。

二、咨询建议

公共关系对经营管理决策可发挥参谋的作用。在这个意义上，公共关系部门就是组织的智囊机构，公共关系人员要参与组织决策的全过程。按照现代管理理论与决策理论，组织在决策前，公共关系部门与公共关系人员应向领导者、决策者提供详尽的有关公共关系方面的情报、信息、评价、预测、咨询和建议，供决策者参考和选择，作为决策的依据。

咨询建议是指公共关系人员向组织领导者提供有关公众方面的可靠情况说明和意见。按照英国公共关系专家弗兰克·杰夫金斯的说法，咨询建议是“专门性的、创造性的服务”。公共关系人员向决策层提供的咨询建议一般包括：公众的一般情况、公众的专门性情况以及公众心理变化及其趋势的咨询建议。日本 1968 年成立的 PAOS 公司就曾为不少濒临破产的公司重塑整体形象，使这些公司恢复了生机。松屋百货公司经营不善，于是求助于 PAOS 公司。PAOS 公司经过调查研究，发现该百货公司的顾客大多为年轻人，于是便根据年轻人爱美求新的心理，建议松屋百货公司对重点销售场所加以美化，摆上新鲜蔬菜和水果招待年轻人。PAOS 公司还注意到，顾客来松屋百货公司购买东西主要是为了送礼，于是特别设计出一种精致漂亮的包装纸，使许多顾客着迷。PAOS 公司还进一步为松屋百货公司设计了各种新奇的宣传广告，在当地市场轰动一时。松屋百货公司从此名声大振，蒸蒸日上，渡过了濒临破产的难关。

公共关系的咨询建议与信息沟通是密切相关的。获取信息是咨询建议的前提，没有充分的信息沟通，一切咨询建议都只是空谈。通过信息沟通，公关人员向组织提供咨询建议，发挥公关的参谋作用，实现其价值。

三、宣传推广

公共关系具有宣传推广的职能，即通过各种传播媒介，将组织的有关信息及时、准确、有效地传播出去，争取公众对组织的了解和理解，提高组织及其产品、人员的知名度和美誉度，从而为组织创造良好的社会环境，树立良好的形象。

尽管公共关系与市场营销已经分为两个独立的领域，公共关系旨在树立良好形象，强调长远利益而不只是追求近期经济效益，但是它仍会对营销起到极大的推进作用。“好形象赢得大市场”，从这个意义上完全可以说“公共关系是一种无形的推销术”。

公关视角 1－4 慢直播的内容营销价值

过去，市场营销专家认为市场营销由四个因素组成，即产品（product）、价格（price）、渠道（place）、促销（promotion），称为 4P。市场营销专家菲利普·科特勒提出了大市场营销观，保留了原有的产品、价格、渠道和促销四个因素，还增加了两个因素，即公共关系（public relations）和政治权力（political power），由 4P 变为 6P，这充分地表明公共关系与市场营销的联系更紧密了。因此，公共关系是一种富有生命力的组织（企业）营销手段。如果企业拥有良好的形象，就应该珍惜和保护，因为这是经过长期努力才建立的，是宝贵的财富。企业一旦树立了良好的形象，就能提高产品和服务的价格，吸引优秀人才，获得资本与贷款，自然也能吸引更多的消费者，这就增强了企业的竞争优势。广告、营销、公共关系三位一体的立体式宣传推广活动，已成为现代组织经营的一种新趋势。

另外，公共关系的宣传推广具有指示功能。它通过沟通为产品销售提供充分的有价值的市场信息。一般来说，消费者有知晓、了解、喜爱、偏爱、信服以及购买六种反应，这些都需要靠信息传递来实现。

四、协调关系

所谓协调关系，就是使组织内外不同部门的活动和谐化、同步化，组织与环境相适应，以便实现共同的目的，取得最终的结果。组织只有不断协调其内外环境，才能发展壮大。

任何组织和社会之间都存在相互依赖关系，组织的方针、政策、计划的实施对社会会产生一定的影响，社会的变化，特别是公众意志和社会舆论导向的变化，也不可避免地要对组织的发展产生影响。

组织各部门之间也是相互制约、相互依存的。组织各部门都具有协调组织内部和外部环境的功能，承担相应的任务。

协调关系是公共关系工作中使用最多、作用最大、地位最重要的方法和手段，贯穿公共关系工作的全过程。公共关系协调的涵盖面最宽、包容性最强。要协调关系就涉及协调的主体（社会组织）和客体（公众）。协调关系包括合作的方法和手段，使社会组织和相关公众相互了解和理解，在舆论、态度上相互影响。协调关系还包括社会组织自身建设问题，即塑造组织形象的问题，只有先把自身建设好，才有实力赢得公众的信赖和合作。协调关系是公共关系赖以建立和发展的深层动力和机制，尤其是对社会组织与公众相关利益的协调，是公共关系最核心的问题。公共关系能否建立和发展，最根本的就是社会组织与相关公众的利益能否得到协调。

协调关系旨在使组织与公众相互理解与支持，建立信任关系，处于和谐的状态，为组织创造一种“人和”的环境。

五、提供服务

社会组织应向公众提供各种优质服务，以实际行动获得公众的理解和好评。组织开展有利于树立良好形象的公共关系活动就是公共关系提供服务这一职能的体现。

对于一个组织来说，要想树立良好的社会形象，宣传固然重要，更重要的还在于自己为公众服务的程度和水平。所谓“公共关系 90%靠自己做得对”，其含义即在于此。

一般来说，从服务过程看，有售前服务、售中服务和售后服务；从服务形式看，有预约服务、上门服务和走访用户；从服务内容看，有信息服务、咨询服务、技术服务等。各类组织向公众提供的服务，其质量的好坏直接影响组织在公众心目中的形象。因此，提供优质服务是各类组织一项重要的公共关系工作。

靠最佳服务占领市场是 IBM 成功的秘诀。IBM 认为不能事后才考虑服务，服务必须成为营销计划的重要组成部分。从产品开发开始，就要认真考虑服务问题。如果没有事前仔细筹划服务和没有服务试点，就不应该推出新产品。因此，在产品的最初规划阶段，就要把设计、制造、销售和服务四个过程串起来，形成一个链条。IBM 在开发设计产品时，就预见到各种服务问题，产品一售出，就开始实施预防性维修保养计划，为所生产的每一种产品都制定了维修日程表。IBM 的服务代表经常访问顾客并检查设备。有时，访问是为了进行某项特定的维修程序，或者是因为某个元件有麻烦的“前科”，服务人员想要消除隐患；有时，访问是为了对产品进行全面检查。一旦故障真的出现，IBM 的维修代表就尽一切可能缩短停机时间。甚至新产品还在生产过程中，维修人员就开始了训练。IBM 在肯塔基州莱克星顿市生产一种新式打字机时，上百名维修服务人员在生产线上协助工作，了解产品生产情况及可能出现的故障。有人说，IBM 每创造一件新产品，就同时创造了一种服务方法。

IBM 为顾客提供服务的金科玉律是：以顾客、市场为导向而不是以技术为导向；服务从一点一滴做起。IBM 享有“世界上最讲求以服务为中心的公司”这一美誉。这一美誉不是来自成功的广告宣传，而是来自不懈地努力工作和优秀的企业员工（包括服务人员）实实在在的行为，他们用一点一滴的小事积累起 IBM 的美誉，塑造了 IBM 的形象。

六、危机处理

组织危机是指组织与公众发生冲突或出现冲突事件，使公众舆论反应激烈，组织形象受到严重损害而陷入困境的状况。危机处理包括常见的公共关系纠纷处理和恶性突发事件处理。无论是一般纠纷还是恶性突发事件，都会影响组织的形象和信誉，甚至危及组织的生存。因此，处理好危机事件是公共关系一项很重要的职能。

英国公共关系专家弗兰克·杰夫金斯曾经谈道：“灾难发生时人们应该怎么办？今天我们生活在化学、核能外加恐怖危机之中，实际上出现的危险还不止这些，必须承认，如果不采取措施防止可能出现的危机，任何事情都可能发生。现代公共关系管理者必须认真考虑不太可能的因素，要像消防员那样，电话铃一响立即组织起来，投入战斗。危机处理是公共关系的一个特殊领域，它要求具备阻止、准备以及预防方面的管理技能，而不只是召开记者招待会的才能。”他认为：“做事后诸葛亮是容易的，比如说如果我们怎么怎么办，这种事便不会发生。管理不善导致事故发生太平常了。在日常生活中，事故每日每时都在发生。”从弗兰克·杰夫金斯的告诫中我们可以看出，隐患随时存在，危机随时可能发生，要对危机做好准备。这就是公共关系的危机处理职能，我们一般称作危机公关。

第7节　公共关系的基本原则

公共关系的基本原则是指社会组织在开展公共关系活动时必须遵守的准则。实践证明，遵循这些基本原则有利于发挥公共关系的作用，使公共关系既有积极的社会价值，又有利于组织自身的发展；使公共关系既有广泛的社会需要，又有科学的理论依据。

一、从我做起

公共关系的对象是公众，良好的公共关系的基础却在组织自身。“正人先正己”可称为公共关系的首要原则。从我做起，就是从自身做起，从组织做起，从内部做起。

我们都知道，社会组织的公共关系可分为内部公共关系和外部公共关系两大部分。一般来说，内部公共关系是基础和前提，它决定并影响外部公共关系活动开展的质量和效果，在特定条件下，外部公共关系的发展又会反过来影响内部公共关系活动的开展。因此，从一定意义上说，社会组织的内部公共关系与外部公共关系是辩证统一的关系。

人们常说，公共关系是特定社会组织内求团结、外求发展的艺术，这是对现代公共关系通俗的诠释。打铁还需自身硬，任何社会组织要想在现代社会中发展和繁荣，都必须首先积极协调内部公共关系，优化内部生存环境，得到内部公众的鼎力支持与配合。

只有增强内部凝聚力，使每一位员工都自觉团结在组织奋斗目标的旗帜下，才能充分调动他们的工作积极性，发挥他们的个人创造精神，从而不断增强组织的整体竞争力。说到底，内部公共关系的重点在于尊重员工的知情权，强化组织内部信息的有效沟通；尊重员工的个人价值，强化组织内部上下级之间的情感交流；尊重员工的参与权，强化组织内部决策程序的民主性和科学性；尊重员工的主人翁地位，强化组织内部个人创新精神，创造性地建设畅通的沟通渠道和激励机制。

从我做起要长期坚持，作长远打算，而不应作为权宜之计，这是非常重要的原则。

公关视角1-5

“钉钉子”精神

习近平总书记说：“我提倡钉钉子精神，这得从我做起啊！”

2013年2月28日，在中国共产党第十八届中央委员会第二次全体会议上，习近平总书记对钉钉子精神进行了详细阐述：“我们要有钉钉子的精神，钉钉子往往不是一锤子就能钉好的，而是要一锤一锤接着敲，直到把钉子钉实钉牢，钉牢一颗再钉下一颗，不断钉下去，必然大有成效。”此后，钉钉子精神被他反复提及。

一分部署，九分落实。十年间，53 次全国两会“下团组”，总书记提及次数最多的精神之一，就是钉钉子精神。作为重要方法论，钉钉子精神被广泛运用到了政治、经济、民生等诸多领域的工作中。

资料来源：这十年丨习近平倡导的工作方法.（2022－07－13）. 央视网. http://www.xinhuanet.com/2022-07/13/c_1128827147.htm.

二、双向沟通

双向沟通既是公共关系的核心内容，又是公共关系的基本原则之一。作为原则，它强调沟通是双向的，即在向公众输出组织信息的同时又要广泛收集公众的意见，向组织反馈社会公众的信息。

在日常生活和经济活动中，许多组织是单向信息传播，即只将组织本身的意愿、要求传达给目标公众，很少了解或听取他们的意见、愿望及要求，只是根据自己的经验和感觉做事，这样做很难产生好的效果。比如，一些企业把公共关系工作等同于宣传活动，它们只是向公众介绍自己企业的情况，包括装备水平、管理状况、经营方针、产品质量、服务水准等，希望通过这些获得公众对企业发展的支持，但实际上往往达不到想要的效果，因为企业的发展方向不一定符合公众的期望。

现实中出现的如医患纠纷、房屋拆迁纠纷、职称评审不公平等问题或矛盾，部分原因在于缺乏双向沟通。

因此，要实现良好的公共关系，必须在公共关系活动中坚持信息双向沟通的原则。双向沟通是公共关系与宣传的根本区别。

三、透明公开

封闭是公共关系的大敌之一。封锁消息必然引起公众猜疑，猜疑即不信任，缺乏信任自然不会有良好的公共关系。

对政府机构而言，推进政务公开，与社会和市场沟通做充分，就会起到“四两拨千斤”的作用。如果故意封锁消息，政府行为便在公众中产生了神秘感。由于缺乏公开的信息渠道，小道消息到处传播，可能扭曲政府行为，加剧公众对政府的猜疑或不信任。

在某些情况下，保密是必要的，可是，如果不该保密的也保密，就会给人以不良印象，从而破坏公共关系。企业或组织如果有缺点或弊端，不隐藏而加以公开，坦诚示人，示人以改正的决心，自然会赢得公众的好感。

艾维·李对一次铁路事故所开展的公共关系活动就是贯彻公开原则取得成功的典型范例。1906 年，艾维·李应邀协助宾夕法尼亚铁路公司处理一起意外事故的善后工作。李要求保护好现场，然后派车接记者前来采访，让记者了解造成事故的真正原因，看到铁路公司为处理此事故正在做出的种种努力。各有关人员均诚实地回答记者的问题，向记者解释技术性问题，为实地采访提供种种方便。当第一批有关此次事故的专稿公开见报后，公司的董事们惊讶地发现，这家公司得到了有史以来最公正、最善意的评价，十分有助于改善公司的形象。

从 2000 年起，北京市政府开始施行“阳光施政”，也就是说，政府部门把为百姓办事的制度、办法和办事手续、办理结果等公之于众，对工作纪律和群众举报、投诉方式和公开投诉的处理结果等进行全面考核，考核的主要内容是各部门的政务公开情况，包括各部门涉及群众利益的工作事项，即“该公开的公开没有，公开的内容执行了没有，违反公开规定的问题查处了没有”三个方面，同时，根据举报电话、监督电话和新闻、信访单位提供的线索进行追踪访查。

在医疗行业，已经有医院开始实行“四公开”制度，即把每位医生的姓名、专业特长、诊室号码、出诊时间都公布出来，病人可以根据自己的意愿选择医生。这不仅是为了方便病人，也是为了在医院内部引入竞争机制——谁的医术越高、服务态度越好，选择他的病人就越多，他的收入也就越高。医院如果在住院处或病房走廊的墙上设置“住院患者费用查询栏”，清楚地标明每一项住院费用，打印出每位病人每天的花费清单，病人就再也不用担心糊里糊涂地“挨宰”了，医患关系就会处于一种良好的公共关系状态。

四、诚实无欺

良好的公共关系是建立在组织与公众相互信任的基础上的，信任的前提是双方以诚相待，实事求是。有人认为公共关系是“耍嘴皮”的职业，只要能说会道、能吹会编就行，事实恰恰相反，胡编乱吹不但降低自己的信誉，而且损害组织的形象。

组织必须诚实地对待公众，欺骗公众是不行的，也是不能长久的，因为总有一天，谎言会被识破，将给组织的发展带来极坏的影响。欺骗公众无异于自杀。

公共关系要贯彻诚实无欺的原则，公共关系人员要如实地向公众报告组织的信息，这是检验公共关系人员是否具有一定的职业水平、是否具有职业道德的一把尺子。

公共关系人员争取公众信任的手段是开诚布公，即提供真实的材料，使公众了解组织的诚意和组织为共同利益所做的努力，同时，引导公众说出对组织的真实看法，以便组织进行改进。

五、互惠互利

公共关系强调公众利益的观念，落实到具体的公共关系工作中就是要坚持互惠互利的原则。公共关系工作的互惠互利绝不是金钱利益或物质利益的交换，它的基本含义是对交往各方的根本利益的增进和维护，其最基本、最主要的衡量标准就是社会的整体利益。这是因为在现实生活中，各类公众都生活在各自特定的社会环境中，都有各自特定的利益要求。

坚持互惠互利原则要求组织的决策、计划乃至所有的经营管理行为，提供的所有产品、服务等都要以公众的需求、公众的利益为出发点，都要以社会整体利益的尺度来衡量。例如，企业在投资项目、资源利用等方面要考虑国家整体利益、国家总体政策，不能只图一时之利。

坚持互惠互利原则要求组织做任何决策时都要有很强的社会责任感，要考虑到对他人、对社会环境以及对后代可能造成的影响。企业在经营中，一定要注意担负起保护生态环境的责任，注意与周围的生态环境构成良性循环系统，为社会、为后代着想，也为自己创造能够长期生存的环境。

坚持互惠互利原则要求组织具有政治家的眼光，看到社会的整体发展、良好的社会环境对组织发展的重要性。一方面，要多行善事，尽自己所能关心社会的公共事业，参与社会服务，如积极地为社会创造就业机会，关心市政设施建设，关心公共卫生事业和环境保护，赞助各种社会福利、文化、慈善事业等；另一方面，当局部利益与全局利益、短期利益与长期利益发生冲突时，即使自己一时会遭受损失，也要从社会整体利益出发，实施有益于社会的公共关系计划。诚如习近平指出的，“只有合作共赢才能办成事、办好事、办大事。”①

总之，一个社会组织，不仅要重视本组织的利益，更要重视社会的利益、公众的利益。一个组织只有把本组织的利益与社会的利益、公众的利益结合起来，才能立于不败之地；如果只追求自身的利益，忽视社会的利益与公众的利益，给社会和公众造成危害，这个组织必定会声名狼藉，无法生存下去。

六、不断创新

要做好公共关系工作，必须了解并迎合公众心理，引起公众的兴趣和重视。满足公众心理的一个重要工作原则就是不断创新。

对于任何事物，人们初次接触，总感到新奇有趣，但时间一长，便索然无味了，因此，组织或企业必须不断创新。企业应不断生产出新式样（新款式）、新功能的产品，提供新的服务项目，增添新的活动内容，提出新的工作规划、新的业务程序，只有这样，才能保持对公众的吸引力。

员工是企业的内部公众，企业要不断创新，就要调动员工工作的积极性。例如，20世纪六七十年代，现代化工业生产分工越来越细，工作单一，劳动节奏日益加快，工人长期从事一种重复劳动，感到单调乏味，产生厌倦心理，怠工现象日趋严重，为了更好地调动工人的积极性，提高工人对工作的满意度，使工作丰富多样，西方国家的企业根据组织行为理论，采取工作再设计措施，包括：

（1）扩大工作范围。一般有三种方法：1）延长工作周期；2）生产工人兼做辅助工作，如设备维修、保养等；3）下放职权，如每周的生产计划改由小组自行制订，并负责安排执行和保证产品数量、质量。

（2）工作轮换。即各工作岗位的人员定期轮流换岗，当然，轮换前应进行岗前培训

① 习近平．建设开放包容、互联互通、共同发展的世界：在第三届“一带一路”国际合作高峰论坛开幕式上的主旨演讲．北京：人民出版社，2023：5.

工作，使员工了解和熟悉各种技术及各道工序的情况。

（3）小组集体工作。即把某一生产线的各工序人员组织成生产小组，如果同一生产线上某一岗位任务繁忙，组内已干完本职工作的其他人员可以去帮忙，共同完成生产指标。

思考题

1. 在不同学者对公共关系的不同定义中，我们可以发现哪些共同之处？
2. 说明公共关系的主体——社会组织的特点。
3. 介绍几种常见的公众分类方法，并说明各类公众的含义。
4. 传播是由哪些要素组成的？说明常见的几种公共关系传播模式。
5. 艾维·李、伯纳斯和卡特李普分别提出过哪些具有代表性的观点？
6. 梁士纯的公共关系思想是什么？
7. 试述现代公共关系在中国产生的历史条件。
8. 简述公共关系的基本原则，试举例说明其中的某一原则。
9. 你是如何理解信息管理和咨询建议这两大公共关系职能的？为什么说协调关系贯穿公共关系工作的全过程？

案例

消费者洞察

有一次匹克集团 CEO 许志华出差期间想要跑步，发现自己忘带跑鞋，于是想能不能做出这么一款鞋，既能用于日常走路，又能用于运动健身。

要让一双鞋改变自身功能属性，满足不同场景需求，几乎是不可能的。带着这个“不可能”的设想，匹克产品研发团队与高校合作，开发出独家智能自适应鞋中底科技——匹克态极科技，其核心特点是根据运动状态自动调节鞋中底软硬，兼顾缓震与支撑性能。

作为一款搭载了态极科技的国产“神拖”，匹克态极拖鞋月销量超过 20 万双，这款国产“神拖”从 2019 年 6 月 9 日开始销售就稳居天猫运动拖鞋排行榜第一名。

企业自身的经营哲学决定了其未来的走向。对于匹克来说，科技是其一直追求的那条路，这条路的方向由用户需求决定。态极拖鞋的推出是为了解决消费者对于拖鞋舒适、运动的双重需求。在 2019 年 6 月态极拖鞋刚刚发布时，公司收到了很多消费者的建议和吐槽，主要诟病的是配色少。一个月后，态极拖鞋优化升级增发配色。

用户共创成为态极全品类产品和匹克品牌的另一大核心。匹克不像传统品牌那样一味避免差评、“净化”评论，而是真正直面用户差评、尊重用户差评，态极 1.0plus 便是因差评而生。匹克态极自适应智能科技问世之后，态极 1.0 虽备受赞誉，但同时“鞋面支撑差”“鞋底不耐磨”“颜值低、设计差”等质疑声不绝于耳。面对这些吐槽和差评，匹克选择在哔哩哔哩网站官方账号上发布“自黑”视频，由 CEO、产品经理和设计师们念出差评，匹克研发和产品团队快速响应，在不到半年的时间内，迅速对态极产品做出改进，融入消费者反馈意见，推出态极 1.0plus，还将之前收集的消费者意见和对于态极产品的期待以及“你，改造了我的 DNA”字样印在了鞋盒上，显示了每一个消费者的真实意见反馈共同改造了态极、催生出态极 1.0plus，这既提升了用户参与感，又体现品牌对用户的重视。

资料来源：如何用一双拖鞋挑战 Yeezy? ｜4 500 字看完匹克态极科技的增长攻略.（2020-07-02）. https://www.digitaling.com/articles/314411.html.

思考题：

阅读完本案例后，你对本章内容的哪方面体会最深，请加以说明。

第 2 章

公共关系的组织机构和人员

公共关系活动有一个从自发到自觉的过程，自觉的公共关系活动一经开展，便产生了建立组织机构的需要。目前专门从事公共关系工作的组织机构主要是组织内的公共关系部和独立的公共关系公司。公共关系人员是公共关系工作的策划者、承担者和执行者，他们是否具有良好的专业素养将会影响公共关系工作能否顺利开展。如何利用或综合应用公共关系的组织机构，认识公共关系人员的角色，以及对公共关系人员进行培养和选拔，是公共关系工作顺利开展必须解决的问题。本章第 1 节主要介绍企业公共关系的组织机构，第 2 节介绍政府公共关系的组织机构，事业单位介于二者之间，就不专节介绍了，第 3 节介绍公共关系人员，适用于企业、政府与事业单位。

第 1 节　企业公共关系的组织机构

企业公共关系工作是一项长期、复杂、有计划的工作，而非权宜之计，因此，需要专门机构来从事这项工作，以保证组织的公共关系工作职能化和经常化。

目前专门从事公共关系工作的组织机构可以分为两大类：一类是企业内的公共关系部；另一类是独立的公共关系公司。

一、公共关系部

公共关系部是贯彻组织公共关系思想，实现公共关系目标的职能部门。一个组织的规模较大，公共关系事务必然较多，最有效的办法就是将公共关系的职能在机构设置上予以保证。许多组织都设立了公共关系部，有的也叫公共事务部、公共信息部、公关广告部、传播部、新闻界关系部等。

（一）公共关系部在组织中的地位

公共关系部的工作影响到组织的信誉和形象，关系到组织的信息交流，关系到组织的近期利益和长远利益，关系到组织的整体利益及组织在社会整体中的地位与作用，因此，公共关系部既是组织的管理职能部门，又是组织的决策参谋部门。

公共关系部在组织中的决策参谋地位主要是由以下几方面的职能决定的。

1. 资料存储中心

公共关系部集中收集、存储和处理同组织发展密切相关的各种信息，并及时向决策者通报。

2. 信息发布中心

公共关系部具有组织“喉舌”的功能。组织对外发布信息以及与大众传播媒介的联系，都是由公共关系部负责的。

3. 社会环境监测中心

公共关系部负责观测和监视社会环境以及与组织有联系的各种条件因素的发展与变化，为决策者提供决策依据。

4. 趋势预测中心

公共关系部根据调查收集到的信息和有关资料以及对社会环境的监测，经过科学的分析、归纳，对组织做出有关发展趋势的预测。

5. 公众接待中心

公众主要通过公共关系部同组织打交道，这就使公共关系部成为组织与社会交往活动的代表。

公共关系部在组织中担负着多中心的重任，在组织决策层中，它是组织决策的重要参谋。一些组织为了充分发挥公共关系的作用，推动公共关系工作的开展，已经或正在提高公共关系部在组织中的地位。根据美国对 400 名企业总经理工作时间分配情况的调查，这些总经理用于指导或参与公共关系工作的时间一般占总工作时间的 25%～50%。为了提高公共关系工作的地位，在美国，越来越多的公共关系部负责人可以直接向企业最高决策者汇报工作，向最高领导层提建议并接受他们的指导。美国对 356 家企业公共关系部的抽样调查显示，有 56%的公共关系部向企业最高领导者（董事长或总经理）汇报工作，另有 16%的公共关系部向企业次高领导者（副董事长或副总经理）汇报工作，两者合计占总数的 2/3 以上。

（二）公共关系部的职责

公共关系部的职责由于其所在组织的性质不同，或因所处层级的不同而有差异，但主要职责大体相同，可以概括为以下几个方面。

1. 收集和处理情报

公共关系部的重要职责之一就是收集和处理情报。任何关系到组织生存和发展的内外部情况以及任何环境因素的发展变化，都是公共关系部情报收集的对象。为此，公共关系部需要通过民意测验、市场调查、报刊剪辑、对上级机构和本单位文件的汇集等手段，集中收集、整理和存储各种与组织密切相关的情报，并在此基础上进行调查、预测工作。公共关系部根据所收集到的情报，监测社会环境，了解社会政治、经济、文化等各种因素的变化，预测未来的发展趋势，提出科学的见解和方案。因此，公共关系部应建立自己的信息网络系统并使其始终保持畅通。这样，公共关系部就能成为组织了解和监测社会环境的“耳目”，使组织了解自己周围的环境，不断矫正自己的决策和行动，从而适应多变的环境，在与环境的相互关系中发挥主导作用。

2. 新闻宣传和编辑制作

公共关系部担负着向公众宣传、解释组织的有关政策和行动、传递有关信息的重要职责。具体工作有：组织各类展览、参观、访问、联谊会、信息发布会、记者招待会、交流会以及专题活动。这样，既可以教育和引导内部公众，使其理解并执行本组织的政策，又能够使外部公众了解、谅解、理解本组织的政策与行动，并给予合作和支持。为了完成这些任务，需要进行编辑制作方面的工作，要根据不同公众和不同时期的计划要求，撰写新闻稿，编辑各种内部刊物、宣传手册，并设计、制作各种有关的声像节目等。公共关系部的这些工作能起到组织“喉舌”的作用。通过新闻宣传、信息传递，为组织树立良好的形象，创造和谐的气氛，使组织的政策和行动为公众所理解和支持。

3. 咨询和建议

公共关系部的重要职责还在于对收集到的各种情报及时、认真地进行分析整理，并将其分门别类地迅速反馈给组织领导层和各个职能部门，为领导层的决策提供咨询和建议。其具体工作有：协调组织与社会环境（包括公众在内）的关系从而制订出可供选择的行动方案；协助决策者分析和权衡各种方案的利弊得失；预测组织政策和行为将产生的影响与结果；敦促和提醒决策者及时修正将导致不良结果的政策与行为；等等。公共关系部的这些工作对于组织决策的形成起着重要的参谋作用。在现代管理中，过去那种领导者单靠个人经验进行管理的方式已经很难适应新的情况，这就需要组织的各个职能部门从各个层次、各个角度向决策者提供建议和意见。然而，组织的其他职能部门一般只注重本部门的决策和目标，很少从整个组织出发，从宏观和全局角度去考虑决策可能导致的社会效果，因此，就需要公共关系部依据社会公众对组织的要求，对组织及各职能部门的管理决策和可能产生的影响进行综合评价、预测，并提出建设性的意见和方案，协助组织决策。公共关系部的这些工作对组织决策的形成是不可缺少的，所起的作用是其他职能部门无法代替的。

4. 协调和交往

公共关系部还担负着协调关系和社会交往的职责。它要通过正常的途径，妥善处理好各种关系，如内部公众之间的关系、组织之间的关系等。它需要接待来访、来信、投诉等，必要时需要协助组织进行协调各种关系的谈判、洽谈活动。另外，为开展社会交往，公共关系部要利用或举办各种适宜的社交活动，广泛接触社会各界人士。公共关系部的这些工作对创造良好的组织内部和外部环境都有重要的作用。公共关系部通过协调关系和社会交往，既能使组织内部各成员之间、成员与组织之间增强理解与合作，又能使组织与外界加强联系，减少摩擦，广交朋友，建立良好的社会关系网络，赢得社会的理解和支持。

企业公共关系部根据企业的不同情况和企业在不同发展阶段的需要，确定不同的工作侧重点和开展不同形式的公共关系活动。如广东核电合营有限公司根据大亚湾核电站的特殊性设立了公共关系处，提出了明确的任务：树立形象、处理信息、编辑资料、发布新闻、科普宣传、接待参观等，并建立了 1 700 平方米的公众信息中心。华润雪花啤酒（武汉）有限公司的公共关系部的职能是培养大众的公共关系意识，让全体员工认识到企业形象与产品市场的相互依存关系，强调为营销服务，并统管公司各类传媒。杭州娃哈哈集团公共关系部的职能是公共关系、营销、广告宣传三位一体，强调为创建名牌服务。上述三个企业公共关系部的职能各有侧重，实际工作的特点也各异。

（三）公共关系部的特点

公共关系部作为组织的职能部门有自己的特点，它不同于组织的办公室或秘书处。组织在设置公共关系部时就必须明确，公共关系部既不是基层的生产部门，也不是直接的经营管理部门，而是高层次的服务部门，它为管理决策部门提供必要的咨询与建议。从机构性质上看，公共关系部主要有以下四个特点。

1. 专业性

公共关系部的专业性是指它作为组织内从事公共关系工作的部门，不能成为“杂货铺”，也不是临时班子，必须保证其队伍的专业化和工作内容的专业化。

所谓队伍的专业化，是指要求全体公共关系人员应具有明确的公共关系意识，富有开拓进取的精神，受过一定的公共关系专业训练，并具有一定的专业水准与能力。没有这样一支具有一定专业素质的队伍，公共关系工作是难以做好的。切忌把组织中的老弱病残、多余或不称职人员塞进公共关系部。

所谓公共关系工作内容的专业化，是指公共关系部的工作必须围绕公共关系目标进行，也就是说必须集中去做与实现组织公共关系目标相关的事务，而不能把公共关系部作为单纯的接待部门、交际联络部门，或当成总务科、办公室、秘书处等，否则，将无法保证公共关系部对组织公共关系计划的实施，无法保证公共关系最终目标的实现，导致公共关系部徒有虚名、流于形式。

2. 协同性

协同性是指在实现组织的公共关系目标时，不能只靠公共关系部单枪匹马、孤军奋战，还应依靠组织中各部门的相互配合及全体成员的共同努力。公共关系部在组织各部门相互配合的过程中要发挥沟通、协调和组织的作用。这就要求公共关系部必须与组织的各个部门保持密切、良好的工作关系。离开了各部门的相互配合，离开了全体人员的共同努力，公共关系部无论有多大的能量、多大的神通，都难以做好工作，难以实现公共关系目标。

为了保证协同性，公共关系部的人员应熟悉各部门的基本任务，公共关系部的负责人尤其应如此，他应对本组织的基本情况了如指掌，使公共关系部的协同性在组织上得到保证。

3. 自主性

自主性是指公共关系部在组织中要有独立的地位，有一定的权力，可以自主地开展各项工作。公共关系部的自主性要求是与其在组织中的决策参谋地位分不开的，没有自主性，公共关系部就无法完成组织的公共关系目标，就无法发挥其应有的职能。因此，在组建公共关系部时，要考虑它的自主性，并在组织上给予保证。

4. 服务性

公共关系部是一个具有服务性质的、较高层次的间接管理部门，它不是直接的管理者，也不是领导者和生产者，其职能作用体现在向组织决策者和各职能部门提供有效的服务。这种服务工作是经营管理工作，是为实现公共关系目标而提供的服务工作。公共关系部既可以通过建议与咨询的形式为其他部门服务，也可以通过专项公共关系活动为组织服务，还可以通过日常公共关系活动为员工及社会公众服务。因此，应当确立公共关系部是服务部门的指导思想，并使公共关系人员在思想和工作作风上适应这种服务性。

（四）公共关系部的设置原则

设置公共关系部是现代组织发展的必然趋势。对一个组织来说，如何设置公共关系部才能既适应组织发展的需要，又保证达到最佳的工作效率？换句话说，按照什么样的设置原则来组建组织的公共关系部才是最合适的？

各组织的规模和工作内容不同，对公共关系活动的要求不同，因而所设公共关系部的结构、规模也会不同，但是任何一个组织在设置公共关系部时都至少要考虑以下几项原则。

1. 规模适应性

所谓规模适应性，是指公共关系部的规模大小应当与组织的规模及其发展相适应。组织的规模有大有小。规模大的组织可达几千人乃至上万人；规模小的组织仅有几十人、十几人。因此，大型组织可设立人数较多、门类齐全、分工细致的公共关系部；中型组织可设立人数不多、具有综合性的多职多能的公共关系办公室；小型组织可以不设立公共关系部，任命专职的公共关系人员或从社会上的公共关系公司聘请公共关系顾问来开展本组织的公共关系工作。

一般来说，企事业单位公共关系部的人数不能超过组织内部管理机构的平均人数。据调查，美国年产值超过10亿美元的巨型企业的公共关系部的工作人员平均为44人；一般中型企业平均为10人；其他如文教、医疗、工会、基金会等非营利组织平均为6人。

当然，公共关系部的规模也不是一成不变的，它随着组织的发展而发展。组织规模、事业等方面的发展会对公共关系工作提出更高的要求，公共关系部的规模也要与之相适应。如果不顾组织的规模、事业的发展状况，硬性规定公共关系部的规模，必然不利于公共关系工作的开展。

2. 整体协调性

所谓整体协调性，是指在设置公共关系部时，应与组织内部各部门相协调，如果有冲突，应做适当调整，以免产生矛盾。同时，部门内部人员的设置也应考虑整体效应，使公共关系部协调一致地工作。

首先，在设置公共关系部时，要使它与组织内部的各个部门相互协调，能起到协调各部门关系的作用。现代系统论告诉我们，一个系统的功能效应是“整体大于部分之和”。公共关系工作本身是个系统的整体，因为一个组织的公共关系目标的实现不只是公共关系部的事情，组织是一个由各个部门构成的系统，公共关系部是一个起着组织、沟通、协调作用乃至维系这个大系统作用的子系统。因此，在组建公共关系部时，一方面应注意选择熟悉本组织各部门的人员，并明确其主攻目标；另一方面应力求减少部门内部的层级，因为层级越多，信息流通也就越慢，不利于子系统中各个要素之间协同发挥作用。

其次，公共关系部的设置要对组织内部与外部社会关系的协调起积极作用。对内要建立一条稳定的信息输出和反馈通道，协调组织决策层与内部员工之间的关系；对外则需要建立一条收集信息和处理信息的流水线，使组织的决策者能够迅速掌握外部环境的变化与发展趋势，采取相应的政策与行动，达到组织与外部环境的动态平衡。

总之，只有具备这种多方面、多层次的整体协调功能，公共关系部才能最大限度地发挥其组织、沟通与协调的管理职能。

3. 工作针对性

所谓工作针对性，是指公共关系部的设置要根据组织的工作性质和所面向的社会公众的特殊性来确定。

公共关系部设置于特定的组织中，组织又是性质多样、类型各异的。组织的性质不同，公共关系工作的目标、内容、方法也就不同，面对的公众也不同。有的以特定的公众为对象，有的以整个社会公众为对象。因此，在设置公共关系部时，不能盲目照搬或仿效别人的做法，应遵循工作针对性原则，根据组织自身的性质、组织特定的公众对象来进行。

目前，我国公关主体主要分为企业单位和事业单位两大类。不同类型的组织面对的社会公众有所不同，并会由于某种原因聚集形成临时公众。为了解决这类问题，公共关系部也可设置一些临时部门，以充分考虑所面对的社会公众的特殊性，做到有的放矢。

随着生产社会化的发展，一些大企业或公司已进行跨地区、跨国家的生产和销售，如通用汽车公司、IBM、美国运通公司等，其经营活动几乎遍及世界各个地区。这些公司的公共关系部都相应设有针对不同地区的公共关系分支机构，其目的是提高公共关系活动的专业化程度和针对性。我国的一些组织在考虑组建公共关系部时，也可以借鉴国外先进组织的做法。例如，有些企业的产品销售范围可能仅局限于某一个或某几个地区，这样的企业就应考虑针对这些地区的特殊性来设置公共关系部；有些企业的产品不仅畅销全国，而且远销海外，这些企业就不仅应当考虑国内客户的情况，而且要顾及国外客户的特点，因地制宜、因时制宜地设计企业公共关系部的规模及结构。这种做法正是遵循工作针对性的原则。

4. 机构权威性

公共关系部是代表一个组织工作的，它的言行举动关系到组织的形象和整个事业的顺利发展，这就要求组织把公共关系部放在十分重要的位置上，使它具有一定的权威性。公共关系部作为高层次的服务部门，其负责人应进入组织的最高决策层，至少应有直接向决策层汇报、提建议或参与决策讨论的权力。在组织内部，其他任何部门都无权干涉公共关系部的工作，无权对公共关系部下达命令，公共关系部直接对组织最高领导层负责。在组织外部，公共关系部应具有代表组织发布信息、处理组织与外部环境事务的权力。总之，公共关系部必须有责有权，才能有效地发挥职能，取得最佳效果。

以上原则在设置公共关系部及有关机构时必须综合考虑，不能只考虑其中一项或几项。

（五）公共关系部的组织结构

公共关系部的组织结构没有固定的模式，它有各种各样的类型。下面我们以经济组织为例，介绍几种类型。

1. 按工作方式分类

从工作方式来考察，公共关系部的组织结构可以分为公共关系对象型、公共关系手段型和公共关系复合型三种。

（1）公共关系对象型，也称分类公共关系型，即公共关系部下属机构的名称分别是公共关系工作对象的名称。其构成模式如图2-1所示。

公共关系对象型结构的优点是：有利于熟悉自己的工作对象，了解其需要和反应，便于有针对性地开展公共关系活动。

（2）公共关系手段型，也称公共关系技术型，即公共关系部下属机构的名称分别是公共关系技术手段的名称。其构成模式如图2-2所示。

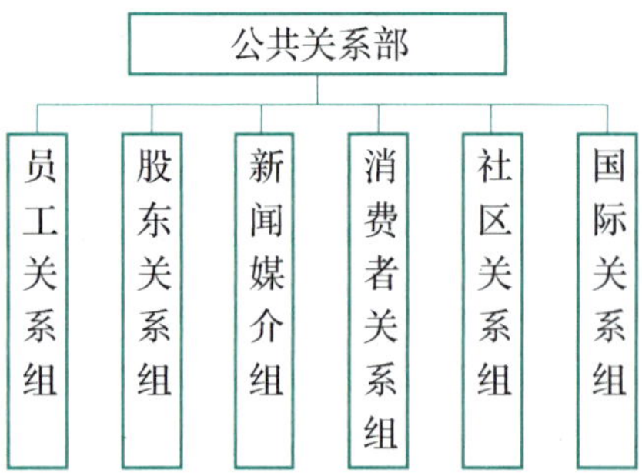

图2-1　公共关系对象型构成模式

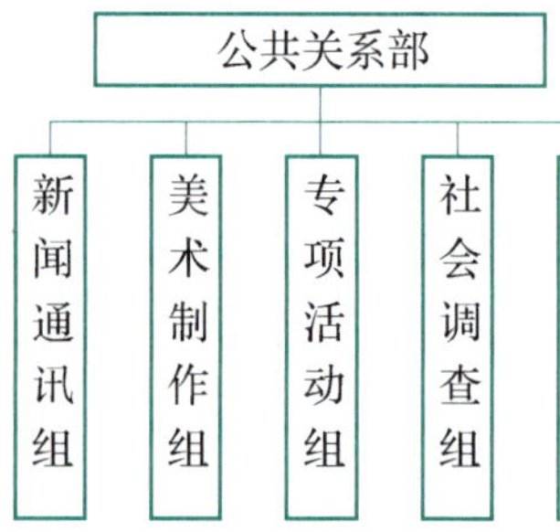

图2-2　公共关系手段型构成模式

公共关系手段型结构的优点是：各部门的工作内容按照工作人员的技术专业划分，工作人员根据自己所从事的工作，在提高专业技术水平方面下功夫，熟练地掌握和运用各自的公共关系手段开展多方面的公共关系活动。

(3) 公共关系复合型。这种模式的优点是：把对象型和手段型结构合二为一，根据实际需要设置下属机构，不拘泥于固定模式。公共关系部下属机构的名称既反映公共关系的工作对象，又反映公共关系的工作手段（见图 2－3）。

据日本 20 世纪 70 年代的调查，日本的先进企业中采用这种类型的公共关系部的企业数量最多，这也是目前我国大多数组织的公共关系部所采用的组织结构模式。

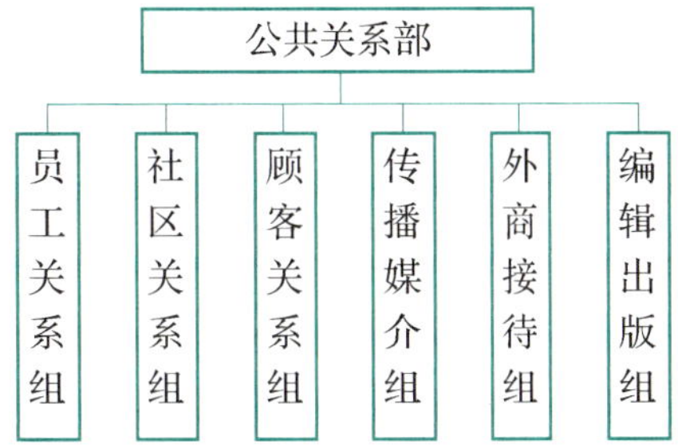

图 2－3 公共关系复合型构成模式

2. 按领导方式分类

从领导方式来看，或从组织管理角度考虑，或从公共关系部在组织中的地位来考察，公共关系部的设置可分为以下四种类型。

(1) 总经理直接负责型。由组织的最高领导者兼任或由副职领导者担任公共关系部负责人（见图 2－4）。

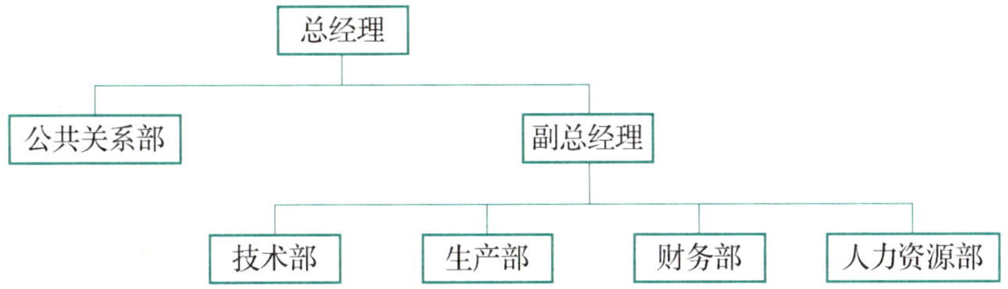

图 2－4 总经理直接负责型

这种模式充分显示了公共关系部在组织中的重要地位。其优点是公共关系部与组织的最高领导者直接联系，处于组织的中枢地位，因而能着眼于组织的各个经营环节，便于全面地、有针对性地开展工作，对于组织的公共关系思想和政策能融会贯通，并使公共关系部的工作具有一定的权威性。

(2) 总经理间接负责型或称部门并列型。公共关系部由组织的最高领导者间接负责或由组织中的中层经理担任负责人，公共关系部的负责人与其他部门负责人的地位相等，并直接对组织的最高领导者负责，处于组织管理的第二层级（见图 2－5）。

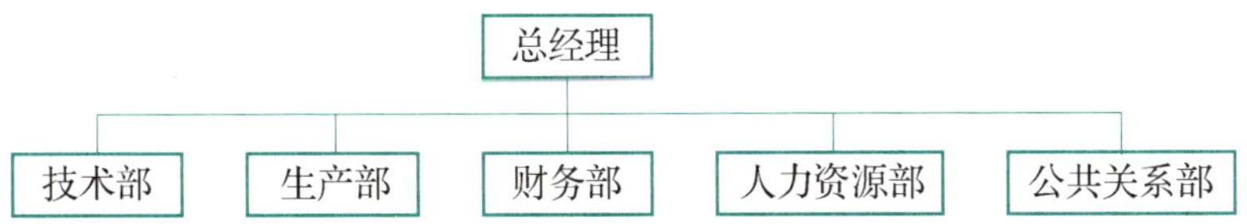

图 2－5 总经理间接负责型

这种模式的优点是：公共关系部与组织决策者有直接联系的权力和机会，对组织决策有直接影响。有时公共关系部负责人在对外活动中全权代表组织的最高领导者。目前这一模式在我国应用比较普遍。

(3) 部门所属型。公共关系部隶属于组织的某一部门，受组织的某一部门直接领导，处于组织管理的第三层级（见图 2－6）。

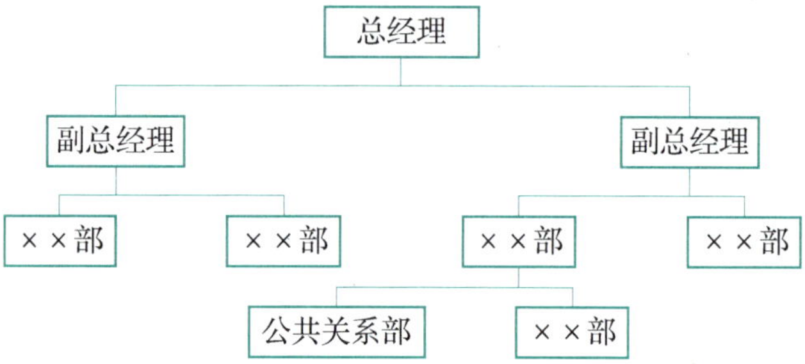

图 2-6 部门所属型

从目前国内外的情况看，公共关系部在组织中的隶属关系主要有以下几种。

1）隶属于经营部门。由经营部门的负责人兼任公共关系部的领导者。这种隶属关系强调公共关系在生产、营销和流通等环节的作用。

2）隶属于销售部门。由销售部门的负责人兼任公共关系部的领导者。这种隶属关系强调公共关系的促销功能。

3）隶属于广告宣传部门。这种隶属关系侧重于公共关系的传播功能。

4）隶属于人事部门。这种隶属关系侧重于公共关系对内部人事关系的协调功能。

5）隶属于接待部门。这种隶属关系侧重于公共关系的社会交往功能。

上述五种隶属关系的特点是：增加了公共关系部与最高决策层之间的环节，侧重于公共关系某一方面功能或作用的发挥。

6）隶属于行政办公室。一般由行政办公室的负责人（主任或副主任）兼任公共关系部的领导者。在这种隶属关系中，公共关系部仍然和最高层比较接近，联系也比较方便。与隶属于其他部门的公共关系部相比，这种隶属关系有利条件较多。

(4) 公共关系委员会。这种模式是在公共关系部之上还有一个由组织最高领导者和各部门负责人组成的公共关系委员会。它主要为一些特大型企业所采用，其任务是统筹本单位的各项公共关系工作。例如，研讨、制订公共关系部的工作计划；批准各项公共关系预算；监督计划的执行情况；评价公共关系工作效果；等等。它不直接从事具体的公共关系工作，其优点是可以使公共关系工作具有权威性，并能使组织的各个部门都来关心、支持、参与公共关系工作。缺点是多了一个层级，使各种关系变得更为复杂。

以上所介绍的四种类型，从管理学的角度分析，总经理直接负责型和总经理间接负责型具有明显的优势，部门所属型和公共关系委员会则有明显的缺陷。著名公共关系专家弗兰克·杰夫金斯曾经指出："鉴于公共关系工作涉及整个组织的各个方面，把这项工作置于销售经理或人事经理的领导之下真是愚蠢至极。"他认为公共关系部和公共关系人员应当直接对总经理或最高决策层负责。

3. 按公共关系部的规模分类

从公共关系部的规模来考察，公共关系部的设置可分为小、中、大三种类型。

(1) 小型公共关系部。这种模式的特点是：结构简单，一般具有两个层级，人员也较少，适用于小型企事业单位。其机构设置如图 2-7 所示。

(2) 中型公共关系部。这种模式的特点是：机构比较齐全，一般具有三个层级，组

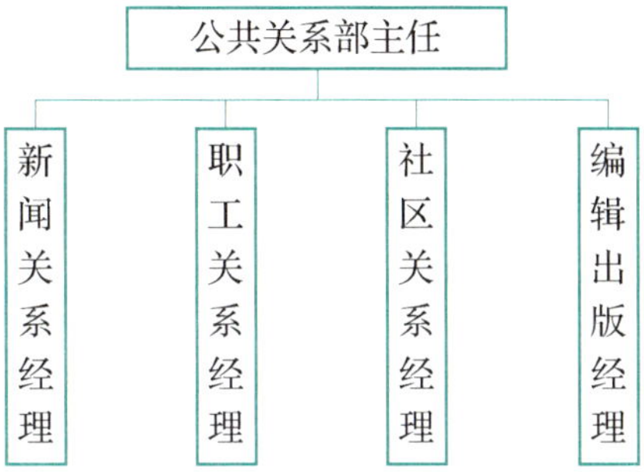

图 2-7　小型公共关系部的结构

织层级分明，分工明确，形成了完整、统一、和谐的工作机构，公共关系工作的密度、深度和广度都较好，适用于中型企事业单位。其机构设置如图 2-8 所示。

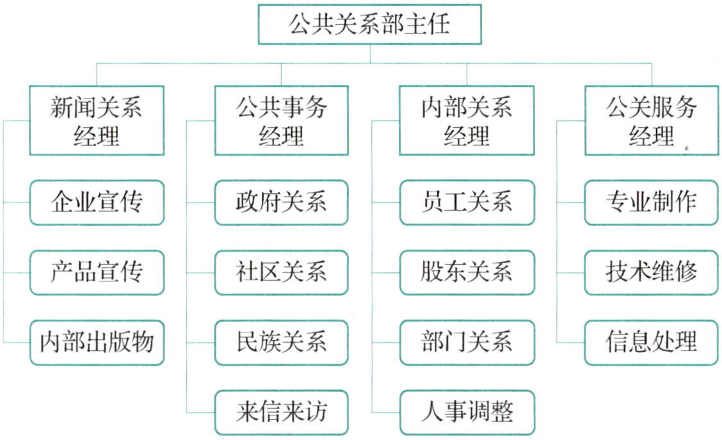

图 2-8　中型公共关系部的结构

（3）大型公共关系部。这种模式的特点是：机构复杂，人员众多，分工较细，工作要求协调统一，能胜任重大的公共关系活动，适用于大型企事业单位。其机构设置如图 2-9 所示。

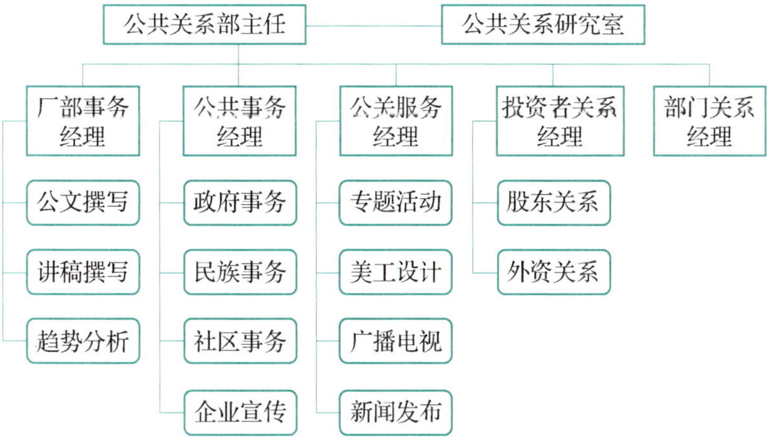

图 2-9　大型公共关系部的结构

例如，美国大通银行是一家跨国金融机构，该银行的企业传播部（即公共关系部）由一位高级副总裁担任主管。其组织结构是大型公共关系部的典型模式，其机构设置如图 2－10 所示。

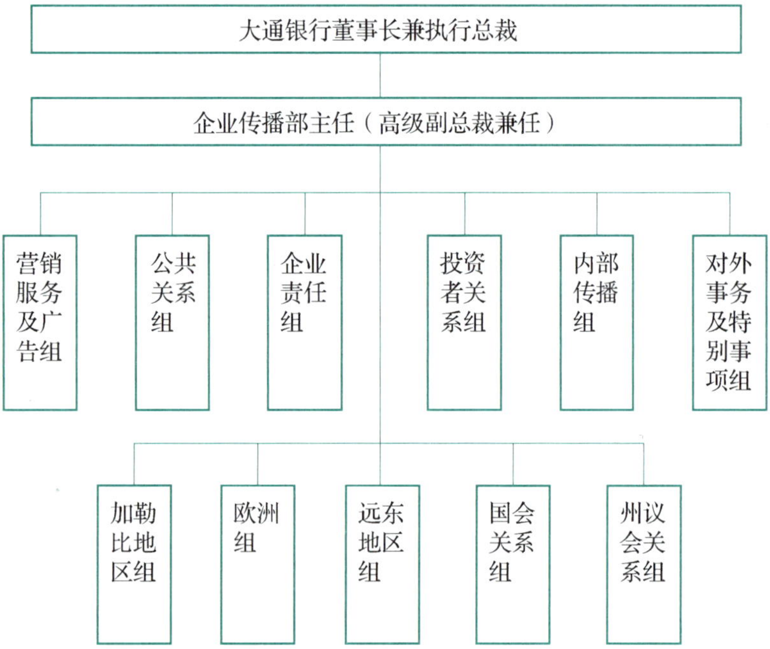

图 2－10　美国大通银行企业传播部的组织结构

二、公共关系公司

公共关系公司又称公共关系顾问公司或公共关系咨询公司，它是由各具专长的公共关系专家和公共关系人员组成的，专门从事公共关系方面的有关咨询和公共关系活动，或受具体企事业单位委托，为其开展公共关系工作提供方案、决策参考的社会服务机构。

（一）公共关系公司的工作内容

公共关系公司的基本职能是：为委托者（或称客户）提供公共关系的全部或单项服务；对委托者的公共关系工作进行指导、监督，提出建议以及帮助或代为实施；帮助委托者与社会公众进行双向的信息交流与沟通。目的在于为委托者树立良好的信誉和形象，以利于委托者的经营和发展。

公共关系公司的工作内容主要有以下几个方面：

第一，确立目标，调查研究。公共关系公司根据委托者的实际状况与要求，确立公共关系工作的目标，然后通过调查研究，考察委托者实现这些目标所依赖的社会因素中的不协调之处，并找出改变这种失调状况的方法。

第二，制订和实施计划。在确定目标、找出问题之后，和委托者一起制订切实可行的公共关系计划，并帮助实施这些计划。

第三，协助委托者编制公共关系预算。

第四，协助委托者开展内部与外部的公共关系工作。

第五，协助委托者评价、估计公共关系工作计划的实施效果。

以上五个方面是公共关系公司在为委托者提供全部公共关系服务过程中的一些内容。此外，公共关系公司还提供如下一些单项服务。

1. 咨询服务

咨询服务是一种软服务。公共关系公司具有经验丰富、专业水平高、对问题分析比较客观等优势，因此即使设立了公共关系部的组织，也常常请公共关系公司为其提供各种咨询服务，这是公共关系公司的一项重要业务。咨询服务的主要内容有：

（1）知名度和美誉度的咨询。

（2）公众意向的咨询。

（3）有关决策及其实施情况的咨询。

（4）大众传播媒介选择的咨询。

2. 专门技术服务

专门技术服务可以看作一种硬服务。一些组织的公共关系部受财力和物力的限制，往往没有齐备的技术设备和具备专长的公共关系人员，因此，当要进行具体的公共关系专项活动时，这些组织会委托公共关系公司来代为实施。例如，公共关系公司为委托者制订和实施传播计划，设计广告，开展产品推销活动；为委托者策划大型会议，举办各种展览和赞助活动；为委托者制作影像资料、视听资料及提供商标、招牌、门面的设计和装修服务；为委托者撰写公文、讲稿、新闻稿等。总之，公共关系公司依靠各种专业人才和专门设备替委托者完成各项公共关系工作。

3. 职业培训服务

组织在开展公共关系工作和建立公共关系部时，常常因缺乏专门人员或其工作人员经验不足、水平不高而求助于公共关系公司，为其培训公共关系人员。公共关系公司可以利用自己的业务优势，采取多种方式为一些组织的公共关系人员提供职业培训服务。例如，开设各种短期培训班；派专家去组织指导工作；安排组织的一些公共关系人员到公共关系公司实习等。

（二）公共关系公司的组织结构

同组织中的公共关系部一样，公共关系公司的组织结构也没有固定的模式。

从工作范围来看，跨地区、跨国经营的大公司，如一些大型国际公共关系公司就设有地区部门和国际部门，以提供地区性和国际性服务。也有工作范围只局限在一个地区的小公司，其结构要简单得多，工作人员大多身兼数职。

从公司规模来看，可分为小型、中型、大型公共关系公司。根据美国的调查，小型公共关系公司的工作人员大多为6人及以下，中型公共关系公司大多为7～25人，拥有25人以上者则为大型公共关系公司，至于伟达、BCW这样的国际性公共关系公司则拥有数百名乃至上千名工作人员。

从服务项目来看，有综合性的公共关系公司，其业务范围广泛，可以承办数项乃至数十项业务；也有专项性的公共关系公司，其经营规模和业务范围较小，主要为特定组织提供一项或几项服务。

从经营方式看，有独立经营的公共关系公司，也有与广告公司合营的公共关系公司。独立经营的公共关系公司与其他社会组织没有隶属关系，它们独立开展各种公共关系业务，为自己的客户提供服务。20世纪70年代以来，国际上出现了公共关系公司与广告公司合营的趋势。据调查，美国十大公共关系公司中有六家是广告公司的分公司或一个部门。这类公司可以服务广告公司的客户，也可以独立地服务自己的客户。

公共关系公司的组织结构虽然没有一个固定的模式，但主要由以下部门组成。

1. 行政部门

这个部门是负责行政管理和行政指挥工作的决策机构，包括总部和各个行政分部。人员主要有公司总经理、副总经理和一定数量的业务经理。总经理全面负责公司的决策工作和检查实施情况；副总经理协助总经理分管几个具体部门，负责公共关系工作的实施和评估；业务经理的主要工作是具体组织、制定和实施为委托人提供的公共关系项目。

2. 审计部门

审计部门是指专门对承接的公共关系项目进行审计的部门。这个部门一般由业务经理、业务部门的负责人和高级公共关系专家组成。其任务是针对公司承办的各项业务、各个项目计划，审查其可行性，并编写财务收支计划；根据实施计划，统筹安排人力、物力、财力，及时对有关计划和项目提供指导和咨询。目的是在保证公共关系项目质量的前提下，以最少的经费获取最大的经济效益，保证公司的财务收入。

3. 专业部门

专业部门是指具体从事公共关系项目的业务部门。要根据公司的业务范围和专业特色来设置，每个部门都配有一定数量的精通本部门业务的公共关系专家。专业部门一般不对外承揽业务，只听从业务经理的安排。例如，一位业务经理负责的一家企业的公共关系项目是召开一次大型记者招待会，于是，他请公司新闻部的专家策划。当这位业务经理负责的另一家企业的公共关系项目是编辑出版一份对外刊物时，他又组织美工部的专家来承担刊物的版式、封面等方面的具体工作。这样，专业部门可以在同一时间为两个或两个以上的客户提供服务，这主要由业务经理统一安排。

4. 国际业务部门

国际业务部门是指专为母国以外地区提供公共关系服务的业务部门，如为东南亚、西欧、北美等地区服务的部门。这是大型国际公共关系公司应设置的部门，目的是为特定地区或国家提供公共关系咨询和服务。国际业务部门的专业人员必须全面掌握所服务的国家或地区的风土人情、民族习惯、宗教信仰、国情民情、礼仪礼节等方面的知识，以便为这些国家或地区提供适合的服务。

（三）公共关系公司的工作原则

公共关系公司所从事的工作，一方面涉及委托单位或委托人的形象与信誉，另一方面要对社会公众负责。因此，公共关系公司在工作中应自觉遵守以下原则。

1. 遵纪守法

公共关系公司要自觉遵守国家法律、法规及有关方针政策。公共关系公司既是社会服务性机构，又是一个经济实体。公司要在国家方针政策的指导下开展活动，以遵纪守法和高质量的服务赢得公众的信任。

2. 讲求真实、准确

公共关系公司必须保证将真实、准确的信息提供给客户。真实就是客观地告知，不隐瞒任何情况，对待客户一片真心，绝不虚情假意、敷衍塞责。准确就是不夸大，不缩小，实事求是，切忌夸夸其谈，并客观指明利弊，绝不避重就轻、草草了事。

3. 不干涉内务

公共关系公司的工作人员受委托开展公共关系活动，必然在一定程度上对委托单位的内部情况有所了解。公共关系公司不得利用工作之便对委托单位或委托人的事务施加影响，或将自己的意愿强加于对方，特别是在双方合作结束后，更应自我约束，不干涉客户内务，不损害客户利益。

4. 保守秘密

公共关系公司在代理委托单位的公共关系业务的过程中，为保证实现公共关系目标，经常需要了解一些委托单位的机密，公共关系公司应严格保守秘密，并不得接受那些可能泄露或利用这些机密的单位的聘请，以防有损委托单位的利益或形象。

5. 避免为相互竞争的委托单位同时服务

公共关系公司不能随意为相互竞争的委托单位同时开展公共关系活动。美国公共关系协会全体大会在 1977 年通过的《关于公共关系业务的职业道德准则》中明确规定："会员在没有获得有关各方的特别允许的情况下，在事实充分展开之后，不得代表相互冲突或竞争的利益集团；在会员的利益正在或可能同客户等的利益相冲突时，应将这些利益冲突充分告知对方。"

6. 一切为客户着想

公共关系公司的宗旨是信誉第一、服务第一、客户第一。公共关系公司应竭尽全力为客户办好事、办实事，事先向客户介绍服务项目、收费标准等，并站在客户的立场上考虑费用预算，尽可能为客户节约经费。另外，公共关系公司在为客户服务的过程中，在没有得到客户的许可和充分告知事实的情况下，不得接受客户以外的任何人所给的同上述服务有关的小费、佣金和高额报酬。

（四）公共关系公司的收费方式

公共关系公司是对外营业的企业单位，在客户要求其提供咨询或公共关系服务时，以公共关系劳务的形式为客户服务，并向客户收取费用。公共关系公司的收费方式一般有以下几种。

1. 项目收费

项目收费是将公共关系业务进行分解，分成不同的项目，根据项目的内容及其开支情况确定费用，然后对各项费用进行汇总，得出总费用。涉及的收费项目主要有：

（1）咨询服务费。包括项目实施期间工作人员的工资以及与项目有关的高级管理人员、专家和文秘人员的报酬。

（2）行政管理费。包括承担项目期间所需的房租、水电费、取暖费、电话费、网络费等。

（3）项目支出费。这是承担项目期间所需的印刷费、邮资、差旅费等。这些全部由客户实报实销。

（4）公共关系活动经费。在项目实施的整个过程中，往往需要进行各种形式的公共关系活动，应按活动计划及各项活动的需要确定费用金额。

（5）项目利润。这是指扣除各种税款后，公共关系公司应得到的纯利润。一般根据项目所需人员、工作量大小和所需时间的长短，由公共关系公司和客户协商确定。

项目收费的基本公式是：

项目收费＝咨询服务费＋行政管理费＋项目支出费＋公共关系活动经费＋项目利润＋…＋上缴税收

项目收费方式的优点是专款专用，有利于保证公共关系项目的质量，便于考核和管理。

2. 计时收费

计时收费是按参加工作的各级各类人员的不同标准，按工作时间收费。一般来说，每小时收取的费用是其本人每小时收入（含工资和奖金）的 2～5 倍，有的公司为了方便起见，采取每小时收取固定费用的办法。如在美国，采取这种办法的公司的收费标准为每小时 35～40 美元。计时收费的标准还根据公司声誉的高低而定，有时收费标准受专家本人的声望和资历的影响，有时还受具体工作的难易程度的影响。总之，计时收费没有统一的标准，一般根据具体情况由双方商定。

3. 综合收费

公共关系公司与客户根据业务需要，协商确定费用的总金额。这种费用一般在业务开始时由客户预付，有利于根据有限的资金统筹安排、合理使用，缺点是客户难以监督。

4. 按项目需要分次收费

这是综合收费的变通形式。客户若不愿采用综合收费方式，也可按项目实际需要，分次逐项付款。对于公共关系公司来说，可将此视为项目收费。对于客户来说，可以监督公共关系公司代理业务的质量，如果对公共关系公司的服务不满意，其他业务可以考虑选择别的公共关系公司。

5. 项目成果分成

项目成果分成是公共关系公司和项目委托单位或委托人共同承担风险，共享收益。一般由委托单位或委托人负责项目的实际费用，公共关系公司负责项目的调查、计划、决策研究、公共关系活动等，最后形成项目成果。这种成果一般可长期受益，公共关系公司按成果收益享受分成。

（五）选择公共关系公司的标准

企业或组织在选择公共关系公司代理业务之前，都要根据一些标准来评价公共关系公司。客户选择公共关系公司的主要标准有以下几个。

1. 公司的信誉

公司成立时间、规模、知名度、美誉度，公司在公共关系界是否权威，能提供哪些服务项目，举办过哪些著名的、重大的公共关系活动，有多大影响等，这些都是客户需要考虑的因素。

2. 公司的客户情况

公司接待过哪些客户，现在有哪些客户，客户的社会地位如何，客户对公司的业务能力和服务态度的满意度如何。

3. 公司人员的业务水平

公司的公共关系人员的业务水平往往决定了公司的服务水准，因此，公司从业人员是否受过专门训练，个人专业技术水平如何，能否与客户的要求相一致并努力满足客户的需求，能否保证按时完成工作等，这些都是客户关心的问题。

4. 收费标准

一家信誉良好的公司可能也是收费较高的公司，但是每一位客户都希望花较少的钱取得较好的效果。因此，客户选择和评价公司实际上是将其信誉、服务质量同收费标准进行比较。

公关视角 2-1　北京冬奥会选择中国本土公关公司作为代理商

三、公共关系组织机构的综合利用

任何社会组织都需要公共关系组织机构来开展公共关系活动。公共关系部与公共关系公司各有所长，也各有所短。为有效开展公共关系活动，首先必须了解本组织的实际情况，在此基础上还应明确两种机构的优势和不足之处，以便综合利用这两种公共关系组织机构。

（一）公共关系部的利弊

1. 优势

在组织内部建立公共关系部，对于开展公共关系工作有以下好处。

（1）熟悉组织情况。公共关系部的工作人员都是组织成员，他们对组织内的各种情况比较熟悉，尤其是对组织运营的特点和各种因素的相关程度了解得比较透彻，把握得比较准确。例如，组织内各个部门、各个成员之间的关系及其在组织中所起的作用；谁是关键人物；何处是关键环节；什么是最主要的问题；等等。同时，他们在组织内拥有良好的人际关系，能及时获取比较可靠的、新的信息。因此，在开展工作时，他们容易抓住组织存在问题的症结，对症下药，提高公共关系工作的有效性。

（2）能提供及时的公共关系服务。组织内的公共关系部对本组织的情况比较了解，可以随时为组织的领导层提供业务咨询和建议。特别是在出现突发性的事件，如火灾、爆炸等紧急情况时，公共关系部可以快速做出反应，及时提出对策，发布新闻，协调关系。抓住时机是公共关系工作成功的关键之一，公共关系公司往往来不及赶赴现场，容易贻误时机。

（3）有利于保持公共关系工作的连续性和稳定性。公共关系工作是组织的一项长期、持久的工作，这是因为组织与社会环境之间的矛盾发展是一个无限的过程，旧的矛盾解决了，新的矛盾又会产生。另外，为了使组织与公众之间的关系保持平衡与稳定状态，不断完善组织在公众心目中的良好形象，创造有利于组织进一步发展的社会环境，仅开展一两项公共关系活动难以实现这个根本目标。外聘的或临时的公共关系人员由于对组织或工作情况不熟悉，很难保证工作的连续性和稳定性。公共关系部作为组织内的一个常设机构，在时间、人力、物力上能保持公共关系工作的经常化和职能化，有利于保持公共关系工作的连续性和稳定性。

（4）有利于节约经费。在组织发展过程中，公共关系问题随处可见。对于重大的公共关系专项活动，组织可以委托公共关系公司或聘请公共关系专家来做，但如果大量的、例行的事务性工作都委托公共关系公司或专家来做，对组织来说是一笔不小的开支。公共关系部由于与所属组织存在利益上的一致性，在开展各项活动与实施公共关系计划时，不仅会考虑公共关系工作的效果，而且会注意节约经费、减少开支。

2. 不足之处

公共关系部的不足之处主要有以下几个。

（1）职责不明，负担过重。这是公共关系部最常见的不足之处。由于公共关系工作涉及面广，组织领导者很容易把许多“三不管”的问题交给公共关系部去处理，有时还把许多虽然属于公共关系范畴，但应由其他部门办的事情也交给公共关系部去办，影响了正常工作的进度。这样就会造成公共关系部任务过重，无法集中力量完成应该完成的专项任务。

（2）看问题有时不够客观，即当局者迷。公共关系部的人员在处理问题时，有时不够客观，容易受组织内的人际关系等因素的影响，如担心得罪领导者，违心地去迎合领导者的意图，不如实报告情况，或出于对自己前途的考虑，有可能掩盖问题的真相，不实事求是。

（3）总费用可能比聘请公共关系公司多。这是因为公共关系部除了需要支付工作人员的工资，还需要购置大量的办公设备，如长期租用办公地点，购买照相机、录音录像器材等。

（4）有可能成为组织的一种负担。如果组织尚不具备建立公共关系部的条件，但为了赶时髦，东拼西凑成立，或其工作人员缺少专业训练，难以胜任工作，或公共关系经理不具备领导素质，得不到上级领导部门的重视，难以开展工作，这样，公共关系部就可能成为组织的一种负担。

（二）公共关系公司的利弊

1. 优势

与公共关系部比较，公共关系公司有以下长处。

（1）职业水准比较高。公共关系公司不仅向一般客户（包括已成立公共关系部的组织）提供服务，还承担培训公共关系人员的任务，因而其工作人员必须具有较高的职业水准。公共关系公司面向社会广泛招揽人才，因此，公共关系公司选择人员面比较广，通常能选聘到相当数量的各种专业的公共关系专家和人才。公共关系公司承办的业务大多是各社会组织难以解决的，这类业务往往复杂、难度大。在长期处理各种复杂难题的工作实践中，公共关系公司的工作人员积累了丰富的工作经验，具备较高的技术水平，公司也配备了各方面（如教育、政府关系、新闻、财务、美工、广告、法律、声像等）的专家。因此，公共关系公司以其人力和经验方面的优势，在应对复杂局面、解决难题方面，要比组织内部的公共关系部更为理想。

（2）看问题比较客观。公共关系公司的专家和工作人员不是某组织的成员，不受该组织内各种人事关系的影响，也不必听命于该组织的某位领导者，与该组织和个人无任何瓜葛。俗话说，当局者迷，旁观者清。因此，公共关系公司看问题不带主观色彩或感情色彩，能以客观、公正的态度，实事求是地分析问题和解决问题。

（3）社会关系广泛。公共关系公司活跃于整个社会，在长期的工作过程中，同社会各类组织及各类公众建立了广泛且密切的联系，如与政府部门、财政部门、社会团体及社会各界知名人士都有良好的关系，特别是公共关系公司对大众传播媒介更为熟悉。因此，公共关系公司能广泛地收集公众的意见，开展工作也方便，有利于提高组织的知名度与美誉度。

（4）信息比较灵通。公共关系公司的第一项任务就是收集和提供信息，其所有的咨询工作都是在信息分析的基础上进行的。因此，拥有信息是公共关系公司的最大优势之一。人们评价公共关系公司好坏的一个方法就是看它掌握信息的多少。现代化的公共关系公司大多利用电脑存储和处理信息，能以最快的速度、最好的质量满足客户的需要。

（5）机动性强。公共关系公司尤其是大型公共关系公司拥有雄厚的人力、物力和财力，可以针对不同的公共关系任务和不同的客户，集中人、财、物打“歼灭战”。在接受紧急任务或遇到紧急情况时，公共关系公司的人员具有很强的机动性，公共关系公司可以临时抽调有关专业人员，组织专门的工作班子，集中力量解决问题。在没有任务时，这些人员可以回到专业部门去做业务准备。

（6）建议容易被人们重视。俗话说，外来的和尚会念经，与公共关系部相比，公共关系公司提出的建议更容易被组织的领导者接受。究其原因，一方面，公共关系公司派出的专家经验比较丰富，技术水平比较高，能提出有价值的建议和方案；另一方面，公共关系公司是组织专门聘请的，深受组织领导者信赖，在组织领导者的心目中有良好的形象和较高的威望，因而公共关系公司提出的建议和方案更具说服力和影响力，更容易引起重视，更易被采纳和实行。

（7）节约经费。这主要是针对中小企事业单位而言的。这些组织若要设置公共关系部，就必须增加人员编制和行政经费，如果组织内公共关系活动较少，显然是不太合算的。即使设置了公共关系部的企事业单位，由于公共关系工作千头万绪，也很难做得面面俱到，因此在开展某些专业性强、难度大、花费多的公共关系工作或举办重大的公共关系活动时，委托公共关系公司做更经济、更有效。

2. 不足之处

公共关系公司和公共关系部一样，也有不足之处，主要有以下几个。

（1）不太熟悉客户的情况。公共关系公司是组织外的机构，对客户的情况了解不深，客户有时也不便或不愿意把一些内部的情况透露给公共关系公司，这就加大了公共关系公司工作人员了解情况的难度，特别是在最初阶段，他们无法介入或参与最高决策，难免要影响工作进度和工作质量。

（2）工作缺乏连续性、持久性。对于组织来说，只聘用公共关系公司，很难使组织内部的公共关系工作持续化、稳定化。组织往往只有在遇到公共关系问题时，才临时求助公共关系公司，因此，公共关系公司为某一组织提供服务的时间一般不会太长，这样，公共关系公司就很难为客户制订和执行长期的公共关系计划。另外，公共关系公司往往只注重短期目标。虽然有些大的公共关系公司为某一客户服务的时间很长，如 10 年、20 年，甚至 30 年，但此时的公共关系公司很难再坚持客观性了，因为其专家有可能已成为客户单位的“内部”成员了。

（3）远离客户。大多数公共关系公司设在大城市，对于地处中小城市的客户来说，聘请公共关系公司很不方便，不仅路遥费时，还要支付往返的差旅费，特别是遇到紧急情况时，公共关系公司与客户距离较远，不利于马上开展公共关系工作。

（三）扬长避短，趋利避害，综合利用

前面我们列举了两种公共关系组织机构的优势与不足之处。稍加分析不难看出，公共关系部的优势往往就是公共关系公司的不足之处，反之亦然。

当然，这两种机构的利与弊不能一概而论。由于公共关系顾问的职业素质不同，情况不同，聘请公共关系顾问容易存在的弊病也不是绝对的。例如，一位水平高、能力强的公共关系顾问在制订公共关系计划时，可能会千方百计地为委托人精打细算，力求既

为委托人节约经费，又能取得良好的工作效果；或委托人充分合作，公共关系顾问又勤于调查研究，在这种情况下也可能会克服由于对委托单位的情况不熟悉而出现的种种弊病，及时提供咨询和建议。

因此，有的组织除了自己设置公共关系部，还聘请公共关系顾问，使两者密切配合，扬长避短，趋利避害，以达到最佳效果。例如，设有公共关系部的组织遇到专业性强、难度大的公共关系工作，或者要举办重大公共关系活动时，则聘请公共关系顾问，利用他们的优势。再如，组织内部的公共关系部由于受到地域或业务范围的限制，在某一地区或某一国家无法开展公共关系业务，就得求助于全国性甚至国际性的公共关系公司。中国环球公共关系公司曾经为美国联合技术公司提供公共关系服务：提高该公司在中国的知名度，了解中国传播界的工作情况，为公司总裁访华制订公共关系计划。中国环球公共关系公司的计划包括：为该公司编写新闻稿，并将其发往中国各主要报社；向新闻界介绍该公司的情况，安排专访；在各报刊刊登代表团访华的新闻；等等。这些活动大大提高了该公司在中国的知名度。

目前，国内外的许多组织都设立了公共关系部，利用公共关系公司开展公共关系活动也十分普通。美国的企业不论其内部的公共关系部的规模有多大，通常都与公共关系公司签订合同，保持密切合作关系。因此，应扬长避短、趋利避害，在必要时携手合作，使这两种公共关系组织机构最大限度地发挥它们的作用，将公共关系工作做得有声有色。

第 2 节　政府公共关系的组织机构

作为社会事务管理和调控中心，政府除了借助政治、经济、行政、法律等硬性手段来管理社会外，还必须借助公共关系这种软性方式来协调各种社会关系，达到既定的行政目标。从这个意义上说，政府公共关系是当代社会发展对政府管理提出的客观要求。在我国，政府公共关系是指国家和地方各级政府为更好地履行国家管理职能，增进社会公众对政府工作的了解、支持、监督，协调内部和外部各种关系的社会活动，其中最主要的内容是处理与人民群众的关系、各民族之间的关系、国与国之间的关系，以及政府内部各职能部门之间的关系。

一、政府公共关系的特点与任务

（一）政府公共关系的特点

政府公共关系是一种特殊类型的公共关系，它既有一般公共关系的属性，又有独特的内容。政府公共关系的特点主要表现为以下五个方面。[①]

① 翟向东．中国公共关系教程．北京：中国商业出版社，1994.

1. 目标的独特性

任何公关活动都是为了建立良好的关系。政府公共关系的核心任务是通过各种信息传播手段，与社会各界公众进行双向沟通，使政府成为得民心的社会组织，提高政府在公众心目中的美誉度，并赢得人民群众的广泛信任与支持。

2. 主体的权威性

政府公共关系的主体是作为国家行政机关的政府。政府拥有行政权力，可以制定政策、颁布法令，并强制推行。由于政府的权威性和唯一性，往往容易产生官僚主义、主观主义等问题。因此，政府需要不断加强自身建设，加强人民群众的监督，提高政府工作的透明度，使政务公开化，管理民主化，让人民更多地了解政府工作的各种情况，增强人民参政、议政的意识，提高人民对政府的认同感、信任感和拥戴感，使民众自觉服从政府领导，主动支持政府工作。

3. 公众的复杂性

政府公共关系面临的社会公众比企业等其他社会组织更广泛、更复杂，包括社会各阶层、各民族、各党派、各种社会组织、群众团体等。社会公众又可划分成各种不同的利益群体，他们既有共同的社会利益，又有不同的特殊利益。社会公众对政府制定的有关政策和法令往往持有不同的态度，这就必然会出现有不同意见的社会群体。政府的有关政策会引起公众的不同反应。这些问题处理不好，在公众与政府之间往往容易产生隔阂，引起矛盾。因此，政府需要运用公共关系的协调职能，统筹兼顾，调节各方利益，理顺各种社会关系。

4. 传播的优越性

政府能够通过新闻发布会等制度性手段有效地将信息传递给社会公众，同时政府管理掌握大量的媒体传播工具。在我国，广播、电视、电影、报纸、出版、互联网等大众传播媒介都由政府管理，这在客观上为坚持正确舆论导向提供了条件，并可通过多种新闻工具提高传播效率。另外，政府的组织严密，传播迅速。

5. 效益的社会性

一切公共关系活动都是为了获得公众对组织的理解和支持。政府作为社会管理部门，对政府公共关系的评估标准，归根结底是看政府是否受人民拥护和拥戴，也就是它能否让人民群众了解、理解、信任、支持。我国的政治制度决定了政府是人民的政府，奠定了政府全心全意为人民服务的宗旨。因此，我国的政府公共关系，在与内部公众和外部公众的关系处理上，都要体现一切从人民利益出发、全心全意为人民服务的精神。

（二）政府公共关系的任务

我国政府公共关系工作的总任务是：通过各种信息传播手段，与公众进行双向沟通，使政府成为为人民服务的得民心、受信任的社会组织，在公众的心目中树立起创新、务实、廉洁、高效的政府形象。政府公共关系的具体工作任务主要有以下六个方面。

1. 集纳社会公众的意见、愿望，为政府的决策提供依据

我国人民政府的性质决定了它要反映人民的愿望、意志、意见，政府的各项决策都只能从群众中来。上海市人民政府的“菜篮子工程”是集纳了市民对“买菜难”的问题的强烈反映后，把它作为一项实事来重点研究，最后作为一项政策提出来的，深受上海市民的欢迎。

2. 宣传政府的方针、政策、政令、条例，使之被社会公众了解、理解和支持

政府的工作是为人民服务的工作，但是具体的政策、条例等可能对各种各样的公众群体产生不同的影响。尤其是在诸如适当提高物价水准等关系到广大群众切身利益的问题上，必须对群众做宣传、做工作，使群众理解和支持政府的决策，这也就是“到群众中去”。

3. 加强对政府内部各部门及国家公务员的监督，使之切实做到廉洁、高效、公正

人民群众往往是通过对政府某职能部门以及国家公务员的印象来评价政府的，因此，各政府职能部门和国家公务员的形象，应该符合政府形象的要求。对政府各职能部门及国家公务员加强监督，是体现政府是人民政府、政府工作人员是人民公仆的经常性的要求，也是政府公共关系经常性的一项具体任务。

4. 推动全社会的物质文明和精神文明建设，为深化改革作贡献

在推动全社会的物质文明建设和精神文明建设、促进改革开放的进程中，政府担负着重要的责任；对这一进程中产生的新问题和新矛盾，政府有责任进行引导和化解。例如，在物质文明建设中，重点建设项目和非重点建设项目之间的协调问题，三大产业之间的关系问题等；在精神文明建设中，思想理论工作队伍的稳定和发展问题，文化事业的繁荣和引导问题等；在“两个文明”建设的关系上，具体体现“两手抓”“两手硬”的问题等。政府公共关系无疑担负着引导、协调、疏通的任务，这是保证党的路线、方针、政策得以全面准确贯彻的一个重要方面。

5. 增进各民族、各地区、各部门之间的团结与协作，弘扬民族精神，调动各方面的积极性

我国是一个多民族的国家，国土辽阔，人口众多。增进各民族、各地区、各部门之间的团结与协作，既关系国家社会环境的稳定，也体现社会制度的优越性。为了增进这种团结与协作，从公共关系角度来看，需要大力弘扬民族精神、传播“全国一盘棋”的观念、对利益问题进行正确疏导。这种工作也是政府公共关系的一项具体内容。我国政府对老少边穷地区实行的扶持政策，对于增进各民族、各地区、各部门之间的团结与协作，发挥了重要作用。政府公共关系在落实这类政策的传播、动员、协调、疏通方面，显然责无旁贷。

6. 坚持独立自主的和平外交政策，促进国际交流、交往与合作

我国是一个主权国家，不允许别国侵犯主权、干涉内政；坚持在和平共处五项原则的基础上，同所有国家发展友好合作关系。改革开放以来，我国在国际交流、交往、合作方面不断取得新的进展，政府在这方面发挥了重大的作用。民间的国际交

流、交往、合作的发展，与政府的支持是分不开的。政府公共关系在这方面的任务，不仅包括政府间的交流、交往与合作，而且包括支持和促进民间的国际交流、交往与合作。政府公共关系要充分体现党和国家的政策，在国际公共关系方面发挥引导、支持、促进的作用。

政府公共关系的以上六个方面的具体任务，使它同企事业公共关系、社团公共关系及专业公司的公共关系有许多明显的区别。政府公共关系更强调人民的利益、国家的利益、整体的利益、长远的利益，因此它在我国公共关系事业中发挥着榜样、示范的作用。

二、政府公共关系活动

改革开放以来，我国处在一个难得的发展机遇期，同时也是转型期和社会矛盾的凸显与高发期。伴随经济结构转型、社会观念转变、多元思想的表达、各种利益交织、不同诉求呈现，舆论场空前复杂化，公共危机事件时有发生。对于政府公关活动来说，2003年爆发的SARS是一个标志性事件。随后十年间发生的自然灾害、公共卫生事件、环境危机、群体性事件、企业与行业危机、政府形象与公信力危机等，强烈呼唤专业公关时代的到来。与此同时，媒介环境也愈发多元和复杂。20世纪末期，中国进入互联网时代，2004年以后进入Web2.0时代，社交媒体和移动互联网兴起。中国的社会形态与媒介形态发生的变化给政府公共关系带来了诸多挑战。

在风险社会语境下，政府需要深刻反思工业化、城镇化进程中的人与自然的关系、社会关系、制度安排、价值理性和舆论生态。在操作层面，政府尤其需要寻找与普罗大众进行沟通、协商的机制和技巧。因此，以政府新闻发布制度和新闻发言人制度的确立为关键节点，以2007年公布的《中华人民共和国政府信息公开条例》为政策依托，中国的政府公共关系正式进入了历史舞台的中心，一系列的政府公关活动逐渐体制化与体系化。

（一）政府新闻发布制度与新闻发言人制度

1. 我国政府新闻发布制度的任务与作用

政府新闻发布工作作为政府公共关系的重要组成部分，是做好新闻舆论、推动信息公开、加强建设责任政府的重要环节，是政府设置议程的重要手段，意味着政府要成为新闻的第一定义者。新闻发布兼有对中国公众的政务信息沟通和向外国媒体说明中国情况的双重任务。完善的新闻发布制度对内能够提高政策透明度，加强公众与政府的沟通互动，凝聚人心，增强公信力；对外能够说明中国真实情况，消除疑惑，促成共识。

由于政府新闻发布活动往往是由多个电视频道和网站以中英文同步转播，在国内外形成了广泛的影响，因此国内外媒体确认中国各级政府的新闻发布会是中国信息的可靠来源。中央各部委的领导者亲自做发言人，更能激起记者们的兴趣；各省区市也逐步建立起新闻发言人制度，经常就当地群众最关心的话题发布新闻，这有利于使人民群众更加理解党和政府的政策，更了解某些事情的真实情况，从而更加支持政府的工作，也能更有效地监督政府的工作。新中国成立至今，中国新闻发布制度在促进政务公开、优化国家治理方面发挥了重要作用，建立起党和政府与广大人民群众沟通的有效渠道，在及时、准确地公开信息、引导舆论方向、维护社会稳定、加强中国形象对外传播方面扮演了关键角色。

2. 我国政府新闻发布制度的发展历程

我国政府新闻发布制度的建设与发展经历了以对外宣传为主导的新闻发布制度初步建立期，以政府传播与危机公关为主导的新闻发布制度全面建设期，以信息公开与危机沟通为主导的新闻发布制度完善与创新期，目前进入以新媒体技术为支撑的新闻发布与政民沟通互动模式形成及新闻发布信息公开工作全面提升期，如国务院新闻办公室于 2016 年底开通上线“国新发布”（后更新为“中国发布”）移动客户端，提供各地各部门新闻发布活动中英文资讯。

3. 我国新闻发言人制度的建立

我国政府目前已建立起三个层次的新闻发布体制，即国务院新闻办公室、国务院各部门和省级政府的新闻发布和发言人制度。① 健全的新闻发布制度有利于政务信息的公开透明，有助于政府建立起贴近群众的有效沟通渠道，对维护社会稳定、促进经济发展有重要的作用。同时，随着我国国力日益增强，我国日趋接近世界舞台的中心，越来越多的外国记者和公众希望了解更多关于中国的信息，不断完善的新闻发布制度也是维护中国良好国际形象的重要保证。新闻发言人制度是我国政府新闻发布的重要组成部分。新闻发言人不是“人”，而是一项制度。② 作为“制度人”的新闻发言人在诠释公共利益、把握国际话语权等方面发挥了重要作用。新闻发言人制度要求政府每次与媒体和公众交流之前都要进行细致的设计规划，推动政府宣传部门的功能由被动接待转为主动传播。我国的新闻发言人制度经历了从无到有，从点到面的发展历程。1982 年 3 月，时任外交部新闻司司长的钱其琛对当时苏联领导人发表的关于中苏关系的讲话做了“谨慎而含蓄”的表态，“中国的新闻发言人”首次进入媒体视野③；1983 年 3 月，时任外交部新闻司司长齐怀远作为第一任外交部新闻发言人出现在中外记者面前，中国外交部从此正式建立发言人制度；1983 年 4 月，中国记协首次向中外记者介绍国务院各部委和人民团体的新闻发言人，正式宣布我国建立新闻发言人制度。④ 到 2010 年底，中共中央 13 个部门、31 个省（区、市）和新疆生产建设兵团的党委新闻发言人基本就位，并开始了新闻发布活动。随后，大多数省会城市和计划单列市也设立了党委新闻发言人。2011 年，国务院国资委直属 121 家大型央企通过新华网将各自新闻发言人的姓名及联系方式向社会公布。至此，各级政府、各级党委以及央企新闻发言人的岗位布局基本完成，新闻发言人制度体系已经成型，历经一次次锤炼和一场场洗礼，我国新闻发言人制

---

① 钟新，张一诺．中国“第一新闻官”：赵启正与中国新闻发言人制度建设. 公共外交季刊，2020（2）：9－15，121－122.

② 新闻发言人是一项制度、一种态度：“中国新闻发言人论坛”综述.（2016－11－05）. 新华网，http://www.xinhuanet.com/politics/2016－11/05/c_129352407.htm.

③ 钱其琛的两件外交“大事”：谋和平，交朋友.（2017－05－11）. 新京报，https://www.bjnews.com.cn/detail/155151737114328.html.

④ 刘建明．新闻发布概论. 北京：清华大学出版社，2006.

度逐步走上专业化、规范化的道路，成为政府调节社会公共关系的重要手段。

（二）政府开放日、市长热线、市长接待日活动

为建立与群众沟通的桥梁，各地政府先后推出市长接待日、政府开放日、市长热线等活动。2012年党的十八大首次明确提出，要建设人民满意的服务型政府。要求政府搭建好政府与群众的沟通桥梁，增进彼此了解与互信。这些活动得到了进一步规范化和体系化。如2005年国务院令第431号公布《信访条例》（2022年中共中央、国务院发布《信访工作条例》，2022年5月1日起废止《信访条例》）后，多个省市相继制定“市长接待日”制度，由市级政府主办，提供市民与市长“面对面”交流的机会；同时，北京、上海等城市以区为单位，推行“政府开放日”活动，旨在加强政府与群众之间的沟通，增强群众对政府工作的认同感；全国“两会”自2006年起，也在人大会议开幕后由各省代表团举办“开放日”，对中外媒体开放，公众和媒体关注的焦点事件通常都在相关代表团的“开放日”活动中得到回应。

政府对公众开放，建立与群众的沟通桥梁，是贯彻中国共产党“从群众中来，到群众中去”群众路线的具体要求。我国老一辈政治家一直保持着干部直接联系群众的优良传统。20世纪80年代，李瑞环在天津任市长时，常与人大代表、政协委员和各界群众开对话会，每次都是电视现场直播，大家一问一答，现场非常活跃，群众也欢迎，几乎是家家必看。在一次对话会上，一位老太太说她家的煤气灶常点不着火，有关部门领导现场解答，讲了许多数字、原因和道理，李瑞环打断道：“你讲那么多没有用。老太太要求的是‘煤气点火就着’。”天津人至今津津乐道，并将这件事总结为李瑞环的“老太太哲学”。①

为了解群众诉求，受理和解决群众的问题，做到下情上达，市长热线逐渐成为一个由地方政府设立的重要公共服务平台。1983年，沈阳市开通全国首条市长热线。此后，全国众多大中城市相继将“市民服务热线”的创立建设工作纳入工作议程之中。2021年，根据《国务院办公厅关于进一步优化地方政务服务便民热线的指导意见》要求，各地区将多渠道的政务服务便民热线统一为“12345政务服务便民热线”。提供“7×24小时”全天候人工服务，致力于打造便捷、高效、规范、智慧的政务服务“总客服”。②

（三）政务“两微一端”

2010年被称为中国的“微博元年”。广东佛山市公安局2010年开通全国首家政务微博“公安主持人”，随后以“平安北京”和“平安上海”等为代表，各地公安机关微博纷纷开通，成为公安机关搜寻线索、集纳民意、发布案情的网络传声筒，公安微博迅速成为最大的政府微博门类。

从2011年起，在宣传管理部门的要求与敦促下，各级党政机关先后开通微博和微

---

① 周云龙．从李瑞环的“老太太哲学”说起．（2005-11-03）．中国青年报，https://2qb.cyol.com/content/2005-11/03/content_1197948.htm.

② 邱超奕．从多个号码到一个号码：政务服务便民热线有了“总客服”．人民日报，2021-01-08.

信，利用这一新媒体手段进行政务信息发布。① 为了充分利用这个更为直接的信息平台，政府部门对于一些重大事件采取了微博直播的方式。2011 年成为“政务微博元年”。2012 年 9 月，佛山市公安局同名官方微信作为全国首批开通的公安政务微信正式开通；2014 年 1 月 15 日，“北京微博微信发布厅”在腾讯网上线运行，全市各区县、各委办局以及政府部门新闻发言人等“北京微博发布厅”的成员，整体入驻“北京微博微信发布厅”。自此，北京市在全国率先实现政务“双微服务”，通过微博、微信，及时为市民提供咨询和服务。市属各级政府新闻发言人可通过政务微博、微信平台与网友互动，积极回应百姓关切的问题。

2016 年，中共中央办公厅、国务院办公厅印发《关于全面推进政务公开工作的意见》，强调要充分利用政务微博微信、政务客户端（简称“两微一端”）等新平台。时至今日，政务微博微信平台作为一种新兴的政府传播工具，成为热点事件的聚焦平台和政府信息发布的新途径，特别是在应对突发事件网络舆情中发挥了不可替代的作用。政务“两微一端”兼具信息发布的及时性、便捷性、广泛性等多种媒介形态的传播特点，成为政府信息公开与新闻发布的又一新形式。处置突发事件是各级政府面临的一大挑战，政务微博微信平台为政府、媒体、公众搭建了一座危机沟通的桥梁，在突发事件应对中发挥着积极的作用。

（四）会展与城市节庆活动

随着我国城市化进程的加快，城市之间竞争日趋激烈。城市实力除了以 GDP 为代表的“硬实力”，还包含以公共关系为代表的“软实力”。一座座城市凭借各自鲜明的特色与深厚底蕴，打造专属的城市名片。在会展领域，有上海的中国国际进口博览会（进博会），广州的中国进出口商品交易会（广交会）；在文旅领域，有创办自 1985 年的“哈尔滨国际冰雪节”，始创于 1991 年的“青岛国际啤酒节”，前身为 1983 年创办的洛阳牡丹花会的“中国洛阳牡丹文化节”等；作为中国文艺界的年度盛事，中国金鸡百花电影节自 2019 年起长期落户厦门。这些以城市特质为依托打造的活动可有效提升城市形象、打造城市名片以吸引更多投资。这样的大型活动对于一座城市具有公关意味，也是对于一座城市的综合管理与接待能力的考验，都需要政府精心策划，而公关手段的运用则可把效应通过传播来放大。

公关视角 2－2　淄博烧烤节

三、政府公共关系组织与人员

（一）政府公关组织

中华人民共和国国务院新闻办公室（简称国务院新闻办）组建于 1991 年 1 月，国

① 程曼丽．与改革开放同行的中国新闻发布制度建设．公共外交季刊，2020（2）：16－26，122.

务院新闻办在推动中国媒体向世界报道中国的同时，还积极推动中国媒体对各国情况和国际问题的报道，促进中国公众及时了解世界经济、科技、文化的发展进步情况。在 2010 年国庆节前，国务院新闻办公室启动了一项重要的公关活动，筹拍的 30 秒《中国国家形象宣传片》在国际主流媒体上播放，郎朗等来自中国各界的知名人士参与其中，共同诠释国家形象，向全球观众展示。

我国地方政府设立公共关系部门始于改革开放的前沿深圳市。“深圳市人民政府办公厅公共关系处”于 2006 年初设立并开始运作，深圳市成为第一个设置公共关系职能部门的城市政府，开创了国内“政府公关”之先河。其主要工作是加强与媒体的沟通，通过让媒体充分了解政府重大决策、重大项目、重大投资的真实准确信息，继而让市民充分了解政府，获得市民的支持。同时，协调政府各部门加强对市民呼声、社会难点和热点的反应速度，塑造政府的良好形象，协调政府和市民的关系，是深圳建设“服务型政府”的重要举措。之后，国内有些城市也设立了“公共关系处”，如在杭州市人民政府网站中可以看到，市公安局下设“警察公共关系处”。

（二）政府公共关系人员

2004 年 12 月国务院新闻办首次公布了 62 个部委的 75 名新闻发言人名单及其新闻发言工作机构的通讯方式，这标志着我国政府三个层次的新闻发布体制已基本建立，即国务院新闻办、国务院各部门和省级政府的新闻发布和发言人制度。目前，我国的新闻发言人主要包括政府新闻发言人、外交新闻发言人、社会团体新闻发言人、企业新闻发言人、文教医疗部门新闻发言人等。每年 12 月，中宣部和国新办公布第二年的中央国家机关和地方新闻发言人名录。2024 年公布的中央国家机关和地方新闻发言人共 295 位，与 2004 年相比，人数是 2004 年的近 4 倍。① 中国新闻发言人制度从无到有日趋成熟。部级官员担任中共中央各部门发言人已成常态。越来越多部门副职或部级领导走上新闻发言人岗位。新闻发言人制度作为政府公共关系最重要的组成部分，政府对新闻发言人的重视说明了公共关系在政府运作中的重要地位。

第 3 节　公共关系人员

公共关系人员是对从事公共关系工作的人员普遍和常见的称呼，指以公共关系理论研究、教学和实践为职业的人员。国内许多学者把这些人统称为公共关系工作者。公共关系工作是一项复杂的劳动，绝不是任何人都可以胜任的，特别是随着我国改革开放的深入，公共关系工作者的队伍不断壮大，有必要让正在从事和有志于从事公共关系工作的人员了解和掌握公共关系工作对他们的要求，并通过各种有效途径更多、更快、更好地培养这方面的合格人才。

---

① 2024 年新闻发言人名单有何变化？新组建部门首任发言人亮相，发布台“老面孔”有新动态.（2023-12-15）. 搜狐网.

一、公共关系人员的素质

所谓公共关系人员的素质，是指从事公共关系工作的人员的气质、性格、兴趣、风度、学识和技能方面的综合品质。有人提出：公共关系人员的素质应该是性格、品德、智慧、教育和经验的组合，同时还应具备组织领导能力、表达能力、社交能力、专业技术能力等基本技能。总之，公共关系人员的素质是对其本人的个性特征和综合能力的概括。具体来说，应该包括以下方面的内容。

（一）性格

性格是一个人的态度和行为方面的较稳定的心理特征，是个性的重要组成部分，与人的气质密切相关。开朗或忧郁、耐心或急躁，都是人的性格特征。优秀的公共关系人员在性格上应具备以下特征。

1. 开朗、有耐心、宽容

公共关系人员不仅要善于向公众表达自己的意向和愿望，能以诚恳的态度说服公众，还应以极大的耐心，认真负责地听取公众的意见和反馈。公共关系人员在与公众交谈时，应营造一种平等、融洽的气氛，要既能让别人愉快地接受自己的想法而不会感到被强迫，又使对方感到他的意见得到了倾听和尊重，否则，态度急躁，既不能耐心地说服别人，也没有耐心听别人讲话，交谈往往无法深入，效果不好。因此，公共关系人员应该善解人意，处处为他人提供方便，不计较对方的小过失，还能给对手留有“下台阶”的机会，不以自己的成功使对手感到尴尬。

2. 沉着冷静，勇敢顽强

公共关系人员面临的人与事往往是非常复杂的，各种矛盾相互交织，公共关系人员稍有不慎，就会铸成大错。因此，公共关系人员遇事一定要沉着冷静、慎重思考，千万不能被表面现象迷惑，更不能被一时一事的变化左右。当然，沉着冷静绝不等于拖拉，应该是忙而不乱、处变不惊、有条不紊。对于那些经过深思熟虑的事或认准的事，公共关系人员应该毫不迟疑地大胆去干，不要优柔寡断，坐失良机。对于工作中的失误，要敢于承担责任，勇于改正。此外，顽强的毅力是公共关系人员获得公共关系事业成功的必要保证。无论做什么事，不可半途而废，应该顽强地应付和支撑各种困难的局面，要有锲而不舍的精神，否则将一事无成。

3. 富有幽默感

幽默是公共关系语言的重要特点之一。幽默的语言使交谈变得有趣，幽默还可以通过影射、讽喻、双关等在善意的微笑中揭露不合理的现象或化解尴尬。幽默可用于对缺点或反面现象给予否定，也能用于对优点或正面现象给予肯定。

幽默的最大特征是引人发笑，这是一种充满了智慧与巧思的笑声，使人们在愉快的笑声中得到有益的启示。幽默是一门艺术，现代公共关系学认为，幽默是人际交往的润滑剂。公共关系人员要学会幽默，掌握幽默技巧。

公共关系人员在与人交往中有时会发生误会，这时，如果能随机应变，开个玩笑，带点幽默，就能巧妙地消除误会。

（二）品德

品德是指人的品质与道德。意大利诗人但丁说："道德常常能填补智慧的缺陷，而智慧却永远也填补不了道德的缺陷。"

公共关系人员所从事的是一种塑造组织形象的创造性劳动，是一项说服乃至征服公众的工作，这就要求公共关系人员应具有品德上的魅力，这种魅力可以成为征服公众的法宝。心理学上的光环效应是指，如果某人的人格品性很完美，外貌与举止都很有魅力，他就会给人留下良好的印象，他就会被一种积极的、美好的光环笼罩，人们会不自觉地信任他。如果公共关系人员能被这种积极的、美好的光环笼罩，他就会拥有极强的征服力。这一光环来自公共关系人员公道正派的行为和真诚严谨的态度。具体来讲，公共关系人员的品德应该包括以下几个方面。

1. 实事求是

真实是公共关系的生命，公共关系人员必须具备实事求是的品质。能写善辩是公共关系人员的特有财富，公共关系工作也确实离不开他们的出色口才和一支生花妙笔，但能写善辩绝不是无中生有、刁钻狡诈。公共关系人员无论是与公众打交道，还是进行调查研究、收集信息、传播信息，都必须以真实为原则，不得有意传播虚假或容易使人产生误解的信息，不欺世盗名，不自欺欺人，只有这样，才能收集到可供组织决策参考的可靠信息，才能在公众中为组织树立良好的形象。

2. 公正无私

公正要求公共关系人员对所有的公众要一视同仁，平等对待，不能以衣着、地位取人，不能厚此薄彼。

无私要求公共关系人员不谋求组织利益之外的个人利益，更不能以牺牲组织利益为代价来换取个人利益。对于一名优秀的公共关系人员来说，不仅要重视所在组织的利益，而且要重视公众利益，对整个社会负责，绝不能为了本组织或小团体的利益甚至个人私利而损害社会的整体利益。

3. 勤奋努力

公共关系工作看上去轻松、潇洒，但做起来十分辛苦。公共关系人员应该具有吃苦耐劳、勤奋努力、不怕困难、不怕挫折、不断进取的精神。为了给组织树立良好的形象，他们应不惜付出辛勤的汗水，千方百计为客户服务，尽量满足各类公众的要求。当然，勤奋努力不仅仅是多干苦干，更重要的是勤于动脑，勇于进行创造性思考，敢于创新，要具备一种勇于开拓、不断进取的精神。拿破仑有句名言："不想成为将军的士兵不是好士兵。"对公共关系人员可以说，那些缺乏全面开拓与进取精神的公共关系人员不是好的公共关系人员，因为他们满足于现状，这有可能使组织信誉下降，形象不佳，不受社会公众欢迎。

4. 乐于助人

公共关系人员经常要与人打交道，在处理人际关系时，应当以善解人意、乐于助人作为自己的行为准则。不仅要懂得宽容人、理解人，容忍他人的缺点和弱点，更重要的是要主动帮助别人。乐于扶危济困是做好公共关系工作的重要基础，它体现出公共关系人员待人热情，富有同情心，具有为他人着想、关心他人的良好品德。

5. 光明磊落

有些同行的关系表现为你死我活的竞争，有时为了压制对手或击垮对手，同行间尔虞我诈、钩心斗角，甚至不惜采取不正当手段。公共关系人员应该以坦荡的胸襟来处理与竞争对手的关系。同行之间竞争应该是你追我赶、相互促进、共同发展，而不能从本位主义或小集团的利益出发，倾轧对手，搞垮同行。即使在激烈的商业竞争中，也不应以诋毁竞争对手的手段来抬高自己，不有意破坏其他公共关系人员的名誉和工作，也不做违反职业道德的事情，不用行贿、收买的手段来进行推销活动。

（三）智慧

公关视角 2－3 欧莱雅的负面案例

公共关系工作的复杂多变性决定了公共关系人员应具有较高的智慧。公共关系人员特别是负责人，要面对问题、分析问题、抓住问题的主要矛盾，制订解决问题的方案并付诸实施，没有较高的智慧是不能胜任的。这就要求公共关系人员必须善于思考，勤于分析，及时捕捉、识别和利用各种可靠的信息对问题做出正确的判断与决策，这样才能运用其丰富的想象力和创造力去策划各种别出心裁的公共关系活动。

（四）知识

丰富的知识无疑是做好公共关系工作的必要保证。公共关系人员的知识结构应该是 T 字形，即专业知识要深、一般知识要博。一般地，专业知识主要是指公共关系的专业理论和技术。公共关系的专业理论包括：公共关系的原理、历史；公共关系的规划、社会责任和职业道德；公共关系的组织机构和管理；公共关系的传播理论、媒介理论和对社会舆论的研究等。公共关系的技术包括：公共关系的实务、技巧、方法；公共关系实践和案例分析；运用传播媒介和制作各种宣传材料；进行公共关系调查等。一般知识主要是指与公共关系的专业知识和技术相关的社会科学、人文科学、自然科学的知识及外语等。尽管这些学科不研究公共关系本身，但它们的许多理论、应用技巧与公共关系的联系极为紧密，对公共关系人员做好工作具有启迪和指导作用。

有人说，T 字形的知识结构能使公共关系人员集专才与通才于一身，将科学与艺术融为一体；能使公共关系人员具有哲学家的思维、经济学家的头脑、组织家的才干、政治家的胸怀、外交家的纵横捭阖、企业家的胆识、军事家的果断、宣传家的技巧、战略家的眼光、幻想家的想象、律师的辩才和新闻记者的敏感。因此，T 字形知识结构能把公共关系人员培养成一专多能的特殊人才。

（五）能力

知识是能力的基础，但不等于能力。能力是知识与经验的集合。公共关系人员应具备的能力包括以下几个方面。

1. 组织能力

公关视角 2-4 山姆会员店开业典礼

为了使公共关系工作有条不紊地开展，公共关系人员必须具有较强的组织能力。所谓组织能力，是指人们有计划、有步骤地从事某项活动，并使其达到预期目标的实际操作能力。公共关系活动是一种目标指向型活动。公共关系人员经常要组织各种纪念活动、接待工作、庆典、公关联谊活动、记者招待会、新闻发布会等。因此，公共关系人员不仅要善于周密地设计和筹划公共关系活动，为实现目标和计划制定相应的具体方法和步骤，而且要善于从事实际组织工作。

2. 表达能力

表达能力是指用语言、文字、动作等方式将自己的知识、观点、意见明确有效地传播给他人的能力。公共关系工作是一种传播活动、一种双向的信息交流过程。信息传播和意见沟通是公共关系工作的基础，公共关系人员与公众进行信息交流和沟通是否成功或有效，很大程度上取决于其本人的表达能力。表达能力是综合性的技巧，表达既要简洁、清楚、清晰，又要注入感情。

表达能力包括演说能力、解释能力、说服能力、谈判能力、协调能力、概括能力、写作能力和非语言的传播能力等。表达能力主要表现为以下三种形式。

公关视角 2-5 有效的文字表达

（1）文字表达。语言文字是一种武器，要能娴熟地驾驭它，成为它的主人，通过说出“自己的话”来表达自己的感情和见解。

对于公共关系人员来说，文字表达能力主要表现为能够写好各种涉内涉外的公文、新闻稿、企业通讯、人物特写、公共关系报告、发言稿等。随着公共关系活动的频繁开展，公共关系逐步走向系统化、规范化，这就要求公共关系人员能熟练地写作与公共关系相关的应用文，如演讲稿、调查报告、解说词、说明书、公函件、简报、书面咨询等。这类应用文要求行文简洁、合乎规范、内容充实，具有较强的说服力，同时要求公共关系人员利用自己的丰富知识给文章润色、加工，创造出尽可能完美的文字材料，使文章给人以清新、生动、流畅、亲切之感。

（2）口头表达。公共关系人员需要具备较强的口头表达能力，首先，要有扎实的语言文字功底，有较强的分析判断能力，吐字清晰，讲话有逻辑等。其次，条理清晰、叙述得当、反应敏捷、对答如流，这也是口头表达的重要方面。最后，要善于抓住听众的心理，语言应该精练，不拖泥带水，词汇应当丰富，但又不故意卖弄，要让人感到你的讲话既大方得体、恰到好处，又风趣幽默、不失风度。如果能做到妙语连珠、幽默又令人有新鲜感则为上乘。做到这一点要有较高的文化修养和丰富的临场经验，还要经常锻炼自己的口才。

(3) 形体表达。形体表达也称动作表达或肢体语言。形体表达利用的是人的身体形态、手势、面部表情、下意识动作等，这些都可以成为传达感情和交流信息的方式。

美国的一位学者指出，人体的各种姿态组合会表现出不同的态度，人大约可以做出 1 000 种姿态。例如，一个人歪着头听你讲话可能表示欣赏；正着头听你讲话可能是认真听；左顾右盼可能是不专心；摇头晃脑可能是心不在焉或不耐烦。每一种姿态都有内在含义，都在表情达意。公共关系人员应用心研究肢体语言，从中了解对方的态度或某种细微的情绪变化。要善于根据不同的场合和目的，运用肢体语言把一些不便口头表达和文字表达的信息传播给对方。

3. 宣传推广能力

宣传推广能力要求公关人员善于周密策划，精心设计组织形象，使组织形象进入一个崭新的领域，深入到社会公众的心中，能被社会公众普遍接受。宣传推广能力是公共关系人员必须具备的一种实际工作能力。一切公共关系活动都是运用各种宣传方式引导舆论、促成舆论，从而提高组织的声望和信誉。组织要想在社会公众的心目中树立一定的信誉，除了做好自身的工作，还要围绕树立形象和信誉做好宣传工作。

拥有众多游客的迪士尼乐园的形象是被誉为“迷人王国”的动画世界。游客一进门，由工作人员化装成的米老鼠就会跳过来与他们握手，表示欢迎。乐园内还设有许多充满惊险、乐趣的游乐区，它们和米老鼠等动画艺术形象成了迪士尼乐园的化身。

4. 社交能力

社交能力是衡量一个现代人能否适应开放社会的标准之一。缺乏社交能力的人往往会在自己与周围人之间建起一道无形的心理屏障，这样的人是不可能完成社交工作的。公共关系人员是组织形象的体现者和代言人，肩负着与公众、环境、社会沟通的重任，他们只有具备较强的社交能力，才能得体地走向各种社交场合，施展自己的魅力和才能，树立起本人的良好形象，并为树立组织的良好形象展开有力的社交攻势。

社交能力往往是一个人多方面能力的综合表现。对公共关系人员而言，其社交能力还应表现在通晓各种社交场合的礼仪规范上，如日常生活礼节、对外交往礼仪、各种宴会礼仪及公共场合礼仪等。公共关系人员必须懂得、通晓和遵守一定的社交礼仪，这既是对自己和他人的尊重，也是有知识和有教养的体现。

5. 创新能力

创新能力是指人创立新的思想、新的事物和新的环境等，以满足或适应变化的能力。在充满竞争的现代社会中，人们从事公共关系工作需要付出相当多的劳动，特别是创造性的劳动。在与同行的竞争中只有不断求新、求异，才能技高一筹、领先一步，才能达到扩大影响、树立形象、推销产品、争取公众的目的。这就要求公共关系人员具有突出的创新能力，要敢于想别人所没想的，做别人所没做的事，要不断地突破常规，勤于思索，大胆设想，刻意求新。

6. 应变能力

公关视角 2－6　扭转“网抑云”为“网愈云”

应变能力是应对情况突然变化的能力。公共关系人员在工作中常常会遇到一些尴尬的事件和场合，或是意外事件。如何使自己在不利的形势下扭转局势，如何在遇到突发事件时处乱不惊，挽救可能出现的甚至是已经出现的失误，这需要公共关系人员拥有灵活的头脑，具备技高一筹的应变能力，能够冷静思考，采取果断措施。

7. 自我调节的控制能力

自我调节的控制能力即自控能力，是指一个人控制自己情绪的能力。公共关系人员经常要同社会公众打交道，遇到误解时也需要心平气和地认真听取公众的指责、意见和建议，以自己的冷静使对方平静，以自己和颜悦色的微笑服务消除对方的冲天怒气，这些都要求公共关系人员首先要控制自己的情绪。公共关系人员应该认识到，他们的举动关系着组织的声誉，他们的责任就是以自己的真诚服务来树立组织的形象。他们应该学会“忍”，这种忍不是装出来的而是真诚的、有涵养的表现。

二、公共关系人员的角色

具体的公共关系工作有不同的分工。公共关系人员角色大体上可以分为四种类型：专家型、领导型、技术型和事务型。

（一）专家型角色

专家型角色是研究公共关系理论与解决实践问题的权威，他们有渊博的知识、丰富的经验、较高的理论水平与宣传推广能力。他们是公共关系队伍的中坚力量。专家型角色主要包括以下几类人员。

1. 公共关系顾问

公共关系顾问是公共关系的专职高级工作者，是处理和解决公共关系方面问题的社会技术专家，为专业的公共关系公司工作。

公共关系顾问的主要任务是：

（1）制定与实施公共关系方案，为当事人做决策提供参谋。

（2）帮助建立与公众的沟通渠道，协调与公众的关系。

（3）提供各种业务咨询，传播信息，解决公共关系难题。

（4）指导和教育一般公共关系人员，提高他们的素质与水平。

2. 公共关系学者和教育家

公共关系学者和教育家是公共关系研究与教育方面的专家，他们从事社会调查，进行公共关系理论研究，总结公共关系策略与经验，从事不同层次的正规教育与业余培训。这些人主要包括权威的新闻记者与编辑、专栏评论家、大学教师和研究员等。

公共关系学者和教育家的主要任务是：

（1）从事公共关系理论的研究与探讨，为国家或重要部门提供制定策略的依据。

（2）介绍、翻译和传播国内外有关公共关系理论、实践、动态的信息。

（3）撰写公共关系论文，编撰公共关系专著与资料，参与电台、电视台公共关系专题或专栏节目。

（4）从事公共关系教育工作，在学校开设公共关系课程，为函授、讲习班编写教材，做学术报告。

（5）制定公共关系教育大纲，组织公共关系知识的普及和竞赛或专题活动。

目前，我国各大专院校、新闻研究机构有大批从事公共关系的理论研究与教育工作的中青年人员，是我国公共关系队伍建设的一支重要力量。

（二）领导型角色

领导型角色是指在公共关系组织或相关单位中担任领导职务者，包括经理、部长、主任、兼职领导者等。

1. 经理、部长、主任

他们是公共关系机构的直接领导者，是一个部门进行公共关系工作的总设计师，他们的工作对整个组织举足轻重。由于公共关系工作牵涉面广，公共关系部门的领导通常由组织或企业的行政负责人担任。有的公共关系机构规模大、任务重，可以设置专门的领导人员，主持日常公共关系工作。

公共关系机构的经理、部长、主任的主要任务是：

（1）制定公共关系工作的目标，策划公共关系方案与程序，为每一阶段或每一时期的公共关系工作确定明确、具体的任务。

（2）估算、分配公共关系实务活动所需的人力、物力、时间和费用等，确保公共关系工作正常运转。

（3）参与高层决策活动。将各种意见、情况反映到决策层，从公共关系角度为决策提供参考意见，使本部门的职能得以充分发挥。

（4）处理公共关系部的各种问题，领导、检查、监督全体人员的工作。

（5）总结评估公共关系工作，定期向组织提出报告，回顾与展望公共关系工作。

（6）对内协调各部门的工作，对外作为组织的发言人。

2. 兼职领导者

各地区、各部门的公共关系工作的开展，不同程度地得到了各级党政领导人的关怀与支持。他们出于对公共关系事业的关心，积极参与各地区、各组织系统的公共关系活动，并进行宏观指导。他们利用自己的社会地位与工作条件，支持公共关系工作，解决难题，扩大影响，把公共关系工作作为一种社会工作予以重视。公共关系组织也利用它们的特有条件，求得政府和党团组织的支持与配合。他们虽然不是专职人员，但作为兼职或业余的成员对公共关系的发展起着重要的作用。

（三）技术型角色

技术型角色是公共关系部从事专项技术工作的人员，主要包括编辑、摄影师、广告师、设计师及其他技术人员，他们以各自的技术专长从事公共关系工作。他们可以是专职固定人员，也可以是根据需要聘请的专门人才。

技术类人才是公共关系计划与目标的具体执行者和业务技术实施者，他们的主要任务与特点是：

（1）进行技术沟通，在公共关系工作中承担某一方面的具体任务，利用自己的特长发挥作用。

（2）受过专业化的学习与训练，掌握公共关系工作所需要的某项或某几项专门技术。

（3）是具体业务工作者，熟悉技术，在传递信息、沟通媒介关系中发挥作用，是公共关系活动的中转站与联络纽带。

（四）事务型角色

事务型角色是组织中从事一般日常公共关系工作的人员，他们是最普通也是最基层的公共关系人员。这些人员包括秘书、办事员、服务员、招待员、翻译、助理员、消费引导员等。

事务型人员懂得公共关系的基本知识，知道公共关系的计划与安排，是公共关系队伍中数量最多的人员。

事务型人员从事的工作很杂，是大量的基础性工作，包括：实施或筹备实施已拟订的公共关系工作计划；接待内外宾客，安排会议；联系客户、客商和消费者，直接听取他们的意见或建议，为他们排忧解难；接触新闻界的朋友，筹备新闻发布会，起草有关文件；收集资料、信息，整理档案，处理文秘工作；等等。总之，他们主要按领导者的意图去完成各项具体工作，一般不参加有关公共关系事务的决策活动，但又不同于一般的服务人员。他们不仅为公众提供服务，而且要通过自己的服务实现组织既定的公共关系目标。

思考题

1. 论述企业公共关系部的设置原则。
2. 从工作方式的角度说明企业公共关系部三种组织结构的类型及其各自的优点。
3. 试比较企业公共关系部与公共关系公司的优势和不足之处。
4. 与企业公共关系相比，政府公共关系有哪些特点？
5. 我国政府公共关系的任务有哪些？
6. 论述公共关系人员应具备哪些方面的能力。
7. 通才式的公共关系人员与专才式的公共关系人员有什么区别？

案例

2023 年度中国公共关系行业发展分析

2023 年中国公共关系行业调研结果显示，公共关系行业呈现以下显著特点。

1. 2023 年度中国公共关系服务领域排名前十的行业分别是：汽车、IT（通信）、快速消费品、互联网、金融、制造、医疗保健、娱乐/文化、政府、旅游。与 2022 年度相比，排序变化不大，但值得一提的是，政府取代奢侈品行业，排名第九。奢侈品行业退出前十，表明国人的消费观念趋于理性和务实。以上这些行业基本涵盖了社会生活的绝大部分，公共关系服务受到广泛重视。

2. 汽车行业继续一家独大，占比进一步扩大，达到 44.1%，2022 年这一数字是 37.8%。汽车行业多年来一直居于公共关系服务领域的首位，2023 年中国汽车在产量和出口量方面均居世界第一，汽车行业出海提速，这使得行业公关支出进一步加大。调查数据显示，在所调查的 40 家公司中，有 30 家开展汽车业务。

3. TOP 公司线上业务占比继续扩大。调查显示，在 40 家公司中，线上业务占 79%，其中，20 家公司以数字化传播业务为主，2 家公司以活动代理及执行为主，18 家公司以传播代理及执行为主。由此可见，数字化传播业务是 2023 年度公关市场的主要业务类型。多数公司逐步寻求转型，并减少活动代理及执行业务，线上业务增长的趋势未来将持续。

4. TOP 公司利润下滑，最具成长性公司营业利润微幅增长。与 2022 年相比，2023 年 TOP 公司的年均营业额保持略有增长的情况，年均营业利润为 1.2 亿元，同比下降 14.3%。2023 年最具成长性公司年均营业额为 11 370.2 万元，同比增长 5.3%，年均营业利润为 2 376.7 万元，同比增长 2.1%。

5. 事件营销和短视频营销依然是公共关系行业的重要服务手段。调查显示，40 家公司在新的服务手段应用进展方面，事件营销、意见领袖管理、舆情监测、娱乐营销、客户关系管理、企业社会责任方面有所加强。其中，36 家公司开展事件营销，34 家公司开展短视频营销，26 家公司开展意见领袖管理，15 家公司开展舆情监测，14 家公司开展危机管理，13 家公司开展娱乐营销。

6. 人力成本增加给行业带来一定的运营压力。调查显示，虽然 2023 年度 TOP 公司的年均利润下降，但年平均工资为 17 132 元/月，同比增长了 4.8%；客户经理平均工资为 15 014 元/月，同比增长了 1.1%，应届大学生转正平均工资为 6 938 元/月，同比增长了 2.5%。与 TOP 公司不同的是，最具成长性公司年平均工资为 14 884 元/月，同比下降了 8.8%，客户经理平均工资为 15 239 元/月，同比下降了 14.4%，应届大学生转正平均工资为 6 513 元/月，同比下降了 4.6%。这也是最具成长性公司营业利润略有增长的一个原因。

人员成本增加是公共关系行业的一个明显趋势，加上企业在同等公关预算下，要求提供更多的服务内容，这些都导致了行业利润进一步收窄，公关公司运营面临较大压力。

中国公共关系行业面临如下挑战：

1. 行业竞争加剧，分化趋势明显。TOP 公司营业利润出现下降，代表竞争进一步加剧。最具成长性公司营业利润虽有一定的增长，但这是以压缩成本、收缩业务为代价的，并不利于长期的布局与成长。此外，TOP公司之间也呈现明显的分化特点，一部分公司依旧能保持稳定的增长，但也有部分公司营业规模下降幅度较大。相比本土公关公司，国际性公关公司由于具有全球协同效应，业务上具有相对的稳定性与可持续性。

2. 线上业务是大方向，线下业务开始回归。过去几年受疫情影响，线上业务需求激增，比如短视频传播、直播带货、网上教学等相关业务需求不断增加。疫情过后线下服务开始回归。此外，旅游和活动传播等线下业务已经全面恢复。新质生产力产业的快速发展为公共关系行业开辟了新的边界和空间。

3. 人工智能技术的广泛应用给行业带来机遇和挑战。越来越多的公关公司通过人工智能技术挖掘潜力，一些公司通过AIGC技术降本增效，但人工智能技术并非公共关系行业的专利，公关机构扮演的角色没有发生太大变化，如何通过技术更好地服务客户，既是机遇也是挑战。

4. ESG发展理念已逐渐由政府主导向企业自身选择转变，越来越多的企业在实现创新发展、协调发展和绿色发展方面有新突破，为推进中国式现代化注入了新动能、开辟了新场景。企业在ESG领域方面的公关支出正在成为行业新的增长点。

5. 资金问题依然是公关公司发展中面临的难题。公共关系行业主要服务对象集中于大中型企业，导致提供专业服务的公关公司在结算方式上处于劣势，较长的赊销账期及垫资等问题，使得公关公司资金上面临压力，再加上运营成本不断攀升，一定程度影响了公司财务健康和做大做强。在外部融资方面，融资难、融资贵也是公关公司面临的挑战。

作为行业组织，中国国际公共关系协会始终致力于中国公共关系行业的国际化、专业化、规范化。面对复杂的国内国际形势，中国国际公共关系协会将与全行业共同面对挑战，推动行业成长和提升行业社会影响；继续与政府部门、国内外行业组织等保持沟通，让全社会了解和重视公共关系的作用；继续推进公共关系的业务整合和资本运作，探索多种渠道的融资模式，推动更多的优秀公关公司做强做精；鼓励公关公司在通过创新模式等手段发展壮大的同时，承担更多的行业责任和社会责任。

资料来源：中国公共关系业2023年度调查报告．（2024－05－16）．https://www.chinapr.com.cn/upload/gongguan/file/20240516/1715848582500001.pdf.

思考题：

在当今行业背景下，你认为公关组织机构和人员可怎样应对？

第 3 章

企业公关与政府公关的公众对象

组织所面对的公众是一个大的群体，包括许多具体的类型。公共关系活动不一定针对公众整体，可能针对某一种或某几种类型，或针对某一类型的某一部分公众展开。一般来说，有多少公众就有多少类公共关系对象，但由于各类公共关系对象往往有较多相似之处，故可从大处着眼，把公共关系对象划分为几个主要大类，这里主要介绍公共关系工作中常见的目标公众对象。在不同环境下，公共关系策略和技巧应有所区别，只有这样才能取得理想的公共关系效果。

第 1 节　企业公关的公众对象

一、雇员关系

（一）员工是企业的财富

世界上人是第一宝贵的。西方的企业家早就认识到了这一点，他们把雇员看作企业的财富。

雇员是指根据劳动合同，为雇主工作并领取报酬的个人。雇员关系是指组织在管理过程中形成的人事关系，其中包括组织机构中上下级之间的关系，各个职能部门、科室、班组之间的关系，以及员工之间的关系。

员工是组织的主体，是组织赖以生存和发展的细胞，他们的思想和情绪无时无刻不在影响着组织的运行，组织的存在价值和发展目标、组织向社会提供的优质产品和服务都要通过他们身体力行去实现。一位经理这样说：“一群人在一起工作，其效果并不总像数学公式一加一等于二那样简单。两个人协力的结果，可能三倍甚至五倍于个人的力量。相反，如果不互相协助，效果可能是零。”成功的组织能够激发群体中每一个成员的智慧和潜能，把各种分散的力量凝聚成一股强大的合力。可见，良好的雇员关系是组织凝聚的黏合剂。

员工是组织形象的设计师和创造者，是组织与外部公众接触的触角。他们每天工作在生产经营的第一线，他们的衣着、风貌、举止、言行都是组织形象的体现和象征，他们和蔼可亲的态度、热情周到的服务、正直诚实的美德将给组织带来无穷的效益。为此，企业要善待员工，提高其收入和个人价值。正如习近平所指出的，“人们到企业就业就是为了取得收入，收入低于预期、低于市场决定的平均工资，就招不来人。”[①] 每一位员工都是组织中的“兼职”公共关系人员。良好的雇员关系有助于培养员工的主人翁意识，使人人珍惜组织的信誉和形象，从根本上改善和提高组织的素质，使组织真正做到内求团结、外求发展。

现代公共关系首先是促使组织把自身的工作做好，然后才是对外沟通传播。要把自身的工作做好，首先需要员工团结，共同努力。因此，协调雇员关系，培养员工的认同感和归属感，增强组织的向心力和凝聚力，就成为公共关系工作的起点。

（二）处理雇员关系的艺术

1. 加强双向沟通，实现信息共享

信息沟通是指信息在人们之间、组织之间，通过语言、文字、图形以及感情、态度等形式传递。人际关系紧张往往源于误会，大多数误会又是由于人们彼此之间缺乏有效的沟通产生的。员工作为组织的一分子，如果对组织的情况不了解，特别是对与切身利益相关的信息知之甚少，便会产生猜疑、烦恼、对抗的心理和行为，从而造成人们之间的隔阂、争斗和内耗。实行信息共享，既是为了形成良好的人际关系，又是为了使员工在认识上和行为上与组织的根本目标保持一致。

组织内部的信息沟通是多向的，既有纵向信息传递、横向信息传递，又有立体交叉式信息传递。

纵向信息传递是指组织内部上下级之间的双向信息交流，即通常所说的“上情下达”和“下情上达”。纵向信息传递可以使组织的意图和员工的要求达到和谐统一，从而形成上下一心、同心协力的局面。

为此，组织应该充分利用各种传播形式，如杂志、小报、通讯、简报、墙报、广播等，向员工介绍本组织的盈亏情况，领导层的人事变动，奖金、红利或福利政策，以得到员工的理解和支持；介绍本组织在生产、技术、质量、销售等方面的困难，竞争厂家的挑战与影响，以及外部对本组织的评价，以增加员工的危机感和紧迫感，增强员工的斗志和对本组织的忠诚；介绍组织领导者和先进人物的工作业绩，以增强员工对本组织的信心和个人荣誉感；介绍企业的新产品、新技术和新设备，以培养员工在信息时代的激烈竞争中保持不败的信念。同时，还需要将员工的情绪、意见、抱怨、要求、流言或建议及时归纳、整理，反映给领导层或有关部门，作为决策和工作的依据。

---

① 习近平．习近平谈治国理政：第二卷．北京：外文出版社，2017：77.

横向信息传递是指组织内部各部门、各层级之间的平行信息交流。横向信息传递可以沟通各部门之间的信息，拓宽管理人员的视野，支持彼此的工作。员工之间的信息传递可以增进友情、团结合作；管理人员之间的信息传递可以协调职能、互相支持；领导成员之间的信息传递可以促使彼此体谅、贯彻政策。横向信息传递的方式有很多，如郊游、联欢、体育活动、舞会等，都可以增进情感交流。日本人每工作 25 小时，就有 1 小时用于工作之余同团体内部其他人员进行交际，他们认为工作后的活动可以解决工作中的冲突。

立体交叉式信息传递是指组织各类人员，不分上级和下属，都以群体一分子的平等身份进行交往。这是一种开放式的交往，可以打破部门的界限、职务的隔阂，在组织中从上到下创造一种相互理解、相互信任的和谐气氛，使组织充满活力、富有朝气，从而达到“人和”的境界。

2. 建设企业文化，增强组织内聚力

企业文化是指一个企业及其员工所具有的一整套价值观体系，包括相互联系、相互依存两个方面。就“软”的一面来看，是指员工的思想意识、精神风貌和价值观；就“硬”的一面来看，是指决定企业价值观的各种具体活动，如技术活动、福利活动和娱乐活动等。企业文化是一种无形的管理方式，它可以使人改变原来只从个人角度思考，树立一种以企业为中心的共同价值观，从而使企业产生一种强烈的向心力，培养良好的集体意识。具有强烈集体意识的企业员工会对企业所承担的社会职责和企业目标有深刻的理解，从而自觉地约束个人的行为，使自己的言行与企业整体联系在一起。这样，企业的各项工作就能有机地联系起来，合力运转。

内聚功能是企业文化最显著的一种功能，它把员工的意志和行为引向同一目标，并为这个目标而协同行动。同时，具有优秀企业文化的企业向社会展示了它良好的管理机制、经营素质和企业风貌，无形之中向市场提供了它是可以信赖的信息，这就使企业塑造了良好的整体形象，树立了良好的市场信誉。

因此，有人将企业的经济与文化作为同一共同体的两个侧面来分析，把企业文化看作相对于经济的另一只“看不见的手”，它能通过明确的经营宗旨、深层次的意识行为准则、公开和非公开的暗示，渗入人们的心中，取得人们的共识，指导人们的行为，在企业深层的精神文化层面发挥凝聚人心的功能。

3. 掌握用人之道，增强组织的向心力

组织的员工是“社会人”而不是“经济人”，他们生活在复杂的社会机体中，除了要满足经济方面的需求，还受到社会环境、社会组织及家庭的影响，追求友谊和爱情，要求生活得充实、愉快，渴望实现自身的价值和受人尊重，因此，卓越的中外企业都非常注重满足员工的精神需求。

聚力必聚心，聚心必先尊重人。因此，搞好雇员关系，必须从确立个体价值入手，使团体中的每个成员都能在团体中充分展示自己的个性，追求和实现个人的价值，这样才能增强企业的向心力，通过许许多多的个体活动去实现组织的整体目标。

公关视角 3-1 海尔智家海外员工的“亲和网络”

海尔公司的做法很值得借鉴。跨国企业要营造包容的工作环境，对员工给予充分的关怀，这样才能鼓舞人心，充分调动人的积极性。

4. 创造家庭气氛，协调与非正式组织的关系

组织的成败固然有赖于管理水平的高低，也有赖于情感维系作用的强弱。现代组织非常重视建立家庭般的情感，将浓厚的人情味注入企业管理之中。培养融洽的气氛，即除了工作，还对员工生活的各个方面给予积极关心，使员工感到在组织之中犹如在家里一样，有一种安全感、舒畅感和归属感。

组织中一般存在一些非正式组织，如同乡会、同学会、兴趣团体等。非正式组织是一些自由、松散的人际活动圈子，是以感情为纽带、以追求共同利益为目标而自发聚合形成的组织。相比自上而下正规的组织系统，非正式组织的联系更亲密、更有效、更富有弹性。一方面，非正式组织在组织管理和公共关系工作中具有积极作用，可以发挥沟通意见、稳定情绪、互帮互学的作用；另一方面，有不可忽视的负面作用，容易传播流言蜚语，带来“哥们儿义气”，削弱正式组织的控制力与影响力。因此，要发挥非正式组织的积极作用，避免消极的影响，就要靠公共关系人员引导、协调和疏通。

公共关系人员与非正式组织打交道，首先，要重视意见领袖的作用，因为意见领袖在非正式组织中有号召力和影响力，他们往往会获得他人的尊重和信任。因此，要利用他们的威信引导非正式组织，使其行为趋向与组织保持协调一致，成为正式组织的有效补充。其次，要避免非正式组织的消极作用和破坏作用，就必须加强同非正式组织成员的感情联系，和他们交朋友，使他们信服，而不是压制他们。压制只能使他们产生对立情绪，甚至转变为对抗关系。只有利用情感交流和信息沟通，才能形成良好的工作情绪和气氛，形成和睦的人际关系。最后，要注意防止组织内部小道消息蔓延，因为小道消息的传播会对正式组织的信息传播造成干扰和破坏，影响组织的统一和一致。

二、消费者关系

（一）让顾客满意活动的经营意识

消费者关系即企业与本企业的产品和服务的购买者、消费者之间的关系，在现代社会中，泛指一切物质产品和文化产品及服务的供应者、生产者与购买者、消费者之间的广泛联系。在激烈的市场竞争中，越来越多的企业努力探寻有效的经营途径，以服务顾客为准则，确定了以顾客为导向的经营哲学。因此，让顾客满意（customer satisfaction，CS）活动在全球兴起，成为20世纪90年代公共关系的热点。

公关视角 3-2 海尔智家“没有对手，只有用户”

美国学者的调查表明，每有一名通过口头或书面形式直接向公司提出投诉的顾客，就有 26 名保持沉默的感到不满意的顾客。这 26 名顾客中的每个人都会对另外 10 名亲朋好友传递不满意的信息，在这 10 名亲朋好友中约 33%的人会再把这个坏消息传递给另外 20 人。换言之，只要有 1 名顾客不满意，就会导致 26＋(26×10)＋(26×10×33%×20) 人，即 2 002 人不满意。因此，现代企业清醒地认识到：让顾客满意是经营的宗旨。

顾客至上的经营意识，其核心是使顾客满意。顾客满意表现在顾客重复购买的程度上，这种重复购买不仅仅体现在由顾客满意而产生的个体直线效应上，更重要的是体现在由 1 名顾客的满意而产生的 2 002 名顾客的群体网状效应上。顾客就是效益，谁拥有顾客，谁就拥有发展的机会。

(二) 处理消费者关系的艺术

1. 塑造为顾客服务的形象

当今世界上经营卓越的组织，不论它们是机械制造企业，还是高技术企业，抑或是生产汉堡包的食品企业和迪士尼乐园那样的游乐场所，都以服务业自居，努力塑造为公众提供优质服务的形象，以争取社会各界的信任和支持。例如，法国名牌爱马仕历经百年，经久不衰，这同它树立了良好的服务形象是分不开的。爱马仕的商标是一辆四轮马车，据说这个图案的寓意是：马车由主人自己驾驭，产品供顾客自己享用。其目的在于使企业接棒人务必牢记要使产品适应顾客不断变化的需要。这个百年品牌至今已创出 3 万多种精品，仍以每年 300 多种新品的速度持续成长，它的成功主要在于能够围绕“马车寓意”创建服务公众的形象。

良好的顾客关系是企业发展的原动力，能够为企业带来直接的利益。一个企业的存在价值在很大程度上取决于其产品或服务能够得到顾客的接受和欢迎。“顾客第一”“顾客至上”“顾客是衣食父母”“没有顾客就没有企业”等都说明了顾客对企业的重要性。百事公司世界饮料部主任罗杰斯·安瑞说：“如果你确实做到了以顾客为中心，为顾客提供他们所需的服务，那么其他的一切便不在话下。”

2. 提供优质的配套服务

对于现代消费者来说，产品本身的使用价值固然重要，产品所体现的审美价值和附加价值将是左右消费者购买的最终因素。顾客购买产品，实质上是购买他从产品中期望得到的一系列利益和满足。美国市场营销学家里维特教授说过：“未来竞争的关键，不在于工厂生产什么产品，而在于产品所提供的附加价值：包装、服务、广告、用户咨询、消费信贷、及时交货和人们以价值来衡量的一切东西。”如果企业只注重提供有形的物质产品而忽视精美科学的包装、真实通达的广告、广泛耐心的咨询、迅速完备的维修等多种服务，它所提供的产品就不是完整的产品而是残缺的产品。这样的企业对顾客和社会不负责任，在未来的竞争中，必定会失去顾客的信赖，最后陷入生存危机。因此，良好的消费者关系在于把对顾客的诚意贯穿于售前和售后服务的整个过程中。

3. 对消费者实行科学管理

对消费者实行科学管理，即通过消费教育、消费引导和完善的销售服务，把广大松散的消费者组织起来，使他们改变盲目被动的消费习惯，形成积极、自觉、科学的消费意识，使他们成为企业产品与品牌的拥护者、爱戴者。这种方法也称作消费者系列化。这是一种蓄水养鱼的方法，它致力于培养本企业稳定的顾客群和稳定的市场关系。

消费教育的形式有很多，主要包括：为顾客和公众提供指导性手册和刊物，举办操作演示会或实物展览会，帮助用户、顾客认识和熟悉新产品的性能、技术等；举办培训班，培训销售人员和顾客掌握使用和保养产品的知识；向报纸、杂志、广播电台、电视台、网络等媒体提供有关新产品的介绍资料；开设咨询服务中心等回答公众的问题。

公关视角 3－3　蕉内的精细化运营

要建立企业与消费者的稳固关系，必须先筑塘蓄水，然后将千万条游进塘里的鱼养起来。上海新兴服装商厦就是采用了这种方法，它平时非常注意收集顾客信息，建立顾客档案，维系同顾客的联系，每到换季时节，商厦都会为顾客寄去印制精美的问候卡和彩色时装折页，上面印有十几种该店新近推出的时装精品图片。这种走进人心的问候和富有人情味的软性推销，的确是一种抵挡不住的诱惑。消费者系列化是一种长期的较高层次的公共关系活动。所谓蓄水，就是要坚持不懈、锲而不舍地投入，使企业与消费者的关系犹如“鱼水之情”。今后的市场竞争实际上就是争取消费者的竞争，得人心者才能得到市场。

4. 与消费者保持通畅的信息渠道

企业要建立与消费者的良好关系，就必须与消费者保持通畅的信息交流，以了解和掌握消费者的消费需求、消费心理和消费习惯，做好市场预测。习近平指出：“在新发展格局下，中国市场潜力将充分激发，为世界各国创造更多需求”，“中国经济的不断发展，中国人民对美好生活的追求，将对来自世界各地更加多样化高品质的产品、技术、服务产生更多需求”。①

沟通信息的基本手段有：进行舆论调查，利用信息反馈，把有关信息及时地报告给企业的有关部门，并协同有关部门，进行全方位的公共关系活动。

5. 及时妥善处理顾客投诉

公关视角 3－4　小米的 DIY 路由器

在现实中，消费者同组织发生冲突、纠纷以及产生隔阂是常见的。如在流通领域中，消费者认为企业销售的产品以次充好、以假冒真，刊登名实不符的广告；在服务领域，消费者认为服务人员态度粗鲁，服务设施与

---

① 习近平．习近平在亚太经合组织第二十七次领导人非正式会议上的讲话．北京：人民出版社，2020：6.

收费标准不符等。如果问题无法得到合理解决，消费者可能投诉，或诉之于司法机关，或通过新闻传播媒介披露，这就发生了企业同消费者的纠纷。

企业在处理同消费者的纠纷时，首先要做到善于倾听消费者的意见。情绪激愤的投诉者可能使用尖锐的措辞，公共关系人员应平心静气地听取顾客投诉，尽量让他们倾吐不满、宣泄郁闷，这样会起到“降温”和“灭火”的作用。

无论顾客采用何种批评方式，公共关系人员都要以他们所提的意见为线索，对事实进行调查，在查清事实的基础上，与顾客充分交流意见，达成谅解。纠纷的处理和解决要努力使顾客满意，对顾客的承诺一定要及时兑现，从而呈现出一个虚心听取消费者批评、对公众负责的企业形象。

三、媒介关系

（一）媒介关系的重要性

媒介关系也称新闻界关系，是指组织与新闻传播机构（包括报社、杂志社、广播电台、电视台及各种网站）以及新闻界人士（包括记者、编辑）等的关系。新闻媒介是组织与社会公众联系的最主要渠道，也是组织最敏感、最重要的公众之一。

对于公共关系人员而言，新闻媒介是特殊公众，它既是公共关系人员实现公共关系目标的重要媒介，又是公共关系人员必须尽力争取的重要公众。新闻媒介有着不可忽视的特性，它传递信息迅速、影响力大，可以左右社会舆论，影响和引导民意，对社会的经济、政治局势的变化具有不容忽视的作用。新闻媒介在欧美被看作除立法、司法、行政三大权力之外的“第四权力”。任何组织和个人都不能轻视新闻媒介这一重要舆论工具。

新闻媒介对于组织的发展具有举足轻重的作用。

首先，新闻媒介是塑造组织形象的“把关人”。新闻媒介充当公众的卫士，它们利用手中的传播工具和舆论的力量维护公众的利益；新闻媒介通过记者对组织的采访，收集经济新闻，对企业的生产、经营活动和产品质量进行报道和评论。由于舆论对社会组织的发展有不可低估的影响，因此，新闻媒介对于社会组织而言非常重要。

其次，新闻媒介是组织与外界进行沟通的中介。新闻媒介可以为组织发布广告，介绍新产品，传播新技术；参与并报道组织举行的新闻发布会，扩大社会影响，提高组织知名度。特别是现代化新闻媒介形式多样，已使公共关系活动的信息能通过不同方式传递给公众，加之新闻媒介已成为现代生活的主要信息渠道，人们通过新闻媒介来理解、支持社会组织会更便捷。但是，公共关系活动对新闻媒介的使用必须通过新闻界人士的协助才能做到，因此，与新闻界人士建立广泛而良好的关系，是成功运用新闻媒介的必要前提。

最后，新闻媒介对于组织具有反馈信息的功能。新闻媒介可以帮助和监督企业的经营，对企业内部的管理人员、销售人员以及广大员工起着鼓舞士气或教育警戒的作用。

因此，任何企业和社会组织都应该重视新闻界的批评监督作用，把舆论作为一种参照来矫正、修改自己的言行。

（二）处理媒介关系的艺术

1. 尊重新闻界的职业特点

新闻界人士也是组织的公众之一，组织对待其他公众所秉承的相互尊重、平等、互相促进等宗旨也应在新闻界关系中体现出来。组织要与新闻界建立良好的关系，必须注意的一点是，公共关系人员与新闻记者的目的和职责并不相同，有时甚至是矛盾的。在这种情况下，必须尊重新闻界的职业特点，新闻界的职业特点是重视新闻报道的客观性、及时性和公正性，不受其他因素左右。尊重新闻界的职业特点，就必须尊重新闻记者的独立性，不能把新闻媒介看成纯粹是宣传企业的工具，诱使或强迫它们报道有利于本组织的消息，拒绝报道不利于本组织的消息。

2. 加强与新闻界的合作与联系

组织公关部门与新闻界之间应该建立相互合作的关系。在实际工作中，公共关系人员和新闻记者是互为中介的。一方面，公共关系人员需要通过新闻记者把组织的信息及时、准确地传递给公众；另一方面，新闻记者也需要通过公共关系人员来了解有关组织的信息，发掘具有新闻价值的素材，丰富新闻报道的内容。组织在平时就应积极主动地与新闻界保持联系，有意识地了解新闻报道的重点和新闻界的动向，向新闻界介绍企业的特点和成就，以便及时提供对方需要的、具有新闻价值的消息。为了更好地配合新闻界的工作，组织的公共关系人员应该做好如下工作。

（1）了解和熟悉各种媒介和新闻体裁的特点。这样就能有针对性地提供符合传播要求的新闻稿，提高稿件的采用率。同时，还应努力协助新闻媒介的工作，如帮助它们找到合适的采访对象，提供必要的摄影环境和录音条件等。

（2）主动、及时地向新闻媒介提供组织的信息，创造机会展示自己，借此扩大组织的影响。组织可以安排熟悉新闻界和新闻业务的人员专职负责与新闻界联系，要求其经常收集新闻界的各种动态信息，并全面掌握组织的情况，准确地回答记者的问题，真正成为组织的“对外发言人”。

（3）建立与新闻界的友好关系。组织可有计划地邀请新闻界人士参观本组织，举行记者招待会以增进新闻媒介对组织的了解，让新闻媒介对组织的情况和发展心中有数，在组织发生重大新闻时，特别是出现危机情况时，能以公正、客观的立场采访和报道组织的消息。组织还可举办与新闻记者的联谊活动，包括座谈会、讨论会、晚会、舞会、联欢会等，促进了解，增进友谊，为相互之间的合作奠定良好的基础。特别是当新闻媒介遇到困难时，组织应全力相助。要树立这样一种思想：帮助新闻媒介就是帮助自己。

公关视角 3-5 邀请媒体记者“走进中国石化”

3. 真实传播组织信息

新闻界的大忌就是新闻失真，在组织与新闻界的交往中，要特别注意真实地反映信息，做到不隐恶、不溢美、实事求是，新闻界应客观地报道组织的信息，这才是真正的合作与支持。有时组织也会出现一些对形象和名誉不利的“家丑”，如决策上的失误、经营管理上的缺陷、产品质量上的问题，对此不能采取遮遮掩掩的态度，应主动与新闻界沟通，充分利用新闻媒介对社会舆论的影响，把事实真相如实地反映出去，并把自己的改正措施公之于众，争取社会公众的谅解与支持，把组织的声誉损失降到最低限度。

四、社区关系

（一）搞好社区关系的必要性

社区是一个社会学概念，指的是聚集在某一地域中的社会群体、社会组织所形成的一种生活上相互关联的社会实体。社区关系是指组织与周围同处这一区域的其他组织和个人的关系，也称区域关系或地方关系。在社区中，与组织发生直接和间接联系的社会组织十分广泛，包括地方政府、工厂、机关、学校、商店、旅馆、医院、公益事业单位以及众多的居民群众。

远亲不如近邻，社区是组织的根基所在，对组织的影响很大，是组织公共关系工作中不容忽视的一个环节。

首先，在现代社会中，组织不是单纯的技术、经济实体，而是整个社会的一部分。组织只有在技术、经营和公共关系三个方面保持平衡、协调，才能获得发展。组织的生产经营活动需要社区的各种社会服务，如交通运输、水电供应、治安保卫、邮电通信、消防等；员工和家属的日常生活也要依赖周围的商店、医院、幼儿园、学校及其他社会公益部门。因此，搞好社区睦邻关系，不仅可以增强员工的安全感，消除他们的后顾之忧，而且为组织的正常运行提供了良好的外部环境。如果没有良好的外部环境，企业的生产经营活动会受到影响，组织的信息流、人员流、物流都无法畅通。

其次，组织作为社区的公民，需要遵守地方的法律法规，如企业必须向税务部门上缴各类税金；组织的每一项新政策也必须得到地方政府的协助与支持才能顺利施行。每一个组织都希望政府能对自己的生产和经营加以扶持，如提供优惠政策等，以便更好地计划、控制、管理组织，使之正常运营，这都需要一个良好的社区关系。没有一个宽松的外部经营环境，政策、业务、经济、生活方面的种种矛盾和纠纷会纷至沓来，给组织增添无尽的困扰。

再次，组织的新员工主要来自周围的居民区，这种“就地取材”的方法不仅可以节约外地招工所需的大量的吃、住、行费用，而且可以帮助吸纳本地区的待业人员，提高就业率，减少犯罪因素，促进社区安定，加深同社区居民的感情联系。因此，提高社区的教育、文化水准，改善社区的生活环境，是组织义不容辞的责任，这不仅能为社区居民造福，而且可为组织本身培养一批素质高、有教养、热心本组织的后备员工队伍。

最后，组织作为社区的一个细胞，必然会对社区的肌体产生影响。每一个组织都应是繁荣社区经济的主体，担负着创造物质财富、增加有效供给、活跃商品市场、扶助公益事业的重任。社区繁荣了，就能为组织创造良好的生存和发展环境，为组织的员工提供良好的生活环境；危害社区的利益，组织将陷入无法生存的境地。

（二）处理社区关系的艺术

1. 创办和扶持社区公益事业

社区公益事业的开展除了依靠地方财政拨款，主要依靠社区的企业组织。组织可以通过提供资金和劳务等形式来创办和支持各种公益事业和公益活动，如集资、捐款兴建学校、医疗、体育、卫生、福利等设施，赞助文化、体育娱乐活动，参加社区各种义务劳动等。组织的公共关系部应该结合本组织的实际情况，做好资助和捐款预算，争取用最少的投资获得最大的效益。

2. 为社区创造良好的生态环境

组织作为社区的一员，应该自觉地保护环境，有效地控制“三废”，防止社区的空气、水、土地受到污染。习近平指出：“绿水青山就是金山银山。要大力倡导绿色低碳的生产生活方式，从绿色发展中寻找发展的机遇和动力。”① 组织还应进一步帮助社区美化环境，例如，文明生产、美化厂区；种植树木花草，搞好社区绿化；修建街心花园，创造舒适怡人的休闲场所；修桥筑路，改善社区交通等。这些活动一定会受到社区的欢迎。

公关视角 3－6 康师傅的低碳公益营销

3. 为社区增添荣誉

每一个社区都希望自己的区域中能出现一个夺人眼球的标志。如果社区中有成功的企业、生产著名品牌产品的工厂、不断创新的高科技企业、财力雄厚的银行、世人瞩目的高等学府、购物方便的百货公司等，会令社区居民感到荣耀。组织作为社区的公民，应该努力为社区争得荣誉，使社区居民为有这样的“家庭成员”而感到无比欣慰和自豪。

4. 维护社区的安全

组织应尽力为社区提供就业机会，帮助社区消化待业人员，增加社区和谐亲善的气氛，减少不安定因素。组织还可设立一些专门的治安保卫组织，如消防队、救护队等，协助和配合社区处理一些突发性的灾难事故，为社区排忧解难。

5. 对社区开放参观

组织可以敞开大门，邀请社区各界前来参观。要使参观活动具有特色，要给参观者

① 习近平. 习近平外交演讲集：第二卷. 北京：中央文献出版社，2022：319.

留下深刻的印象，并且要通过开放参观树立本组织的良好形象，增进公众对本组织的了解和信任，消除误解和偏见。

6. 加强同社区的情感交流

组织要培养同社区公众的良好感情，必须建立有效的沟通方式，以便及时地了解社区的意见和态度，并使组织的意见迅速、准确地传播出去。沟通的方式可灵活多样，如邀请地方政府官员以及各企业、商店、居民区的代表一起聚会，以增进了解，赢得合作与支持；放映电影、录像，举办音乐会、舞会以及体育活动等，借此丰富社区的文化生活，扩大组织在社区的影响。

公关视角 3－7　爱心企业参与社区“百家宴”

从长远来看，组织开展社区公共关系活动，处理和调节好同社区的关系是一种战略性投资，最终将为组织的发展带来丰厚的回报。一些企业为了生存和发展在市场上攻城拔寨，实际上就是对一个个有形社区的占领。

公关视角 3－8　国家能源集团的社区公关

五、股东关系

（一）股东关系的公众对象

股东，即企业的投资者。股东关系也称金融公共关系或财务公共关系。股东关系所包含的公众对象常见的有五类：第一，董事会，其成员一般是占有股份较多者，或社会名流，他们由股东选举出来，代表股东管理企业。第二，持有可转让和可买卖股票的“纯粹”的个人股东，他们分散在社会各个阶层，不直接参与企业经营，但关心企业的盈利状况。第三，股东与员工相结合，即员工购买本企业的股票，他们的利益与企业的利益联系得最紧密。第四，在我国还有通过国有（或集体）企业之间横向联合或集资产生的集体性股东。第五，外国投资者。他们很少参与或完全不参与企业的日常生产经营活动，但具有一定的权力，如选举董事会，制定规章制度，提议修改章程，减少或扩大投资等。由于股东关系涉及企业的权源和财源，与企业的生存和发展休戚相关，因此，处理好与股东的关系就成为企业公共关系的重要内容。

公关视角 3－9　贵州茅台不忘回报投资者

改革开放以来，我国企业的财源及所有制形式由单一向多元发展。随着改革的深入、公众投资意识的增强和投资需求的形成，企业面临重要的课题：如何运用公共关系手段去吸引广泛的社会资金来办企业？如何与广大的股东公众保持有效、良好的沟通，以稳定和扩大企业的财源？例如，股份制可促使企业的投资多元化、市场化、社会化，也使企业的投资关系复杂化。良好的股东关系可以使现有和潜在股东了解企业、信任企业，创造良好的投资环境，稳定和扩大股东队伍，最大限度地满足企业的生产经营对资金的需要，扩大企业的社会财源。

随着股东队伍的迅速扩大，企业势必要倾注更大的精力来处理好与股东的关系。对于企业来说，资金就像肌体中的血液，股东则是制造血液的骨髓，失去了骨髓，也就中断了血液来源，企业的生命就会结束。良好的股东关系可以使企业获得充足的资金，发挥股东的“造血功能”，使企业始终处于朝气蓬勃的状态。建立良好的股东关系，要加强企业与股东之间的信息沟通，提高企业的信誉度、知名度、可靠性和发展能力，创造一种通力合作的融洽气氛和良好的投资环境，稳定已有的股东队伍，争取潜在的投资者。

（二）处理股东关系的艺术

1. 激发股东的主人翁意识

股东与企业之间不是单纯的投资-分利关系。股东从购买企业股票之时起，便与企业有了一种“血缘”关系。一般来说，投资者通过购买和持有企业的股份，表明了他们对某项事业、某个企业的信心和信任，因此，要特别注意和尊重股东的这种感情，把他们看作企业的主人，激发他们的主人翁意识，鼓励他们关心企业的活动，把股东利益与企业利益紧密结合起来，使股东成为企业经营活动中的积极成员，这样才能促使他们保持对企业更高的投资兴趣。

很多企业在发给股东的公共关系杂志上报道公司新产品时，总是客气地说道：“首先我要把这令人兴奋的消息，奉告各位老板。”这样的字句从细微处入手，既满足了股东的主人翁意识，又联络了与他们的感情，使他们能与企业荣辱与共、同舟共济。

2. 让股东成为推销伙伴

股东购买股票，往往不仅源于他们对企业的信心和信任，而且带有某种程度的情感倾向。因此，股东不仅是企业的投资者，也可成为企业最忠实的顾客，成为与企业同舟共济的推销伙伴。股东公众分布广、影响面大，加上利害相关，一般都对企业有高度的责任感。他们本身就是企业最忠实的顾客，还会积极鼓动其亲友购买企业的产品，这样就会形成一个可观的潜在市场。因此，应该鼓励和吸引股东积极参与企业的生产与销售活动，充分利用他们广泛的社会关系来扩大产品的销售网络。

要想使股东成为企业的顾客和推销伙伴，必须首先让他们了解企业的产品。为此，许多企业都开展了给股东寄送产品样品的活动。一方面，让股东有机会最先享用企业的新产品，充分显示股东所拥有的“特权”；另一方面，通过他们的关系网为企业争取到更多的客户。

3. 与股东保持有效的沟通

建立良好的股东关系，关键在于与股东保持有效的沟通。沟通的内容有两方面：一方面，公共关系人员要定期向股东报告企业的经营状况和有关信息，如企业的重大决策、经营上的政策方针、人事上的重大变动、新产品的开发试用、资金的流动状况、股利的分配政策以及盈利预测和各种有关的统计数据，增进股东对企业的了解，使股东看到企业的发展前景，保持对企业的乐观态度，愿意持有股票甚至追加投资；另一方面，公共关系人员要及时收集股东本人的情况，他们对企业的态度、意见和建议，对企业产品和服务状况的评价，他们所知道的社会上对企业的看法，他们的投资兴趣和希望等，并及时把这些信息反馈给决策部门，作为企业经营和公共关系工作的依据。

为了实现企业与股东之间更好的信息沟通，公共关系人员通常采用以下沟通方式。

（1）年度报告。年度报告是企业与股东的信息沟通的重要手段。年度报告通常包括财务、生产、销售、人事行政等数据和信息，有些企业会在年度报告中分析国际市场机会，或向股东传递管理者对公共事务的观点和看法等。近年来，越来越多的企业推出企业年度社会责任报告，积极践行对社会应承担的责任与义务。

（2）股东会议。股东会议是一种面对面的交流沟通方式，是由总经理、董事、股东代表、各部部长参加，一起研究公司的情况，制定或修改长期规划，讨论巨额投资、新产品开发、投放市场时间、价格、设备投资等问题的年度会议。通过股东会议，公司可以与股东直接接触，信息传播迅速、准确。但是，一般只有居住地较近而且股份数量较大的股东才能参加，因此企业的决策往往不能全面反映所有股东的意愿。公共关系人员在召开会议的前一周，要把各种情况和建议邮寄或分发给股东，使他们有所准备。

（3）信函。有些公司在股东第一次购买其股票时，就发出欢迎信与他们建立联系。美国通用汽车公司就经常采用通信的方式争取股东的支持。每位新股东都会收到董事长的欢迎信，信中列举公司的主要产品，并请多多关照。在给股东派发红利时也附上一封信，上面写道："通用汽车是您的公司——请您多多使用并宣传通用汽车的产品。"

（4）定期发放调查表。为了及时收集股东的意见和建议，可采用发放调查表的方式来了解股东的想法，使企业决策者做到心中有数。如蓝鸟公司生产涂银灯泡，公司印制了调查表寄给股东，请他们协助征询产品意见并发展销售关系。结果，23%的股东寄回问卷，并附上不少有关产品的意见；还有 140 位股东表示愿意利用自己的影响力争取让一些用户使用蓝鸟公司的产品；有些股东甚至对自己所在地的情形进行了调查，向公司报告。

除了上述几种沟通手段，企业还可以利用各种自媒体向股东传递企业的信息，也可采用个别访问等方式进行联系。

六、政府关系

（一）建立与政府的良好关系

政府关系是指社会组织与政府各职能部门、政府官员和工作人员之间的关系，即社会组织与政府沟通的具体对象之间的关系。政府是国家权力机关，是对社会进行统一规划和管理的“大管家”。在政府这个庞大的机构下生存、发展的社会组织，总是和政府发生着千丝万缕的联系。政府对社会组织的生存和发展有着举足轻重的作用和影响。作为国家权力机关，政府通过制定和执行政策，制约和影响着社会组织的活动，例如在经济领域，企业在诸如税务、财政、金融、外汇、审计和统计、海关与贸易进出口管理、物资与能源的监控和调配、干部和人事、价格和市场管理、环境和生态保护、商标和专利、产品鉴定和商品检验等方面都要服从政府的管理。政府作为最具社会影响力和经济实力的社会组织，对某些社会组织的支持、援助和赞赏，往往能使其获得优越的竞争条件和有利的发展环境；对某些社会组织的批评、制裁，也会在社会上产生极大的影响。历时数年的以微软为被告的反垄断案尘埃落定，在法院和解判决送达后，微软立即做出积极的反应，对法院批准微软与美国联邦政府和九个州达成有条件的和解深表欢迎。微软声称：“这一和解案非常严厉但很公平。尽管该和解案向微软追加了多项义务，但我们仍能在和解案的基础上继续进行技术变革，向用户奉献划时代的新产品。尽管今后我们将受到来自政府和竞争对手的严密监督，但为了履行应尽的义务，我们将不惜投入时间、精力和资源。”一向骄横霸道的微软被旷日持久的反垄断案搞得焦头烂额，现在总算尝到了委曲求全的滋味。

任何社会组织都不能忽视与政府的关系。协调社会组织与政府之间的关系是公共关系人员开展外部公共关系的一项重要内容。与政府建立良好的关系常常会给社会组织带来意想不到的效益。

（二）处理政府关系的艺术

1. 与政府部门沟通信息

组织的公共关系人员应熟悉政府的法律、法规和政策，随时注意其变动和变化趋势，研究其适用范围，注意其变通性和灵活性，并提供给决策部门做参考，使之成为组织决策的依据，使组织的一切活动都在政策法律许可的范围内开展，并随时按照政策法律的变动来修改组织的政策和活动。公共关系人员可以通过汇编国家各级有关政府部门下达的各种文件、颁布的各种法令，密切注意代表国家和地方政府的各种新闻媒介的动态，同政府主管部门建立密切联系等方式收集信息。

另外，公共关系人员还应及时将组织的发展动态通报给政府主管部门，协助发现及纠正政策执行中出现的偏差和失误，同时争取政府的指导和帮助。如果政府的政策与下面的情况不符，也应及时反映，做好沟通。

组织应向政府有关部门传达的信息有：组织的基本情况和发展变动；组织的经济地位和技术地位及其对社会发展的影响；组织缴纳的税金及承担的社会责任和义务；组织遵纪守法情况；组织在执行政府计划过程中遇到的困难、发现的问题；组织需要政府部门在哪些方面提供帮助和支持等。

2. 与政府人员广为联系

处理政府关系，需要熟悉政府机构的内部层级、工作范围和办事程序，还要与各主管部门的工作人员增进友谊，保持良好关系。这样可以减少“踢皮球”和“公文旅行”的现象，提高办事效率。同时，当某个环节发生障碍时，能及时发现问题并设法疏通。

组织的公共关系部要协助组织与政府部门积极建立伙伴关系。一方面，公共关系人员要充分认识政府的职能，及时把组织的有关生产经营情况、发展规划、亟待解决的问题转达给政府，使政府对组织的基本情况有一个正确的认识，以寻求政策上、经济上的更多支持；另一方面，公共关系人员可以代表组织主动邀请政府部门参与组织的管理活动，把政府部门作为本组织的朋友，多征询政府部门的意见，让政府部门为组织出谋划策。

3. 提升组织在政府部门中的信誉和影响

要赢得政府的支持，就要争取政府有关部门的领导对本组织的重视。这就需要把握一切有利时机，提升本组织在政府部门中的信誉和影响，使政府了解组织对社会、国家的贡献和成就，如利用新厂房落成、新生产线投产、企业周年庆典、新技术和新产品问世等机会，邀请政府主管部门领导及党政要人出席组织的重大活动，主持奠基仪式或落成剪彩，参观新设备、新产品，通过各种专题活动，提高政府部门对本组织的信心和重视程度。组织还可通过新闻媒介向社会公众介绍组织的情况，借社会舆论来影响政府部门的决策。

此外，组织还可以同社会知名人士、社会团体的领袖、专家、学者等保持密切联系，让他们了解并理解本组织，通过他们的力量争取政府部门的支持。

七、名流关系

（一）建立名流关系的意义和作用

社会名流是指那些对公众舆论和社会生活具有较大影响力和号召力的有名望人士，如工商界、金融界的首脑人物，科学界、教育界、学术界的权威人士，文化、艺术、影视、体育等方面的代表人物，新闻出版界的意见领袖等。这类关系对象的数量有限，但在舆论传播中影响力很大。在现代社会，处理好组织与名流公众的关系，既可以充分利用名流的专长为组织的经营管理提供有益的意见，又可以借助他们的声望，提高组织的知名度和美誉度，扩大组织的公共关系网络，增强组织的社会影响力，在吸引公众注意、塑造消费理念上，往往具有事半功倍的效果。

1. 借助名流的社会声望

与社会名流建立良好的关系，可以借助他们较高的社会声望，提高本组织的知名度。社会名流具有较高的社会声望或是某方面的权威，或由于他们对社会的特殊贡献、突出成就等具有较高的知名度。此外，一般公众存在崇拜英雄的心理，组织若与社会名流建立良好的关系，就可以将本组织的形象同社会名流的声望联系在一起，利用公众崇拜名流的心理，提高本组织在公众心目中的地位。

公关视角 3-10

郭晶晶出任全棉时代代言人

全棉时代15周年暨棉田大秀中，邀请郭晶晶作为品牌代言人出席活动，并分享了公司在绿色工厂、绿色产品和可持续供应链等多方面的实践与成果，提高了全棉时代企业的知名度。

2. 借助名流的社会关系网络

组织若与社会名流建立良好关系，就能通过他们良好的社会关系网络为组织广结良缘。社会关系网络是分成不同层次和不同群体的，层次内、群体内（即所谓的圈子）的交往数量与质量都是高于层次间、群体间的。圈外人要进入圈内往往是非常困难的。名流在其圈子里通常是重量级人物，甚至是核心人物，有自己的社会关系网络，对于组织而言，这就是社会关系资源。有些社会名流虽然不可能为组织直接提供所需的专业信息和管理咨询，但由于他们与社会各界有广泛的联系，或对某一方面的关系有特别重大的影响，组织便能通过他们与有关公众疏通关系，扩大社会交往范围。

3. 借助名流的专长与知识

名流之所以成名，总是有原因的，尤其是工商企业界、科技教育界等的名流，他们在其专业领域往往有很深的造诣和较高的威信。与他们建立良好的关系，能充分利用他们的专长、知识为组织的经营管理提供有益的意见，在交往过程中还能获得广泛的社会信息及宝贵的专业信息，为组织增添知识与信息方面的财富。因此，组织搞好与名流公众的关系不仅可以提高自身的知名度，还可以利用名流的专长、知识、智慧和能力等，将其作为组织的“外脑”“智囊”。

（二）处理名流关系的艺术

1. 如何看待名流效应

名流效应是公共关系策划常用的手段之一，通过借助名流的知名度、美誉度及在社会上的巨大影响力，来提高本组织的知名度与美誉度。在名流效应的问题上，不同的情况、不同的处理，有不同的结果。有的一炮打响，有的与机遇失之交臂，关键在于如何看待名流效应。

一旦抓住了名流效应、抓住了机会，就能成功；反之，如果不懂名流效应，把名流当作一般顾客，就失去了机会，被潜在市场拒之门外。2024年，瑞幸咖啡正式宣布刘亦菲为瑞幸咖啡全球品牌代言人及茶饮首席推荐官。刘亦菲是备受观众喜爱的演员，与瑞幸咖啡的“专业、年轻、时尚、健康”品牌调性高度契合。瑞幸咖啡始终从用户出发，坚持产品创新，加大供应链投入，持续强化数字化优势，不断推出深受中国消费者喜爱的高品质产品。

2. 如何进行名流策划

（1）识别信息。公共关系策划尤其是专题公共关系策划，寻找恰当的机会十分重要，有些人苦于找不到机会，有些人当机会送上门来时却相逢不相识，让机会溜走。

名流策划的技巧和水平就在于你能不能识别信息，是否知道什么是机会，寻找恰当的机会十分重要。

（2）捕捉信息。20 世纪 50 年代，白兰地在法国乃至世界享有盛誉，畅销不衰，但就是进不了美国市场。法国白兰地厂家择定将美国总统艾森豪威尔的 67 岁生日作为宣传时机，广泛利用法美两国的新闻媒介，赠送给艾森豪威尔两桶窖藏 67 年的白兰地，不仅使法国白兰地成了街谈巷议的热门话题，而且使千百万美国人翘首企盼它的到来。机遇只垂青那些善于捕捉信息的人，法国白兰地厂家知道要想抓住机遇必须善于捕捉信息，只有识别信息快，才能决策快、实施快，否则，面对竞争就很难成功。

（3）利用信息，扩展信息。通过名流策划捕捉到机会后，如何利用机会、扩展信息，同样需要很强的公共关系意识和技巧。例如法国白兰地厂家的公共关系技巧不仅仅是在总统生日这天送了酒，更重要的是怎么送，用什么桶，由什么人送及这些人穿什么衣服，在哪里接收……所有这些都体现了公共关系活动的精心策划及细致功夫。

第 2 节　政府公关的公众对象

政府公共关系工作的对象统称为“政府公众”，因此，政府公共关系也称作政府公众关系。[①] 政府公众这一概念在政府公共关系中有特定的含义，正确理解这种含义，树立正确的政府公众意识，对于科学地理解和把握政府公共关系的工作有实质性和指导性意义。政府公众这个概念在公共关系中有很多具体的含义，在实际的政府管理行为中，必须对具体的公众对象和公众关系进行具体分析，这是政府制定正确的公共政策和有效执行相关公共政策的重要依据。在不同的条件下，政府的目标公众对象也会有所不同。政府机构的职能、级别和政策目标不同，具体的目标公众对象也不完全相同。

一、内部公众

（一）政府工作人员

政府工作人员是政府公关的首要内部对象。他们既是政府公共关系的主体，又是客体。政府需要通过良好的内部沟通，向工作人员传达政策意图、工作目标等信息，激发他们的工作积极性和责任感。例如，通过内部培训、工作简报、内部会议等方式，使工作人员理解和支持政府的各项工作举措，从而更好地服务社会公众。2024 年，深圳市

① 廖为建. 政府公共关系. 北京：中国人民大学出版社，2010。

南山区政府开展“智汇南山”人才服务计划，旨在通过提升政府工作人员的服务意识和能力，打造良好的人才发展环境，吸引和留住更多优秀人才。培训针对负责人才服务的政府工作人员，开展了一系列专业的培训课程，如人才政策解读、服务礼仪、沟通技巧等。邀请专家学者和行业资深人士授课，通过案例分析、模拟演练等方式，提升工作人员的业务水平和服务质量。[①] 成都市政府为广大党员搭建“蓉城先锋·党员e家”平台，旨在加强对政府党员工作人员的教育管理，提升党员的党性修养和工作积极性，通过该平台，成都市政府实现了对党员工作人员的精准服务和有效管理。党员的学习积极性和主动性明显提高，党组织的活力和战斗力得到增强，在各项工作中发挥了先锋模范作用，推动了政府工作的高效开展。[②]

（二）政府内部各部门

政府内部各部门之间需要进行有效的协调与沟通。各部门在职能上相互关联，一个部门的工作进展可能会影响到其他部门。如城市基础设施建设项目涉及规划、建设、环保等多个部门，通过公关活动促进部门间的信息共享和协同合作，有利于提高政府整体工作效率。上海为了提升政务服务效率和质量，打造“一网通办”平台，成立了“一网通办”工作领导小组，由市政府办公厅牵头，各相关部门负责人参与，定期召开联席会议，共同商讨平台建设中的问题解决方案。例如，在解决企业开办环节的痛点问题时，市场监管、税务、人社等部门通过联席会议，明确各自的职责和工作流程，实现企业开办“一表申请、一次提交、一次验证、一次办好”。“一网通办”平台的建设取得了显著成效，实现了政务服务事项的“全程网办”“好办快办”，大大提高了企业和市民的办事满意度，也提升了政府内部各部门之间的协同效率和合作意识。[③]

为推动成渝地区双城经济圈建设，重庆市政府与四川省政府以及市内各部门密切合作，实现区域协调发展和资源优化配置。重庆市政府领导与四川省政府领导频繁互访，共同商讨双城经济圈建设的重大战略和政策。同时，建立了川渝两地省级部门间的常态化沟通协调机制，如定期召开联席会议、联合办公等。在产业协同发展方面，两地经信部门通过多次互访和协商，共同制定了汽车、电子信息等产业的协同发展规划。通过这些部门之间的公关和合作，成渝地区双城经济圈建设取得了重要进展，在交通互联互通、产业协同发展、生态共建共保等方面取得了显著成效，为区域经济社会发展注入了强大动力。[④]

---

① 深圳市南山区人力资源局. 关于开展南山区2024年公益职业技能培训招生报名的通知.（2024-09-05）. 深圳市南山区人民政府网站，https://www.szns.gov.cn/nsqrzj/gkmlpt/content/11/11540/post_11540061.html.

② 成都升级打造“蓉城先锋”智慧党建平台：“三化融合”，党员教育提质增效.（2023-05-05）. 称多党建网，https://cdidj.gov.cn/Index/read_article/article_id/03153421eb1caf9dbbfb6b13c0b89357.html.

③ 上海市司法局. 关于推进“一网通办”建设智慧政府法制需求与对策建议研究.（2019-07-30）. 上海市司法局官网，https://sfj.sh.gov.cn/ztzl_xsqk/20201126/453eb10fb4604eddadec86067f7dbe66.html.

④ 重庆将纵深推进成渝地区双城经济圈建设.（2024-01-21）. 人民网重庆频道，http://cq.people.com.cn/n2/2024/0121/c358917-40721005.html.

二、外部公众

（一）公民

公民是最广泛的外部公众群体。公民是政府服务的直接对象，政府的政策、法规、行政行为等都与公民的利益息息相关。政府需要通过多种渠道，如政府网站、政务新媒体、社区宣传活动等，向公民公开政务信息，听取公民的意见和建议。

例如，淄博烧烤在 2023 年突然爆火，大量游客涌入给城市的管理和服务带来巨大挑战，政府通过有效的公关措施，满足游客需求的同时，展示了城市良好形象，提升了城市知名度和美誉度。淄博市政府采取了一系列行动，例如加强对烧烤行业的规范管理，确保食品安全和价格稳定。交通部门增加了公共交通运力，方便游客出行；公安部门加强治安巡逻，保障游客安全。同时，政府工作人员深入烧烤店和游客中间，了解需求和问题，及时解决并与游客进行面对面沟通。淄博烧烤的热度持续攀升，吸引了大量游客前来，带动了当地旅游、餐饮等相关产业的繁荣发展。淄博城市形象得到极大提升，成为全国知名的旅游目的地，政府与公民之间的互动更加密切和融洽。①

天水麻辣烫在网络上走红后，甘肃省政府借此契机，进一步推广甘肃的文旅资源，吸引更多游客关注甘肃、走进甘肃，促进了甘肃文旅产业的发展。政府将天水麻辣烫与甘肃各地的旅游景点、文化活动等进行有机整合，推出了“赏甘肃美景，品天水麻辣烫”等系列旅游线路和套餐。文化旅游部门联合各地政府和企业，共同开展宣传推广活动，通过线上线下相结合的方式，向全国游客展示甘肃丰富的文旅资源。鼓励天水当地居民参与麻辣烫文化的传承和推广，通过举办社区活动、民俗表演等，展示天水麻辣烫的制作工艺和文化内涵。同时，引导居民积极参与旅游服务，为游客提供热情周到的服务。天水麻辣烫的知名度进一步提升，带动了甘肃全省文旅产业，游客数量明显增加。政府与公民之间的互动更加密切，增强了甘肃人民对家乡文化的认同感和自豪感，也提升了游客对甘肃的好感度和满意度。②

（二）企业

企业是国民经济的重要组成部分，政府与企业的关系主要体现在经济管理和服务方面。政府通过制定产业政策、税收政策等影响企业的经营活动，同时，政府也需要为企业提供良好的投资和经营环境。比如，举办招商引资活动，向企业介绍当地的投资优势和优惠政策，吸引企业入驻；对本地企业进行走访调研，了解企业经营困难并提供相应的帮扶措施。

---

① 一文看懂“淄博烧烤”靠什么火爆出圈.（2023－04－23）. 澎湃网，https://www.thepaper.cn/newsDetail_forward_22807625.

② “天水麻辣烫”全网点击浏览量破 500 亿大关.（2024－09－05）. 澎湃网，https://www.thepaper.cn/newsDetail_forward_28639657.

蔚来汽车作为新能源汽车领域的创新型企业，在发展过程中面临资金紧张、产能不足等问题。合肥市政府通过支持蔚来汽车，推动当地新能源汽车产业的发展，提升城市的产业竞争力。2021年2月4日，蔚来汽车与合肥市人民政府签署深化合作的框架协议，双方商定共同规划建设新桥智能电动汽车产业园区，打造具备完整产业链的世界级智能电动汽车产业集群。合肥市政府通过旗下的产业投资基金，帮助蔚来汽车缓解资金压力，同时也为蔚来汽车在合肥的发展提供了资金保障。积极协调当地的汽车零部件供应商，为蔚来汽车提供完善的产业配套服务，降低企业的生产成本和供应链风险。同时，政府还协调土地、能源等资源，支持蔚来汽车建设生产基地和研发中心。合肥市政府出台了一系列吸引人才的政策，为蔚来汽车的人才引进提供便利和支持。合肥市政府还积极协调解决蔚来汽车员工的子女教育、住房等问题，为企业员工提供良好的生活保障。蔚来汽车在合肥的发展取得了显著成效，其生产基地顺利建成投产，产能得到大幅提升，企业的市场竞争力也不断增强。同时，蔚来汽车的发展也带动了合肥新能源汽车产业的集聚和发展，吸引更多相关企业入驻合肥。①

（三）新闻媒体

新闻媒体在政府与公众之间发挥着桥梁和纽带的作用。政府通过新闻发布会、记者招待会、提供新闻通稿等方式，借助媒体的力量向公众传递信息。媒体可以对政府的工作进行报道、监督，还可反馈公众的意见。例如，政府在重大事件（如自然灾害、公共卫生事件等）发生时，及时召开新闻发布会，通过媒体向公众通报事件进展、应对措施等情况。

1. 媒体作为沟通渠道的功能

媒体是政府与公众沟通的重要桥梁，也是政府公共关系的沟通渠道。政府公关需要与媒体建立良好的合作关系，及时向媒体发布信息，回应社会关切，引导舆论方向。通过媒体的传播，政府可以提高工作的透明度和公信力，增强公众对政府的信任和支持。

首先，媒体具备将“负责任的政府”形象传递给公众的能力。目前，公众参与政治讨论的热情日益高涨。作为社会有机体的关键组成部分，现代媒体随着媒介体制改革的深入发展，已经在很大程度上摆脱了对政府的经济依赖，形成了具有相当独立性和自由度的社会传媒。媒体有责任客观、及时、准确地向公众传递信息，这不仅是媒体不可推卸的社会责任，而且是媒体在以受众为中心的时代中生存和发展的关键所在。媒体有能力成为政府与公众交流互动的舆论平台，能够促进政府在制定政策和执行行政行为时充分考虑公众和媒体的社会反馈。

其次，媒体是实现政府透明化的关键途径。现代媒体所营造的舆论环境，能够对政府公权力的运作进行有效的社会监督。公众可利用包括具有社会属性的传统媒体在内的现代媒体，特别是互联网时代的微博、论坛、博客、即时通信软件和电子邮件等新形式媒体，对政府及其官员进行社会监督。同时，公众可针对某些社会事件形成公共舆

① 蔚来与合肥合作再爆惊雷 打造完整产业链世界级智能电动汽车产业集群.（2021－02－05）. 腾讯新闻，https://news.qq.com/rain/a/20210205A0AZSC00.

论，从而对政府进行有效的监督和制约。

媒体能够对政府服务实施有效的监督。在当前媒体环境下，媒体能够及时地将政府机构的职能和具体的行政流程传递给公众，并且可以通过公众、媒体与政府之间的互动，对政府行政机制中阻碍行政效率提升的因素进行公开和透明的社会讨论。特别是公众可以通过网络新媒体对政府行政部门的服务质量和存在的问题进行即时反馈，并在广泛的社会舆论空间中进行相关的舆论分析，针对政府行政机构的问题，提出具有针对性的改进建议。政府亦可通过媒体及时了解公众对政府行政服务的实际需求，并调整自身的服务内容，为公众提供高质量、高效率的行政服务。①

公关视角 3 - 11　媒体对政府两会的报道

2. 网络媒体发挥越来越重要的作用

在自媒体时代，信息发布主体具有多样性的特点，在自媒体平台上人人都拥有发声的机会。自媒体的表达方式与政府的表达方式不同，自媒体从事件现场的感性角度展开表达，相对于政府的理性表达，自媒体表达相对具有亲切感，更容易被公众接受。② 在移动互联网时代背景下，政务新媒体成为政府推动政务透明化、提供政务服务、参与社会治理的关键手段。政务新媒体作为党和政府与民众沟通、提供服务、团结民众的重要桥梁，展现出独特的价值和优势。

越来越多的民众通过网络媒体发声，政府相关部门要及时根据线上舆情做出快速处理。例如，2023 年 11 月，有游客上网发视频，曝光哈尔滨雪乡旅行团报价乱象，引起有关方面的关注。针对此事，哈尔滨市道里区文化体育和旅游局发布通报称，接网友举报，黑龙江省松花江国际旅行社有限公司环球分公司在组织旅游活动中涉嫌违法经营，经调查核实，于 11 月 22 日对涉事旅行社及其有关人员予以立案调查，并提醒广大游客警惕“低价团”陷阱，签订正式旅游合同，理性购物消费，依法维权。

公关视角 3 - 12　“尔滨”的危机公关能力

（四）社会团体

社会团体包括各种行业协会、商会、公益组织等。社会团体往往代表了特定群体的利益和诉求，政府与社会团体合作，可以更好地整合社会资源，实现社会治理目标。例如，与环保组织合作开展环保宣传活动，推动环保政策的实施；与行业协会共同制定行业标准，规范企业行为等。成都市政府与当地的志愿者协会密切合作，共同推进垃圾分

---

① 王妍，许建宝. 媒体如何搭建政府与民众的沟通桥梁.（2017 - 05 - 09）. 人民论坛网，http://www.rmlt.com.cn/2017/0509/473494.shtml.

② 罗旭. 自媒体时代如何塑造政府公信力.（2017 - 11 - 23）. 人民网，http://media.people.com.cn/n1/2017/1123/c40628 - 29664256.html.

类工作。成都政府部门邀请志愿者协会参与垃圾分类政策的制定和宣传方案的策划，充分听取志愿者协会的意见和建议。志愿者协会组织志愿者在社区、学校、商场等地开展形式多样的垃圾分类宣传活动，如举办垃圾分类知识讲座、设置宣传展板、进行现场示范和指导等，提高了市民对垃圾分类的认知度和参与度。此外，政府还与志愿者协会建立了监督和反馈机制，及时了解垃圾分类工作的进展和存在的问题，共同研究解决方案，有效推动了垃圾分类工作在成都的落地实施。①

2023 年，英国政府宣布了一系列应对气候变化的目标和措施，并积极与环保团体合作。政府邀请环保团体参与政策制定过程，如在制定碳排放目标、推广可再生能源、发展绿色交通等方面，听取他们的专业意见和建议。环保团体则通过组织公众活动、宣传教育等方式，向民众宣传气候变化的危害和应对措施，提高了民众的环保意识和参与度。同时，英国政府还与环保团体合作开展一些具体的项目，如植树造林、推广节能建筑等，共同推动英国的气候变化应对工作，提升了英国在国际上的环保形象。②

（五）国际公众

在全球化背景下，政府还需要面对国际公众。这包括外国政府、国际组织、外国企业和外国公民等。政府通过开展外交活动、国际经济合作、文化交流等，树立良好的国家形象。例如，举办国际文化节、国际体育赛事等活动，吸引外国游客，增进国际社会对本国的了解和友好感情；参与国际援助项目，展现负责任大国形象。例如 2024 年 11 月 6 日至 12 日，2024 东亚海大会暨厦门国际海洋周活动在厦门举办，该活动主题为“蓝色协作，共创未来：一个可持续和韧性的海洋”。这是东亚海大会首次在厦门举办，两大盛会强强联合。厦门在活动中积极传播“厦门实践”的智慧经验，展示了厦门在海洋污染预防、生态修复及可持续发展方面的卓越成就与宝贵经验，向世界传递中国致力于海洋环境保护、推动全球海洋治理合作的坚定信念和磅礴强音。会上，东亚海环境管理伙伴关系组织（PEMSEA）正式授予厦门“海洋生态保护与修复最佳实践成就奖”，肯定了厦门在海洋生态保护方面的模范成就。③

思考题

1. 为什么说员工是企业的财富？你在处理员工关系时，会从哪些方面去考虑？

2. 让顾客满意活动的经营意识是什么？处理消费者关系的艺术主要体现在哪些方面？

3. 为什么说新闻媒介对于企业的发展具有举足轻重的作用？企业为什么要加强与新闻界的合作与联系？公共关系人员应如何配合新闻界的工作？

4. 企业为什么要搞好社区关系？如何处理好社区关系？

---

① 万众齐参与，分类回收促循环：成都市开展低价值可回收物志愿服务主题宣传活动．（2024－10－21）．中国日报网，https://cn.chinadaily.com.cn/a/202410/21/WS671601d8a310b59111d9efff.html.

② 专访丨英国前环境大臣：中英都致力于共享应对气候变化方面的成果．（2023－11－28）．碳汇中国网，http://www.isenlin.cn/tanhui/sf_766D6171E73945CC809D9866F07B834D_209_8C0B6735583.html.

③ 2024 东亚海大会暨厦门国际海洋周开幕．（2024－11－06）．福建省人民政府官网，https://www.fujian.gov.cn/xwdt/fjyw/202411/t20241106_6562970.htm.

5. 为实现企业与股东之间更好的信息沟通，公共关系人员通常采用哪些沟通方式？

6. 在公共关系工作中，企业怎样才能处理好与政府的关系？

7. 政府公共关系的对象有哪些？

8. 政府需要对企业进行公关，企业也需要对政府进行公关，二者在公关内容上有什么不同？

案例

贵州“村超”

贵州“乡村足球联赛”作为2023年现象级传播爆款，引发全网热议、全民关注。其火爆“出圈”的背后也是一场成功的政府公关范例——除了群众的运动热情和绚丽多彩的民族文化之外，也与当地政府因势利导、顺势而为的公关努力密不可分。“村超”像一个万花筒，多方位展示了贵州乡村振兴、乡村体育、民俗民风、文旅融合和基层治理现代化的丰硕成果，对内对外取得了巨大的传播效果，塑造了贵州的良好形象，是公共关系服务高质量发展的具体实践、鲜活案例。

2023年5月13日，贵州榕江（三宝侗寨）和美乡村足球超级联赛在城北新区体育馆开幕，火热的现场氛围、精彩的民俗表演、地道的特色美食和接地气的办赛风格迅速走红全网、火爆出圈，被网友形象地称为“村超”。联赛由群众自发组织，参赛球队以村为单位，20支球队采取小组循环及淘汰赛制。历经两个半月，98场比赛，在激动人心的决赛中，车江一村队经点球大战击败忠诚村队获得冠军。持续火爆的“村超”获得了《人民日报》、新华社、总台央视、《光明日报》、《中国日报》、人民网、中国新闻网、《贵州日报》等中央及地方主流媒体大力报道，获国家级主流媒体刊播稿件530余条。中国外交部发言人发文点赞，向世界推介贵州“村超”，称“这是伟大的比赛”。“村超”坚持以人民为中心，突出人民主体，尊重人民群众的首创精神，被央视新闻称赞为“是中国式现代化实践的生动诠释”。

贵州“村超”坚持开放办赛，不收门票，不拉赞助，村民自己当办赛主体，与当地相关组织携手，分工协作。

贵州“村超”以村为代表队单位，鼓励基层群众参与足球运动，推动足球文化在农村的普及和发展。设立接地气的奖品奖项，激发球员内在热情，提高赛事观赏性。

贵州“村超”的火爆“出圈”也得益于多元传播。赛事运用现场直播、网络直播、短视频、中场休息时的“民族服装T台秀”等多种形式进行传播，满足不同受众群体的观看需求。贵州“村超”联赛的传播效果显著，多元的传播形式吸引了大量观众关注。“村超”多次冲上抖音、快手、知乎等全国热榜，全网综合浏览量突破480亿次，全网在线观看“村超”直播人数超6亿人次，总决赛观看直播人数超1亿人次。知名足球解说员韩乔生、黄健翔等来到现场，为赛事增添了更多色彩。截至8月，仅抖音平台上#贵州村超#话题播放量达93亿次。2023年5月至10月，抖音“村超”相关话题播放量超130亿次，18.5万人次参与话题内容创作，榕江县抖音打卡量同比增长388倍。

贵州“村超”实践了公共关系服务高质量发展的理念。“村超”赛事举办期间，县委县政府高度重视维护公共关系工作，调动各方积极性，成立了 16 个服务保障小组，紧紧围绕“共享村超流量、共创人民足球”目标，把“村超”品牌保护好、效益发挥好、安全维护好，搭建人民足球平台。按照只见服务不见人的原则，充分尊重人民群众的主创精神，有效保证了赛事的安全、有序、精彩。

贵州“村超”取得了巨大社会影响。赛事的成功举办推动了贵州省农村足球运动的发展，提高了农村地区的体育文化氛围，提升了贵州省的知名度和美誉度。自 2021 年起，榕江县发起新媒体助力乡村振兴的“万人行动计划”，计划培训村寨代言人 12 800 名、致富带头人 2 000 名。

贵州“村超”取得了可观的经济效益。贵州“村超”品牌效益初显成效，累计与 20 余家企业达成村超品牌合作，全县新增市场主体 2 137 户。此外，赛事的举办也带动了举办地旅游业、餐饮业等相关产业的发展，累计接待游客 520 万人次，旅游收入近 60 亿元。

资料来源：贵州“村超”，足球激情焕发乡村新生．(2023－12－22)．中青在线，https://m.cyol.com/gb/xwzt/articles/2023－12/22/content_YOm8VVhVJW.html.

思考题：

贵州“村超”在公关运作过程中涉及哪些公众对象？分别是如何进行公关的？

第 4 章

公共关系制度建设

第 1 节　公共关系制度的设立与修订

公共关系制度的设立与修订是确保组织有效管理与公众和利益相关者之间关系的重要环节。良好的公共关系制度能够增强组织的透明度、信任度和形象。本节以企业公共关系制度的设立与修订为例。

一、总则

制度设立与修订的总则主要涵盖设立目标与适用范围两个方面。

（一）设立目标

企业公共关系制度的设立，其目标在于塑造良好的企业形象，维护公司与社会、员工之间的沟通渠道，促进彼此之间的理解，同时规范公司的公关活动与行为。在当前激烈的市场竞争下，信息传播既迅速又广泛，众多企业已经认识到企业形象塑造与内外沟通的重要性。通过专业且有序的公关活动，企业能够向社会各界精准传递其创新理念、优质产品与服务，从而提高品牌识别度，增强市场竞争力。例如，作为行业领头羊之一的腾讯控股，深谙企业形象塑造与全面沟通的核心价值。它推出的 QQ 和微信两款社交平台是具有行业颠覆性的产品，通过公关策略，迅速让潜在客户、合作伙伴、行业媒体等了解其独特价值。[①] 在内部沟通方面，保持与员工的顺畅沟通极为关键。随着企业规

① 国内软件行业的领头羊是哪些公司?.（2024－06－18）. 维思迈财经网，https://www.openvsm.com/gp/article/1444487.html.

模的不断扩大，跨部门协作日益频繁，员工对公司战略、发展方向的理解程度各异。通过公关活动建立交流平台，增强员工归属感与团队凝聚力。当公司面临重大业务转型时，公司应通过内部公关沟通渠道，及时向员工阐释原因、与个人发展之间的联系，稳定员工队伍，促进大家共同努力。

（二）适用范围

企业的公共关系制度适用于各个部门、各级员工以及与企业公共关系相关的所有活动。在现代企业运营管理体系中，企业公共关系制度犹如一张紧密交织的网络，全面覆盖了企业运行的各个关键领域。

首先，就企业内部架构而言，企业公共关系制度适用于企业各部门。特别是直接面向市场一线的销售部门，其员工每日与客户洽谈周旋，一举一动都关乎企业形象，需要严格遵循公共关系制度来展现企业的专业度；同时，专注于产品研发、技术攻坚的科研部门，在与外部科研机构交流合作、参与行业技术研讨时，要依据公共关系制度规范自身言行，维护企业在专业领域的声誉。

其次，从企业人员层级来看，上至企业高层管理者，他们在出席各类商务峰会、行业论坛，与政府官员、业界巨头会晤磋商的过程中，其决策、言论及社交表现都受公共关系制度的约束，以确保为企业营造良好的高层交往氛围，展现积极的对外形象；下至基层普通员工，日常接听客户咨询电话、接待来访人员时的服务态度，均在制度的约束与指引之下。

最后，涉及企业公共关系的各项活动更是受公共关系制度约束。从相关的新品发布会的策划筹备、活动流程的精细设计、现场布置的风格展现、发言人的措辞表达，到企业参与社会公益活动时的项目选择、实施路径、宣传推广，乃至企业应对突发公关危机时的应急响应、信息发布、舆论引导等各个环节，无一不受到公共关系制度约束，全方位保障企业在复杂多变的公共关系环境中持续发展。

二、公关原则

在当前竞争激烈、监管严格且快速变化的商业环境中，企业公共关系的稳健发展必须依赖于公关原则的指导与支撑。这些原则确保了企业公关活动的顺利进行。

（一）合法性原则

公关活动作为企业塑造外部形象的核心手段，其制度建设必须以国家现行的法律法规为基础。以《中华人民共和国广告法》为例，该法律对企业的广告宣传行为进行了细致的规定，对广告用语的精确性、真实性以及展示形式的合法性，都设立了明确的规范。企业在策划公关广告、撰写宣传文案时，必须避免使用夸大或误导性的词汇，否则一旦触犯法律红线，企业将面临重罚，企业声誉亦可能遭受严重损害。同样，《中华人民共和国消费者权益保护法》规定企业在公关活动的各个环节，无论是新产品的推广、售后服务的承诺，还是处理消费者投诉，都必须切实保护消费者的知情权、选择权和求偿权。只有严格遵守法律法规，企业公关活动才能在合法合规的道路上稳步发展，因此，合法性原则应成为企业公共关系制度设立的首要原则。

（二）一致性原则

企业长期发展目标依托于一系列连贯、具前瞻性的战略规划。因此，企业的公共关系活动要体现出一致性和连贯特征。例如，苹果公司是一个典型的战略聚焦高端市场、打造高端品质形象的企业，软件与硬件的深度融合是苹果产品性能优势之一。其一以贯之的高端品质和良好的平台服务是其公关制度一致性的表现。因此，公关制度应贯穿活动策划、媒体沟通等各环节，强化目标受众对企业形象的认知，有利于企业的长远发展。

（三）灵活性原则

当今市场环境多变，要求企业的公关制度具备灵活应变能力，便于员工开展相关工作。比如，社交媒体突发对企业某产品质量的质疑舆情，若公关制度设定烦琐的审批流程，导致团队无法迅速启动危机应对机制，则负面舆论将迅速蔓延，损害企业形象；反之，若制度赋予团队一定的自主决策权，使其能依据舆情态势及时调整策略，快速发布权威回应、公布调查进展，引导舆论走向，则不仅能化解危机，甚至能化危为机，彰显企业应变能力与担当，在复杂多变的市场中站稳脚跟。

三、管理内容

企业公共关系制度的管理是确保企业能够平稳运行并持续发展的关键手段。通过建立健全的公共关系管理体系，企业能够有效地处理与内外部利益相关者的关系，从而维护企业的形象和声誉。这不仅包括与客户、供应商、合作伙伴的良好互动，而且包括与政府机构、媒体、社区等社会各界的沟通协调。一个完善的公共关系制度能够帮助企业及时应对各种突发事件，化解潜在危机，增强企业的社会影响力和竞争力。因此，企业应当重视公共关系制度的设立和管理，将其作为企业发展战略的重要组成部分。

（一）组织架构与职责分工

企业需要设立专门的公关部门或明确牵头部门，划定其在策划公关活动、维护媒体关系、监测舆情等方面的核心职责，明确其他部门配合公关工作的辅助职责，如市场部门提供行业动态信息、研发部门提供技术支持等，形成跨部门协作机制。以华为公司为例，其设立了专业且强大的公关团队，在 5G 技术全球推广的过程中，公关部门精心策划了一系列展示华为 5G 领先优势的活动，邀请全球媒体、行业专家深度参与体验，维护了企业声誉，展现出高效的组织架构与职责分工。①

---

① 华为公共关系探秘：如何从人类文明中找到解决世界问题的钥匙.（2024－12－16）. 腾讯网，https://news. qq. com/rain/a/20241216A06SGM00.

（二）信息传播管理

企业公共关系制度需要制定新闻稿撰写、审核、发布流程，规定发布权限，确保信息质量与准确性，同时要规范社交媒体使用准则，对员工个人账号发布的信息进行约束，防止泄密或负面信息扩散。规范社交媒体使用准则也是企业公共关系制度设立中不可或缺的一部分。随着社交媒体的普及，员工在个人账号上发布的信息也可能对企业形象产生影响。因此，企业需要对员工个人账号发布涉及企业的信息进行适当的约束和管理，防止员工个人账号发布不当信息导致泄密或负面信息扩散，从而维护企业的整体形象和声誉。

（三）媒体合作机制

企业要建立媒体资源库，涵盖各类主流媒体、行业媒体的联络方式、合作历史等信息，便于精准对接。确定媒体邀约、接待流程以及新闻发布会等大型公关活动的媒体组织要点。通过这些细致的准备工作和流程管理，企业可以更好地利用媒体资源，提升公共关系的效果，从而在公众中树立良好的形象，增强品牌的影响力。

（四）危机公关预案

在企业公共关系制度中，必须有危机公关预案，以便在危机发生时能够迅速有效地应对。首先，企业需要识别各种可能的危机类型，例如产品质量问题、负面舆论攻击、供应链中断、员工丑闻等。通过对这些潜在危机的识别，企业可以有针对性地制定相应的应急响应机制。此外，企业还应定期进行危机应对演练，以检验和优化应急响应流程。通过这些措施，企业可以在面对各种危机时，保持冷静和有序，从而有效地保护企业生存和发展。

四、公共关系工作流程

（一）公共关系工作的基本程序

1. 公关调查

公关调查是一项重要的工作，旨在深入了解和分析企业在公众中的形象、声誉以及与社会各界的关系。企业在制定公共关系制度时必须先进行公关调查。公关调查的内容非常广泛，涵盖了多个方面，以确保全面了解企业的运营状况和外部环境。企业基本状况的调查是公关调查的基础。公众意见的调查是公关调查的重要组成部分。社会环境的调查也是公关调查不可或缺的一部分，这一部分关注企业所处的社会环境，包括政治、经济、法律、技术、文化等多个方面。公关调查通过对企业基本状况、公众意见及社会环境的全面调查，使企业可以全面了解自身和外部环境的状况。这不仅有助于企业制定科学合理的公关策略，而且能够帮助企业建立良好的公众形象，提升企业在市场中的竞争力。

2. 公关计划

公关计划是确保公关工作顺利进行并取得预期效果的关键。一个合理的公关计划能够确保公关活动的高效性和目标的实现。在公关调查的基础上，了解当前的市场环境、公众需求和企业形象等关键因素。依据一系列科学的原则和方法，明确公关活动的具体目标和预期成果。通过这些步骤，确保公关活动有序进行。

3. 公关实施

在实施公关活动时，正确选择公关媒介和确定公关活动的方式至关重要。公关活动的方式需要根据企业的自身特点、所处的不同发展阶段、面对的不同公众对象以及所要完成的不同公关任务来挑选和策划。企业必须深入了解自身的品牌定位、核心价值观以及目标受众的需求和偏好，从而选择最合适的媒介渠道和活动形式，以确保公关信息能够有效地传达给目标受众，达到预期的公关效果。

4. 公关检测

公共关系检测直接关系到企业或组织在公众中的形象和声誉，也是企业公共关系工作中的重要流程。公共关系检测需要依据社会公众的评价和反馈来进行。通过定期和系统的检测，企业可了解公关活动的实际效果和影响力，从而评估其是否达到了预期的目标。

（二）修订流程

企业在设立公共关系制度后，还需要定期进行制度修订，以确保及时应对市场变化。公共关系制度的修订包括但不限于以下内容。

1. 组建修订小组

组建专门的修订小组，小组由公关部门的核心成员、外部专家顾问以及来自相关部门的代表共同组成。小组将承担起制度修订工作，确保修订顺利进行，并保证最终的质量。

2. 提出修订方案

公关制度修订小组要针对现行制度提出修订方案，详尽阐述修订事项及其依据，并遵循既定流程中的审议与定稿程序，确保新制度的顺利过渡。通过细致罗列修订细节及其合理化依据，提升工作效率。

3. 危机管理

公关小组必须始终保持高度警觉，在制度修订过程中实时进行监测工作，确保能够迅速发现任何可能对企业形象产生负面影响的事件。一旦发现此类事件，公关团队应立即采取行动，进行有效的处理和管理，以最大限度地减少损害。

五、附则

附则是附在法律法规、规章后面的规则。一般地说，那些在总则、分则中都不合适列入的内容，就放在附则中，附则与附件不同，附则尽管列在法律法规、规章的最后，但它仍是法律法规、规章整个条文的重要组成部分，与法律法规、规章的其他必要组成部分具有同等的法律效力，而附件则设立于法律条文之外。① 企业公共关系制度的主要内容也必须包含附则。附则一般要明确标示出“本办法由公关部负责解释、修改”“本制度自发布之日起生效实施，如有未尽事宜，按照国家法律法规及企业相关规定执行”等内容。

第2节　公共关系制度的体系与特色

一、公共关系制度的体系

在现代企业管理中，公共关系管理变得越来越重要。公共关系管理不仅能够梳理、运用企业的公共关系资源，而且能够为企业营造良好的公共关系氛围，为企业的战略发展提供强有力的支持。公共关系管理就是为了处理好企业与其他社会公众、组织之间的关系，帮助企业更好地发展。一般来说，企业公共关系管理主要有以下几个基本体系。

（一）传播职能体系

企业公共关系管理需要将企业内部信息向外输出，同时将公众的信息向企业内部输入，从而形成一种双向的沟通。传播职能体系是公共关系管理的基本职能体系之一。在传播职能体系中，对外传播的目的主要是树立良好的企业形象和企业信誉，企业公关部门可以选择不同的方式进行对外传播。作为一项常规性工作，对外传播应该讲究一定的传播策略，企业在不同时期需要进行有针对性的对外传播。对内传播主要是吸收公众意见，在这个过程中，同样需要讲究一定的方法策略。例如，小米经常通过新品发布会向外传递企业的产品研发成果。在小米14手机发布会上，公司高层和产品经理详细介绍了手机的芯片性能、影像系统升级、操作系统的新功能等研发信息。小米通过线上线下同步直播的方式，让全球米粉和消费者了解小米在技术创新、设计理念等方面的最新动态。小米还利用官方微博、微信公众号等社交媒体平台，定期发布企业内部的文化活动、员工故事等内容。比如分享小米工程师在优化产品性能过程中的工作场景，展现企业对技术的执着追求和员工的敬业精神，提升了企业的品牌形象。②

星巴克通过移动应用程序收集用户的消费习惯和偏好信息。当用户在应用中频繁购

① 法律问答与释义.（2000-11-25）. 中国人大网，http://www.npc.gov.cn/zgrdw/npc/flsyywd/xingzheng/2000-11/25/content_8411.htm.

② 赵阳. 一文读懂小米发布会：澎湃OS正式发布，小米14旗舰机3999元起售.（2023-10-26）. 腾讯网，https://news.qq.com/rain/a/20231026A0B1R900.

买某种特定口味的咖啡饮品或者食品时，星巴克的后台系统会记录这些数据，并将其反馈给产品研发部门和营销部门。这使得星巴克能够根据用户喜好推出限时新品，如根据用户对抹茶口味的偏爱推出抹茶拿铁限时促销活动。星巴克还通过顾客满意度调查来收集公众信息。在门店内或者通过电子邮件邀请顾客参与调查，顾客可以对门店环境、员工服务、产品质量等方面进行评价。①

（二）协调职能体系

企业公共关系管理的一个重要职能是协调职能。面对企业内部和外部的纠纷、矛盾，企业公关部门应该充分发挥公共关系管理的协调职能，使用正确的方式进行协调。在不损害双方利益的情况下，解决纠纷，维护企业形象。例如，1985 年，可口可乐公司更改了其经典配方，推出新口味可乐。这一做法在市场上掀起轩然大波，许多消费者对此不满，认为经典配方代表传统、承载着情感，不应该改变。消费者通过各种方式表达不满，包括组织抵制活动、向媒体投诉等，这给可口可乐的品牌形象带来了巨大的负面影响。同时，公司内部也存在不同意见，研发团队和高层对于新配方的推广有较大的期望和压力，而一些老员工和传统渠道商则担忧新配方会破坏品牌的根基，内部矛盾逐渐显现。公关部门迅速展开大规模的市场调研，了解消费者对新配方的真实反馈和不满原因，收集了大量一手资料，并将这些信息进行整理和分析，向公司高层汇报，为决策提供依据。通过公关部门的积极协调和实施一系列措施，可口可乐公司逐渐缓解了外部消费者的不满情绪，重新赢得了消费者的信任和喜爱。许多消费者在感受到公司对他们意见的重视后，开始尝试接受新配方产品，同时经典配方也重新回归市场，满足了不同消费者的需求。在内部，各部门之间的矛盾得到有效化解，员工的凝聚力和工作积极性得到提升，公司的整体运营恢复正常，并在市场竞争中继续保持领先地位，成功维护了可口可乐的品牌形象和企业声誉。②

（三）决策职能体系

企业公共关系管理在现代企业管理中扮演着至关重要的角色，它能够有效地协助管理者高效决策。对于企业在经营过程中遇到的重大决策问题，公关部门可以通过深入的分析和研究，收集相关信息，评估各种可能的方案，并结合企业的实际情况和长远发展规划，给出合理且具有建设性的意见。这些意见不仅能够帮助管理者更好地理解问题的本质，而且能够为决策提供多角度的视野，从而提高决策的科学性和准确性。企业公共关系管理不仅能够增强企业的内部沟通和协调，而且能够在外部树立良好的企业形象，赢得公众的信任和支持，最终推动企业可持续发展。

1982 年，美国芝加哥地区发生了有人服用含氰化物的强生公司的泰诺胶囊后中毒死亡的严重事故，引起了公众的巨大恐慌，泰诺的销售急剧下降，强生公司面临严重的

---

① 星巴克的数字化转型：在数字化时代提升顾客体验.（2023－10－04）. 搜狐网，https://business.sohu.com/a/725723146_100065989.

② 浙大品牌中心. 可口可乐传：一部浩荡的品牌发展史诗.（2018－03－29）. 搜狐网，https://www.sohu.com/a/226714452_505786.

信任危机。强生公司的公关团队迅速行动，与公司高层、法务部门、医疗专家等一起对事件进行评估。他们意识到这是一个极其严重的危机，不仅关乎消费者的生命安全，还关乎公司的品牌形象和市场地位。公关团队收集了各地中毒事件的详细信息，包括中毒人数、症状、药品销售渠道等，为后续决策提供了数据支持。强生公司按照公关团队参与制定的决策实施一系列措施。在产品召回后，公司迅速对生产流程进行了严格审查和改进，确保类似事件不再发生。通过信息透明的沟通方式，公众逐渐了解到中毒事件是有人刻意陷害而非强生公司生产环节的问题，最终强生公司良好地解决了此次事件造成的负面影响。①

（四）信息职能体系

企业公共关系管理的一个根本目的是建立和维持企业与公众之间的互利关系。要做到这一点，企业就必须了解公众，了解他们的心理和需求。因此，企业进行公共关系管理时，要充分收集公众信息，并根据这些信息作出预测和决策。信息收集是公共关系管理过程中的一项重要工作。信息收集的对象不仅包括社会公众和组织，而且包括企业内部员工。所有有价值的信息情报都应该作为信息收集的内容。

通过这些职能体系，企业履行公共关系管理的基本职能。企业公共关系管理已经成为企业管理的重要组成部分，公共关系管理工作也成为企业管理者必须重视的一项工作。例如，海底捞将顾客视为核心公众群体，为精准把握他们的需求，打造了多元信息收集途径。通过官方 App、大众点评等平台收集食客反馈，定期开展员工满意度调查，涵盖工作强度、晋升空间、福利待遇等方面，依据调查结果，公司增加员工培训机会，拓宽晋升渠道，改善宿舍条件，提升员工满意度，员工以更饱满的热情服务顾客，形成良性循环，助力海底捞在餐饮界长久屹立。海底捞凭借全面信息收集维系与各方互利关系。

二、公共关系制度的特色

（一）系统性与综合性

企业公共关系制度体系是一个全面的架构，涵盖了公关活动的各个方面，具有较强的系统性与综合性。从信息传播管理，包括新闻发布、广告宣传、社交媒体互动等，到危机公关应对机制，如危机预警、应急处理和危机后的形象修复；从内部员工沟通与协调，到外部利益相关者关系维护，所有这些方面相互关联、相互影响，共同构成了完整的制度体系。它涉及企业内部多个部门协同工作。例如，公关部门在策划产品发布会时，需要市场部提供市场调研数据来确定目标受众和宣传重点，研发部讲解产品的核心技术和创新点，财务部安排预算，后勤部负责场地和物资准备。这种跨部门的协作体现了制度体系的系统性和综合性，确保公关活动从策划到执行的每个环节都能顺利开展。

---

① 强生泰诺危机公关分析.（2021-06-03）. 搜狐网，https://www.sohu.com/a/470317253_383036.

（二）动态适应性

企业公共关系制度体系必须适应不断变化的市场环境。随着消费者需求的变化、竞争对手的策略调整以及新技术的出现，公关策略和制度也需要随之改变。例如，在移动互联网兴起后，企业需要增加对社交媒体公关的投入，建立社交媒体管理平台，制定相应的社交媒体内容发布规范和互动策略，以适应消费者获取信息方式的转变。面对各种危机事件，如产品质量问题、负面舆论风波等，制度体系能够迅速启动危机公关机制。这些机制可以根据不同类型的危机和危机的不同阶段进行灵活调整。比如，在产品质量危机初期，重点是及时回应消费者关切的问题，召回问题产品；在危机处理过程中，要通过多种渠道发布整改措施和质量提升成果；危机过后，制度体系应能引导企业开展形象修复工作，重新赢得消费者信任。

（三）目标导向性

企业公共关系制度体系的核心目标之一是塑造和维护良好的企业形象。通过积极的媒体报道、企业社会责任活动、高质量的客户服务等公关手段，向外界展示企业的价值观、文化和实力。例如，企业通过发布年度社会责任报告，展示在环保、公益慈善、员工福利等方面的举措，提升企业在社会公众心目中的形象。公关制度体系紧密围绕企业战略目标构建。如果企业的战略是拓展新市场，公关部门就会通过市场调研和分析，制订针对新市场的公关计划，包括与当地媒体建立合作关系、开展市场预热活动、树立品牌在新市场的知名度等，为企业战略的顺利实施提供支持。

（四）注重沟通与传播

企业公共关系制度体系强调沟通的多样性和有效性。它利用多种渠道包括传统媒体、新媒体以及线下活动等，与不同的受众进行沟通。例如，企业可以通过在官方网站发布新闻稿、在社交媒体平台开展互动话题讨论、举办新品发布会等多种方式，向消费者传递产品信息和品牌理念。

第 3 节　公共关系制度的配套与保障

一、组织制度保障

（一）设立专门的公关部门

许多大型企业会设立独立的公共关系部门，这个部门负责制定公关战略、策划公关活动、协调与各方的关系等诸多事务。公关部门要负责企业内外信息的沟通与交流。对内，它需要协调企业各个部门之间的关系，如促进市场部与研发部之间的信息共享，确保市场部将消费者对产品功能的需求及时反馈给研发部，研发部也能将产品的技术创新等信息传递给市场部用于宣传。对外，它要代表企业与各类利益相关者建立和维护良好的关系，包括与媒体、政府机构、消费者群体、合作伙伴等进行沟通。根据企业规模和公关业务的复杂程度，合理配备公关人员。对于大型企业，公关部门可能需要包括媒体关系专员、活动策划专员、危机公关专员等不同人员。

2020 年，可口可乐公司宣布了一项战略举措，即重组可口可乐公司系统，以更好地实施“全品类饮料”战略（Beverage for Life），这也是可口可乐公司早在三年前就启动的一项长期战略。近年来，可口可乐公司持续进行组织架构的调整，以助力长期战略的实施，而新冠疫情的发生加速了这一战略转型。为了有效地推进变革，公司迅速制定了“布局未来，强劲崛起”（Emerge Stronger）的战略，并宣布构建全新的组织架构。一直以来，可口可乐公司不断创新，来面对时代带来的新挑战，而战略转型和组织架构的调整意味着更为积极的战略发展诉求。①

（二）建立公关委员会或跨部门协调机制

公关工作往往涉及企业的多个部门，通过建立公关委员会或跨部门协调机制，可以整合企业资源，共同应对公关问题。例如，当企业面临产品质量危机时，公关委员会可以召集生产部门、质量控制部门、售后服务部门和市场部门等相关人员，共同商讨危机应对策略。生产部门负责解释产品质量问题产生的原因和解决措施，质量控制部门提供质量检测数据和改进方案，售后服务部门说明客户投诉处理情况，市场部门则确定对外宣传口径和制定品牌修复策略。要设立定期会议制度，如每月或每季度召开一次公关工作会议，各部门汇报公关相关工作进展和问题，共同商讨下一阶段的公关计划。同时，建立应急响应机制，当出现重大公关事件时，能够迅速启动跨部门协同工作流程。例如，在遇到突发的负面舆情事件时，公关委员会成员能够在短时间内按照预先制定的危机公关流程，明确各部门职责，迅速开展应对工作。

（三）明确公关工作流程与规范

要制定严格的信息发布流程，确保企业对外发布的信息准确、一致且符合企业战略和形象。例如，发布的任何新闻稿、公告或声明都需要经过多层审核。首先由公关人员起草内容，然后由部门负责人审核内容的真实性、准确性和是否符合企业公关策略，最后还要经过企业高层领导审批，确保信息与企业整体战略方向一致。对于公关活动，从策划、筹备、执行到后续评估都要有详细的流程规范。在策划阶段，要进行充分的市场调研、目标受众分析和成本预算；在筹备阶段，要明确人员分工、场地布置、物资准备等细节；在执行阶段，要确保活动按照计划顺利开展，现场出现问题能够及时解决；活动结束后，要对活动效果进行全面评估，包括对活动目标达成情况、受众反馈、媒体报道等方面的评估，为今后的活动提供经验教训。建立危机公关流程，明确危机发生时各个阶段的应对措施。

---

① 可口可乐公司调整组织架构，积极重组布局未来.（2020－10－20）. 新浪网，https://finance.sina.com.cn/tech/2020－10－20/doc－iiznezxr7098913.shtml.

（四）与外部公关机构合作制度

当企业自身公关资源有限或遇到复杂的公关问题时，可能需要与外部公关机构合作。在选择外部公关机构时，要制定明确的标准，包括机构的专业能力、行业经验、成功案例、团队素质等。例如，查看公关机构是否有在本行业或类似领域的公关经验，是否成功策划过大型品牌推广活动或危机公关案例，其团队成员是否具备良好的沟通能力、创意能力和媒体资源等。同时，要清晰划分双方的职责，企业要向公关机构提供必要的信息和资源支持，公关机构要按照企业的要求和目标制定并执行公关策略。建立对外部公关机构的监督与评估机制，定期检查合作项目的进展情况，评估公关机构的工作绩效。

二、人员素质保障

（一）招聘选拔制度

在招聘环节，优先考虑具有公共关系、传媒、市场营销等相关专业背景的人员。专业知识体系能够为员工在企业公关工作中提供理论基础。例如，公共关系专业的毕业生通常系统学习过公关原理、公关策划、危机公关等课程，他们能够更快地适应公关工作的策划与执行部分。除了专业知识，丰富的实践经验也是重要的考量因素。寻找有在公关公司、大型企业公关部门或者相关媒体工作经验的人才。通过笔试、面试等方式对候选人的沟通能力、写作能力、应变能力等公关必备技能进行测试，确保选拔制度完善。

（二）培训发展制度

新员工入职时，要开展全面的企业公关知识和技能培训。内容包括企业公关战略、企业文化、沟通技巧、媒体关系管理等。通过培训让新员工快速了解企业公关工作的目标和要求，融入工作环境。例如，介绍企业过往成功的公关案例，讲解在这些案例中所运用的公关策略和技巧。根据公关行业的发展动态和企业自身公关工作的需要，定期组织员工参加技能提升培训。对于有潜力的公关人员，提供领导力培训课程，培养他们在公关团队管理、项目统筹等方面的能力。这有助于企业公关团队的人才梯队建设，为未来的团队发展储备领导力量。

（三）职业道德与行为规范制度

明确企业公关人员必须遵守的职业道德准则，如诚实守信、保护企业和客户隐私、避免利益冲突等。这些准则能够确保公关人员在工作中保持良好的职业操守。要求公关人员在与媒体沟通和发布信息时，必须提供真实、准确的信息，不得夸大或歪曲事实。制定详细的行为规范细则，包括在对外交往中的礼仪规范、语言规范、社交媒体使用规范等。在参加商务活动时，公关人员的着装、言行举止都要符合企业形象和商务礼仪要求。在社交媒体上，公关人员代表企业，要避免发表不当言论或泄露企业机密信息。建立有效的监督机制，对公关人员的行为进行监督。一旦发现违反职业道德或行为规范的行为，要根据情节轻重给予相应的惩戒，对于故意泄露企业商业机密的公关人员，予以辞退并追究法律责任。

（四）激励考核制度

要建立科学合理的绩效评估指标体系，涵盖公关工作的各个方面。通过统计企业在各大媒体上的报道次数、正面报道比例来评估公关人员在媒体关系管理方面的绩效。根据绩效评估结果，对表现优秀的公关人员给予物质奖励和精神奖励。这能够激发公关人员的工作积极性和创造力。对于成功策划并执行大型品牌推广活动，有效提升企业品牌知名度的公关团队或个人，给予丰厚的奖金和荣誉证书。结合绩效评估和员工个人意愿，为公关人员制定个性化的职业发展规划。提供内部晋升通道、跨部门轮岗机会等，让公关人员看到自己在企业中的发展前景。

“如果你把我们的资金、厂房及品牌留下，把我们的人带走，我们的公司会垮掉；相反，如果你拿走我们的资金、厂房及品牌，而留下我们的人，10 年内我们将重建一切。”这是宝洁公司前董事长理查德·德普雷（Richard Deupree）对宝洁人才机制的高度总结，体现出人才管理在宝洁的重要性。宝洁人力资源制度的成功之处就在于它具有完善的校园招聘制度、足够的内部提升发展空间以及良好的竞争奖励机制。①

三、信息管理保障

（一）信息收集保障

企业需要通过多种途径收集信息，包括内部渠道和外部渠道。内部渠道有企业各部门的工作汇报、员工反馈等。销售部门可以反馈客户对产品的意见和市场动态，生产部门能够提供产品质量和生产进度等信息。外部渠道则包括媒体报道、行业研究报告、政府政策发布、客户投诉与建议等。通过订阅专业的行业杂志和报告，企业能够及时了解行业的最新技术发展和竞争态势。企业利用社交媒体监测工具，对社交媒体平台上提及的企业品牌、产品或相关话题的内容进行实时监测。这样可以快速捕捉消费者的态度、意见和潜在危机信息。要涵盖与企业形象、利益相关者关系、市场环境等相关的所有信息，不仅包括正面信息，更要重视负面信息。除了收集客户对产品的赞美之词，还要关注客户的投诉内容，如产品质量问题、服务态度不佳等方面的信息。对于竞争对手的动态信息收集也不能忽视，包括竞争对手的新产品发布、营销策略调整、市场份额变化等。

（二）信息整理与分析保障

信息整理与分析保障可以按照信息的来源、内容性质、重要程度等因素进行分类。

---

① 人力资源管理案例：P&G 宝洁独特的人才机制．（2019－10－08）．搜狐网，https://www.sohu.com/a/345620948_100011383.

按照信息的来源可分为内部信息和外部信息；按内容性质可分为产品信息、市场信息、舆情信息、政策法规信息等。对于产品信息，又可以进一步细分为产品质量反馈、产品功能改进建议等。这样的分类有助于信息的有序存储和快速检索。运用数据分析工具和技术，如数据挖掘、文本分析等。通过数据挖掘可以发现隐藏在大量数据中的规律和趋势；文本分析则可以对新闻报道、社交媒体评论等文本信息进行情感分析、主题提取等操作。定期进行信息综合评估，制作信息分析报告。报告可以呈现信息的关键要点、趋势变化、潜在风险和机会等。预测市场需求变化，为企业的生产和营销决策提供依据。

（三）信息存储保障

根据信息的类型和规模，企业可以选择不同的存储方式。对于结构化数据，如销售数据、员工信息等，企业可以使用数据库管理系统进行存储。对于非结构化数据，如新闻报道、社交媒体内容等，企业可以采用文档管理系统或者数据仓库来存储。考虑到数据的安全性和可访问性，企业可以采用本地存储与云端存储相结合的方式。实施数据备份策略，定期备份以防止数据丢失。加强数据访问控制，设置严格的用户权限，只有经过授权的人员才能访问和修改特定的信息。采用加密技术对敏感信息进行加密处理，防止信息泄露。

（四）信息传播保障

根据不同的受众和传播目的，确定信息传播的内容、渠道和时间。对于内部员工，可通过企业内部通讯、会议等方式传播信息；对于外部公众，可利用新闻媒体、社交媒体、官方网站等渠道传播信息。企业发布新产品信息时，要提前规划好发布时间，选择合适的媒体进行宣传，并针对消费者、合作伙伴、媒体等不同受众准备相应的宣传内容。信息传播过程中要保证信息的准确性、一致性和及时性。所有传播渠道发布的信息内容要经过严格审核，避免出现错误或误导性信息。企业在官方网站、社交媒体账号以及新闻稿中关于产品的表述必须保持一致。对于重要信息要及时发布，如企业的重大战略调整、危机事件处理进展等情况，要第一时间向利益相关者传达准确的消息。

思考题

1. 公共关系制度的设立与修订包括哪些内容？
2. 公共关系制度体系的组成部分有哪些？
3. 公共关系制度的特色是什么？
4. 做好公共关系制度保障的有效措施有哪些？

案例

创始人是最好的公关

自特斯拉诞生那一刻起，就注定和传统车企不同。

当时，电动汽车的销售额占大型汽车厂商销量的不到 1%，在美国，以底特律为中心的汽车产业地位仍然举足轻重，福特、通用汽车和克莱斯勒三巨头的总部都在此地。

“汽车只能是汽车吗？”

将总部选在硅谷的特斯拉，显然跟底特律的前辈们想的不太一样。从本质上来说，特斯拉造的不是车，而是工业文明迈向 4.0 时代的一次尝试。

梁宁在接受一次采访时表示：“10 年前，我听完马斯克的演讲，我就意识到一件事，他根本不是做一辆电动汽车，而是做一辆智能汽车。”

差别在于：前者更强调汽车工艺上的升级，它还是个交通工具；后者更强调汽车在使用场景、便利性上对人们生活的改变，也就是说，智能汽车不再单纯是一个交通工具，而是一个集成化的智能终端。

两字之差，对于车圈甚至是科技圈来说都是颠覆性的突破。

比如，在智能汽车领域，芯片已经成为一台车的核心科技，特斯拉自建芯片设计团队，研发传统车企不曾涉猎的无人驾驶（辅助驾驶）技术，以及可以持续升级迭代的操作系统、更多智能化的功能等。

这些颠覆性的产品理念也影响了众多国内新能源车企。

马斯克曾表示：“营销是骗人的把戏，销售产品的最佳方式是让大家口口相传。”但这不意味着特斯拉一点儿营销都不做，只是不太按套路出牌。对特斯拉来说，创始人是最好的公关，也是最好的营销。

特斯拉放弃了明星代言的传统广告模式，而是邀请一批顶级名流成为自己的第一批用户，借助他们在各行各业的影响力，让更多消费者了解特斯拉。

思考题：

上述案例对于企业公共关系制度的设立与修订有哪些启示？

第 5 章

公共关系活动模式

公共关系活动又称公共关系实务，是内容丰富、形式多样的工作实践，也是将公共关系的主体和客体连接起来的纽带。公共关系活动模式就是围绕组织特定的目标与任务，为公共关系提供活动方法的结构框架。组织可以根据自身的需要有选择地套用这些活动模式，也可以在实践中逐步摸索，开展新的活动，创造出新的活动模式。习近平指出："正确的战略需要正确的战术来落实和执行，落实才能出成绩，执行才能见成效。"① 根据公共关系长期目标和短期目标、政策性目标和具体行动目标，公共关系活动模式可以划分为战略型公共关系活动模式和战术型公共关系活动模式两大类。

第 1 节　战略型公共关系活动模式

战略型公共关系活动模式是指组织根据自身发展的不同时期和组织与环境之间的矛盾，配合组织战略目标而采取的公共关系活动模式。我们知道，不论是一个组织（如企业）还是一种产品、服务，都有各自的生命周期，包括成长期、发展期、稳定期、衰退期。在不同的发展阶段，组织与周围环境的关系也有所不同，需要积极适应不断变化的环境。因此，组织中的公共关系人员必须掌握组织发展不同时期公共关系工作的特点，适时适度地制定战略目标并在目标指引下开展工作。根据组织发展不同时期公共关系工作的方式和特点，可以归纳出以下模式。

① 习近平．之江新语．杭州：浙江人民出版社，2007：88.

一、建设型公共关系

建设型公共关系是社会组织初创时或新产品、新服务首次推出时为开创新局面而采用的公共关系活动模式。其目的在于提高美誉度，形成良好的第一印象，或使社会公众对组织及产品有一种新的兴趣，形成一种新的感觉，直接推动组织事业的发展。建设型公共关系活动的重点是宣传和交际，实施的重点是主动向公众介绍自己，主动接近各方朋友，尽量使更多的公众了解企业、关注企业、接近企业，以取得公众的信任和支持。

（一）方法

建设型公共关系可采用的方法多样，一般包括开业广告、开业庆典、新产品试销、新服务介绍、新产品发布会、免费试用、免费品尝、免费招待参观、开业折价酬宾、赠送宣传品、主动参加社区活动等。特殊情况下，建设型公共关系活动包括主动向社会公众介绍情况，举办大型公共关系活动，向社会征集企业名称、徽标，向社会招聘高级人才等。一个组织必须时刻注意在公众中的形象，在维护既往组织形象的基础上随时代发展进行适度更新，以建设型公共关系的种种努力来引起公众的关注和社会的重视。

（二）原则

开展建设型公共关系活动应把握以下原则：

第一，选择有利时机。对于建设型公共关系而言，时机十分重要。诸如公司挂牌、商场开业、产品上市等活动，都要注意研究公众的需要，选择有利时机，让企业在公众中有良好的第一印象，使公众对企业先产生兴趣，再转变为对企业理解、支持的态度和行动。企业始建，新产品、新服务推广初期，更换厂名店名，改变产品商标或包装等都是开展建设型公共关系，与企业各类公众建立良好沟通的有利时机。

第二，选择恰当地点。根据产品的特点或公司的性质，或目标对象，选择有利的地点，突出新产品或新形象的特点，让人过目不忘。

第三，练好内功。要想一炮打响，开创组织的新局面，赢得新市场，必须首先在产品规格、质量、花色品种、外观设计等方面以及服务态度的改进上下功夫。这是组织树立新形象的基础工作，这个工作做得不好，开创新局面将成为一句空话。

第四，掌握分寸。为了让组织迅速获得公众的认同，或者让新产品、新服务迅速占领市场，必须通过各种传播媒介大力宣传组织的新情况、新进展、新产品、新服务，以便让公众了解组织、理解组织，但宣传应掌握分寸、以诚相待，不宜过度宣传，或自我吹捧、言过其实，以免引起公众的反感。在宣传策略上，建设型公共关系的重点应放在“新”上，组织应以崭新的姿态、崭新的形象出现在公众面前，给人以新鲜感、新奇感，以新取胜，以新博得公众的好感。

二、维系型公共关系

维系型公共关系是指社会组织在稳定发展期间巩固良好形象的公共关系活动模式。其目的是通过不间断、持续的公共关系活动，巩固、维持与公众的良好关系和组织形象，使组织的良好印象始终保留在公众的记忆中。其做法是通过各种渠道和采用各种方式持续不断地向社会公众传递组织的各种信息，使公众在不知不觉中成为组织的顺意公众。维系型公共关系通常可以考虑两种思路：一种是可以通过各种传播媒介和传播活动，以较低的姿态把组织的各种信息持续不断地传递给各类公众，使组织的良好形象始终保留在公众的记忆中，公众一旦有需要，就可能首先想到你，接受你的产品和服务，与你合作，为你带来利润和好处；另一种是可以开展各种优惠服务吸引公众再次合作。

维系型公共关系的特征是以渐进而持久的方式，通过针对公众心理特征精心设计的活动，潜移默化地在公众中产生影响，使组织的形象进入公众的长期记忆中，为实现组织的公共关系目标铺平道路，追求水到渠成的效果。维系型公共关系虽然不能迅速形成社会影响力，但是一旦见效，就能在公众中形成有利于组织的心理定式。

（一）形式

维系型公共关系是针对公众心理特征精心设计的，具体可分为硬维系、软维系两种形式。

1. 硬维系

硬维系是指那些维系目的明确，主客双方都能理解意图的维系活动，其特点是通过优惠服务和感情联络来维系同公众的关系。比如许多航空公司明确宣布，凡乘坐本公司航班多少次以上者，公司可提供免费旅行一次，目的是同顾客建立较长期的联系。有些企业在节日、纪念日向长期客户赠送小礼品，搞一些联谊活动，来加强感情联络，发展企业与顾客之间的关系。硬维系一般用于已经建立购买关系或有业务往来的组织和个人。具体方式灵活多样，可利用各种媒介进行一般宣传，如定期刊发有关组织情况的新闻、播出广告、提供关于组织的新闻图片、实行会员制、提供累计消费折扣等，也可以向长期客户赠送小礼物，邀请用户联谊，定期或不定期发布提醒性广告，经常在媒体上露面，经常派发企业小的纪念品或礼品。

2. 软维系

公关视角 5－1　网易云音乐

软维系是指那些活动目的明确，但形式比较超脱、隐蔽的公共关系活动，其目的是在不知不觉中让公众不忘记组织。一般是针对广泛的公众开展的公共关系活动，具体做法灵活多样，但以低姿态宣传为主，如定期广告、组织报道、提供关于组织的新闻图片、散发印有组织名称的交通旅游图等，以保持一定的媒体曝光率，使公众在不知不觉中了解组织的情况，加深对组织的印象。

（二）原则

开展维系型公共关系活动应把握以下原则：

第一，攻心为主。维系型公共关系从某种意义上说是一种心理战。一个组织与其公众发生并建立了良好的公共关系之后，随着时间的推移，这种公共关系状态可能朝好的方向进一步发展，也可能随时间流逝被逐渐遗忘，甚至可能朝不好的方向转变。组织的公共关系目标就是要维系良好的公共关系状态，防止遗忘或逆转。实现这种目标的公共关系活动实质上是使公众形成对组织有利的心理定式，因此研究公众的心理需求是工作的重点。要给相关的公众实实在在的优惠和实惠，使之在不知不觉中接受企业的产品和服务。

第二，渐进性。维系型公共关系活动的目的是使公众形成对组织有利的心理定式，使公众在不知不觉中形成对组织的好感。有关组织形象的信息对公众的刺激强度不够、过弱，或者刺激强度过大、过猛，都不利于形成有利的心理定式。通过渐进性积累，保持适中的信息刺激度，有助于形成有利的心理定式。对“度”的把握是维系型公共关系的艺术。因此，开展维系型公共关系活动，在方法上必须注重细水长流而不是大张旗鼓地搞活动，不是集中人力、物力、财力去打歼灭战，追求一举成功。维系型公共关系争取公众的主要手段是通过传播媒介不断向公众吹风，让组织的有关信息不时传到公众的耳朵里，使组织的良好形象经常呈现在公众的面前。

第三，保持超脱姿态。维系型公共关系活动要让公众在不知不觉中形成对组织的好感，因此开展维系型公共关系活动要在“超脱”二字上下功夫，不论是硬维系还是软维系都要表现出一种高姿态，使公众在心理上乐于接受。

三、预防型公共关系

预防型公共关系是指组织为防止自身的公共关系失调而采取的一种公共关系活动模式。预防的目的是当组织与公众之间出现摩擦苗头时，及时调整组织的政策和行为，消除摩擦苗头，始终将组织与公众的关系保持在期望的轨道上。

预防型公共关系的特点是确切地了解组织的公共关系现状，敏锐地发现失调的预兆和症状，针对失调采取对策，及时消除隐患，同时进一步促使组织的决策与行为向有利于建设良好的公共关系方面转变。预防型公共关系特别适用于组织发展过程中的战略决策，是战略型领导者最重视的公共关系活动模式之一。

（一）特点

预防型公共关系不只是“防”，关键在于“引”，利用不利的时机开创有利的局面。从这个意义来讲，可以将预防型公共关系看作在不同背景和不同条件下的建设型公共关系。具体来说，其特点可归纳为以下三点：

（1）居安思危，防患于未然。当组织处于稳定发展状态时，及早制定防范措施，建立预警系统，以达到未雨绸缪的目的。

（2）精准洞察，见微知著。当组织机构与周围客观环境出现某些失调时能及时发现，迅速采取措施，予以防治。

（3）积极防御，加强引导。防御与引导相结合，一方面应及时发现各种危机苗头，及时调整组织的结构、产品、方针政策或经营方式等，适应环境的变化，适应公众的要求，防患于未然；另一方面要通过自身努力工作，积极引导，利用不利的时机开创有利的局面。

（二）方法

在实际工作中，公共关系遇到的问题及成因多种多样，需要根据具体问题，有针对性地进行预防型公共关系活动予以解决。一般来说，其工作程序可分为三步：第一步，发现问题，即通过调查、监测和预测，及时发现组织发展中存在的问题和潜在的危机；第二步，分析问题，即运用研究和预测方法来分析问题；第三步，解决问题，即制定和采取相应的调整措施来解决问题，具体方式包括市场调查、前景预测、假设后果影响分析、设计多套应急方案处置危机等。

开展预防型公共关系活动应把握以下原则：

第一，具备危机意识。将问题扼杀在摇篮之中，切忌麻痹大意。

第二，形成预警系统。设置专人或专门机构来捕捉各种问题或危机的苗头，一旦发现，组织能及时调整自身的结构、产品、方针、政策或经营方式，解决问题。

第三，主动采取措施。一旦发现问题，不能不闻不问，必须及时采取对策，主动进行调整与引导，在公众尚未意识到问题时就把问题解决好。此外，还要经常监测组织行为，发现问题迅速上报，提出改进建议。

第四，提高透明度。一个组织的透明度越高，越能减小与外部公众发生摩擦的可能性，即使出现了摩擦，也能积极疏导，将负面影响减小到最低限度。

四、矫正型公共关系

矫正型公共关系是指组织在遇到问题与危机、公共关系严重失调、组织形象受到损害时，为了扭转公众对组织的不良印象或不利局面而采取的公共关系活动模式。其目的是对严重受损的组织形象及时纠偏、矫正，挽回不良影响，使组织转危为安，重新树立组织的良好形象。矫正型公共关系主要是在对组织不利的负面事件发生后，采取相应的措施补救，通常分三个处理步骤：第一步，尽快制止或减少组织形象所受的损害；第二步，挽回和恢复先前的形象；第三步，进一步完善和提高形象。

（一）活动方式及实施要点

矫正型公共关系活动包括实况说明会、记者招待会、实施危机处置、发表事实声明、诚恳道歉、补偿、赔偿、报道事实、对侵权者诉诸法律等。其实施要点主要有：

第一，迅速查明原因，制定对策，采取行动。这里强调的是迅速，这不仅体现组织对自身形象的重视，也是为了尽可能地减小对利益相关者的负面影响，体现组织积极承担责任的态度。

第二，从查清问题根源入手。当组织面临公共关系危机而必须采取矫正型公共关系措施时，不应忙于应付公众的抱怨和指责，而是要根据各方面传来的信息去调查危机的根源。如果问题不清、根源不明，则会头痛医头，脚痛医脚，不得要领，还可能顾此失彼，造成更大的混乱。

第三，组织负有责任时，应诚恳道歉，求得公众的谅解，恢复公众的信任，并调整政策行为，杜绝危机重演。

第四，对恶意诽谤、侵权造成组织损害的，应公布事实，说明真相，追查责任者，并求得公众的同情。

（二）组织形象受损的原因

组织形象受损一般有两种情况。

一种情况是外在的原因，如某些误解、谣言，甚至人为的破坏，致使组织的形象受到损害。公共关系部门应及时、准确地查明原因，迅速制定对策，采取行动，纠正或消除损害组织形象的行为和因素。公共关系人员必须随时注意周围环境的变化，对于有损组织的行为和因素应防患于未然，对于损害组织形象的误解和谣言绝不能掉以轻心，稍有疏忽就可能给组织造成不必要的损失。

另一种情况是组织内在的原因，如产品质量、服务态度、环境保护、管理政策、经营方针等方面发生了问题，导致公共关系严重失调。公共关系部门应迅速查清原因，采取行动，尽量挽回已造成的负面影响，及时把外界的舆论准确地反馈给决策层和有关部门，提出消除危机的办法和纠正错误的措施。公共关系人员还需尽快与新闻界取得联系，控制影响范围，并有计划、有针对性地开展公共关系活动，消除不良影响，通过新闻界向广大公众公布纠正的措施和进展情况，求得公众的谅解，平息风波，恢复信任，重新树立良好形象。

五、开拓型公共关系

开拓型公共关系又称进攻型公共关系，是指组织采取主动出击的方式来树立和维护良好形象的公共关系活动模式。当组织需要拓展（一般在组织的成长期）或预定目标与所处环境有冲突时，应主动发起公共关系攻势，以攻为守，及时调整决策和行为，积极地改善环境，以减少或消除冲突因素，保证预定目标的实现，树立和维护良好的形象。这种模式适用于组织与外部环境的矛盾冲突已成为现实而实际条件有利于组织之时。其特点是抓住一切有利时机，利用一切可利用的条件、手段，以主动进攻的姿态来开展公共关系活动。

常采取的方式有：宣传新的营销理念，发布新产品抢占市场，优化现有产品质量，打价格战和服务战，承诺更多服务，加快创新和淘汰，结盟或合作，控制、支配或垄断等。

（一）组织改造环境的战略

一个组织与环境的关系除了积极适应，还应主动改造。一个组织要想顺利发展，主动改造环境是一项必不可少的工作。组织可以采用以下战略改造环境。

其一，改变战略。即改变组织对环境的依赖关系。组织可以通过不断研制新的产品、开拓新的市场、吸引更多的顾客、建立新的合作关系等方法，改变对环境的过分依赖。

其二，交流战略。组织通过交流协商，如加入同业协会，商定协作交流协议等，减少与竞争者的冲突和摩擦。

其三，回避战略。组织为避免受环境消极因素的影响，可以采用回避战略。当组织与所处环境发生冲突时，要及时抓住时机，调整决策和行动，积极主动地改造环境，逐步减少直至消除冲突因素，以保证预定目标的实现。在当前市场竞争十分激烈的情况下，每个组织都需要运用进攻型公共关系来取胜。

（二）原则与注意事项

开展开拓型公共关系活动应把握以下原则：

第一，研究环境变化，把握有利时机。开拓型公共关系活动很讲究实际条件，并不是任何组织一旦与环境发生了矛盾冲突都能采用这种模式，在缺乏一定的实际条件，尤其是组织的内在应变能力不强时，不能开展这种活动。如果没有把握好实际条件，盲目出击，不仅无法达成既定目标，还会加剧组织与环境的冲突。

第二，以“创”为主。当组织与外界环境发生矛盾时，要充分发挥组织对环境的能动作用，从组织内外多方面入手，采取多种措施，掌握公共关系的主动权。例如，通过选择新的顾客群、改换合作伙伴来减少组织与环境的摩擦冲突；通过制造新闻来形成支持组织的社会舆论，争取政府制定有利于组织发展的新政策等。

第三，以理服人、以情服人，不能搞强权公共关系。双方相互沟通，理解与支持是良性公共关系得以建立的根基，因此企业需要以包容开放的姿态进行公共关系活动，特别是在处理与新闻界的关系时要尊重对方的职业要求，力求合作共赢。

第四，适可而止，把握进攻分寸。组织可以通过积极主动的行为改变环境，使环境适合自己，但这种改变是有限度的，这个限度就是合理运用环境中有利于组织的实际条件。倘若改变环境的努力超出环境的承受力，就会出现“搬起石头砸自己的脚”乃至“玩火自焚”的局面，使组织“赔了夫人又折兵”，陷入更大的困境。

第五，注重公众利益，讲究道德原则。组织主动出击应本着组织和公众双赢的指导思想，不应只顾组织利益而损害社会、公众的合法利益。任何违背职业道德、有悖公众利益的公共关系活动只能损害组织形象，而非合格的公共关系活动。

开展开拓型公共关系活动要注意几点：(1) 要避免环境的消极影响，如避免参加不必要的社会活动，避免过多地承担社会义务，以免受过多的规章制度和社会关系的牵制；(2) 要不断开创新局面，如建立分公司、研发新产品、开辟新市场、创造新环境等；(3) 要协调社会关系，以减少与竞争者之间的矛盾冲突，团结更多的支持者和协作者。

第 2 节　战术型公共关系活动模式

如果说战略型公共关系活动模式是针对组织自身发展的不同阶段而采取的公共关系活动模式，那么战术型公共关系活动模式则主要是根据公共关系的功能和针对的对象而采取的公共关系活动模式。面对不同的公众对象、不同的公共关系任务，需要选择不同的公共关系活动模式。一个战略目标的实现往往可以同时运用几种不同的战术，因此，战术型公共关系活动模式可以交叉使用。常见的战术型公共关系活动模式有以下几种。

一、宣传型公共关系

宣传型公共关系是运用大众传播媒介和内部沟通方法开展宣传工作，以树立良好组织形象的公共关系活动模式。其目的是广泛发布和传播信息，让公众了解组织，以获得更多的支持。主要做法是：利用各种传播媒介和交流方式进行内外传播，让各类公众充分了解组织、支持组织，从而形成有利于组织发展的社会舆论，使组织获得更多的支持者和合作者，达到促进组织发展的目的。其特点是：主导性强、时效性强、传播面广、快速推广组织形象。

宣传型公共关系适用于各类组织，是各类组织实施公共关系计划时经常采用的模式。在实际工作中，组织必须善于发现和利用各种宣传契机，甚至有意识地创造机会进行宣传，以树立完美的组织形象。开展宣传型公共关系活动应把握以下原则：

第一，真实性。宣传的内容或信息应客观真实，应把真实性放在第一位，绝不能出现浮夸不实之词。

第二，双向性。一般的宣传是单向传播，但公共关系活动是双向传播。既要将组织的信息通过各种途径传播给各类公众，又要把公众的信息传递至组织，以了解公众的意见。宣传型公共关系活动不是自弹自唱，而是要双向沟通、了解，不断反馈、修正。公共关系人员不但应具备向外传播信息的本领，而且应掌握收集、反馈信息的技能。

第三，技巧性。宣传工作要主题明确，安排及时迅速，方式方法恰当适宜。公共关系人员一定要掌握宣传的要领，把握火候，避免过分宣传，避免给公众留下“王婆卖瓜”的印象，要做到既宣传了自己的组织，又给公众留下良好的印象。

第四，宣传活动要覆盖面广，受众多。

第五，适当地制造一些热点新闻，精心策划。策划时不仅要考虑新、奇、特，还要有人情味，以吸引公众的注意力。

根据宣传对象的不同，可具体分为对内宣传和对外宣传。

（一）对内宣传

对内宣传是公共关系人员经常做的工作之一，它的主要对象是组织的内部公众，如员工、股东等。宣传的目的是让内部公众及时、准确地了解与组织有关的各方面信息，如组织的现行方针和决策、组织各部门的工作情况、组织的发展成就或困难和挫折、组织正在采取的行动和措施、外界公众对组织的评价以及外部社会环境的变化对组织的影响等，以鼓舞士气，取得内部谅解和支持，做到上下一心，增强凝聚力，形成统一的价值观和企业精神。对内宣传可采用多种形式和手段，如内部刊物、黑板报、图片宣传栏、宣传窗、员工手册、广播、电视、全体大会、演讲会、座谈会、讨论会、表彰颁奖会、专门恳谈会等。对于内部的特殊公众——股东，可采用年终总结报告、季度报告、股东刊物、股东通讯、财务状况通告等形式。

（二）对外宣传

公关视角 5－2　中国电建组织老挝员工欢度泼水节

对外宣传的对象包括与组织有关的一切外部公众，目的是让他们迅速获得对本组织有利的信息，形成良好的舆论。对外宣传主要运用大众传播媒介，其表现形式包括公共关系广告和新闻报道。一个组织可以把形象塑造作为广告的中心内容，宣传组织的管理经验、经济效益、社会效益和已经获得的社会声誉等；还可以采取新闻报道的形式，通过新闻、专题通讯、记者专访和经验介绍等来宣传自己。新闻报道权威性高，比较客观，容易被公众接受，且不需要费用，但是新闻报道的主动权不在组织。对组织来说，可以通过有目的的策划“制造新闻”，如举办记者招待会、新产品展览会、经验或技术交流会、策划公益活动等获得新闻界关注，或者组织印发公共关系系列刊物、制作视听资料等。

二、交际型公共关系

公关视角 5－3　香港“旧城中环”深度游

交际型公共关系是在人际交往中开展公共关系工作的一种模式。这种模式不借助任何媒体，而是以人际交往为手段，与公众进行沟通，为组织广结良缘。它的目的是通过人与人的直接接触，进行感情联络，建立广泛的社会关系网络，形成有利于组织发展的人际环境。

交际型公共关系活动实施的重心是：创造或增加直接接触的机会，加强感情交流。

（一）特点

交际型公共关系的特点在于：(1) 节奏快，节省人力、物力；(2) 有灵活性，即利用面对面交流的有利时机，充分施展公共关系人员的交际才能，达到有效沟通和广结良缘的目的；(3) 人情味浓，以“感情输出”的方式加强与沟通对象之间的情感交流，一旦建立了真正的情感联系，往往会相当牢固。

交际型公共关系活动可以分为群体性交往和个人交往。群体性交往包括招待会、座谈会、工作午餐会、宴会、茶话会、联谊会、现场参观团队、考察团、团拜和慰问等。个人交往有单独交谈、上门拜访、祝贺、信件往来、个别参观、定期联络、问候等。

在今天的信息时代，先进的通信设备足以使各种信息随时随地传播，人们可以通过电脑将获取的各种信息进行处理、存储，并传递给不同的需求者，人们使用电脑就能满足自己的大部分信息需求。但是，人际交往中的情感交流仍然是其他方式无法替代的。交际型公共关系的许多手段和方法往往就在我们的日常生活之中。在现实生活中，善于人际交往的人易于构建良好的社会关系网络，生活及事业上较为顺利。在当今社会中，重视人际交往和人际关系是社会发展的必然。人们通常所讲的感情投资，实际上就是搞好人际关系，组织也是同理。在交际型公共关系活动中，公共关系人员正是以感情投资的方式逐渐与公众构建关系，在建立一定情感的基础上达到互助、互利、互惠的目的。例如，企业家俱乐部、企业家联谊会等组织，企业家利用周末、假期等闲暇时间聚会以建立关系、交换信息，这也是企业家开展交际型公共关系活动的具体形式。公共关系人员可以充分利用这些活动机会，协助组织建立良好的社会关系网络。交际型公共关系的作用特别明显地表现在第三产业中。例如，服务人员善解人意的帮助、恰到好处的微笑、热情贴心的问候，就可能使顾客增强对组织的好感，产生购买欲望乃至促成购买行为，并使良好的组织形象在交往中逐渐树立起来。

公关视角 5-4 乔·吉拉德充满人情味的交际方式

（二）原则

交际型公共关系具有直接、灵活的特征，是公共关系活动中应用最多、极为有效的一种模式。不过应明确社会交际只是公共关系的一种手段，绝不是公共关系的目的，也不要把私人间的一切交际活动混同于公共关系，更不能使用不正当的手段，如欺骗、行贿等。开展交际型公共关系活动应把握以下原则：

第一，广泛交友，构建信息网络，以得到外界较多的帮助和支持。在交际型公共关系活动中要主动向公众介绍组织的有关情况，提高组织的透明度，使公众尽快认识组织并加深对组织的了解。

第二，人际交往不能短视，重在长远，要互助、互惠、互利、互敬。交际型公共关系活动不仅要广结良缘，而且要善于巩固和发展与公众建立的联系和友谊。不可人走茶凉，或喜新厌旧。若不善于巩固和发展关系，组织可能在公众中留下朝秦暮楚、待人不诚的印象。巩固和发展关系，可采取建立社交活动记录、公众档案等办法，使交际型公共关系活动经常化。

第三，礼貌待人，注意礼节、辞令。礼仪、礼节是开展交际型公共关系活动的重要组成部分，是公共关系人员的基本功，尤其是在开展群体的交际活动中，应注意风俗习惯和礼节，让对方感到受到重视。在同时与多方打交道时，不要厚此薄彼，使某一方产生不快，公共关系人员要讲文明、懂礼貌，在仪表、言语、行动和精神风貌上都要给公众留下深刻、良好的印象。

第四，以真诚为基础。交际型公共关系活动要真诚，即无论是对组织还是对个人，都要实事求是，讲真话，坦诚相待，不能通过欺骗、行贿受贿、串通谋私等不正当手段维系交往，只有这样才能取得公众的信任。提供的情况应真实确切，开展的活动应互利友好，出现误会要认真解释、消除疑虑，面对公众投诉要虚心听取、善意处理。要在广泛的社交活动中树立起组织的良好形象，提高文化品位，增进人文关怀。

三、服务型公共关系

服务型公共关系是一种以提供优质服务为主要手段的公共关系活动模式，其目的是以实际行动来获取社会的了解和好评，树立良好形象。对于一个企业或者社会组织来说，要想树立良好的社会形象，宣传固然重要，更重要的还在于自己的工作、自己为公众服务的程度和水平。所谓“公共关系 90%靠自己做得对”，其含义即在于此。组织应依靠向公众提供实在、优惠、优质服务来开展公共关系，提高组织的美誉度。离开了优良的服务，再优秀的公共关系专家也一事无成。

（一）提供优质服务

有一位企业家说过：现在的顾客与其说是要买商品，不如说是要买服务。每个组织都可以为公众提供优质服务。例如，工业企业的售后服务、使用指导；商业企业的优质服务、送货上门；公用事业单位的完善服务、接受监督；政府部门的政务公开、廉洁高效等。当前，市场竞争已经由产品竞争转向服务竞争，谁能提供优质的产品和良好的服务，谁就能赢得市场，否则，企业难以在竞争中生存，更谈不上发展。由于这个缘故，一些企业努力追求尽善尽美的服务，也因此获得了巨大的回报。一般来说，从服务过程看有售前服务、售中服务和售后服务；从服务形式看有预约服务、上门服务；从服务内容看有信息服务、咨询服务、技术服务等。各类组织向公众提供的服务，其质量的好坏直接影响到组织在公众心目中的形象，因此，提供优质服务是各类组织的一项重要的公共关系工作。

（二）把握基本原则

开展服务型公共关系活动应把握以下原则：

第一，提高服务自觉性。培养组织各个部门人员的服务意识。向公众提供优质服务是与树立良好组织形象联系在一起的行为。公众往往把组织提供的服务视为组织形象的缩影，通过组织提供的服务形成对组织的直观印象，因此，组织必须自觉把服务工作放在重要位置，自觉开展服务工作。组织不能只着眼于经济利益，更要重视社会价值，着眼于通过服务来塑造良好形象。

第二，注重服务实在性。以实际行动向公众证明组织的诚意，用实际行动说话，每个组织应对服务行为提出具体的目标，让组织对公众的一切诚意和善意变成看得见、摸得着的实实在在的东西。对公众做的事情越实在、越具体，越能对公众产生吸引力，最好能让公众产生“雪中送炭”和“及时雨”的感觉。

第三，提倡服务特色。服务并非专属于服务行业，工业企业同样需要将优质服务置于重要地位。服务方式要独特，具有吸引力，做到人无我有、人有我优，形成特色。

第四，确立规范性。在许多情况下，尤其对于服务业而言，服务型公共关系活动是由全体员工实施的。为了保证提供优质、便利的服务，组织有必要建立合理的制度，确立活动的规范，制定以顾客为导向的服务规程，使公共关系工作有条不紊、坚持不懈地开展下去。例如，退货换货制度、微笑服务、正确认识顾客投诉、以“顾客总是对的”的理念来积极处理投诉等。

四、社会型公共关系

社会型公共关系是组织通过举办各种社会性、公益性、赞助性的活动来塑造良好组织形象的公共关系活动模式。实施的重点是突出活动的公益性特点，为组织塑造关心社会、关爱他人的良好形象。其目的是通过积极的社会活动，扩大组织的社会影响，提高组织的社会声誉，赢得公众的支持。社会型公共关系不以直接盈利为目的，注重长远效果。实践证明：经过精心策划的社会型公共关系活动往往可以在较长的时间内发挥作用，潜移默化地加深公众对组织的良好印象，从而取得比单纯商业广告更为深远的效果。

（一）形式

1. 以组织本身具有社会影响的庆典或事件为中心

这种形式的公共关系活动是自己搭台自己唱戏，如利用开业大典、竣工仪式、周年活动等机会，邀请各界宾客、社会公众共同参加庆祝活动，渲染喜庆气氛，借庆典活动，同各界人士广交朋友，扩大自己的社会影响。

2. 不以商业为目的，把公益性放在第一位

公关视角 5-5 北京人民艺术剧院建院 70 周年

这种公共关系活动是外人搭台自己唱戏，一般是利用传统节日、民俗、具有社会影响力的公益事业、相关组织的重要活动等机会，积极参与，以此树立自身的形象。组织利用各种机会开展这类公共关系活动，扩大社会

影响，宣传良好形象的例子不胜枚举。

（二）原则

公关视角 5－6　佳能（中国）的善举

1. 富有公益性

突出组织承担社会责任的良好形象，组织不应对受益方提任何条件，但可以在事前对受益对象进行认真选择。通过方式恰当、对象合适的社会型公共关系活动，组织可以强化在公众心目中的良好形象。

2. 注重文化性

如果说公益性体现了一种乐善好施的精神，那么文化性充分展示了对真善美的追求。社会型公共关系活动应尽量与资助社会文化事业联系起来，以达到提高文化形象、促进信息交流、提高员工素质等目的。

3. 量力而行

社会型公共关系活动多样，范围可大可小，形式可简可繁，是公共关系部门发挥创意的重头戏，也是公共关系失败的“重灾区”，因此应谨慎行事。贪多求大、不加选择地参与各种社会活动，反而使自己的形象受损。

4. 兼顾长远利益与近期利益

公关视角 5－7　河南洪灾紧急求助平台暨募捐项目

社会型公共关系活动从近期看往往不会给组织带来直接的经济效益，而且会令组织付出额外的费用，但从长远来看，它为组织树立了较完备的社会形象，使公众对组织产生好感，为组织创造了一个良好的发展环境，有助于提升无形资产价值。因此，组织要兼顾长远利益与近期利益，做到投入适当、收益显著。如果只顾眼前得失，斤斤计较，甚至借公益活动来促销，使公益活动带有强烈的功利性，则会损害组织的形象。

五、征询型公共关系

征询型公共关系是以收集社会信息为主，掌握社会发展趋势的公共关系活动模式，其目的是通过信息收集、舆论调查、民意测验等工作，加强双向沟通，使组织了解社会舆论、民意民情、消费趋势，为组织的经营管理决策提供背景信息，使组织行为与国家的总体利益、市场发展趋势以及民情民意一致，同时，也向公众传播组织意图，使公众的印象更加深刻。征询型公共关系活动实施的重点在于操作上的科学性以及实施过程中的精细和诚意。具体的实施过程是：组织在进行一项工作后要设法了解社会公众对这项工作的反应。经过征询，将了解到的公众意见分类整理并加以分析研究，提出改进工作的方案，直至满足公众的愿望。

多年前，方便面在日本市场十分畅销。为了扩大市场，日本食品厂商决定把方便面打进国外某地市场。经调查获知，当地居民习惯吃大米，对面条不感兴趣。日本厂商并没有就此罢休，它们把目光转向儿童。日本厂商分析，成年人饮食习惯形成后是难以一下子改变的，但是儿童在饮食上并未形成固定的习惯，要开拓市场，必须从儿童入手。于是，日本厂商把目标对准小顾客，在儿童早餐、课间加餐和午餐时间，到各个学校大门前或附近摆摊设点，出售方便面。最初，方便面是免费提供的，后来随着需要方便面人数的增加而收费，并随着销路打开而逐渐提高售价，等到方便面风行市场时，其价格已提到应有的水平。在方便面的经营中，日本厂商善于掌握、分析和利用各种信息，对哪些人买、什么时候买、在什么地方买、以什么途径买都做了系统的分析和研究，并逐一满足顾客的要求，因而大获成功。

征询型公共关系的特点是长期性、复杂性和艰巨性。它要求公共关系人员具有智慧、耐力和诚意，能通过各种方法获得公众的配合，不断向组织提供有价值的信息，使组织有“千里眼”“顺风耳”，能根据公众要求，随时调整组织的行为，不断改进组织的产品和服务，保证组织与社会环境的协调、平衡，促进组织发展。

（一）工作方式

征询型公共关系的工作方式有：产品试销调查、产品销售调查、市场调查；访问重要用户、访问供应商、访问经销商；征询使用意见、鼓励员工提合理化建议；开展各种咨询业务、建立访问制度和相应的接待机构、设立监督电话、处理举报和投诉等。例如，通用汽车公司雪佛兰汽车的车主关系部专门建立了特别用户名册，任意抽选雪佛兰汽车用户共 1 200 名，将其聘为用户顾问，分客车和卡车两部分，以定期函件联系他们，征询他们对雪佛兰汽车及服务的意见，并将这些意见提供给公司的业务部门，作为改进与车主关系的指导。

征询型公共关系工作应把预测工作作为重要内容，对组织发展的社会环境、市场前景、原材料及能源供应、政府及社区关系进行全面的分析和预测，供组织管理者决策时参考。

（二）原则

开展征询型公共关系活动是各类组织的公共关系部的一项分内工作，具体而言应遵循以下原则。

1. 态度公正

公共关系人员不但应是组织的耳目，更要站在中间人的角度，广泛、及时、公正地收集一切有关组织形象的意见和建议，从而起到组织与社会公众的中介者的作用。

2. 广泛收集信息

收集信息范围要广，不能局限于某些领域和方面而把有价值的信息漏掉。既要善于从报纸、广播等大众传播媒介或专家、名人的采访调查中收集信息，也不要忽视“小道消息”。公关人员可通过对信息的分析研究，了解社会环境的发展变化，提高预见能力；通过对“小道消息”的合理解读改善组织服务、树立组织形象、改善与公众的关系。

3. 注重预测

预测工作是征询型公共关系工作的重要内容。公共关系人员应以敏锐的眼光和洞察力对组织发展的社会环境、市场前景、原材料及能源供应等进行全面预测分析，为决策服务。

4. 强调长期性和及时性

征询型公共关系需要持之以恒、日积月累，公共关系人员应具有智慧、毅力、耐心和诚意。组织应对民意和舆论做出迅速反应，以保持组织与社会环境之间的动态平衡。

公关视角 5－8　深圳经济特区城市更新条例公开征求意见

上述对战略型公共关系活动模式和战术型公共关系活动模式的区分并无绝对严格的界限，也没有涵盖公共关系活动的所有模式，可以从不同的角度对公共关系活动加以划分，这是因为公共关系工作涉及面广、灵活性强。在具体实践中，一方面，任何一个组织都不可能也不必采用所有的公共关系活动模式；另一方面，一个组织的公共关系活动不只限于某一种模式，往往是几种模式并行采用、交叉采用，以追求最佳效果。因此，组织要时刻注意公共关系是一门艺术，需要公共关系人员不断创新和综合运用。

思考题

1. 怎样理解战略型公共关系活动模式与战术型公共关系活动模式的区别？
2. 开展建设型公共关系活动与开展维系型公共关系活动应把握哪些原则？
3. 什么是交际型公共关系？其特点和原则是什么？
4. 开展宣传型公共关系活动与开展社会型公共关系活动应把握哪些原则？
5. 征询型公共关系的工作方式是什么？
6. 开展服务型公共关系活动与开展征询型公共关系活动应遵循的原则有什么不同？

案例

刘强东再次给老家村民发放现金

刘强东老家宿迁光明村村民透露，已接到村通知，2025 年春节刘强东将再次给光明村村民发现金。相关话题登上微博热搜第一名。据当地村民透露，刘强东准备在 8 日给老家村民发放现金和礼品，每家有（价值）几千元礼品。徐先生表示："村里开会通知 1 400 多户，60 岁以上的老人一人有一万元现金，每户大概发东西发了几千元钱吧。"

据悉，刘强东 70 年代出生于江苏省宿迁市宿豫区来龙镇光明村，曾在来龙镇光明村上小学、在来龙镇上初中、在宿迁市上高中。在上大学之前，刘强东一直没有离开过农村。考上大学时，全村人凑了 500 元和 76 个鸡蛋送给他。

这并非刘强东首次给家乡村民送新年礼物。2015 年春节，刘强东回到了他的出生地——江苏省宿迁市宿豫区来龙镇光明村，看望乡亲们，给大家热情拜年。他还自掏腰包，给全村650余名60岁以上的老人每人发了一万元的春节特别红包。“我从小生活在这里，没有各位乡亲父老的关心爱护，我也走不出这个村子，也就没有今天的我，这次回家过年看望大家，表达一点点心意，希望大家过个好年!”刘强东对村里的老人们说。

2024年1月，有网友爆料，网购时发现一个名为“东哥”的账号在同时段一次性下单了超过1 000件羽绒服和1 000多份超市礼盒，并送往江苏宿迁来龙镇。经核实，该名用户正是刘强东本人，这批年货将会送达他老家所在的光明村。除了捐款，京东在宿迁投入45亿元，打造京东商城信息科技产业园。2016年2月刘强东接受采访时称，把宿迁能会电脑的，能会说普通话的，基本上全招完了。

刘强东曾说，自己给家乡捐钱投资的一个原因是：18岁离开家乡上大学时，父母、亲戚朋友和村民，一共凑了76个鸡蛋和500元现金，这些鸡蛋和钱给了他日后走向世界的机会。“所以我拼命为老家拉企业投资、捐款捐物。父老乡亲们的恩情，我会用一辈子来还!”刘强东说。

刘强东的行动获得了网友们的好评：刘强东不忘恩情，回馈家乡，真真是有趣得紧！此举既彰显了他的大气，又让人心生敬佩；喝水记得挖井人，东哥确实有良心；懂得感恩的人就应该发财。

资料来源：浙江经视．刘强东上大学全村人凑500元76个鸡蛋.（2025－01－03）. 新浪网. https://cj.sina.com.cn/articles/view/1395622123/m532f80eb03301k7r8.

思考题：

1. 本案例体现的是哪种类型的公共关系活动模式？
2. 分析本案例中刘强东获得广泛称赞的原因以及这一公关行动的传播效果。

第 6 章

公共关系工作的一般程序

公共关系工作需要根据组织公共关系的客观状况规划与执行。组织的公共关系状况不同，公共关系工作的内容和方式也就有所不同。无论哪个时期，组织开展公共关系工作的程序都是基本一致的，通常分为调查研究、策略制定、方案实施、效果评估四个步骤。这四个步骤也就是公共关系学中的四步工作法。这四个步骤各自独立，又相互衔接，前后连贯，构成一个整体。

第 1 节　调查研究

作为社会组织，无论是政府机关还是企事业单位，都希望树立本单位在社会公众中的良好形象。具体到一个企业来讲，如果其在社会公众心目中信誉良好，比如生产的产品物美价廉，提供的服务热情周到，便能赢得更多的顾客，占领更加广阔的市场，实现更大的收益。长此以往，该企业在社会公众当中的知名度和美誉度就会越来越高，形象也会越来越好。相反，如果企业不守信誉，产品质量低劣，服务态度不好，其在社会公众中的形象自然不好。形象不佳的企业在市场竞争中必然处于不利的地位。

一个组织怎样才能了解自己在社会公众心目中的真实形象，即自身的公共关系状况究竟如何？这就需要组织中的公共关系人员在社会公众中进行调查。

一、调查研究是公共关系活动的先导

美国公共关系专家西蒙说过：“不论人们如何表达公共关系活动的流程，调查研究都是举足轻重的。如果把公共关系活动视为一个‘车轮’，调查研究便是这个车轮的‘轴’。”车轴论形象地说明了调查研究在公共关系活动中的地位和作用——首要步骤、基础工作和重要组成部分。

公共关系调查研究是指公共关系人员运用科学的方法，有步骤地考察、了解、分析、研判组织的公共关系状态，以收集信息、发现问题、掌握情况为目的的一种公共关系实践活动。

调查研究是公共关系工作程序的第一个步骤，其目的是了解和掌握组织的公共关系状况，即了解受到组织的行为和政策影响的公众的认知、观点、态度和行为，同时结合组织的环境因素、人员因素、经济因素，分析出组织目前面临的问题，然后解决问题，改善组织形象。可以说，调查研究为组织的公共关系工作指明了方向、确立了目标。

作为公共关系工作的第一个步骤，调查研究是其他各个步骤的先导和基础。没有这个步骤，其他工作就无从谈起、难以做好。只有弄清楚组织公共关系的现状以及组织所面临的公共关系方面的问题，才有可能制订出有针对性的公共关系计划，才能找到实现公共关系目标的最佳途径和方法，才能客观、准确地评估整个活动的效果。正如《孙子兵法》所说，“知彼知己，百战不殆”，一个组织进行公共关系工作也是如此。只有既了解自身的情况，又了解竞争者的情况，所制定的战略战术、行动纲领才有科学的依据和针对性，才能在此基础上进行下一步工作。可见，调查研究是公共关系活动的先导和起始步骤。

二、公共关系调查研究的基本内容

公共关系调查研究工作一般需要从三方面进行：一是调查组织的自我期望形象；二是调查组织的实际社会形象；三是比较分析这两种形象之间的差距。只有围绕这三个方面进行调查与分析，才能找出组织的自我期望形象与实际社会形象之间的差距，以及造成这些差距的问题，为下一步确立公共关系目标打下基础。

（一）调查组织的自我期望形象

组织的自我期望形象，即一个组织自己所期望建立的社会形象。对此的调查研究应当从下列三个方面进行。

1. 领导层对组织形象的期望

领导层的期望往往代表了组织对自身社会形象的期望，这一期望对于组织社会形象的选择和建立具有决定性意义。因此，调查组织的自我期望形象，首先必须调查组织领导层对组织形象的期望。

组织的领导层作为整个组织的决策者和领导者，决定和掌握着一个组织发展的总目标、战略、方向、重大的工作项目等。他们对于组织形象的期望，包含和掺杂在他们所决定和掌握的这些方面之中。然而，一般来说，在组织形象的问题上，如组织的知名度和美誉度应该达到什么目标，组织的领导层一般不太可能有非常明确、具体的构想。因此，关于组织的领导层对组织形象的期望，不是简单地询问一下领导层成员就能获知的，必须通过详尽研究组织发展的总目标，发展的战略、方向，重大的工作项目和重要政策，经营管理手段，并结合领导层成员大量的日常言行等，才能做出比较准确的测定。

2. 员工对组织形象的期望

员工是任何组织赖以生存的细胞。一个组织的目标和政策必须得到本组织内广大员工的认同和支持，才能有效地转化为实际的行动。换言之，员工的态度和行为对于组织目标和策略的实现具有决定性意义。因此，对于组织期望形象的调查，也应当将组织员工纳入考察范围。

员工对组织形象的期望主要表现在他们对本组织的行为和一些政策的观点、态度与反应上。只有通过详细地调查和研究员工对本组织的评价、要求、批评、建议和归属感、自豪感以及他们在工作上的表现才能了解和掌握员工的组织形象期望。

3. 组织的实际状况和基本条件

公共关系人员了解到组织领导层和广大员工对本组织形象的期望情况，就基本上掌握了这个组织的自我形象期望。随后，公共关系人员必须根据本组织的实际状况和基本条件，对这个自我期望进行审定，使之既能有力地鞭策组织全体人员，又能较为顺利地真正树立起来。这就要求公共关系人员对组织的实际状况和基本条件进行调查研究，完整地掌握本组织在各个方面的基本资料，包括生产状况、财务状况、技术开发状况、市场营销状况、组织人事状况等。

（二）调查组织的实际社会形象

反映组织实际社会形象的一面镜子就是社会公众对组织的评价。调查组织的实际社会形象，就是调查组织在公众中的知名度和美誉度，或者说，就是调查公众对组织的知晓、态度和行为情况。

1. 调查公众对组织的知晓情况

调查公众对组织的知晓情况就是调查公众对组织有关情况的了解程度，包括知道的范围、程度及原因等。企业的品牌定位、经营理念等信息有多少公众知晓？知晓的程度如何？还有多少人不知道？他们主要分布在哪些群体中？这些就是需要调查的公众对组织的知晓情况。

2. 调查公众对组织的态度情况

调查公众对组织的态度情况就是调查公众对组织的行为和政策的看法及意见等。态度调查比知晓调查复杂一些，难度也更大一些。组织的公共关系人员应当列出与组织的政策、行为有关的具体事项，比如经营理念、办事效率、服务态度、业务水平、产品质量等，并通过量表列出公众对于所列举事项可能有的态度，比如很满意、比较满意、一般、不够满意、很不满意等，征询公众的意见，了解和掌握公众对组织的具体评价。

3. 调查公众对组织的行为情况

调查公众对组织的行为情况就是调查公众对组织的具体政策、行为等准备采取或正在采取的行动情况。如哪些公众准备或正在予以合作和支持，哪些公众准备或正在进行抵制、反对等，原因是什么，他们的行为将会或已经对组织产生什么样的影响，其影响的程度和范围怎样等，这些都是公众行为情况调查的内容。

（三）比较分析两种形象之间的差距

通过前面的调查，获知组织的自我期望形象和组织的实际社会形象之后，接下来的工作就是对两者进行比较分析，找出两者之间的具体差距和问题所在，然后通过解决问题来弥补或缩小这些差距，这就是组织公共关系工作的目标所在。例如某房地产开发公司通过调查发现，它在社会公众中的知名度已基本达到它所期望的水平，但在社会公众中的美誉度远远没有达到它的期望值，公众对它的经营理念、服务态度、业务水平、社会效益等方面的评价与它本身对这些方面的期望存在一定的差距。这家房地产开发公司所面临的问题就是如何提高美誉度而不是知名度。提高美誉度就是该公司今后一个时期的公共关系工作重心。

调查研究的主要内容除了以上所列举的几个方面，一般还应当包括对组织公共关系前景的调查研究，即要求组织的公共关系人员在调查研究组织公共关系现状的同时，调查研究组织的公共关系前景，也就是调查研究今后几年可能出现的影响组织生存与发展的社会观念、政治、经济、文化以及科技等方面的发展和变化，发现组织内部存在的隐患，预测组织可能遇到的公共关系问题。只有这样才能为组织的公共关系工作确定正确的方向和有效的目标。这种带有预判性质的调研，对于公共关系现状较为理想的组织来说尤为重要，因为这种调查研究有助于组织对于可能到来的机遇或危机提前准备、做好预案。

三、公共关系调查研究的常用方法

公共关系调查研究的方法是指用以保证公共关系调查目的顺利实现的途径、方式、手段、措施等。公共关系调查研究的方法对于公共关系调查任务的顺利完成具有极其重要的作用。公共关系调查研究的方法多种多样，可以从多个角度进行分类。

以收集信息的方式为划分标准，可以将公共关系调查分为实地观察法、询访调查法、问卷调查法、检索调查法、量表测量法等几种主要类型。

（一）实地观察法

实地观察法，是指调查人员亲临现场通过仔细查看来获取信息的调查方法，可采用多种方式，如观察者可以参与被观察者的活动进行观察，也可以以旁观者的身份观察；可以在自然状态下观察，也可以在人为制造的场景下观察；等等。以上方法各有利弊，在观察对象没有任何觉察的情况下进行比较合适，因为这样能收集到比较真实、客观的信息。在实际工作中，往往综合运用各种方法，这样可以更快速、准确地收集到信息。

实地观察法只能了解观察对象的行为，但对于观察对象的动机、需要、态度、打算等心理活动则了解得不够深入，因此需要和其他方法综合使用。

（二）询访调查法

询访调查法是指调查人员通过提问请对方作答来获取信息的调查方法。该方法所采用的方式或手段可分为面谈询访、电话询访、书面询访、电子邮件询访等，还可以按照有无确定格式和是否公开意图分为格式确定-意图公开、格式确定-意图不公开、格式不确定-意图公开、格式不确定-意图不公开四种。此外，还可以根据接受访谈人数的多少分为个体询访和集体询访。

以上方法各有特点，需要在不同情况下有针对性地采取一种或多种方法。

（三）问卷调查法

问卷调查法是指由调查人员提供问卷，请调研对象对提出的问题做出回答，从而获取信息的调查方法。

问卷一般是一份经过精心设计的问题表格，其主体是问题和答案。问卷调查法的优点是可以节省人力、物力、财力，得到的信息资料便于量化处理，避免调查人员的主观偏见，减少人为误差等；缺点是回收率难以保证，问卷设计的全面性难以把握，被调查者必须具有一定的文化程度，否则难以作答等。

（四）检索调查法

检索调查法是指从已经存储的信息资料中选择并获取有关信息的调查方法。这里所讲的检索，包括对电子信息和印刷信息的检索，从一定意义上讲，还应该包括对自己头脑中的记忆信息的检索。

印刷信息检索主要是查阅相关文献的目录、索引、文摘和年鉴、手册、百科全书等，是现阶段应用检索调查法收集信息的主要方式。电子信息检索则通过计算机终端从信息库中查找已经存储的相关资料。

检索调查法具有简单、快速、节省费用、不受时空限制等优点，尤其适用于对历史资料和远程区域信息资料的收集。检索调查法既可作为独立的调查方法来运用，又可作为实地观察法的补充。

（五）量表测量法

量表测量法是指公共关系调查者根据一定的调查目的和调查任务的要求，借助测量量表对调查对象的主观态度和潜在特征进行测量，以收集公共关系信息资料的公共关系调查方法。量表可以比较精确地调查公众的主观态度和潜在特征，它由一组精心设计的问题构成，用以间接测量人们对某一事物的态度、观念和某一方面的潜在特征。

四、公共关系调查研究的一般过程

公共关系调查研究是按照时间先后依次安排和进行的，作为一种实践性的活动与操作过程，它具有明显的阶段性，将调查研究活动全过程划分为不同的阶段有利于其程序化、规范化和科学化。

公共关系调查研究的全过程可以划分为以下五个阶段。

（一）调查准备阶段

调查准备阶段是公共关系调查的起始阶段和基础环节。开展公共关系活动所需信息的多寡在很大程度上取决于准备工作充分与否。该阶段的工作主要包括以下三项。

1. 确定调查任务

公共关系活动所需的信息千头万绪，与此相对应，调查的内容十分广泛，但是任何一次公共关系活动都有具体目标、具体对象、具体要求和规定，调查的内容切忌包罗万象，也就是说，应该根据开展公共关系活动的目标、对象、要求和规定确定调查内容，然后根据调查内容确定调查任务，有的放矢。

2. 制订调查方案

综合考虑调查研究的目的、目标公众、准备采取的方式、调查内容、调查场所、调查时间及进度、经费开支、人员配备及培训等诸多方面的因素，设计并制订可行的调查方案。

3. 做好物质准备

相应的物质准备主要涉及调查人员、经费、设备器材三个方面，必须保证调查人员的数量和质量，保证经费支出，保证调查活动所需的设备器材。

（二）收集资料阶段

收集资料阶段就是具体的调查阶段，是公共关系调查过程的核心阶段。收集资料的主要工作是按照公共关系调查方案的要求，深入调查现场，接触目标公众，采取相应的调查方法，收集相关资料。

需要指出的是，现场实际调查需要得到被调查者及相关组织或者人员的配合，调查人员必须处理好各种关系，争取支持。在现场收集资料的过程中，必须注意恰当合理地应用调查的策略技巧和技术手段，这将直接影响所收集资料的数量和质量。

（三）整理分析阶段

整理分析阶段是运用科学的方法对收集的各种资料进行去伪存真、去粗取精并加以归类、排列的信息处理过程。通过对收集的资料进行整理分析，可实现由此及彼、由表及里、由感性认识上升为理性认识的飞跃。简单来讲，该阶段的主要任务就是对收集的资料进行有针对性的整理，进行再加工形成调查结果，并提出解决问题的对策。

（四）形成结果阶段

对调查资料进行整理分析后，一般应形成书面形式的公共关系调查报告。报告应集中反映调查过程中获得的信息成果和认识成果，以便组织的领导人员或决策人员参考，也便于将调查成果应用于公共关系活动。调查报告的撰写需要确保内容的客观性和真实性、体例的系统性和完整性以及表述的准确性和通俗性。

（五）总结评估阶段

调查报告形成以后应该对整个调查过程和调查结果进行总结评估，以便有关人员更清楚地了解调查的完成情况以及准确地掌握调查取得的成果，还可以总结经验教训，为以后的调查活动提供参考。因此，总结评估也是公共关系调查研究一个必不可少的重要步骤。

第 2 节　策略制定

策略制定在公共关系工作程序中通常被称为公共关系策划，是指公共关系策划者为实现组织的公共关系目标，对公共关系活动的性质、内容、形式和行动方案进行谋划与设计的过程，它是公共关系实务工作中一个极其重要的环节。在进行公共关系策划时一般包括以下八个方面。

一、制定目标

公共关系活动的目标，即公共关系人员经过努力要达到的目的以及衡量这一目的是否达到的具体指标。

在确定公共关系目标时要注意：

第一，分目标必须服从总目标，也就是说公共关系策划所确定的目标必须符合组织运行的整体目标。

第二，目标必须有客观依据，必须针对组织面临的具体问题。

第三，目标必须具有明确性。目标的含义确切单一、具体清晰而非模棱两可。

第四，目标必须具有可行性。确定的目标应该符合实际，经过努力能够实现。

第五，目标必须具有可控性。确定的目标应该留有余地，具有一定的伸缩性，在出现意料不到的情况时可以采取应变措施来实现目标。

组织的公共关系目标按其作用可以分为四类：传播信息、增进感情、转变态度、引起行为。

（1）传播信息。这是最基本的公共关系目标，即组织致力于就形象信息、服务信息、产品信息及其他信息与社会公众进行沟通。

（2）增进感情。增进与公众的感情，赢得公众的好感，是一个组织的公共关系活动的长期任务，也是可在短期内达成的目标。

（3）转变态度。在一定时期内，开展公共关系活动是为了转变公众对组织整体形象的某一方面的看法和态度。需要在哪些方面转变公众态度，应以调查所得的资料为依据。

（4）引起行为。公共关系活动的最终目的是在取得公众理解和支持的基础上，促使公众产生某种组织所期望的行为。

二、确定公众

组织公共关系活动目标的差异性决定了不同的公共关系活动应针对具体的不同目标对象。在公共关系策划过程中，必须根据实现目标的需要，去确认在组织的广大公众中哪些是该项公共关系活动必须关注、交流和影响的目标公众。

确定目标公众的方法一般为：

（1）以活动目标来划定公众范围。这种划分主要强调目标公众与活动之间的关联性。

（2）以重要性确定目标公众。在公共关系实践活动中，有时组织将有关公众按与组织关系的密切程度、影响的大小程度、相关事件的急缓程度等因素进行排队，选出最为重要的公众作为目标公众。这种划分主要强调重要性。

（3）以组织的需要确定目标公众。例如，当组织出现形象危机时，目标公众应首指组织的逆意公众和行动公众，以防止危机扩散和加剧。这种划分主要强调影响度。

不同的公共关系活动需要针对明确而具体的目标公众，目标公众的确定很难有统一的标准，基本原则是综合考虑组织的活动目标、重要性和需要三个方面因素，综合决定。

三、拟定主题

主题是指公共关系活动中连接所有项目、统率整个活动的思想纽带和思想核心。提炼公共关系活动的主题是公共关系策划过程中一个极其重要的环节，如同确定一部大型交响乐的主旋律。

能否提炼出鲜明突出的公共关系活动主题，主题能否吸引公众、抓住人心，可以说是公共关系策划成败的关键。因此反复揣摩、推敲、提炼，直至最后拟定主题，对于公共关系策划者来说，是十分必要和值得的。

拟定主题，需要有创意，但不能为此故弄玄虚、故作高深。提炼和拟定主题应当注意以下几点。

1. 目标的一致性

拟定主题是为了更好地凸显公共关系的目标，主题必须与公共关系活动的目标保持一致，必须服务于目标。偏离目标的主题会给公众造成错觉，产生误导。

2. 主题的实效性

好的主题不在于华丽的辞藻、娴熟的技巧，而在于产生的实效。主题的实效性一是合乎公共关系活动的客观实际，不能话说得好听但实际做不到；二是能真正打开公众的心扉，符合公众的心愿；三是要考虑社会效益，一味地哗众取宠、迎合低级趣味的主题是要不得的。

3. 主题的客观性

公共关系活动的主题要展示公共关系精神，体现时代气息，不可商业味十足，也不宜宣传味太浓。总之，主观性不要太强，以免引起公众反感。

4. 主题的新颖独特性

在传播技术长足发展、各种信息扑面而来的当今社会，没有个性的信息如同过眼烟云，不会给人留下深刻的印象。只有通过主题将策划对象的信息个性体现出来，主题新颖独特，才能产生强烈的感召力和巨大的影响力。

5. 主题的通俗简练性

主题的表述必须通俗易懂、简短凝练，以期被公众理解和接受。

公共关系活动主题的形式多种多样，可以是一句简短鲜明的口号，如“为了千千万万失学的儿童”，也可以是一句简练明了的陈述或表白，还可以是一个多次重复的广告画面。尽管主题形式多样，但基本功能是相同的，那就是主题必须统率整个活动、连接各个活动项目及各个步骤，为公共关系目标服务。

四、选择时机

时机，简而言之，就是时间的变化所带来的机会。从传播学的角度看，时机是影响传播效果的重要因素之一。能否抓住有利时机，已成为衡量公共关系策划水准最为重要的标志之一。

时机的选择和捕捉有两层含义：一是自身时机，主要有组织的开业典礼、周年纪念、取得重要成果、召开重要会议、推出新产品或新服务项目、出现失误或被公众误解之时等，这些都是极其重要的时机；二是社会时机，即社会上出现的重大机遇，如中国加入世界贸易组织、北京成功申办 2008 年奥运会等，这些机遇对组织的生存和发展同样具有重大影响。

时机具有不可逆转性，公共关系策划必须抓住不可复得的机会，迅速果断地采取对策。选择时机时应当注意以下几点：

第一，尽量选择那些能够引起目标公众关注，又具有新闻价值的时机。

第二，要善于利用节日，去做可借助节日来传播组织信息的项目，同时还要学会避开节日，与节日毫无关系的活动项目不但不能借节日之势，反而会被节日的气氛冲淡效果。

第三，要尽量避开或利用国内外的重大事件。当公众关注的焦点是那些重大事件，组织的活动项目弄不好就会毫不起眼。但国内外的重大事件发生之时，又是组织借势之机，关键看能否“借题发挥”。

第四，不要同时开展两项以上的重大公共关系活动，以免分散人们的注意力，削弱和抵消应有的效果。

五、选择媒介

媒介，即公共关系信息传播的载体。公共关系工作对象的复杂性、公共关系传播内容的广泛性和传播形式的多样性，都决定了公共关系传播媒介的包容性。也就是说，只要用心设计，所有的媒介都可成为公共关系传播的媒介，关键看公共关系人员是否善于利用。

要达到预期的传播效果，公共关系策划者必须熟悉各种媒介，了解各种媒介的优缺点，善于通过巧妙组合的方式，达成优势互补、相得益彰的整合性传播效果。常见的传播媒介有以下几种：

第一，人际传播媒介，指人与人之间相互交换社会信息的方式，主要包括个人之间的面对面交谈、书信来往、电话联系等。

第二，群体传播媒介，指组织之间交流信息的方式，包括各种座谈会、新闻发布会、联谊会以及一般性的会议等。

第三，大众传播媒介，指面向大众公开传播信息的媒介和技术，主要包括报纸、杂志、电台、电视台、各种展览会及宣传材料等，还包括网络媒介。网络也是一种大众媒介，即利用网页、电子邮件和各种互联网平台传播信息，或称作第四媒介。

每一种传播媒介都有自己的特征，需要选择最恰当的媒介与公众进行顺利的沟通。在选择传播媒介时应注意以下原则：

第一，适应对象原则。这里考虑的关键是组织的公共关系信息的接收者能否有效地获取组织的信息。此时应当考虑以下一些问题：此次活动的信息接收者是谁？他们习惯于接收哪种或哪些媒体传达的信息？他们对什么形式和内容的信息感兴趣？他们对各种信息的理解能力如何？他们接收信息的条件如何？等等。

第二，区别内容原则。组织公共关系传播的内容千差万别，形式也多种多样，因而对媒介的选择也要求多样化。简单又容易理解的内容可以选择广播、电视来传播；比较复杂、需要经过反复思考才能完全明白或技术性较强的内容应选择印刷品传播等。

第三，合乎经济原则。公共关系传播需要一定的经济投入和其他资源的投入，组织在选择媒介时应当首先考虑自己的实力，在能达到预期目标的前提下，考虑媒介时应以节省经费支出为出发点。

第四，考虑条件原则。在我国现阶段，各地经济和科技水平、媒介分布和发展程度尤其是大众传媒的发展水平还不平衡，在选择媒介时应考虑并且研究当地现有条件，一切脱离实际的选择都等于空谈。

六、编制预算

无论是出于何种目的开展公共关系活动，都应该考虑投入与收益的关系，公共关系策划方案只有建立在一定的物质条件基础上才能实现。因此，编制预算成为公共关系策划必须重视的一个环节。

编制预算的意义在于保证方案切实可行，并妥善安排轻重缓急，还可以为评估提供依据。

经费预算项目可以分为行政开支和项目开支两大类。行政开支由劳动成本费用、日常行政费用和设施材料费用构成，项目开支由已经进行的项目的费用、计划进行的项目的费用和预测可能需要进行的项目的费用三部分构成。

编制经费预算的方法主要有固定比率法、投资报酬法、量入为出法和目标先导法。

第一，固定比率法。按照一定时期经营业务量的大小确定经费预算总额，经营业务量可按销售额计算，也可按利润额计算，各组织自行决定从中抽取一定百分比作为公共关系活动的经费。

第二，投资报酬法。把公共关系活动的开支当作一般投资看待，即以相同数量的资金投入所获得收益的多少为依据，编制预算。

第三，量入为出法。以组织的经济实力和财务支出情况为依据，根据财力允许支出的金额来确定公共关系活动的经费总额。

第四，目标先导法。先制定出公共关系活动所期望达到的目标，然后将实现这一目标所需的各项费用详细计算出来，从而计算出整个活动所需的经费总额。

七、审定方案

审定方案就是对公共关系策划方案进行再一次分析，即方案优化过程，也就是提高方案合理程度的过程。其主要目的是看有没有其他的方案既可达到同样的目标，又更加省力、省时、省钱。这一点尤为重要，因为我们遇到的多数问题都不会只有一种解决办法，很可能有几种方法都可以采用，需要进一步分析对比。

在审定方案的过程中，主要考虑以下因素：

第一，对公共关系活动的目标进行再分析，看该目标是否明确以及最终可能实现的程度如何。

第二，对限制因素，如资金、时间、人力资源、传播渠道等进行再分析，看该公共关系活动的策划方案在当前的主客观条件下是否可行。

第三，对一些潜在的问题进行分析，即预测公共关系活动的方案在实施时可能遇到的问题和障碍，分析预防和补救的可能性。

第四，对预期的结果进行分析，判断该方案是否可以付诸实施。

制定公共关系策略的框架可参考拉斯韦尔“5W”模式，这一模式在他所写的论文《传播在社会中的结构与功能》中提出后广为引用。公共关系策划方案的要素可以概括为明确的目标与目的，目标受众的识别，核心信息及传播渠道的选择，整体策略和战术分析，时间与预算，责任落实与执行，评估与反馈机制。这些要素有助于确保公共关系活动的系统性和有效性，从而实现组织预期的公关目标。①

---

① 关晓光．公共关系学．北京：中国中医药出版社，2016.

八、撰写计划书

撰写计划书是将策划过程及目标与策划相关的主要内容进行整理加工，形成反映最终策划成果的书面文件。

撰写计划书是为了将策划的各个工作环节和形成的初始文件进行整理加工，使之系统化、规范化、完善化。其过程为：首先，撰写大纲，列出各章的标题和要点等主要内容；其次，经过检查进行补充调整，使内容全面、顺序合理、结构完整；再次，对要点进行说明或阐述，形成计划书的初稿；最后，在初稿的基础上润色推敲，使之简洁明了、重点突出、文字流畅。

一份规范的计划书应该由封面、摘要、目录、前言、正文和署名六部分组成。封面应该在合适的位置标明策划项目的名称、策划主体的名称、完成计划书的日期及计划书的编号。摘要应该简明扼要地表述计划书的核心内容，便于决策者了解，形成深刻印象。目录应该列出计划书正文的章节名称，如有附件也应一并列出。前言是计划书的大纲，包括计划书的宗旨、背景和意义等主要内容。正文一般包括标题、主题、目标、综合分析、活动日程、传播方式、经费预算、效果预测等内容。署名是指在计划书的最后注明策划机构的名称或策划人员的姓名以及计划书的完成日期。

公共关系计划书具有非常重要的价值，这主要体现在：是策划者思维水准的具体体现；是公共关系行动的说明书；是公共关系活动的实施指南；是评估公共关系活动的依据和标准；是策划者脑力劳动的结晶；是极具保存价值的备忘录。

第3节　方案实施

公共关系策划方案的实施也称公共关系实施，是在公共关系策划方案被采纳以后，将方案所确定的内容转变为现实的过程。方案实施在公共关系活动中是紧接在调查研究和策略制定之后的第三个步骤，也是解决公共关系问题、实现公共关系目标的关键环节。

一、实施的方式

公共关系方案实施，只有根据不同类型的公众对象、不同类型的组织机构及其发展过程中的不同阶段，分别采取适合的工作方式，才能实现预期的目的。通常认为行之有效的公共关系的工作方式有以下几种。

（一）宣传式工作方式

宣传式工作方式即利用各种传播媒介，向组织内外的公众传播本组织的信息。向内部公众宣传，目的是让他们了解本组织的发展成就与面临的困难，以及正在采取的措施与行动，以取得内部全体公众的理解和支持。向外部公众宣传，目的是让社会公众迅速获得对组织有利的信息，以形成良好的社会舆论。其特点是主导性强、时效性强，有助于提高组织的知名度，扩大组织的影响。

（二）交际式工作方式

交际式工作方式即不借助其他媒介，只在人际交往中开展公共关系活动。通过各种招待会、座谈会、茶话会等人与人的直接接触，为本组织建立广泛的社会关系网络。其特点是富有人情味，具有直接性、灵活性，给人以亲切感。

（三）服务式工作方式

服务式工作方式即通过完美的服务，用实际行动来密切组织与公众之间的关系。对于一个社会组织来说，自我宣传对于树立组织的良好形象固然十分重要，但起决定作用的还是提高组织的服务水平。只有不断增强服务意识，端正服务态度，丰富服务内容，掌握服务技巧，提供有效的服务，才能赢得公众的好评。其特点是具体、实在、效果显著。

（四）赞助式工作方式

赞助式工作方式即通过有组织的社会性、公益性、赞助性活动，扩大组织的社会影响，提高组织的社会声誉，从而赢得公众的了解、赞赏和支持，为树立组织的良好社会形象创造条件。其特点是不局限于眼前，着眼长远，影响较大，但花费较多，需要量力而行。

（五）征询式工作方式

征询式工作方式即通过信息采集、舆论调查、民意测验等手段，了解民情民意，掌握整个社会的发展趋势，为组织的管理决策提供参考，使组织目标与方案的实施尽量与公众的利益要求一致。其特点是了解公众，建立畅通的公众反馈渠道，以便调节组织的政策和行为。

由于公共关系活动是发展变化的，公共关系的工作方式不可能有固定不变的模式。公共关系工作最忌讳的就是墨守成规，生搬硬套，任何成功的公共关系活动都是一次创造性的活动。我们需要根据不断变化的客观需要和可能条件，选择和创造最佳的工作方式。

二、实施的原则

公共关系的方案实施是一个复杂而科学的过程，客观上需要一套科学的实施原则作为指导。实施的原则也是公共关系的工作准则，是公共关系工作者在错综复杂的实施环境中排除各种实际困难，完成公共关系各项工作，成功实现公共关系目标的法则。

（一）目标导向原则

目标导向原则是指在公共关系方案实施过程中，保证公共关系实施方案不偏离公共关系目标的实施原则。在方案实施过程中，由于环境的变化，有时需要对方案做一些调整，但这些调整不能改变原来的目标，否则就要重新制订方案。遵循目标导向原则实际上是一种加强控制的手段，因此，目标导向原则又称目标控制原则。不同的控制有不同的控制主体、客体和手段。在公共关系方案实施中，控制的主体是实施公共关系方案的社会组织，客体是组织面对的公众。

（二）控制进度原则

控制进度原则就是必须按照公共关系实施方案中各项工作内容的实施进度的要求，随时检查各项工作内容的进度，及时发现滞后和超前的情况，做好协调与调度，使各项工作按计划协调、平衡地实施，并确保按时完成。

控制进度原则要求做好预测和及时发现各种可能影响方案实施进度的因素，针对关键因素采取有效的预防和应急措施。

（三）整体协调原则

整体协调原则是指在公共关系方案实施过程中，要使各项工作内容之间达到和谐、合理、配合、互补和统一状态的原则。公共关系方案实施是一项系统工程，各项工作只有相互配合才能达到整体最佳效果。各自为政，相互矛盾，只能增加内耗，严重时会导致公共关系方案实施的失败。总之，整体协调原则是要使全体实施人员在思想观念上形成共识，并在行动上达到一致，保证实施活动的同步与协调。这样才能提高工作效率，减少或杜绝人力、物力或财力的浪费，保证公共关系目标的实现。

（四）反馈调整原则

反馈调整原则是指通过监督机制及时发现公共关系方案实施中的方法偏差甚至错误，并进行调整与纠正。例如，由于各种主客观因素，未按既定工作方法实施方案；由于策划设计错误，或由于实施环境突然发生变化，原来设计的实施方法无法操作，这些都是实施中的严重问题。在公共关系策划方案的实施阶段，反馈调整应始终不断地进行，直至实现方案目标。

三、实施障碍的排除

在公共关系方案实施过程中，还要排除各种可能影响实施的障碍。影响公共关系方案实施的障碍是众多而复杂的，主要有两种类型：实施主体障碍和实施过程中的沟通障碍。

（一）实施主体障碍

实施主体障碍主要是指来自实施主体（组织）自身的影响因素，产生这种障碍的主要原因有以下几个。

1. 实施人员障碍

要排除来自实施人员的障碍，关键是选择优秀的实施人员并进行严格的培训，建立一套有效的激励机制和约束机制。

2. 目标障碍

在确定公共关系目标时，一定要征求各方面的意见，形成目标共识；要对目标进行可行性论证，切实确立明确和具体的目标。

3. 创意障碍

要减少创意障碍，关键在于提高组织的策划水平，充分利用组织内外的专家，集思广益，应用创造技法。

4. 预算障碍

编制经费预算时要了解开支标准，反复测算，并留有充分的余地。尽管如此，有时还是会出现超支，但对必要的支出追加预算也是合理的。

5. 实施方案障碍

公共关系实施方案要由实践经验丰富、管理能力和责任心强的人员来设计，同时要多征求实施者的意见，力求达到科学、适用、有效、节约。

（二）实施过程中的沟通障碍

这是在公共关系方案实施过程中组织与公众之间的传播沟通障碍。公共关系方案实施的过程实际上是传播沟通的过程。实施过程中的传播沟通并不是一帆风顺的，常见的沟通障碍主要有以下几个。

1. 语言障碍

语言是一种极其复杂的工具，要准确有效地使用并非易事。常见的语言障碍有语音混淆、语义不明、语法不通、用词不当等。不同的语言会造成理解上的偏差，对于文盲、半文盲的公众，文字也会造成障碍。

2. 习俗障碍

习俗是在一定的文化历史背景下形成的具有固定特点的调整人际关系的社会因素。公共关系方案实施过程需要尊重当地道德、礼仪、习惯、传统、风俗等。

3. 观念障碍

观念是由一定的经验和知识积淀而成，在一定条件下为人们所接受、信奉并用以指导自己行动的理论和观点。常见的观念障碍有保守观念、封建观念、自私观念、极端观念、片面观念等。

4. 心理障碍

心理障碍是指人的认识、情感、态度等心理因素对沟通过程的障碍。常见的心理障碍有消费心理、交际心理、政治心理、工作心理等。

5. 机构障碍

机构障碍是指由于组织层级不合理，如机构臃肿或结构松散而造成的信息传递失真或传递速度减慢等问题。

另外，公共关系策划方案是在复杂多变的社会环境、市场环境中实施的，环境中的各种因素会从正面促进和反面制约两方面来影响实施工作，同时，实施障碍还有来自实施环境中的各种制约因素、对抗因素和干扰因素等。

总之，在公共关系工作过程中，只有努力理解各种实施障碍和不利因素，有针对性地制定恰如其分的方案，才能做好公共关系工作，这是公共关系实施过程中需要高度重视的环节。

第 4 节　效果评估

效果评估（公共关系评估）指的是有关专家或机构依据某种科学的标准和方法，对公共关系的整体策划、准备过程、实施过程以及实施效果进行测量、检查、评价和判断的一种活动。其目的是取得关于公共关系工作过程、工作效益和工作效率的信息，作为决定开展公共关系工作、改进公共关系工作和制定公共关系新计划的依据。

一、评估的意义与内容

（一）评估的意义

公共关系评估既是公共关系活动四个步骤中的最后一个步骤，也是对公共关系活动的总体评价和全面总结。评估既是某一项公共关系活动的结束，也是下一项公共关系活动的开始。公共关系评估的意义有以下几点。

1. 是改进公共关系工作的重要环节

评估对一个社会组织的公共关系工作具有效果导向的作用。公共关系的先驱埃瓦茨·罗特扎恩（Evarts G. Routzahn）说过，“当最后一次会议已经结束，最后一批宣传品已经散发，最后一项活动已经成为历史记录时，就到了你在头脑中将自己和自己所采用的方法重新过滤一遍的时刻。这样你就会整理出经验和教训，供下一次借鉴。”这说明了公共关系评估对改进公共关系工作的重要作用。

2. 是开展后续公共关系活动的必要前提

从公共关系活动的连续性来看，任何一项新的公共关系活动计划的制订与实施都不可能孤立产生和存在，它总是以原来的公共关系活动及其效果为背景的。因此，对前一项公共关系活动的评估，可以为后一项公共关系活动计划的制订与实施提供决策依据、经验和教训。这是公共关系活动连续性的一种表现。

3. 是总结成绩、鼓舞斗志的重要形式

公共关系活动的效果具有不同的表现形式，它既可能涉及公众利益的满足，也可能涉及公众利益的调整。一般来说，组织的领导者和员工很难对公关活动效果有深刻的认识和全面的了解。因此，当一项公关活动实施之后，由有关人员将该活动的目标、措施、实施的过程和效果向领导者和员工加以解释和说明，可以使他们认清本组织的利益及其实现途径，从而自觉地将本组织的战略目标与自己的本职工作紧密地联系在一起，并转变为实际行动。

4. 为有关人员提供信息

一项公共关系活动计划的制订人员和实施人员对公共关系活动有不同的期望和要求。一般来说，制订人员希望得到计划是否合理，计划实施的程度、范围和效果如何，实施的方法和程序是否需要调整，实施的花费是否与计划相符等方面的信息；实施人员则希望了解实施的关键环节是什么，哪些策略、方法最为有效，活动对哪些公众产生了影响、影响程度如何，哪些方法能够有效地排除障碍等方面的信息。通过对公共关系活动计划的制订和实施以及实施效果做出全面具体的评价，可以根据各类人员对信息的不同需求，有针对性地向他们提供所需要的信息。这些信息可以成为开展公共关系活动、改进公共关系工作、制订新的公共关系活动计划的可靠依据。

（二）评估内容

公共关系的评估内容可以从不同的角度进行分类，从理论和实际操作两个角度综合考虑，主要有以下五个方面。

1. 对公共关系活动过程的评估

对公共关系活动过程的评估，重点内容包括对公共关系活动准备工作的评估、对公共关系计划的评估和对公共关系计划方案实施的评估。

（1）对公共关系活动准备工作的评估。此项评估包括：

1）对公共关系调查活动的评估。包括公共关系调查的设计是否合理，调查方法的选择是否得当，调查工作的组织实施是否合理，调查的结论是否科学等。

2）相关材料的准备是否充分。包括背景资料是否充足，对相关材料的分析判断是否准确。

3）准备的相关材料是否合理。包括准备的信息材料是否符合活动的要求，是否符合新闻媒介的要求；开展活动的时间、地点、方式是否符合目标公众的要求；准备的相关材料有没有相互矛盾的内容，有没有与本项活动配合的其他活动等。

4）表现信息的方式是否合适。包括语言文字的运用、图表的设计、图片的选择、展览方式的选择等能否有效地传播相关信息。

（2）对公共关系计划的评估。此项评估主要包括：公共关系计划的目标是否合理可行；计划在执行中是否与组织整体目标一致，是否与社会环境条件适应；公共关系战略

构思是否科学；目标公众的选择是否准确；媒介的选择及其应用策略是否得当；经费预算是否合理；计划是否留有余地并准备预案等。

（3）对公共关系计划方案实施的评估。此项评估的重点内容有：实施的准备工作是否充分，过程安排是否明确合理；制作的信息内容是否准确充实，表现形式是否恰当；传播发送的信息资料的数量；信息资料被新闻媒介采用的数量；接收信息的目标公众的数量；注意到所发送信息的公众数量；实施的效果如何；等等。

2. 对传播情况的评估

对传播情况的评估旨在专门分析与衡量公共关系的传播效果，以评估传播及沟通工作中的得失。评估传播情况的要点包括对信息制作的评估、对信息曝光度的评估、对传播沟通效果的评估。

3. 对公共关系状态的评估

公共关系状态既是组织开展公共关系活动的基础，也是组织开展公共关系活动的结果，因此，对公共关系状态的评估是对公共关系工作成效的全方位的评价与总结。

对公共关系状态的评估一般需要区分组织内部与外部，分别进行评估。

对内部公共关系状态的评估主要包括评估全体成员的公共关系意识，员工的士气和归属感，组织的凝聚力和号召力，组织内部的人际关系、群体关系等。

对外部公共关系状态的评估主要考察顾客、媒介、社区、政府等多种目标公众在接收信息、产生情感、改变态度、引起行为等方面的变化情况。

4. 对专项公共关系活动的评估

主要包括对日常公共关系活动的评估、对单项公共关系活动的评估、对年度公共关系活动的评估和对长期公共关系活动的评估。

5. 对公共关系人员工作绩效的评估

对公共关系人员工作绩效的评估应该首先区别公共关系人员的职责和分工，依据不同的职责和分工，形成不同的评价标准。

二、评估的程序与方法

（一）评估的程序

一般来说，评估工作可分为四个阶段。

1. 重温目标

某项公共关系工作是否有成效取决于其是否实现了既定目标，因此，要重温公共关系目标，以此为依据确立评价体系。

2. 收集、分析资料

公共关系人员可以运用本章介绍的常用调查方法，收集公众的各种信息资料，然后进行比较分析，看哪些达到了原定的目标，哪些没有达到，哪些超过了预期。

3. 向决策部门报告分析结果

公共关系人员要如实地把分析结果以正式报告的形式上交给决策部门，在报告中应把对公共关系工作的评估和组织的总目标、总任务联系起来。

4. 把分析结果用于决策

这是评估的最后阶段，也是它的最终目的。分析结果可以用于两方面的决策：一是用于其他公共关系项目的决策；二是用于组织总目标、总任务的决策。

（二）评估的方法

在完成反馈信息收集整理之后，就要利用恰当的方法对公共关系活动的效果实施评估。具体采用的方法有以下几种。

1. 自我评估法

自我评估法就是主持和参与公共关系计划实施的人员凭自我感觉来评估工作效果。由于当事人自我心得和心境的特定作用，这种评估的结果往往是比较独特的，通常表现为别人感觉不错的地方自我感觉不好，别人感觉不足的地方自己却相当满意，感觉与表达不一致等。

2. 公众评估法

公众评估法就是依据公众的反应评估工作效果，公众的反应一般要通过调查研究获知。公众评估法是一种最重要的评估方法，通过调查研究公众的反应，便可确认公共关系工作在影响特定公众的认知、态度、观点和行为等方面可度量的效果。

3. 组织评估法

组织评估法就是由本组织出面对公共关系工作的效果进行评估。这种评估一般由组织的主要负责人主持，由组织的各部门负责人或有关人员参加，但参与公共关系计划实施的人员一般要回避，以免影响评估的效果。

4. 专家评估法

专家评估法就是聘请组织外部的公共关系专家对组织的公共关系工作进行评估。外部专家通过调查访问和分析，能对组织的公共关系工作效果做出较为客观的评价，并对组织今后的公共关系工作提出有价值的建议和意见。因此，这种评估方法值得重视。

在评估公共关系工作的效果时，上述几种方法是全部使用还是有选择地使用，应当根据需要评估的工作内容而定。一般来说，如果是对多目标的中长期计划的实施效果进行评估，最好几种方法同时使用；如果是对单目标的短期计划的实施效果进行评估，选择一两种方法即可。

思考题

1. 简述公共关系调查研究的基本内容和常用方法。

2. 在拟定公共关系活动的主题时要注意哪些问题？
3. 在策略制定时如何把握好时机？
4. 在方案实施过程中可能会遇到哪些障碍？
5. 为什么要进行公共关系评估？简述评估的内容和常用的几种方法。

案例

星巴克气氛组

2020 年，一位微博网友在社交平台上公开问道："在星巴克拿个笔记本电脑的人是什么职业？"有网友回复：星巴克气氛组。星巴克中国的官微很快回复："要么是等下午 3:00 星巴克圣诞季茶拿铁买一送一，反正不是星巴克气氛组，这点，我否认。"而后"星巴克气氛组"登上了热搜，官方立刻建立了话题#原来星巴克还有气氛组#，既是对星巴克"找托儿"这件事进行回应，又进行了借势营销，提升品牌的曝光度。

当天星巴克官微上发起了"招募官方气氛组 30 人"的活动，提出了报名条件：来星巴克门店；坐得住，连着 Wi-Fi；在朋友圈官宣"我要报名星巴克气氛组"，发微博@星巴克中国，晒朋友圈"我要报名星巴克气氛组"的截图，关键要带气氛，让大家为你点赞。

这一活动引发了广大网友的参与，不少网友晒出了自己参加星巴克气氛组的现场图，星巴克的官微与参与活动的星粉也展开了互动，不断将用户吸引到品牌的活动中来。

星巴克营销团队反应快速，化被动为主动，将负面的质疑变成了品牌营销的契机，强化品牌定位，收获更多年轻消费者。星巴克通过发起真实的招募活动承接了网红热门话题的热度，极大地降低了营销成本，并总结了用户选择到星巴克消费的原因，让星巴克"第三空间"的定位凸显。

一直以来，星巴克都打着"第三空间"的概念，向用户传递星巴克是一个心灵栖息所，为那些被日常琐事困扰的女性、被工作占满而无暇休息的白领以及那些奔波于图书馆和教室的学生等人群，提供一个更为自由的场所，在那里他们可以暂时放下困扰，给灵魂片刻的自由。星巴克借"星巴克气氛组"强化了品牌"第三空间"的定位，突出星巴克除了咖啡和其他饮品外的一个很重要的品牌卖点，并且星巴克借此很好地向大众表明：星巴克是消费者移动办公的好去处。这样一来，就很容易吸引那些需要移动办公的用户加入星巴克的"第三空间"，助力品牌收获更多更有消费力的年轻用户，同时彰显星巴克"第三空间"品牌概念的魅力和潜质。

星巴克面对网络热梗，快速反应玩了一把极其巧妙的借势营销，将质疑变成了品牌的传播力和用户好感度。从品牌角度来说，星巴克借势热点的影响力，强化了品牌定位，提升了自身的影响力。从传播角度来说，网络梗有大量的用户关注，星巴克将自己与网络梗联系到一起，很容易吸引媒体与用户的眼球，使传播实现事半功倍的效果。从企业角度来说，企业面对负面传闻如果不回应，将影响企业本身的形象。星巴克巧妙地将质疑变成对自身的宣传，在树立企业良好公众形象之余，提升了曝光度，星巴克的机智与良好的网感也赢得了用户的好感。

资料来源：星巴克气氛组火了！这波操作简直是教科书级的营销！.（2020-12-26）. https://zhuanlan.zhihu.com/p/339802464.

思考题：

1. 请梳理星巴克在处理本次公关事件时的思路（按照四个步骤分析）。
2. 试分析本次处理的长处和短处。

第 7 章

公共关系策划

公共关系是一个组织运用有效的传播手段，使组织适应公众需要，使公众适应组织要求的一种思想、政策和管理行为。它既是一门科学，又是一门艺术。公共关系的科学性与艺术性的统一，最集中、最明显地体现在公共关系策划中。

第 1 节　公共关系策划概述

公共关系策划是公共关系战略的核心，也是顺利实现公共关系目标的前提。优秀的公共关系专家与一般的公共关系人员之间的区别在于：前者是公共关系策划的导演或编剧，后者只是实施公共关系策划的演员或剧务。

一、公共关系策划的含义

策划的思想源远流长，它与人类社会的历史一样悠久。所谓策划，其科学内涵是指在人类社会活动中，人们为了谋求达到某个目标或某项事业的成功而事先所作的设想及创造性思维过程，是为确保实现决策、计划而进行的有科学程序的谋划、构思和设计过程。

公共关系策划是公共关系与策划两层含义的组合，是策划概念在公共关系领域的延伸所形成的新概念。其含义是对公共关系活动项目的形式和内容出谋划策与设计行动方案，是公共关系人员根据组织形象的现状和目标要求，分析现有条件，谋划、设计公共关系战略、专题活动和具体公共关系活动最佳行动方案的过程。

策划是公共关系工作的核心和关键。它在公共关系调研的基础上，针对组织需要解决的主要公共关系问题，认真分析相关信息和因素，按照科学与艺术的方法、原则，最大限度地发挥公共关系人员的创造才能，确定公共关系活动的目标、主题和战略，制订出最佳的活动方案。策划水平的高低在一定程度上决定着公共关系活动的成败，反映了公共关系人员的素质和能力。

二、公共关系策划的要素

由公共关系策划的定义出发，我们可以概括出组织公共关系策划的五大要素。

（一）公共关系策划者

公共关系策划是整个公共关系活动中最为重要的一个环节，它通常由高层次的公共关系人员完成。组织公共关系人员一般分为三个层级：一是具体操作者，其主要任务是做好执行工作；二是组织指挥者，其主要任务是沟通内外信息，协调各种关系，塑造组织良好形象；三是公共关系专家顾问，他们是组织公共关系的主要策划者。专家顾问既可以由本组织的管理者担任，也可以由专门的公共关系公司担任，其主要任务是充当组织的智囊和参谋，为组织达成既定目标、解决重大难题提供咨询，设计高水平的公共关系策划方案。

（二）公共关系传播对象

这是公共关系策划的客体，是根据现实的公共关系目标或所解决的公共关系问题而确定的传播沟通对象。既可以是公共关系策划所要针对的某一类群体，也可以是需要更深、更新地了解策划主体即组织有关信息的一般公众。只有抓住了公众，才能体现公共关系的价值。

（三）公共关系策划环境

任何策划都是在一定的环境中进行的。公共关系策划环境既包括对实现公关目标有利的条件，也包括对实现公关目标不利的条件。在进行公共关系策划之前，组织必须分析自己所处的具体境况，作为公共关系策划的出发点和依据。在此基础上发现有利于公共关系策划的条件并加以利用，发现问题并予以及时的关注和解决，从而顺利地进行公共关系策划及实施。

（四）公共关系信息

公共关系调查的目的是获得公共关系信息。公共关系信息是指一切与公共关系活动有关，通过文字、数据、信号、图像或声音等形式表现出来，可以传播、传递、复制和处理的对象。公共关系策划通过对信息的收集、传输、加工，把信息作为原材料加以应用。公共关系信息必须是准确、及时、全面和可靠的，其中及时最为重要。

（五）公共关系策划方法

公共关系策划作为一项高难度的专门性工作，有其独特的工作方法，包括公共关系策划的指导原则、思维方式和具体操作技巧等。

三、公共关系策划的基本特征

从公共关系策划定义的角度来分析，公共关系策划应该表现出以下特征。

（一）目的性

公共关系策划工作具有明确的目的性，其目的在于促进公共关系活动从无序变为有序，从模糊变为清晰。对于具体的公共关系策划工作，其目的视环境、条件和要求而定。

在公共关系策划过程中，要着手研究组织应树立什么形象，考虑在公共关系活动中应重点解决什么问题以及解决的先后次序。公共关系策划所确定的目标分为总目标和具体目标。总目标是指任何公共关系活动都希望达到的最终目标。一般来说，这个最终目标就是树立理想化的富有知名度和美誉度的组织形象。但是，最终目标的实现不可能一蹴而就，在一定的时间内受一定的人力、物力、财力约束，任何组织只能在总目标的框架下，就某个具体目标进行公共关系策划。只有具体目标逐个实现，总目标才有可能实现。因此，公共关系策划的目的性体现为总目标与具体目标的统一。

（二）创新性

公共关系策划是一种创造性思维，往往追求独创性，从而以新颖的策划方案提高公共关系活动的成功率。公共关系策划既是一门科学，又是一门艺术，创新正是一切艺术的生命源泉、价值所在。离开了创新，艺术也就失去了魅力。习近平指出，“企业家要做创新发展的探索者、组织者、引领者，勇于推动生产组织创新、技术创新、市场创新”①。

公共关系策划依靠公共关系人员的创造性素质，遵循公共关系的基本原则，通过辩证的思维过程，开拓新的境地，得到别具一格、标新立异的结果。创新性是公共关系策划的生命力，它集知识、智慧、策略于一身，不断放射出耀眼的光芒，成为当今组织谋求发展的一大法宝。

（三）计划性

计划性指按照组织的公共关系目标，根据公共关系活动的特点，有计划、分步骤地执行公共关系策划，使公众的看法与行为朝着对组织有利的方向发展。凡事预则立，不预则废。组织政策的实施会受到各种主客观条件的限制，要想顺利地实现组织目标，就必须有一整套经过周密筹划后制订的系统性计划。如果说策划中的“策”体现在创新性上，“划”自然就是计划性了。

（四）针对性

公共关系策划没有一个统一的、一成不变的模式，它受制于组织所处的外部环境、

① 习近平．在企业家座谈会上的讲话．北京：人民出版社，2020：7.

自身条件和公共关系状态，体现出策划者的创造性思维方式，通过设计公共关系方案，并运用各种公共关系手段，有效地开展公共关系活动，实现公共关系目标。不同的组织需要策划不同的公关方案；同一组织在不同的外部环境条件下也需要策划不同的公关方案；同一组织在同一个外部环境但不同的自身条件下，也需要策划不同的公共关系方案，这说明公共关系策划工作一定要有针对性。

（五）调适性

由于公共关系活动是一项复杂的综合性活动，它的成功与否受诸多外界条件的影响，进行策划时，应考虑条件的变化，适时适度地调整公共关系策略，必要时还要求策划者时刻关注内外客观环境变化对实现公共关系目标的影响，对公共关系目标进行调整，使策划方案具有一定的灵活性。由此可见，公共关系策划方案的调整应围绕公关目标，紧跟政策方向，适应经济发展的规律，并将环境友好、目标公众的心理感受纳入考虑范围。调整后的公共关系方案应更有可行性和创新性。

公关策划环节可能调整的内容包括：范围的调整，即在方案实施过程中扩大或缩小所涉及的范围；程序的繁简，即在方案实施过程中调整程序的复杂度；手段的变更，即在方案实施过程中采取不同的手段；目标的调整，即在方案实施过程中不断修正原来的目标。

四、公共关系策划应遵循的原则

公共关系策划是制定组织公共关系战略的关键环节，需要经过理性的思考和艺术的提升，同时还必须遵循一些基本原则。这些基本原则绝非出自公共关系专家的“概念方程式”，而是源于大量的公共关系实践活动的经验总结。

（一）价值导向原则

价值导向原则是公共关系策划的基本原则，其具体含义是，组织的公共关系策划必须以组织明确的价值观念为导向，不能无视或偏离组织的价值观念，否则，公共关系策划就会失去“灵魂”，乃至损害组织的形象。

公关视角 7－1　麦当劳的经营理念

遵循价值导向原则，要求公共关系人员在进行公共关系策划的过程中，必须对组织的经营理念进行确认，亦即进行理念识别。这包括明确组织的价值追求是什么，是如何表达的，然后才能进行行为识别、视觉识别、传播设计。公共关系策划的每一个环节、每一个要素、每一个步骤，都要充分体现组织的价值追求，具有明确的理念内涵。从公共关系策划的过程来看，收集信息、检索情报是为公共关系策划寻求事实前提；确认价值、辨析理念则是为公共关系策划提供价值前提。对公共关系策划来说，无论是事实前提还是价值前提，都是不可缺少的。事实前提不足，会使公共关系策划丧失科学的依据和客观的基础；价值前提有误，则会使公共关系策划背离宗旨，误入歧途。从这个意义上说，评价公共关系策划是否可行的价值标准，就是看策划是否体现了组织的价值追求、包含了组织的理念要素。

遵循价值导向原则，更具体地说就是要时刻以目标公众的利益为导向。任何组织，无论是营利性组织，还是非营利组织，其生存的基础都是社会的需要或公众的需要，背离社会的需要、无视公众利益的组织，在现代社会中是无法找到自己的生存领域和生存空间的。随着社会不断发展，以争夺消费者为核心的企业之间的竞争日趋激烈。消费者是否喜爱你的企业，是否信赖你的企业，是否认同你的企业，是否购买你企业的产品和服务，完全取决于企业能否充分满足消费者的不同需要，时刻维护消费者或其他社会公众的利益。竞争的要求迫使企业必须以公众利益为导向。无视公众利益的组织在如今激烈竞争的市场上走不长远。因此，以公众利益为导向，是企业为了自身生存必须坚持的价值观念，也是企业的一切行为（包括公共关系策划行为）必须遵循的最终价值准则。

（二）真实性原则

真实性原则也称科学性原则或客观性原则。它包括两个方面的含义：其一，在进行公共关系策划时，必须尽可能全面地收集各类信息，客观地整理、分析各种信息；其二，策划程序和步骤必须符合科学的规则与逻辑。

如前所述，公共关系策划不仅需要价值前提，而且需要事实前提。事实前提也就是公共关系策划所需的信息要素，公共关系策划既是一种决策，也是一种预测。及时地捕捉散布于环境之中的各种信息，并对此做出科学的分析和正确的评估，是公共关系策划成功的基本条件。

在掌握信息资料的基础上，公关策划过程要求从业者对各种信息进行客观的分析和科学的评估。这个过程同样需要恪守科学的原则和程序，因为只有使公共关系策划体现科学精神，才能保证其客观性和真实性。公共关系策划活动是一种科学的创造性思维活动，它有自身的规律和逻辑程序，只有掌握这些规律，遵循这些程序，并在策划过程中得心应手地加以应用，才能真正地使策划做到科学与合理。

（三）新奇性原则

公共关系策划是一种创造性活动而不是一种重复性的机械劳动，它与因循守旧、墨守成规、不思进取是格格不入的，它推崇的是标新立异、独辟蹊径、大胆创新、奇中取胜，也就是新奇性原则。

公关视角 7-2　故宫超级 IP 打造

新奇性原则的关键在于公共关系策划要新颖别致，其创意要独具匠心、奇妙绝伦。新奇性原则要求做到：

（1）新颖。公共关系策划要刻意求新，要善于策划出有别于其他公共关系活动的新方案。要求思路新、题材新、内容新、形式新。

（2）奇异。公共关系策划要善于策划出与众不同的公共关系活动。这就要求敢于打破常规，策划出各种奇谋异策。角度选择巧妙，时机把握准确，对形势的运用要恰到好处，方式方法要奇妙，只有这样才能使公共关系活动的效果出人意料。

（3）独特。要求策划者匠心独运，设计出有明显个性特征的组织理念、行为规范和视觉标识，突出组织的经营特色，塑造个性鲜明的组织形象。

（四）灵活性原则

公共关系策划是建立在对现有信息的收集、分析基础上的。对信息的分析及发展趋势的预测，受策划者的经验、知识和认知方式的影响，因而不可避免具有局限性。同时，外部环境的变化总是使人们对变化的感知处于被动地位，这就要求在进行公共关系策划时，必须遵循灵活性原则，即应使所选定的公共关系方案具有充分的回旋余地，并尽量在方案中考虑到各种未知的或不确定的因素，对各种可能出现的新问题、新情况、新动向，要制定具体的应对措施和应变手段，从而使公共关系策划既周密可行又灵活主动。

灵活性原则主要体现在以下两个方面：

公关视角 7－3　“逗鹅冤”

（1）策划方案要保持一定的弹性。要将定量指标和定性指标相结合，对于公共关系策划的目标、实施活动所需的经费、开展活动所需的时间，既要确定明确的指标，又允许有一定的调整范围，这样就提高了公共关系策划的可操作性和应变性。

（2）要灵活运用相关的理论和依据。进行公共关系策划要以有关的科学理论做指导，在实际操作过程中要根据实际情况灵活运用，不能犯本本主义或者教条主义的错误。

第 2 节　公共关系策划的科学思维

任何一种策划，既是一种预测，也是一种决策。作为一种预测，策划要对组织的发展前景和趋势进行科学的论证和准确的评估；作为一种决策，策划要在预测的基础上，对组织的应对方式及行动措施进行大胆的抉择。从这种意义上说，公共关系策划是公共关系专家运用头脑、知识和经验，对组织公共关系的发展进行预测和决策的一种理性行为或程序。

公共关系策划是在认真调查、详细论证、周密思考、科学决策的基础上进行的，而不是随心所欲、轻率鲁莽的。科学的公共关系策划需要运用逻辑思维和理性思维，遵循科学的程序和行业的规则。公共关系策划包括运用科学的方法进行公共关系调查研究，对收集的各类信息资料进行科学的处理与分析，并以此为根据确定公共关系活动的总体目标；运用目标管理法对公共关系目标进行分解，使其细化到可操作的程度；区分目标公众及公众类型，在充分考虑目标公众的需要和特点的基础上选择恰当有效的沟通与传播方式和渠道，按照一定的规则安排人员、时间和编制预算等。总之，公共关系策划的所有环节、过程都需要以科学思维为基础。这就要求公共关系人员必须全面掌握公共关系的基本知识，熟悉公共关系策划的要求和方法，善于理论型思维和逻辑思维，这也是对公共关系策划者最基本的要求。

具体来讲，公共关系策划的科学思维有以下几种。

一、经验思维

经验思维是通过联想，运用既往经验解决当前类似问题的思维方式，适用于一些简单的情况和问题。人们积累经验，不断强化思维模式，形成了各自的思维定式（刻板印象）。经验思维的前提是对经验的积累和分类，经验思维的运用过程则是判断当前的情况，找到当前与过去的联系，回忆、寻找、选择曾经产生最佳效果的行为方式。

个人的经验知识主要来自实践和对书本的学习，随着实践和知识的增多，个人的经验知识不断得到补充、修正和发展。对不断学习所获得的知识通过比较和选择等方式，形成自己的知识结构和经验体系。经验是人们的宝贵财富，但由于它建立在主观心理体验上，所形成的思维定式往往又制约着人们对新知识的学习及创造性的发挥，因此，公共关系策划人员在进行公共关系策划时，既要充分利用自己的经验，又不能被经验束缚而影响自身创造力的发挥。

二、逻辑思维

逻辑思维是用科学的抽象概念揭示事物的本质，表达认识现实的结果，并在人们的认识过程中，借助概念、判断、推理，反映现实的过程，是具有严密科学性的思维方式。思维过程要完全符合客观规律，并挖掘思维者的已有知识，以保证思维的科学性。

组织在遇到重大问题或有重大事件发生时，需要对问题或事件进行处理。首先要了解问题或事件的原委，并以此进行逻辑推断与推理，预测问题或事件可能的影响范围和导致的结果，并以此为依据策划公共关系方案，目的在于解决问题或处理事件，并抓住契机，寻求使不利于组织的事件转变为有利于组织的事件的关键点，为组织树立形象、开辟市场、谋求发展奠定基础。

三、系统思维

系统思维要求公共关系策划人员在策划公共关系活动时，运用系统观点，始终从系统的整体与要素之间，目标与结构、功能之间，系统与外部环境之间的相互联系、相互作用中，综合、精确地考察对象，揭示其规律性，寻求公共关系策划的最佳观念模型。

系统思维的总体要求是，要抓住系统客观存在的三个特征，即目的性、整体性、层次性。

系统思维的具体内容主要有：

（1）系统要素研究。研究系统的组成部分，弄清必须参与系统运作的各种成分。

（2）系统结构研究。研究系统内部的组织结构，弄清组成系统的各要素之间的相互作用方式。

（3）系统功能研究。研究参与系统运作的各要素的原有功能及其综合之后形成的整体功能，弄清整体功能是否符合系统目标所要求的状态。

（4）系统调控研究。研究系统维持、完善、抗干扰和发展自身的源泉和机制，弄清系统的调控规律。

（5）系统环境研究。研究系统自身与其他系统之间在各方面的纵横关系，弄清各方面对系统产生影响的性质和程度。

（6）系统历史研究。研究系统的产生、发展的历史过程及未来趋势，弄清系统存在的历史价值，把握系统建构、调适和取舍的时机。

四、创造性思维

公共关系策划的创造性思维决定了公共关系活动是否成功。如何策划、制订出富有创意的公共关系方案，不仅取决于策划者是否具有的广博知识和专业素质，更取决于策划者是否具备创造性思维。从一定意义上说，公共关系策划所倚仗的是公共关系人员的创造性素质，创造性素质的核心无疑是创造性思维能力。

创造性思维主要指超常思维，是指人们以已有的来源于实践的科学知识、经验、逻辑为基础，同时不受其束缚，常常超越思维的常规习惯，一定程度地摆脱传统结论，甚至一定程度地摆脱传统的思维思路，酝酿和实现奇谋异策的一种思维活动。这种思维具有求新、求异、求奇、求特等特点，它对一个问题从多种角度分析，寻找多种可能性，从多方面探求问题的答案，充分发挥人的想象力和聪明才智，在一定程度上摆脱了思维的僵化、刻板和呆滞，使思维具有流畅性、变通性和创造性，从而在工作中有所发现、有所创新、有所突破、有所前进。可以说，任何一次成功的公共关系活动，任何一个能在众多竞争对手中立于不败之地并保持长盛不衰的组织，其秘诀都在于先于他人、突出特色、不断创新。创新的精神使组织的领导者和员工产生获取优胜的紧迫感和摆脱生存危机的压力感，激发员工的积极性、创造性，使组织具有在激烈竞争面前从容应对的勇气，并获得在竞争中不断求新、不断前进的动力。

一般来讲，创造性思维和逻辑思维在人类社会发展史上的作用不同，创造性思维多用于科学发现或发明过程，逻辑思维多用于对新发现进行科学论证。基于创造性思维对公关创意的重要价值，公关人员必须了解和掌握各种创造性思维方法，如逆向思维、多路思维、形象思维、直觉思维和群体思维等。

（一）逆向思维

逆向思维又称反向思维，是直线性单向思维的一种。与此相对的顺向思维是人们习惯运用的思维方式，思维的先后顺序是一种固定程式。逆向思维反其道而行之，使思维顺序逆向进行。公共关系活动策划者通过逆向思维，从新的角度、以新的眼光去看待同一问题，往往会有新的发现、新的收获。公共关系策划者借助逆向思维可以打破常规思维。逆向思维是一种创造性的思维方式，把思维材料进行反常组合，以批判态度进行学习等。公共关系活动策划者利用逆向思维往往会产生独特的创意，如将领导剪彩变为消费者剪彩等。

（二）多路思维

多路思维又称多向思维，是指围绕目标，进行多向追寻、选优方案的思维方法。它不同于直线性单向思维。它不是孤立、片面地看待问题，而是围绕某个问题，从尽可能多的方面、因素、变量和角度去进行思考，通过各种思维活动，多方面、多层次、多角度地揭示事物复杂、丰富的相互联系，从而找出解决问题的多种途径和方法。

在公共关系策划中运用多路思维，可以帮助公共关系策划人员开阔视野和思路，从多个角度考虑问题，进行创意，形成更好的活动策划方案。

（三）形象思维

形象思维是人们不脱离直观形象和表象而进行的思维活动。这种思维主要采用典型化的方式进行概括，并利用形象材料（图形、图表、实物等）来帮助思维，又称为艺术思维。

形象思维不仅是感性阶段的认识，而且是理性认识的一种形式。借助形象思维可以认识事物的本质。人们在思考问题时，形象思维和抽象思维是同时并用的。

形象思维通过想象，可以产生非凡的创造力，它也是一种创造性思维。形象思维的创造性想象根据一定的目标、对象和任务，对头脑中接收、存储的各种信息进行加工、排列、重新组合，创造出新奇的形象。这种想象不依赖现成的描述，而是按照自己的创见需要，独立地创造出某种新的想象。一般来讲，想象力越丰富的人，创造力就越强。科学巨匠爱因斯坦曾说："想象力比知识更重要。"

（四）直觉思维

直觉思维是一种不受理性思维的逻辑约束，能够直接领悟事物本质的特殊思维方式。它是思维主体在一定知识、经验的基础上，从感性形象材料中直接捕捉产生的使人茅塞顿开、瞬间顿悟的直觉或灵感。

直觉思维的创造作用主要体现在两方面：一是科学发现、发明以及艺术创造的先导；二是应急决策的重要工具。但我们绝不能忘记它是一种对事物的笼统认识，缺乏论证。在利用直觉思维进行公共关系策划时，应注意其优缺点。

（五）群体思维

群体思维是指建立在公共关系策划者的个体思维基础之上的有关群体的思维方式。俗话说，三个臭皮匠（裨将），顶个诸葛亮，这正是对群体思维作用最生动的写照。用系统科学的观点来看待群体思维，它是一种发挥整体创造性的思维方式。正是群策群力，弥补了个体思维的缺陷；正是相互启发、优势互补，产生了更大的创造力。

公共关系人员在策划公共关系活动时可以利用群体思维，发挥群体创造性。如成立策划小组或智囊团，或借助“外脑”——利用组织外部的专业公共关系公司协助策划等。

综上所述，公共关系策划有多种思维方法。公共关系策划人员应尽可能地学习和掌握，以保持思维方法的多样性，不断提高自身的整体思维水平，提高公共关系策划的水平。

第 3 节　公共关系策划的方法

无论是寻求创意或制订方案，还是实施活动，公共关系策划都是一个运用科学思维，特别是创造性思维的过程。目前有很多公共关系策划都建立在经验学习、模仿基础之上，但随着市场经济的发展、改革开放的深入，创造性思维方法必定越来越受重视。公共关系策划人员应该了解科学思维的特点和方法，更重要的是，应该掌握灵活运用科学思维的技巧和方法。

一、集思广益

集思广益有三种形式。

（一）头脑风暴法

头脑风暴原是精神病理学用语，指精神病患者精神错乱的状态，后来被引入创造学，意为不受任何拘束的自由漫谈。但与闲聊不同，头脑风暴法有科学的规则，其核心是高度自由的联想。具体方法是邀请 5～10 人参加讨论会，会议有 1 名主持人，1～2 名记录员。主持人事先不指出会议目的，只就某一方面的议题或某一关键问题自由讨论、征询意见。为了引导与会者相互启发、相互激励、相互诱导、相互补充，产生连锁反应的效果，特做一些规定，例如：

（1）无拘无束，思考越出圈、构思越新奇越好。有时正是违反常识的设想，开启了创造的大门。

（2）不限制思路，每个人谈自己的设想，不对他人的设想做判断结论，任何人不得对他人的设想和意见加以指责，不打断任何思路。

（3）多多益善，鼓励提出多种不同方案，新设想越多越好。

（4）借题发挥，鼓励在他人提出的思路上加以改进，巧妙地利用别人的想法开拓自己的思路。

（5）不允许私下交谈，以免影响别人发言。

（6）会议时间不宜过长，一般 1 小时左右。每人发言以 5 分钟为宜，允许第二次发言，相互补充。有些策划团体，会连续一整天持续进行思考，期望能多出一些创意，结果事与愿违，实践证明这是违背科学的。

（7）认真记录所有的方案（包括古怪的、不现实的设想），以便综合分析。

（二）发展型自由讨论法

国外称之为哥顿法。其做法前半部分与头脑风暴法一样，让大家就某一方面的问题尽情漫谈；经过一段时间，主持人认为讨论得差不多了，就在适当时机将会议的目的、意图和盘托出，使问题具体化、明确化，从而做进一步探讨。这种方法通常需要3个小时，对于扩展自由联想的成果是行之有效的。这种方法对于确定和修正公关方案很有价值。

（三）对演法

对演法也称逆头脑风暴法。头脑风暴法提倡高度自由联想，禁止批评；对演法则是靠相互批评激发创造性。其做法是分两组制订方案，通过唱对台戏的方法进行辩论，攻对方所短，充分揭露矛盾；也可拿出一个方案，人为设置对立面去批评、挑剔、反驳，以使一些潜在的危险性问题得到较充分、彻底的暴露，使新见解更加成熟、完善。这种方法对于准备报告上级或将方案交付客户前的自我审查非常适用。

二、默写法

在公共关系工作中人们常常会为选择一个理想的契机、一个新颖的主题、一个恰当的宣传口号而伤脑筋。默写法可以激发我们的创造性灵感，在较短的时间里有效地发挥集体智慧，提出创造性构想。

默写法也称“635”法，其做法是：由6个人参加，在5分钟内每个人提出3个设想。按照“635”法的要求，会议主持人先宣布议题，讲清创造或策划的目的和要求，发给每个人卡片，编上号，填写设想时字迹必须清楚。在第一个5分钟内，每个人针对议题在卡片上填写3个设想，然后将卡片向右（或左）依次传给邻座。在第二个5分钟内，每个人从别人的3个设想中得到新的启发，在传过来的卡片上再填写3个新设想，再依次传下去。这样，半小时内可以传递6次，共计可产生108个设想。

默写法的优点是可以让每个人充分地独立思考，避免一些可能产生的压抑因素或因无法及时发言而使设想遗漏，时间短、效率高。需要注意的是，参加的人应有一定的见解，否则要在5分钟内提出3个设想是很困难的。

三、匿名咨询法

匿名咨询法是一种比较先进的调查研究和科学预测方法。一般的策划研讨会在讨论时往往仁者见仁、智者见智，争论不休，结果也受到与会者心理及开会时间、环境等因素的干扰。匿名咨询法采用许多专家背对背多次咨询的办法征求意见。领导小组对每一轮意见都进行汇总整理，作为资料再发给每位专家，请他们分析论证，提出新设想。由于采取匿名方式，专家互不了解，完全消除了心理因素的影响，专家可以参照前一轮的成果修改自己的方案而无须公开说明，既无损自己的威信，效率又高。这样反复几次，专家的意见趋于一致，方案的可靠性也逐渐增强。

四、排列法

排列法是指在创造过程中对事物的特性一一列举，然后进行排列，分清主次，引起联想设计。它是进行组织诊断、厘清思路的好方法。

排列法可分为特性排列法、缺点排列法和希望点排列法。

(1) 特性排列法是把创造对象的特性一一列出，然后围绕特性进行创造。这种方法是根据对象的各种“词”来排列特性，如对一个饭店进行企业诊断，思路可这样展开：

1) 名词特性（饭店的名称、类型、位置、设施、部门、服务项目等）。

2) 动词特性（对以上内容的作用、功能、效益等）。

3) 形容词特性（饭店的状态、环境、颜色、整洁度等）。

排列完后从中找出不妥之处，根据市场与公众的需要对主要特性进行改进或创新。

(2) 缺点排列法是改进旧事物、老组织的一种常用方法。其做法是把存在的缺点一个个找出来加以排列，从中找到主要问题加以解决。这种方法比特性排列法简便一些，但对研究者的水平有较高要求，容易出现吹毛求疵、抓不住主要矛盾的问题。

(3) 希望点排列法一般是在运用缺点排列法的基础上，针对现存缺点提出希望的创造技法。缺点排列法也称被动发明创造法，希望点排列法也称主动发明创造法。在发明创造与公共关系策划过程中这两种方法是相辅相成的。运用希望点排列法需要较强的想象力，提出希望达到的目的，设计出理想的组织形象。

在策划时往往先用缺点排列法找到问题、症结，再用希望点排列法找到思路，明确要达到什么目标、组织领导者的期望是什么。

五、检核表法

检核表法是先根据策划需要列出有关问题，然后一个个来核对，展开思路。它几乎可以用于任何策划活动，有“创造技法之母”之称。其主要做法是列出以下问题，然后加以改进创造。

(1) 改变。有什么能变化？能变成什么样？

(2) 加大。能增添什么——次数、时间、力度？

(3) 缩小。能减去什么——更小、更省时、省经费、更简明？

(4) 代替。换什么人、换什么形式、其他程序或其他来源？

(5) 重新排列。时间、顺序、形式或成分？

(6) 颠倒。调换因果、角色？逆向思维？

(7) 组合。混合、集锦、结盟或并网？

若对上述一系列问题都考虑周详，策划方案就一定会有新意。

六、模拟策划思路

公共关系策划就本质来讲，是进行科学思维的过程，是创造的过程；就现象来看，是时机、空间与招数的组合与运演过程。因此，有人称时（时机）、势（空间）、术（招数）为公共关系策划的金三角。换句话讲，公共关系策划就是择时、运势和使术的综合过程。采取不同的思维方法或者利用不同的时机、空间、招数，会形成不同的策划思路或者策划方法。

（一）直接效仿法

直接效仿法就是将别人成功的招法为我所用，是一种模仿或者借鉴之法。模仿是人的天性，人的学习过程很大程度上就是模仿的过程。对于刚入行的公共关系策划新手而言，模仿他人的策划手段和方法不能不说是一种比较实际的办法。事实上，初涉公共关系的人进行公共关系策划就应以这种方法来进行。对于公共关系策划的行家来讲，适时使用他人成功的策划招数往往能产生很好的效果，因此，从某种意义上讲，根据组织自身的现实条件，适时恰当地直接效仿，也是一种创造。

使用这种方法进行活动策划应注意两点：第一，要进行效仿，原则上应有相似条件；第二，效仿不等于照搬，应该是在借鉴的基础上进行创造性的发挥。

（二）目标延伸法

目标延伸法是一种根据组织的具体公共关系目标来延伸推导，寻求实现目标的最佳途径的公共关系策划方法。这是一种顺向的发散性思维过程，思维顺序是：组织目标→影响目标实现的主要因素或条件→创意。

公关视角 7－4　北京欢乐谷节庆主题活动

运用目标延伸法的关键是使目标和手段相适应，手段要确实能够推进目标的实现，也需注意公共关系活动的目标和实现目标的手段都要具有可操作性。

（三）借名播誉法

借名播誉法是借助社会名流的知名度和美誉度来提高组织知名度和美誉度的方法，是一种借势之法。这里的社会名流主要是指社会各界的权威人士、知名人士。利用社会名流的影响力来策划公共关系活动，本身就具有新闻性，即产生通常所称的名人效应，因为社会名流往往是新闻界追踪的对象、社会公众关注的焦点。利用名人效应有益于组织的知名度和美誉度的提高。

采用借名播誉法策划公共关系活动不乏经典之作，应用时应注意两点：第一，要创造性地发挥。若当前的策划热点是利用演艺界人士和体育明星，则可巧妙地邀请其他领域的知名人士进行公共关系宣传，反而会产生新意。第二，一般要名誉相符，如宣传运动饮料选择体育明星。

（四）借题发挥法

借题发挥法是一种利用某种时机、某种态势，因势利导地进行公共关系策划的方法，也是一种借势之法。这里的“题”是指特定的时机、场合和事件。

借题发挥法在应用时要注意以下几点：第一，要善于识别机会、把握机会、利用机会；第二，一般来讲，所发挥的内容应同题相符；第三，要有独创性。

（五）巧合主旨法

巧合主旨法是借题发挥法的一种特殊形式，是借题发挥法的延伸。所谓巧合主旨法，就是采用相同的字眼、不同的概念来制造戏剧性效果，突出公共关系活动宣传主题的方法。这种方法的关键是在“巧合”二字上做文章，巧合要达到巧妙、自然、和谐、有趣的效果。利用巧合主旨法的共鸣性和戏剧性效果可增强宣传效果，增强活动对公众的吸引力，可以增强公共关系活动的影响力和有效性。

（六）制造新闻法

制造新闻法是一种公共关系人员精心策划出具有轰动效应的事件来吸引新闻界及公众注意的方法，是一种造势之法。该方法应用的关键是制造具有轰动效应的事件，这也是此法的根本价值所在。制造轰动效应事件就是要利用创造性思维，借机造势，或者借势造势，就是要创新、立异、出奇、争特，但切忌无中生有和过度离奇。

公关视角 7－5　老乡鸡创始人手撕员工联名信

（七）变害为利法

变害为利法就是变组织发展的不利因素为有利因素的方法。任何事物都有好的一面，也有不好的一面；任何事物都处在发展变化之中，现在看来不好的东西，不等于将来还是不好，这就是此种策划方法的依据。害，即不利因素，对于组织来讲，适时适度地向员工公告不利因素，能够产生凝聚力，增强组织克服困难、战胜困难的力量；适时适度向外部公众公告不利因素，会提高组织的透明度，以诚换诚，赢得社会公众的关心和支持。此种策划方法的关键是深刻分析害的表现及原因，通过有效的公共关系手段促进害向利的方面转变。这种方法多用于防御性、危机型公共关系活动。

（八）发挥优势法

发挥优势法又称扬长避短法，是针对本组织的优势进行公共关系策划的方法。任何组织都有自身的优势，如领导优势、员工优势、产品优势和整体优势等，在公共关系策划时加以利用，就会产生良好效果。利用发挥优势法的关键是：一要准确辨别组织的优势；二要有效利用优势。

综上所述，我们了解了公共关系策划的主要思路和方法，在进行策划时，公共关系策划者还应注意以下问题：

（1）策划的相关性。以上各种方法或思路要么有重叠之处，要么突出某点，操作时应综合利用。

（2）策划的局限性。严格来讲，公共关系策划并没有固定的模式，以上方法或思路仅具有参考价值，操作时应勇于探索。

总之，公共关系人员应该在学习中积累广博的理论知识，阅读大量公共关系策划案例，积极地投身于实践之中，在实践中训练自己的思维能力，挖掘自己的创造力，巧妙地运用策划方法，提高公共关系策划水平。

思考题

1. 说明公共关系策划的含义，简述公共关系策划的基本特征。

2. 公共关系策划应遵循的基本原则之一是新奇性，怎样做才算符合新奇性原则？

3. 说明公共关系策划的科学思维方法。

4. 公共关系策划就是择时、运势和使术的综合过程，说明模拟策划思路的方法及应注意的要点。

5. 使用头脑风暴法分组模拟开展公共关系的创意活动（题目自拟）。

6. 试利用借题发挥法或制造新闻法策划一项公共关系活动，并写出策划思路的提纲（内容自选）。

案例

奥运冠军终身免费玩欢乐谷

2021 年 8 月 5 日，14 岁的奥运会冠军全红婵在接受采访中说：“长这么大从来没去过游乐园和动物园，比赛结束后最想做的事情就是去游乐园抓娃娃。”这一发言引发网友热议，同时，不少游乐园也积极行动来为全红婵圆梦。当天下午，长隆主题公园宣布邀请全红婵及中国跳水队前往游玩，并赠送年卡，当晚#广州长隆给跳水队送年卡#话题登上了微博热搜第 42 位。此外，欢乐谷的母品牌华侨城也带领包括欢乐海岸、欢乐田园、古劳水乡等旗下品牌纷纷发声。

在此背景下，欢乐谷通过主话题“奥运冠军终身免费玩欢乐谷”和副话题“欢乐谷向奥运健儿致敬”的“组合拳”成功地在诸多行动中脱颖而出，收获了登顶热搜和近 4 亿的全网曝光量，颇受网友好评。

首先，欢乐谷特别设计了向奥运冠军们赠送的免费年卡，卡面精美且有“向奥运健儿致敬”的标语，凸显企业诚意。卡面图片和简要明确的官方活动微博构成此次活动的主要宣发物料，便于精准地传达活动信息。

其次，欢乐谷巧妙精确地设置了此次活动的议题，并和央企联动成功扩大活动影响，为活动造势。“奥运冠军终身免费玩欢乐谷”的主议题把“奥运冠军”这一话题焦点放在最前面，品牌宣传能更好地引流。“向奥运健儿致敬”的副标题则在拔高活动价值的同时，避免活动价值导向被过分局限于“冠军”。8 月 6 日，华侨城集团官方微博发起并@各央企官博，添加了＃国家队宠国家队＃统一话题，将各央企的发展成就与游乐园的环境氛围做创意融合，也为各央企展示成果打开空间。中国核电、南方电网、中国船舶等诸多央企官博纷纷转评回应，根据自身发展成果来讲述冠军精神或国家队实力。

最后，欢乐谷此次策划有很完整且广泛的媒介传播矩阵。无论是新浪视频、抖音、快手等短视频平台，还是知乎、虎扑等话题社区，都有对活动的传播，官媒、自媒体也不乏主动下场生产传播内容者。

在精心策划下，此次活动仅用 27 小时就于 8 月 6 日晚斩获微博热搜第一，为“欢乐谷”所属的上市公司“华侨城 A”在股市的表现带来了极大的助力。虽然周末股市不开市，但这股热情依然持续到了 8 月 9 日（周一），直接推动股价上涨 5.8%。

资料来源：2021 金旗奖获奖案例：＃奥运冠军终身免费玩欢乐谷＃微博热搜话题营销．(2021-11-03)．https://www.17pr.com/news/detail/205446.html.

思考题：

分析公共关系策划原则在本案例中的具体表现。

第 8 章

公共关系专题活动

公共关系专题活动是社会组织与广大公众进行沟通，塑造组织自身良好形象，扩大影响，提高声誉的有效途径。组织可以根据具体情况，灵活策划和实施各种不同主题的公共关系专题活动。为了实现与公众面对面的直接沟通，大多数公共关系专题活动往往优先选择在线下举办。本章将先介绍几种常见的公共关系线下专题活动（后文统称公共关系专题活动），如社会赞助活动、庆典活动、新闻发布会、开放组织、展览会、举办会议等。本章第 2、3、4 节分别对应赞助活动、庆典活动和新闻发布会进行介绍。开放组织、展览会和举办会议不作详细介绍。随着互联网的普及，人们已经步入数字时代，公共关系活动也开始在线上呈现出丰富多彩的活动形式，因此，本章最后一节将对数字公关活动进行介绍。

第 1 节　公共关系专题活动及其作用

公共关系专题活动是指社会组织为了某一明确目的、围绕某一特定主题精心策划的公共关系活动。不同于线上的数字公关活动，线下公共关系专题活动可以使组织直接接触到公众，面对“具体的人”，加深组织与公众之间的情感联系。国内外许多组织经常在线下举办公共关系专题活动，以扩大组织影响、提高声誉。

在实践中，有些公共关系活动如公共关系人员处理日常事务并不需要对活动的目标、过程和手段事先进行详尽考虑，只有某些特殊的活动才需要精心策划。2013 年 8 月 19 日，习近平总书记在全国宣传思想工作会议上指出：“我们有些做法过去有效，现在未必有效；有些过去不合时宜，现在却势在必行；有些过去不可逾越，现在则需要突破。‘不日新者必日退。’‘明者因时而变，知者随事而制。’”[①]从这个意义上说，公共关

① 中共中央文献研究室．习近平关于全面深化改革论述摘编．北京：中央文献出版社，2014：84.

系专题活动需要根据当下社会需求、民众心态以及组织经营管理现状等内外部条件具体制定。公共关系活动包括任何具有明确主题、经过周密策划而实施的公共关系活动。第一，活动主题明确，通常每次只有一个主题；第二，经过精心策划，细致的策划是专题活动正常举办的前提；第三，沟通对象清晰，通常与某种类型的公众进行重点沟通；第四，活动针对性强，针对某个明确的问题开展活动。这四个特征是举办公共关系专题活动必不可少的。

公共关系专题活动对于改善组织的公共关系状况有极为重要的意义，它往往能够使组织集中地、有重点地树立和完善自身的形象，扩大自己的社会影响，使组织形象明显改进，是塑造组织形象的有力驱动器。

公共关系专题活动施加影响的对象并非组织的所有公众，而是以某一部分公众为重点。在这种情况下，尤其是当组织与公众的关系出现或可能出现不协调时，公共关系专题活动将会起到很好的协调和沟通作用，以使组织与这部分急需协调的公众保持良好的关系。如果公共关系专题活动的形式选择得当、策划新颖、技巧纯熟，也可能对组织各类公众产生影响，在社会上产生极大的“破圈”效应。公共关系专题活动既有利于组织同某一部分公众进行沟通，又有利于组织在社会中的整体竞争，它是一种目的明确、对象确定、影响深远的公共关系活动。

值得注意的是，公共关系专题活动是一把效力强大的“双刃剑”。成功的公关专题活动会为组织带来巨大的效益，失败的公关专题活动则会使组织陷入舆论的漩涡，产生难以逆转的负效应。

创新是公共关系专题活动的基本要素。缺乏新意，公共关系专题活动便失去了意义。创造性地利用各种具体的专题形式为组织目标服务，可以构成公共关系专题活动最有价值的部分。成功的公共关系专题活动之所以会产生轰动效应，原因就在于它的创新性给公众留下了难忘的印象。因此，能否成功地举办各种形式的公共关系专题活动，不仅是对公共关系人员的实务能力的考验，也是对他们创造力的综合测试。

例如，谷歌的“人机大战”是它精心策划的一项公共关系活动。AlphaGo 与围棋高手对战，触发了人们的好奇心，产生了社会轰动效应。

公关视角 8－1　围棋史上最完美营销

当然，大众传媒在谷歌的公共关系活动中起到了举足轻重的作用。电脑究竟能不能战胜人脑是一大悬念，谷歌投其所好，成功地使媒体争相自发地为这场公共关系活动进行报道。

另外，公共关系还能以比广告低得多的成本让公众增进对公司及其产品的了解，特别是运用公共关系能增强宣传内容的可信度。人们对待广告和公共关系的态度往往不同，因为人们认为新闻媒体发布消息都是不收报酬的，所以人们会认为新闻媒体发布的消息具有客观性，忽视了实际上是由公司直接或间接地促成了这种宣传，这就是谷歌对公共关系的妙用。

第 2 节 赞助活动

赞助活动是指社会组织以不计报酬的捐赠方式，出资或出力支持某项社会活动、某项社会事业。开展赞助活动是组织对社会做出贡献的一种表现，越来越多的组织认识到自身的发展离不开社会的支持，作为社会的一员，自己也应对社会的发展承担一定的责任和义务，为社会贡献自己的力量。可以说，现代社会最常开展赞助活动的主体便是企业。因此，本节主要以企业的赞助活动为例。

一、赞助活动的目的

企业策划并举办公共关系赞助活动的主要目的是提高企业的知名度、树立企业在社会公众中的良好形象。这两者都是企业在市场生存和发展的重要条件，而优秀的公共关系赞助活动可以使企业两者兼而有之。

公关视角 8－2 青岛啤酒足球新体验

公关视角 8－3 北京冬奥会赞助企业

一家五星级饭店公共关系部的工作备忘录上记录了这样一句话：“赞助，提供活动场地或出资赞助社会文化活动，通过大众传播媒介专文介绍或现场直播，用这些活动有计划地提高本饭店的知名度和美誉度。”从这里我们可以看到，有目的、有计划的赞助活动是一种同社会沟通的有效手段。通过赞助活动，一方面能给社会活动顺利进行提供物质保证；另一方面可以展示自我、树立良好形象，为企业的发展创造良好的市场环境。1984 年，美国总统里根访华的答谢宴会在长城饭店举行（赞助场地），通过 500 名中外记者的报道，长城饭店的知名度和美誉度在世界范围内大幅提高，这充分说明了赞助活动的目的及其重要性。

综上所述，我们不难看出，赞助活动的主要目的如下：

（1）提高社会效益。出资赞助社会公益事业，能为企业经济效益的提高创造社会大环境，减少企业发展过程中可能遭遇的阻力。

（2）承担社会责任和履行应尽义务。关心和支持社会公益事业，表明企业作为社会的一员，为社会做出贡献，从而树立企业的良好形象。

（3）增进与公众的情感交流。赞助活动可以证明企业的经济实力，赢得社会公众的信任，谋求社会公众对企业的好感。

（4）扩大企业影响。赞助活动可以提高企业知名度，增强企业商业广告的说服力和影响力。

二、赞助活动的主要对象

赞助活动集公共关系、广告、推销于一体，不仅能提高企业的知名度、信任度和美誉度，而且有助于确立企业的市场地位。有许多品牌从赞助体育事业中获得了巨大的经济效益和社会效益。

在体育事业之外，还有许多社会公益事业也需要企业的经济支持。

公关视角 8－4　可口可乐赞助奥运

（1）文化事业。企业赞助文化事业，不仅可以培养公众的情操，提高公众的文化素养，而且可以大大提高企业的美誉度，提高企业的社会效益。

（2）教育事业。教育事业是百年大计，赞助教育事业不仅体现了企业的社会责任感，而且为企业提供了长期发展的后备力量。

（3）社会福利和慈善事业。为社会分忧解难是企业的义务，赞助福利和慈善事业是企业谋求与政府和社区建立良好关系的手段。

选择合适的对象，开展有效的赞助活动，是企业发展的有力武器。需要指出的是，企业的信誉投资必须选好对象和形式，否则会效果不佳，导致经济效益下降。当然，在社会这一综合系统中，任何企业的发展都不能只靠上述几个方面的支持，其他事业的发展，如能源、交通、金融、社会治安、环境保护、社会基础设施建设等，同样也影响企业的发展，因而也会成为企业的赞助对象，企业应酌情选择。

三、赞助活动的开展

（一）调查研究，确定对象

企业的赞助活动可以自选对象，也可以按被赞助者的请求来确定。无论赞助谁、赞助形式如何，都应做好深入细致的调查研究。调查研究的主要内容应包括：企业自身的公共关系状况、赞助活动的影响力、被赞助者的公共关系状况、社会公众的意愿、企业经济状况等。需要指出的是，企业的赞助活动必须是社会公众乐于支持的事业和需要支持的事业。另外，调查研究应该综合考虑经济效益和社会效益，重点分析投资的成本效益，量力而行，保证企业与社会共同受益。

（二）制订计划，落到实处

公关视角 8－5　路威铭轩赞助奥运

企业的赞助活动应是公共关系计划的一部分。在调查研究的基础上，赞助计划应具体详尽。企业的赞助计划应包括：赞助的目标、对象、形式；赞助的财务预算；为达到最佳的赞助效果而选择的赞助主题和传播方式；赞助活动的具体实施方案等。应做到有的放矢，同时也应将应变方案列入实施计划。

（三）完成计划，争取效益

在制订计划的基础上，企业应派出专门的公共关系人员去实施赞助方案。在实施过程中，公共关系人员要充分利用有效的公共关系技巧，创造出企业内外的“人和”气氛，尽可能扩大赞助活动的社会影响。同时，应以企业的广告和新闻传播等手段强化赞助的影响，使赞助活动的效益达到最佳。实施过程中，公共关系人员的形象应与企业形象保持一致，谋求被赞助者的好感，争取赞助成功。

（四）评价效果，以利再战

企业的公共关系活动应立足企业的长远发展，因而，对每一次公共关系活动的效果都应该做出客观的评价，这样可使今后的活动办得更好。赞助活动完成后，应该对照计划评价活动的实际效果。在评价效果时，不仅要总结活动的经验，还要指出活动的欠缺。赞助活动效果的评价应将自我评价和专家评价相结合，以保证评价的客观性和专业性。效果评价应形成信息反馈报告，报告中应包括实际效果与计划之间的比较、成果与不足、问题出现的原因和补救措施、今后的方向等。这份报告将成为以后开展公共关系活动的依据和参考，需要认真对待。

上述周密详尽的计划和持之以恒的努力，必将使企业获得巨大成功，也会带动社会的全面发展。企业必须注意赞助活动的投入产出比，必须根据企业的财力来确定是否赞助、以什么形式赞助。在无力赞助的情况下，应注意处理好与请求赞助者的关系，否则会造成矛盾。国外企业在提供赞助时，多遵循如下原则：

第一，赞助的对象是非营利组织。

第二，被赞助的活动或团体要有利于本企业的生存和发展。

第三，视企业的经营情况，根据财务预算决定赞助费用的额度和范围。

四、赞助活动的注意事项

（1）企业的赞助活动应以企业和企业所处的社会环境为出发点，制定切实可行的公共关系政策、方针和策略，切忌盲目赞助。公共关系政策和规章一经职代会、董事会或管理决策会形成决议，就成为企业公共关系活动的依据。一切人情式赞助和不利于企业发展的赞助都应拒之门外。对强拉赞助者，企业应坚持原则，并利用法律武器来保护自己。

（2）企业应将公共关系政策公之于众。应保持与被赞助者和需要赞助的活动组织者之间的联系，将赞助款项及时拨付给被赞助者。另外，企业应将赞助计划列入为企业生存和发展创造环境的长期计划之中，分清所需赞助事业的轻重缓急，逐步实施。

（3）企业的公共关系部门应随时把握社会赞助的供求状况，做到灵活掌握赞助款项。在公共关系部门的赞助计划中，应留有机动性较强的公共关系费用，这样在举办计划外的重大社会活动时，才能应变自如。需要强调的是，面对突发事件，切忌手忙脚乱。

（4）企业对赞助活动的科学管理必能使其善举得到认同，由此创造良好的社会效益，得到社会的广泛支持。企业经济效益的提高是社会对企业的最好回报。良好的社会环境靠企业去创造，也必将推动企业的发展。

第 3 节　庆典活动

庆典活动是指组织为值得庆祝的重要事件或围绕重要节日而举办的庆祝活动，一般将庆典活动作为一种制度和礼仪。庆典活动可以是一项专题活动，也可以是大型公共关系活动的一项程序。庆典活动往往会给公众留下“第一印象”，如一家企业举办一场气氛热烈、庄重的开业典礼，这是其在社会公众面前的第一次亮相，这个“相”亮得好，企业可以树立良好形象。随着社会的发展，能够举办庆典活动的节日越来越多，这必然使举办庆典活动的机会越来越多。现代组织应利用各种庆典活动，让自己广为人知。显然，这与现代公共关系为组织提高知名度、美誉度的思路相吻合。

一、庆典活动的类型

庆典活动总的要求是有喜庆的气氛、隆重的场面、高昂的情绪、灵活的形式，当然还应该有较高的规范性和礼仪要求。庆典活动在形式上一般分为开幕庆典、闭幕庆典、周年庆典、特别庆典和节庆活动五种。

公关视角 8－6　北京大学“云校庆”

（一）开幕庆典

开幕庆典，即开幕（开张、开业等）仪式，是指第一次与公众见面、展现组织新风貌的庆典活动，包括各种博览会、展览会、运动会和各种文化节日的开幕典礼；企业的开业典礼或企业推出的重要服务项目第一次向公众开放的庆祝活动；重要工程的开工典礼或奠基典礼；重要设备及工程首次运行或运营的庆祝活动，如通邮、通车、通航等典礼活动；学校的开学典礼、部队的迎新典礼等。举办一场热烈、隆重、特色鲜明的开幕庆典，能迅速提高组织的知名度，为组织塑造良好的形象，给社会公众留下深刻而美好的记忆。

（二）闭幕庆典

闭幕庆典是组织重要活动的闭幕仪式或者活动结束时的庆祝仪式，包括各种博览会、运动会和文化节日的闭幕典礼，重要工程的竣工或落成典礼，学校学生的毕业典礼，组织的重要活动或系列活动的总结表彰会或者为活动圆满结束举行的各种庆祝仪式等。闭幕庆典是各种活动的尾声，与开幕庆典相比，其重要程度和隆重程度比较弱，更多的是强调活动有始有终、圆满结束。当然，从不同的角度来看，有的活动既可以作为闭幕式，也可以看作开幕式，如何开展活动，要根据其内涵和意义来选择。如公路的建成也就意味着开始通车，多举行通车典礼；大型客船完工要投入航运，通常举行首航仪式等。

（三）周年庆典

周年庆典是指组织在发展过程中的周年纪念活动，包括组织“生日”纪念，如工厂的厂庆、商店的店庆、宾馆的馆庆、学校的校庆以及大众媒介机构的刊庆或台庆等，还包括组织或企业之间友好关系的周年纪念、某项技术发明或某种产品的问世周年纪念。组织举办周年庆典活动，对扩大宣传效应、协调公众关系、塑造企业形象等都有重要的意义；周年庆活动也能有效振奋员工精神、提升组织内部的公共关系。

公关视角 8-7　汽车名企博世的 25 周年庆

企业通常利用周年庆典活动，沟通关系，加深感情，或通过制造新闻产生轰动效应。如美国某连锁商店在开业 30 周年纪念日举办庆典活动，为了使这次庆典活动产生轰动效应，塑造公司的良好形象，培养员工对公司的认同感、归属感，进一步增强公司的凝聚力和向心力，公司总裁为一位在公司商店门口擦了 25 年皮鞋的老人举办了一场活动。公司利用这个颇具影响力的事件，引起了新闻界和公众的注意，达到了较好的效果。

（四）特别庆典

特别庆典是指组织为了提高知名度和声誉，针对某些具有特殊纪念意义的事件或者某个特定目的策划的庆典活动。组织可以根据自己的具体情况推出新的内容，尤其是要抓住具有里程碑意义的事件进行策划。如某国际旅行社接待第 100 万名外国游客、某驾驶员安全行车 100 万公里等，都可举办庆祝活动，还有电信部门策划的 300 日无差错纪念活动、消费者协会组织的《消费者权益保护法》颁布 25 周年庆祝活动等。可以说，没有哪一年是没有特殊事件可供纪念的，关键是公共关系人员应注意选择时机，策划、组织具有独特创意的特别庆典活动。

（五）节庆活动

节庆活动是指组织在重要节日举办或参与的共庆活动，重要节日如春节、国庆节、劳动节、妇女节、儿童节等。节庆活动一般可分为两种：一种是组织在节日为社会公众举办的各种娱乐、联谊活动，免费或以优惠方式提供服务，目的在于联络感情、协调关系；另一种是组织积极参与当地社区举办的集体庆祝或联欢活动，如准备锣鼓、花灯、彩车、龙灯、旱船等参加联欢或演出，目的在于塑造组织积极参与社会活动的形象。

当然，组织也不必完全拘泥于已有的传统节庆，也可以尝试基于现实热点与风向提出有创意的节庆主题，策划一个组织自有的节庆，并将这一节日打造成自己的品牌 IP，从而实现和公众的长期情感关系维护。如 2023 年小红书基于年轻人的 citywalk 风潮，在上海举办首届“马路生活节”。这次“马路生活节”由超过 200 场活动组成，既有音乐会、艺术展、摄影展等文化艺术展出，又有潮流运动、纳凉集市、逛吃之旅等生活气息十足的休闲娱乐活动，覆盖上海 30 多条马路，助力上海打造新的“城市名片”。①

二、庆典活动的开展

庆祝也好，典礼也好，都应做好充分准备，根据具体条件开展。现代社会组织可利用的庆典机会越来越多，组织的决策者应适时地选择一些对组织和社会都有利的重要事件或重大节日来开展活动。在充分准备的情况下，一般每年搞 2～3 次就够了。活动要搞一次成功一次，预测不会成功的活动就不要搞。不打无准备之仗，因为无准备和准备不充分都会造成美誉度下降。

组织的庆典活动代表组织的形象，体现了一个组织及其领导者的组织能力、社交水平和文化素质，往往会成为社会公众取舍、亲疏的标准。因此，组织在进行这类活动时，一定要注意以下一些问题：

一是要有计划。应将庆典活动纳入组织的整体规划，使其符合组织整体效益提高之目的。组织者应对活动通盘考虑，切忌想起一事办一事，遇到一节庆一节。

二是要选择好时机。调查研究是组织开展公共关系活动的基础，庆典活动也应在调查的基础上抓住组织（企业）时机和市场时机，尽可能使活动与组织、市场相吻合，如生产妇女用品的企业就应瞄准妇女节这样的时机。

三是要将科学性与艺术性相结合。公共关系活动是科学地推销产品和形象的过程，但要赋予其艺术性，使其更具有魅力，这样会有更好的宣传效果，使企业形象更佳。

四是要制造新闻。公共关系活动应能被新闻媒介关注，它们的反应是衡量活动成功与否的标尺，也是组织形象能否树立的重要影响因素。因此，庆典活动应尽量邀请新闻记者参加，努力使活动本身具有新闻价值。

五是要注意总结。组织的公共关系活动应讲求整体性和连续性，作为组织整体公共关系一部分的庆典活动，应与其他公共关系活动协调一致。为保持组织形象的一致性，保证今后开展活动的连续性，对每一次庆典活动进行总结是十分必要的。

当然，要把庆典活动办得圆满成功并不那么容易，尤其是大型的庆典活动，其牵涉面广，具体而复杂，公共关系人员一定要精心策划、周密实施。具体来说，要办好一次庆典活动，应认真做好以下工作。

1. 精心选择对象，发出邀请，确定来宾

庆典活动应邀请与组织有关的政府领导、知名人士、社区公众代表、同行组织代

---

① 超 200 场活动覆盖 30 多条马路 商旅文联动营造夏日消费新体验 小红书开启首届“马路生活节”.（2023-08-06）. 上海市人民政府网，https://www.shanghai.gov.cn/nw4411/20230806/8497559f019e4e08920eff80a130aa0e.html.

表、组织内部员工和新闻记者等前来参加。公共关系人员应选好对象，提前发出邀请，特别是对重要来宾应亲自上门邀请。为保证接待工作顺利，在活动前，应确定来宾的准确到场情况。

2. 合理安排庆典活动的程序

庆典活动的程序一般如下：安排主持人宣布活动开始，介绍重要来宾，由组织的领导和重要来宾致辞或讲话；有些活动需要有剪彩和参观的安排；安排交流的机会（或座谈、宴请，或助兴节目，席间交流）；重要来宾的留言、题字（该项活动也可安排在庆典开始前）。

3. 安排接待工作

庆典活动开始前应做好一切接待准备工作。要安排好接待和服务人员，活动开始前有关人员应各就各位。重要来宾的接待应由组织的首脑亲自完成。要安排专门的接待室或会议室，以便在正式活动开始前让来宾休息或与组织的领导交谈。入场、签到、剪彩、留言等活动都要有专人指示和领位。

4. 做好物质准备和后勤、保安等工作

庆典活动的现场需要有音像设备、文具、电源等；需要剪彩的，要有彩绸带；在特殊场合，锣鼓等也要有所准备。宣传品、条幅和赠送来宾的礼品也应事前准备好。赠送的礼品要与活动有关或带有企业标识。如有宴请，应安排来宾就餐，后勤准备要充分，要认清宴请是出于喜庆和交流的目的，不要过分铺张。另外，为助兴可以安排一些短小精彩的文艺节目，这些节目既可由组织内部人员表演，也可邀请有关文艺团队或人员表演，力争有特色。

总之，只要做到认真充分、热情有礼、热烈有序，庆典活动就更能取得成功。

第4节　新闻发布会

公共关系人员广泛宣传某一信息的最好方式莫过于召开新闻发布会。新闻发布会的最大优点是所公布的信息真实、可信度高，容易使组织和新闻界之间达到相互理解和沟通的良好效果。

一、新闻发布会的含义和特点

新闻发布会又称记者招待会，是指以某一社会组织的名义邀请新闻机构的有关记者参加，由专人宣布有关重要信息，并接受记者采访的具有传播性质的一种特殊会议。通过新闻发布会，组织可以将有关信息迅速传播扩散到公众中去。在新闻发布会上，不仅可以公布本组织的一些重大新闻，如新的方

公关视角 8-8　白小T“续航计划”

针、政策、措施等，加强公众对组织的了解，而且可以利用新闻发布会的影响力妥善处理一些棘手的问题，以达到澄清事实、说明原委、减少误会、求得谅解等目的。新闻发布会是一种二级传播：首先将信息告知记者，然后由记者以大众传播的方式将信息告知社会公众。在这种形式下，实现了社会组织和新闻媒介的沟通以及社会组织和广大公众之间的沟通。

新闻发布会具有以下特点：

（1）以新闻发布会发布消息，形式比较正规、隆重，而且规格较高，容易引起社会的广泛关注。

（2）在新闻发布会上，记者可根据自己感兴趣的方面及所侧重的角度提问，可更好地发掘信息。这种形式的信息沟通无论是在深度还是广度上，都比其他形式更胜一筹。

（3）新闻发布会往往要占用记者和组织者较多的时间，必要时还要组织记者进行实地采访、参观或安排一些沟通活动，如酒会、招待会、进餐等，因此会有较多的经费支出，成本较高。

（4）新闻发布会对于组织的发言人和会议的主持人要求较高，要求他们十分机敏、善于应对、反应迅速、幽默从容等。

二、新闻发布会的组织和安排

要想使新闻发布会组织成功，通过新闻发布会给记者留下好的印象，使他们对组织产生好感，会议的组织和安排工作是非常重要的，这就需要公共关系人员在会前进行周密的计划，做好充分准备。

（一）准备工作

1. 把握时机

一般应选择组织开展重大活动或发生重大事件时举行新闻发布会。只有在必要和可能的情况下召开新闻发布会，才会收到良好的效果，也就是说，新闻发布会是一项郑重的公共关系活动。一般来说，组织举行新闻发布会的原因有以下几个：出现了紧急情况，如工厂发生了爆炸；发生了严重的灾害；出台可能对社会产生重大影响的新政策；企业新技术开发和新产品投产；宣传组织对社会做出的重大贡献或将影响社会的新措施；企业的开张、关闭、兼并或组织的重大事件等。应注意，新闻发布会不要与重大节日或重大社会活动冲突。

2. 确定主持人和发言人

记者出于职业要求和职业素养，常常会在新闻发布会上抛出一些敏感的话题，提出一些尖锐的问题，这对会议的主持人和发言人提出了很高的要求。主持人和发言人必须对将要发布的信息的重要性和社会价值有清醒的认识。此外，他们必须思维敏捷、反应快、表达能力强、具有权威性，并且具有较高的文化修养和专业水平。会议的主持人一般可由有较高公共关系能力的人来担任，他对被邀的记者和新闻单位应有相当程度的了解，与记者应有较好的工作关系和私人关系；不仅要宣布开会、散会，而且能清楚、简洁地说明会议宗旨；在会议中能通过插话、补充说明、提出反问来引导会议进行；能根据对新闻单位和记者的了解，恰当地决定记者提问的先后顺序。主持人的选择，首先要看其能力。会议的发言人则应是组织的高层领导，他除了应对本次会议主题涉及的问题有较为深刻的专业性把握，还应对本组织的整体情况，有关的社会环境、方针、政策都很熟悉，他的发言和回答应该具有权威性。

3. 准备宣传辅助材料

宣传辅助材料要围绕发布的信息内容来准备，要尽量做到全面、详细、具体、形象和形式多样，要有口头的、文字的材料以及实物的照片或模型等。这些材料的准备要根据会议的中心内容和具体要求而定，在会议举行现场摆放或分发，以增强发言人的讲话效果。

4. 选择地点，布置任务

新闻发布会地点的选择不同于一般的会议，首要的是为记者创造方便的采访条件，如对采光、电源、录像、拍摄的辅助灯光、视听辅助工具、幻灯片和电视播放设备的准备。需要考虑会场的对外通信联系条件，如电话和专线电话的设置。另外，还应考虑会场既要安静舒适，不受干扰，又要交通便利、停车方便。会场座次安排应主次分明，特别是在有贵宾到场的情况下。会场内的桌椅设置要方便记者提问和记录。此外，会场应设有记者或来宾签到处，最好在入口处或入口通道处，并在记者席上准备有关资料，使记者能深入细致地了解所发布信息的全部内容。

5. 确定时间，及时邀请

新闻发布会的时间一般选在上午 10 点或下午 3 点为佳。一般发布会的正式发言时间不超过 1 小时，应留有时间让记者提问。发布会之后，一般为记者准备工作餐，最好的形式是自助餐。搞自助工作餐的目的在于给记者提供交流和对组织的领导者进行深入采访的机会。确定具体时间后，要提前 3～5 天向记者发出邀请，让记者充分安排好时间。需要注意的是，记者工作忙碌，不一定都能到会，为使发布会圆满成功，最好让记者提供回执。另外要注意：要针对所发布新闻的性质邀请相关新闻媒介的相关记者。

6. 做好费用预算

举办新闻发布会要有财务计划，要视财力、物力、人力举办规模恰当的发布会，不要为追求规模或形式而不顾其余，否则会适得其反。费用预算一般包括印刷费、通信费、场地费、交通费、租用器材费、摄影费、嘉宾签到簿费用、礼品费用、胸牌费、会场布置费、嘉宾食宿费等。

（二）会中注意事项

新闻发布会举行过程中应做好以下工作：

（1）所发布的信息必须准确无误，若发现错误应及时更正。

（2）会议议程要紧凑、不拖沓、有条不紊，要避免出现冷场和混乱局面，应有正式的开场和结尾。

（3）会议主持人应善于控制场面，以言谈和感染力活跃会场气氛，引导记者踊跃提问。当记者提问偏离主题时，要善于巧妙地将话题引回主题。如果会议中出现紧张气氛，应该及时调节、缓和。不要随意延长预定的会议时间。

（4）发言人应注意答问的方式和程度，随机应变，不与记者争论，不回避问题。对于不能发表和透露的内容，应婉转地向记者做出解释，不能简单地说“不清楚”“不知道”“无可奉告”等。不要随便打断记者的提问，也不要以各种动作、表情和语言对记者表示不满，即使记者的提问带有很大的偏见或挑衅性，也不能激动或发怒，应以良好的涵养、平静的话语、确凿的事理给予纠正和反驳。

（5）对新闻发布会的全过程应做详尽记录和录音，有条件的应将会议过程录像，作为资料保存。

（三）会后工作

为使新闻发布会这一公共关系专题活动取得预期的效果，在会议结束后，组织还应做好以下方面的工作：

（1）整理记录，总结经验，并以书面形式存档。尽快整理出新闻发布会的记录材料，对其组织、布置、主持和回答问题等方面的工作进行总结，认真吸取经验教训，并将总结材料归档备查。

（2）收集舆论反应，评价活动效果。收集到会记者在报刊、广播电台、电视台的各类报道和评论，并进行归类分析，把握公众的反应和舆论走向，评价是否达到了举办新闻发布会的预定目标，是否由于失误而造成了误会等，并以此评价发布会的效果。

（3）对照新闻发布会签到簿，检查与会记者是否都发了稿件，并对记者所发稿件的内容及倾向性进行分析，以了解新闻机构和记者所持意见、态度及其产生原因，便于以后有针对性地同他们进行沟通，或以此作为以后举办新闻发布会邀请记者的参考依据。

（4）对于不利于本组织的报道，应采取良好的应对策略。如果是不正确或歪曲事实的报道，应主动采取行动，说明真相，并向报道机构提出更正要求；如果是反映了事实却不利于本组织的报道，则应通过有关媒体向公众表示歉意，并制定改进措施，以挽回组织声誉。

第 5 节　数字公关活动

据中国互联网络信息中心（CNNIC）2025 年 1 月 17 日发布的第 55 次《中国互联网络发展状况统计报告》，截至 2024 年 12 月，我国网民规模达 11.08 亿人，互联网普及率达 78.6%。在“万物互联”的数字时代，仅仅在线下举办公共关系专题活动已经不能满足组织与公众沟通的需求，现代组织在进行公关活动时往往会辅以线上的活动。

如今，公共关系专题活动的形式与时俱进，除了线下公关专题活动，线上也出现了丰富多彩的数字公关活动。除了掌握传统公共关系活动的举办策略，公关人也要了解数字平台的即时性和互动性对公关活动的重要意义。

一、公关活动的数字化转向

数字公关活动也称网络公关，是组织为了塑造特定形象，在互联网上收集、传递信息，实现组织与公众之间双向互动式的沟通，以此达成某个目标或影响公众的线上公关方式。①

在当代社会，公共关系活动的传播渠道正经历着从传统媒体向互联网社交平台的深刻转向。传统媒体如电视、报刊和广播，虽然仍有一定影响力，但已不再是公关传播的唯一或主要渠道。在这一背景下，公关活动的策划与执行开始呈现一种数字化转向的趋势。

（一）传播渠道转向：从传统媒体到网络平台

组织在策划公共关系活动时需要时刻牢记，公关活动的举办目的是实现和公众的良性沟通。正因如此，公关活动的举办地点必须是组织目标公众聚集的地方。如今，随着互联网及移动智能设备的快速普及，人人都有“望远镜”和“麦克风”，组织可以通过互联网平台触及几乎每一个潜在用户。公关活动对线上传播渠道的重视程度逐渐上升，通过微博、微信、抖音等富有影响力的社交媒体平台进行内容发布已经成为公关活动数字化转向的主要趋势。

这些互联网平台不仅传播速度快、覆盖面广，而且能够精准定位目标受众，实现更高效的传播。此外，互联网平台还具有即时互动的特性，使公关活动策划人员能够更直接地与目标受众进行沟通和反馈。由此可见，当代公关活动在传播渠道上的转向，不仅顺应了媒体发展的潮流，也为企业和品牌带来了更多的传播机遇和挑战。

（二）传播意识转向：从受众到用户

公关视角 8-9　网易与新周刊道歉信互动

公关视角 8-10　品牌开启短剧大战，个护美妆品牌成为主要力量

公关行业是创新行业，创新不能完全依赖技术，人的因素至关重要。随着社会结构和价值观的多元化，细分市场日益明显，公共关系需要更加精细化和个性化。在数字时代，组织面对的已经不再是教科书中的“受众”，而是时刻活跃在网络上，有着不可控传播能力的“用户”，当用户汇聚在一处，就会成为拥有“覆舟之力”的公众。用户不同于只会接收信息的受众，他们同时拥有信息接收者和发布者的双重身份。为此，公关行业

① 姚凯．网络公关及其传播方式研究．科学管理研究，2004（1）：62-66.

需要针对不同用户群体，制定和实施差异化的公关策略，以满足他们的特定需求和期望，这时候，创新就成了关键。①

（三）传播内容转向：从传统图文到强互动内容形式

在当代社会，公关活动的传播内容正经历着显著的转向，过往以媒体发布、新闻发布会为主的单向传播模式已经不能完全满足现代组织的需求。跨界合作、线上线下融合已成为新趋势，公关活动不再局限于单一领域或形式，而是力求在多维度、多平台上创造协同效应，实现品牌价值的最大化。这一转向不仅反映了传播技术的革新，更体现了公关行业对时代变迁的敏锐洞察与积极应对。

随着社交媒体、短视频平台等新兴渠道的崛起，公关活动更加注重内容创意与用户体验，通过故事化、情感化的方式拉近与公众的距离。同时，大数据与人工智能技术的应用，让公关传播更加精准高效，能够基于用户画像实现个性化推送，提升信息的到达率和影响力。可以说，数据分析与人工智能的运用已经成为公关人员的必备技能。虽然人工智能技术的应用可以降低行业成本，但新技术并非公关行业的专利，各行各业都在运用。掌握新技术只是对公关人员最基本的要求，公关从业人员要以创新的传播方式进行数字化营销，提升公关活动的效率和精准度。

公关视角 8－11　敦煌研究院 x 腾讯　数字藏经洞的游戏公关

二、新兴数字公关活动

新兴数字公关活动层出不穷，本小节仅以元宇宙来展开介绍。元宇宙一词源于1992 年美国著名科幻大师尼尔·斯蒂芬森写的科幻小说《雪崩》，小说中这样描述元宇宙：戴上耳机和目镜，找到连接终端，我们就能够以虚拟化身进入到由计算机模拟出来并与真实世界相互平行的虚拟空间。如今，科幻小说已经走进现实——2022 年元宇宙作为一种新型科技融合应用形态，受到各国和各界的广泛关注。

元宇宙可以被视作一个全新的品牌营销生态系统，用户希望他们所有的人际关系、体验、个人物品都能被虚拟连接。当代的公共关系的思维模式转变也可以从三个维度来探索。②

（一）元宇宙中的“人”

元宇宙中“人”的维度体现为从公司发言人、意见领袖等真实的人到虚拟偶像。公关从与目标受众沟通转变到与其“数字替身”沟通。当下，以“虚拟网红、虚拟偶像”

---

① 正视公关行业面临的挑战. 国际公关，2024（11）：1.

② “元宇宙”将如何改变公共关系行业?.（2021－11－11）. 品牌与商业（微信公众号），https://mp. weixin. qq. com/s/aE9uY1oaKypPbaoo8iVstQ.

为代表的虚拟数字人将作为信息传递的新媒介，成为元宇宙中人、事、物之间联系的新介质，多个主体的互动有可能产生新的场域。[①] 虚拟数字人不单单是数字化的人，更是品牌传播活动的参与者。虚拟数字人具备与现实世界的用户互动的能力，它们打破了空间和时间的限制，替品牌进行自我表达和自身延续。

（二）元宇宙中的“事”

公关视角 8－12　虚拟美妆达人

元宇宙中的“事”，指的是从体验营销到互动现场体验，从故事、内容和互动到情感驱动的数字化关系的转变。如今，围绕“事件”或“场景”，品牌通过创建虚拟空间可还原或改变消费者在真实世界中的体验。要建立虚拟空间，就不得不提到 AR、VR 两种数字技术。

AR 指的是增强现实技术，它将图像、视频或文字等感官信息实时映射到现实世界中。与之相反，VR 指的是虚拟现实技术，力图通过数字技术营造出一个可替代现实世界的虚拟空间。2024 年，《福布斯》刊文指出，近年大多数公共关系专业人士都选择将增强现实（AR）和虚拟现实（VR）沉浸式技术整合到他们的公关活动中。例如宜家试装了支持 AR 技术的二维码，允许客户购买前在自己的空间将家具可视化，这一举措使其在线销售额增长了 75%。[②]

（三）元宇宙中的“物”

公关视角 8－13　小鹏汽车元宇宙虚拟岛屿

元宇宙中的“物”，则是从实物到虚拟商品，如数字收藏品、非同质化通证（non-fungible token，NFT）等。除了简单地将实物“搬到”虚拟世界，或者将已有品牌资产数字化，新技术模式也会带来新的想象空间。以 NFT 为例，由于其独一无二、易于验证、所有权属于用户等特点，用其代表 GIF、图片、视频、音乐专辑等数字资产时，除支持数字藏品发放、数字商品交易，品牌还可想象将客户关系管理（CRM）与虚拟身份和虚拟商品结合的场景。

值得注意的是，NFT 在增强消费者情感沟通方面发挥着重要作用，这正是公关活动所需要达成的重要目标之一。《广告时代》调研显示，38%了解 NFT 的消费者表示，与实物纪念品相比，他们更喜欢用 NFT 纪念他们从活动中获得的欢乐时光。消费者希望借助某些方式纪念重要节日或是重大事件中的高光时刻，当 NFT 捕捉、分享和无限制触

公关视角 8－14　NFT 品牌营销

---

① 谢新水. 虚拟数字人的进化历程及成长困境：以“双重宇宙”为场域的分析. 南京社会科学，2022（6）：77－87，95.

② 《福布斯》：AR 公关大势所趋！可使产品转化率提高 94%，知名品牌全在用.（2024－06－06）. VRAR 星球（微信公众号），https://mp. weixin. qq. com/s/w7OcXVDYQc9qaouGcDDLDQ.

碰这些时光，品牌能加强与消费者的情感链接。回顾近年来的品牌活动，不难发现国内外的品牌都洞察了这一数字化趋势，并大胆做出了尝试。随着人工智能技术的发展与成熟，未来的数字公关活动还会有很多变化。

思考题

1. 如何开展赞助活动？
2. 要办好一次庆典活动，应做好哪些工作？
3. 新闻发布会的准备工作应从哪些方面考虑？
4. 什么是数字公关活动？试举一例分析在当代社会公关活动的策划与执行出现数字化转向的趋势。

案例

中国石化公关破局

2010—2012 年是中国石化遭受负面舆情最严重的几年，从“天价酒”“天价吊灯”“天价名片”到“PX 危机”“广东企业污染”等一系列事件使中国石化一直处在社会舆论的风口浪尖。中国石化已然被贴上“腐败”“暴利”“不环保”“不安全”等各类标签。严峻的舆论形势不仅直接影响了中国石化的生产、经营、效益，也影响了员工的自尊心、自豪感、使命感，更重要的是给企业造成了严重的品牌损害和声誉影响。

中国石化在负面危机处置上投入了大量的精力，却不见成效。究竟是哪里出了问题，为什么一家努力为国奉献的中央企业却得不到老百姓的认可？为了破解这个难题，中国石化新闻宣传部咨询了很多专业人士，进行了多次研讨分析。最后，中国石化决定将工作重心放在改善公共关系上，并探索出一条行之有效的道路——设立公众开放日。

破解 PX 困局

2012 年 10 月 22 日，浙江省宁波市镇海区数百名村民因村庄搬迁问题集体上访，后来焦点转移到镇海炼化一体化项目中的 PX 项目，大批民众在市政府门外聚集，最终以政府叫停项目而收尾。一个论证 5 年、投资 500 亿元的项目，在 5 天内被全部推翻。

许多人对 PX 缺乏科学认知，对石油化工企业缺乏了解，产生谈 PX 色变的恐惧心理，并对石化企业的安全环保管控能力产生怀疑与不信任，对重化工项目避之不及，产生抵制。

中国石化决定先以镇海炼化为试点，尝试组织公众开放日活动。2013 年 1 月 25 日，25 位周边居民作为代表，实地参观了公司化工控制室、污水处理等环保设施。随后各部门负责人与公众代表举行了座谈会，回答了公众的疑虑和问题。几期活动过后，效果非常好，很多公众在参观镇海炼化后感叹：“亲眼看了，我对镇海炼化放心了。”“镇海炼化让我看到了负责任的企业对社会的态度。”“我们都是外行人，对 PX 不了解，现在才知道其实也没那么可怕。”

全面“拆墙”

破解 PX 困局的初衷成为中国石化的炼化企业“开门开放”的突破口，但是公众对中国石化的上游勘探开发业务和下游销售企业也缺乏了解，质疑声不断。

在涪陵页岩气田开发之初就有人质疑："涪陵页岩气是真正的页岩气吗？页岩气开发对环境影响大不大？能保护好涪陵这片青山绿水吗？山区水资源缺乏，开发会影响当地群众饮水吗？"

在加油站，安全环保、油品质量也是公众关注的核心，加油站油气回收、油品检测是否合格？加油时出现"跳枪"情况是不是偷油？对这些方面公众都存在误解。

2013年底，涪陵页岩气田首次举办"公众开放日"活动。公司的技术专家化身"导游"，带领公众参观页岩气开发功勋井——焦页1HF井、"井工厂"钻井、压裂现场和集输站。随着"导游"的讲解，人们的困惑解开了。

在中国石化杭州分公司的一座加油站，工作人员向参观公众详细介绍了加油机的构造、工作原理和油气回收装置，并带领他们进行内部参观。通过参观，来访公众消除了误解。

品牌化升级

随着社会公众对企业开放需求的不断增加，公众开放活动的方式也与时俱进。2015年，中国石化提出升级"公众开放日"活动。

2019年，中国石化"公众开放日"第四季正式启动，活动还设计了周边产品，公众近距离参观的同时，还可以将好看的吉祥物、好玩的小礼物拿回家。

2020年，中国石化举办"中国石化在沙特"云开放日活动。活动以"为美好生活加油"为主题，通过镜头，多角度、全方位地展示了中国石化在沙特的可持续发展历程。

2021年，在第52个"世界地球日"当天，中国石化在浙江嘉兴举行开放日启动仪式。中国石化所属97家企业在国内近百座城市同日开放，近万名公众入厂参观。活动以"能源至净，生活至美"为主题，在展示中国石化创新、绿色、开放、洁净的企业新名片的同时，融入了"奋斗百年路，启航新征程"等庆祝建党100周年红色系列活动，开展"忆初心"南湖红船水上党课，开启百年荣光红船初心之旅。通过实地参观走访，公众切身感受到中国石化在改革发展中坚定践行绿色低碳发展的决心。当天活动在抖音、一直播等平台全程直播。据不完全统计，4月22日中国石化"公众开放日"活动的直播观看人数约1 000万人次。

"公众开放日"活动的持续开展，不仅搭建了企业与社会公众沟通的桥梁，有效改变了社会公众对中国石化的负面印象，也极大地改善了企地关系，促进企业可持续发展。

资料来源：中国石化公众开放日第六季启动 97家企业全部开放.（2021-04-22）. http://www.xinhuanet.com/energy/2021-04/22/c_1127361961.htm；中国石化首次举办境外云开放日活动.（2020-09-11）. http://world.people.com.cn/n1/2020/0911/c1002-31858698.html；中国石化打造我国工业企业规模最大公众开放日.（2019-04-23）. http://energy.people.com.cn/n1/2019/0423/c71661-31045511.html.

思考题：

中国石化"公众开放日"活动的主题主要围绕什么？分析该活动的作用和意义。

第 9 章

舆情分析

近年来，“舆情”一词逐渐为公众所知，也被企业、政府等组织处理公共关系问题时广泛使用。舆情究竟是什么？要想知道舆情的起源，我们必须先了解“舆论”这一概念。李良荣在《新闻学概论》中指出，舆论是在特定的时间、空间里，公众对于特定的社会公共事务公开表达的基本一致的意见或态度。“舆论”一词有悠久的历史，早在《三国志·魏书·钟繇华歆王朗传》中，“舆论”便作为一个词出现，表示“公众的言论、公众的意见”。[①] 美国新闻评论家沃尔特·李普曼 1922 年出版了《舆论学》（*Public Opinion*），舆论（public opinion）便不再只是一个词，而是作为一门学科发展起来。李普曼对于舆论的态度较为悲观，认为公众受到各种外界因素的影响很难了解事件的真相，更容易受到媒体报道的影响。马克思、恩格斯和列宁对舆论也有过专门的论述，我国领导人也非常重视舆论工作。我国对于舆论的学术研究起步较晚，20 世纪 80 年代初才逐渐形成。[②] 在《中国大百科全书》（第 2 版）（2009 年出版）中，我们只能找到关于“舆论”的词条，那时“舆情”一词还不像今天这样频繁出现在人们的视野中。[③] 舆论和舆情之间究竟存在什么关系？研究舆情对于企业和政府开展公共关系工作有什么用处？我们应该采用何种策略应对和管理舆情，又应该使用什么工具对舆情进行监测和分析？本章希望能为读者解答以上问题。

---

① 中国大百科全书总编辑委员会．中国大百科全书·新闻出版卷．北京：中国大百科全书出版社，1990：457；中国大百科全书总编辑委员会．中国大百科全书·心理学卷．北京：中国大百科全书出版社，1991：524．

② 李昌祖，许天雷．舆论与舆情的关系辨析．浙江工业大学学报（社会科学版），2009，8（4）：393－398．

③ 杨斌艳．舆情、舆论、民意：词的定义与变迁．新闻与传播研究，2014，21（12）：112－118．

第1节 舆情的基本概念与要素

一、舆情的基本概念

“舆情”一词，究竟从何而来？通过对“舆情”“民意”“舆论”三个词进行词源的回溯和辨析，可以得知“‘舆’‘情’两字的连用，最初应是指百姓的情感、情绪。[①] 如今，“舆”与“情”连用，通常指“公众的意见和态度”。

回顾历史，我们会发现“舆情”是一个极具中国特色的概念。实际上，“舆情”一词为公众所广泛知晓是在2004年党的十六届四中全会以后，这次全会通过了《中共中央关于加强党的执政能力建设的决定》，其中提出了建立社会舆情汇集和分析机制，畅通社情民意反映渠道。[②] 从2008年开始，“舆情”一词随着当时的网络舆情监测工作在国内流行并迅速普及开来。[③] 不难发现，舆情与媒介环境的迭代息息相关。

随着互联网的快速发展，全球的信息借由这张无形之网传播，信息传播的速度空前加快，范围无限扩大。在数智时代，以微博、微信、抖音为代表的新兴社交媒体平台的崛起，极大地改变了人们传播与接收信息的方式。社交媒体平台成为民众表达自我、分享生活、交流观点的重要场所，它打破了传统媒体的单向传播模式，形成了多向互动的传播格局。今天，每个用户都是信息的发布者、传播者和接收者，信息的真实性与可信度在信息快速流转中面临考验。在“人人都有麦克风”的媒介环境下，媒体的意见和公众的意见开始交织在一起。可以说，随着媒介环境的改变，指代媒体意见的“舆论”和象征民众意愿的“舆情”之间的界限已经趋向模糊，两者相互交织、相互渗透。

如今，人们的生活几乎离不开互联网。然而，开放的网络世界中也潜藏着危机。在虚拟的网络世界中，各种不同价值取向、意识形态、文化观念、利益相关群体为争夺网络话语权所进行的博弈越来越复杂和激烈，非常容易出现群体意志，产生社会舆论，形成关于特定关注对象的网络舆情。[④] 当下，组织的公共关系维护同样离不开网络渠道。但在网络匿名的环境中，谣言和非理性信息容易得到快速传播，如同落入干草堆的火星，顷刻间就能燃起燎原大火，对组织形象造成无可挽回的损害。由此可见，舆情是当今影响组织公共关系的重要因素之一。舆情大多围绕公共事件展开，足以见得舆情对于组织维护公共关系的重要性。第2节我们会探讨研判舆情对于企业、政府等的意义。

---

① 王来华，林竹，毕宏音．对舆情、民意和舆论三概念异同的初步辨析．新视野，2004（5）：64－66.

② 中共中央关于加强党的执政能力建设的决定．中国共产党新闻网，http://cpc.people.com.cn/GB/64162/71380/102565/182138/10326365.html.

③ 杨斌艳．舆情、舆论、民意：词的定义与变迁．新闻与传播研究，2014，21（2）：112－118.

④ 王连喜．网络舆情领域相关概念分布及其关系辨析．现代情报，2019，39（6）：132－141.

二、移动互联网时代舆情的新特点

当下，人们只要处于联网状态就能随时随地通过智能手机发布信息和观点，这种便利的传播环境催生了一批互联网意见领袖，他们在一定程度上引领甚至左右了社会话语权。可以说，互联网不仅改变了当今的传播平台、传播方式和舆论环境格局，而且造就了一种新的舆论生态，进而形成了新的舆论环境。①

根据人民网舆情数据中心发布的《2023 年网络舆论生态研究报告》，2023 年舆论场热点事件频发，通过对现象级事件和热点话题的分析，该报告从传播主体、传播渠道、传播技术、传播心态方面总结了我国网络舆情传播呈现的四点特征。②

1. 传播主体方面

在传播主体方面，主流媒体担当重大主题宣传报道主力军，地方政府积极作为，舆论主体性增强。主流媒体全力做好各项重大主题宣传，主流舆论阵地与声量进一步巩固。2023 年热度最高的舆情事件中，杭州亚运会、神舟十六号和神州十七号相继发射成功、成都大运会等重大主题宣传内容占据重要席位，且杭州亚运会、神舟系列飞船相继发射成功占据热度排行榜前两位，显示主流价值、主流舆论、主流文化发展壮大，主流媒体传播力、影响力提升。

地方政府新闻舆论宣传主体性增强，把握流量红利甚至主导注意力经济的优秀样例频现。在以淄博、哈尔滨为代表的现象级网红城市传播热潮中，文旅部门成为政府深度积极主动融入舆论的先行军，服务型政府形象得以建立。如各地文旅局长在线听劝等，生动诠释了党群干群间的良好互动、双向奔赴。在舆论热烈赞誉下，淄博、哈尔滨城市形象得到重新塑造，亦抬升了未来舆论对城市治理的标准和期待。

2. 传播渠道方面

在传播渠道方面，舆情生成和传播平台进一步分化、细化，舆论场中不同平台角色定位的差异性显现。首先，短视频不断掀起“舆情风暴”，直播间成为舆情爆发新场景。短视频具有移动化、碎片化的传播特点，加快了舆情爆发速度，延长了舆情发酵时长。短视频的生产门槛低，具有极强的情绪感染力和煽动性，极易使网民产生代入感。2023 年，多起热门舆情事件在短视频平台爆料或首发，并在引发一定关注后传导至其他平台。此外，直播间也成为舆情事件的高发地。网红主播“怼网友”事件、东方甄选“小作文”事件等直播间舆情引发热议。可以说，粉丝经济型直播业态对主播和背后 MCN（multi-channel network，即“多频道网络”）机构的舆情素养提出了更高要求，如何经受住粉丝目光审视、如何正向引导粉丝，已成为组织和机构的新课题。

---

① 黄斐. 新媒体时代“沉默的螺旋”理论变化与网络舆情应用研究. 网络安全技术与应用，2023（12）：161－162.

② 人民网舆情数据中心.《2023 年网络舆论生态研究报告》：网络舆情传播特点篇.（2024－01－30）. 人民网舆情数据中心（微信公众号），https://mp.weixin.qq.com/s/UMZxOeBZgHHH1KSVP74p6g.

知乎、B站等对复杂议题提供了深度分析视角，对特定群体引导力突出。知乎用户中高知群体较多，在涉及政策走向、经济形势、社会民生、国际关系的复杂议题以及热点舆情中，一些答主往往能给出翔实深刻的分析，对知识分子群体等具有一定引导力。特别是知乎的跨平台传播效应亦较为突出，如有微博、小红书用户通过搬运知乎热门答案吸粉引流等。

垂直或专业平台成为新的舆情策源地。一方面，一些看似与时政热点关联并不紧密的垂直社区，随着活跃用户大量沉淀，其舆情参与度提升、影响力萌芽。如网民在小红书发帖举报某航空歧视非英语乘客，在境内外掀起争议热潮，当事企业形象受到冲击。同时，垂直平台用户具有同质性，易强化信息茧房现象，放大群体性网络表达。另一方面，非社交化平台亦存在舆情爆发风险。如2023年，一应届毕业生求职期待薪资填7 000～10 000元被人力资源工作人员嘲讽等事件发源于网络招聘平台。同时，一些第三方查询平台纷纷上线新闻舆情功能，也可能成为企业负面舆情的发酵池。

3. 传播技术方面

在传播技术方面，生成式人工智能技术促使带有高可信度“实锤信息”的谣言泛滥。2023年，以ChatGPT为代表的人工智能技术横空出世，受到广泛追捧和关注。AI技术对舆论场的影响是深刻而长远的，目前看来，人工智能（AI）技术突出表现在假新闻制造和传播方面。如不法分子利用技术软件炮制虚假新闻的成本大大降低，带有音视频、图像等高可信度“实锤信息”的谣言泛滥，后真相时代可能演变为“伪真相时代”，舆论生态将更加复杂。由ChatGPT引发的“百模大战”如火如荼，各大企业火速下场，但相应审核机制未能及时跟进，可能导致人工智能生成内容潜藏舆情风险。如某品牌学习机被曝出现扭曲历史等违背主流价值观内容等。

4. 传播心态方面

在传播心态方面，外部压力深度影响传受双方心态特征，平台助推形成“传受平三方负循环”模式。在传播者视角中，首先是流量经济刺激下，带节奏、蹭热点现象严重扰乱社会秩序、破坏舆论生态。如一些自媒体为了吸引网民关注，蓄意制造热点、爆点舆情，从而达到吸粉引流、增加广告收入、赚取平台补贴甚至直播带货的目的；一些“网络水军”团伙通过编造传播虚假信息“造热点”“蹭热点”“带节奏”，或炒作敏感案事件引流牟利、实施敲诈勒索等。如2023年5月，某地一小学生在校内被老师驾车撞倒后遭二次碾压身亡事件发生后，“小孩妈妈哭得伤心都是演戏，一共赔偿了260万元”等谣言信息，给当事人造成严重伤害，产生恶劣社会影响。其次，炫富、打压普通收入阶层、制造对立仍是制造冲突的重要推手。如社交媒体平台上“特权与炫富”相关内容常引发舆情不断深入和扩散；网红主播带货过程中的不当言论招致“打工者”的群体反噬。最后，随着公众维权意识、舆情素养提升，通过投诉举报寻求舆论帮助、裹挟舆论操纵网络审判的情况多发，维权和曝光界限模糊。如广州地铁偷拍乌龙事件中，舆论观点的数次反转，引发广泛讨论。

在舆论接受者视角中，公平焦虑、信任危机、国际视野等值得重点关注。其一，公平焦虑主导公众心态，成为舆论神经的“最薄弱”一环。部分群众面临较大生活压力，对就业岗位等各类机会供给较为敏感，对公平正义的诉求较为强烈。其二，个别热点事件中舆论对官方发布存疑，信任鸿沟仍需弥合。如“鼠头鸭脖”事件中，各方对异物是“鼠头”还是“鸭脖”的定性几次翻转。其三，国内舆论对国际议题的关注度提升，“大国网民”形象有待建立。多个国际话题进入 2023 年舆情热度排行前列，显示舆论参与国际议题讨论的热情攀升。

另外，2023 年经济及就业趋稳态势向部分群众传导不足，这深度影响当下传受双方的心态特征，并在平台助推下进一步扩大化、复杂化，形成“传者-受者-平台三方负循环”模式。具体来看，在传播者方面，一些自媒体、“网络水军”编造传播虚假信息“造热点”“蹭热点”“带节奏”，炒作敏感案事件进行引流牟利。在接受者方面，来自外部环境的高压导致负面情绪累积，进而将网络空间视为宣泄出口，将个人负面感受投射在舆情事件中，倾向于接受极端化、阴谋论等信息，用注意力给不良传播者投票。加之个别平台为创收迎合流量，漠视网络安全主体责任，纵容极端化、情绪化信息大量传播扩散。三方共同作用下形成负循环格局，挤压理性声音的传播空间。

第 2 节　研判舆情的意义

一、对于企业的意义

首先，网络舆情会对企业价值造成重大影响。企业价值既包括有形的固定资产，又包括无形资产，如企业的商誉、品牌资产等。企业价值与网络舆情息息相关，网络舆情中公众情感的变化以及舆情规模的扩大将在很大程度上影响当季企业价值的增减。舆情对于企业价值的影响，最直观的就是企业股价回升与跌落。①

公关视角 9－1　百度公关一号位璩静事件

负面舆情可以对企业造成极其严重的实质伤害，而且造成的负面影响在短时间内并不会消除。然而，舆情并不总是带来负面影响，倘若处理得当，来势汹汹的舆情也能成为一阵东风，助力企业扬帆起航。

公关视角 9－2　胖东来员工未按标准试吃事件

由此可见，研判舆情对于企业顺利发展具有重要意义。企业需要重视舆情监测工作，通过加强与舆情服务供应商合作、建立舆情态势感知系统等方式，对舆情进行防范或引导。

① 闫璐，赵江元，黄微. 多维度涉企网络舆情对企业价值的影响研究. 现代情报，2025，45（5）：113－125.

二、对于政府的意义

党的二十大报告强调，“健全网络综合治理体系，推动形成良好网络生态”。这是新时期维护国家安全和社会稳定的必然之策。在互联网环境下，微博、微信、抖音等社交平台快速普及，公众借助文本、图片、音频、视频等多模态融合的方式，对社会热点或焦点事件发表意见和观点，形成带有情绪化倾向的群体表达，从而产生网络舆情。① 习近平总书记多次在重要场合强调舆论引导工作的重要性。他强调：“党的新闻舆论工作是党的一项重要工作，是治国理政、安邦定国的大事。”“做好党的新闻舆论工作，事关旗帜和道路，事关贯彻落实党的理论和路线方针政策，事关顺利推进党和国家各项事业，事关全党全国各族人民凝聚心和向心力，事关党和国家前途命运。”如今，社交媒体平台与人们的生活深度融合，“人人都有麦克风”，有各种各样的观点，这也意味着当下政府舆论引导工作的重点开始转移到网络舆情治理。

政府网络舆情治理是政府为了维护公民、企业、社会组织、国家机构等的合法权益，在网络舆情发展的过程中，运用科学理论、信息技术、法律准则等规范网络舆情发展，解决呈现在网络上的社会问题，化解社会矛盾，促进网络空间互动协调发展的活动。

公关视角 9－3　浙江理工大学直播“带人”

除了企业和政府，舆情影响的对象还有高校、社会组织乃至个人等。实际上，处在新媒体环境下，各方都应高度重视舆情的作用和影响，积极应对和引导舆情发展。值得注意的是，舆情具有两面性。当遭遇负面舆情时，组织要适时进行干预，防范舆情风险进一步升级，进而对组织形成实质性危害。面对正面舆情时，组织则要及时增加在网络中的曝光度，通过正确的营销合理提升正面网络舆情规模，以新闻传播创造正面组织形象，借助正面的舆论传播浪潮提升企业形象，提高组织品牌价值。

第 3 节　舆情的监测与分析

一、网络舆情的传播过程

虽然网络舆情往往是突然爆发且难以在短时间内预知后果的，但这不代表组织面对网络舆情时束手无策，只能任由其发展。实际情况中，组织面对的重大舆情由于涉及多方回应与表态，可能会出现一波三折的局面。舆论有动态和静态之分，在实务中，组织

① 毕崇武，张晓琪，叶光辉，等. 面向多模态发布的网络舆情关联数据创建与评价研究. 情报理论与实践，2025，48（4）：107－117.

面对的网络舆情更多处于动态变化之中。从这个角度认识网络舆情，有助于公关策划者更好地理解网络舆情传播的规律。

网络舆情突发事件具有一定的生命周期，即任一特定的突发事件都会从萌发走向消亡。此外，网络舆情突发事件可以分为若干阶段，其演进具有一定的规律性。

由图 9－1 可知，网络舆情突发事件通常会经历潜伏期、萌动期、加速期、成熟期和衰退期五个阶段。

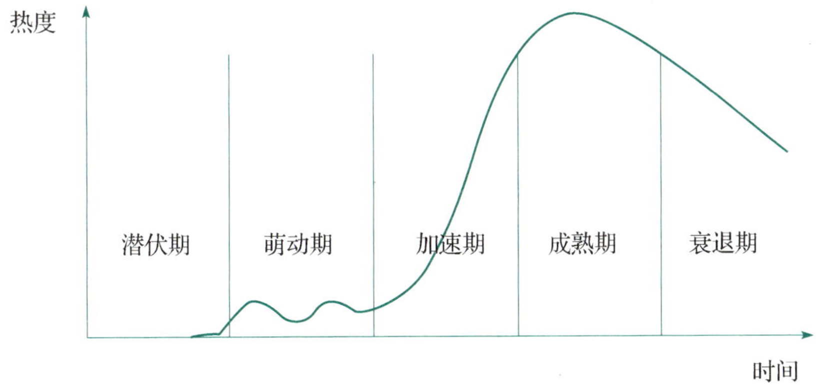

图 9－1　网络舆情突发事件的生命周期

在潜伏期，事件的网络关注度较低且舆论看法各异，暂未形成较强势的统一力量。这一阶段由于网络观点较为分散，是发现事件成因并将其遏止的最佳时期，但由于舆情事件的致因具有较强的隐蔽性，往往难以察觉。

随着舆情事件进一步发酵，舆情事件将进入萌动期。在这一阶段，事件的网络关注度呈现波动状态，部分具有代表性的舆论逐渐凸显，其余分散的观点开始趋近于这些头部舆论。事件处于萌动期时，网络舆情尚处于不稳定的发展状态，分散的观点在缓慢聚集，突发事件的雏形开始显现，这一时期是舆情引导介入的最佳时期。

当舆情事件步入加速期，网民的关注度呈指数上升，舆论能量快速汇聚，网络舆情明显地偏向少数几个中心，形成寡头集聚，引发舆情事件的成因逐渐凸显。在此过程中，网络言论的能量将不断汇聚，引发新的关注，如此循环往复，推动突发事件迅速发展，进一步扩大事件影响面。

在加速期后，舆情事件的情势逐渐明晰。此时，通常相关组织已经开始运行突发事件应对机制介入事件。随着事件网络度的提升，事件热度的增长速率将逐渐减弱，最终达到相对稳定的水平。这意味着网络舆情突发事件进入成熟期，此时网络舆论高度集中，事件成因明晰，网络关注度趋于稳定，整个舆情事件得到初步控制。

最后，网络舆情突发事件进入衰退期，事件的关注度随着事件成因的消解而下降。同时，网民新鲜感逐渐下降，网络能量稳步下滑，突发事件逐步解决。①

① 谢科范，赵湜，陈刚，等. 网络舆情突发事件的生命周期原理及集群决策研究. 武汉理工大学学报（社会科学版），2010（4）：482－486.

二、舆情热度指标的观测与分析

随着互联网的迅猛发展，舆情对企业和政府的影响愈发深入。仅仅依靠人工和一些大众化的搜索工具，舆情监测和管理的分析人员面对网络数以亿万计的信息大数据难免感到吃力。

此外，简单收集和归纳无法解决大数据舆情的诸多问题，远不能满足大部分企业和组织对舆情监测工作系统而全面的舆情管理需要。由专业舆情机构和技术公司研发的专业性舆情监测平台应运而生，受到各级政府、企事业单位和各领域机构的青睐。

1. 人民网舆情数据中心/人民在线

人民在线是集网上时政信息、社会热点、网友言论、地方舆情、微博微信、外媒报道等于一体的大型综合网络舆情信息平台，能够实现对全媒体监测，对包括平面媒体、网络媒体、新媒体、社交媒体、网络意见领袖的个人博客、网站时评等网络舆情主要载体进行 24 小时监测，并进行专业的统计和分析，自动生成监测分析研究报告等成果，以及对重要舆情即时预警。

2. 拓尔思网察大数据分析平台

拓尔思网察大数据分析平台由拓尔思信息技术股份有限公司自主研发，是一款基于中文信息采集和处理的平台软件，融合了日常监测、预警中心、在线检索等技术，自动地收集来自互联网的各类信息，并可以智能地对海量信息进行处理和分析，为用户提供热点舆情监控、自动分析和统计、精确全文检索等服务。拓尔思网察大数据分析平台积累了许多高端客户，在业界具有比较广泛的影响力。

3. 红麦智慧舆情管理平台

红麦智慧舆情管理平台由红麦聚信（北京）软件技术有限公司自主研发，该平台利用自有爬虫技术，根据预定的监控关键词抓取重点媒体、论坛、博客、微博等的舆情信息，并对危机信息及时报警。平台利用分类、去重、相似性聚类、情感分析、提取摘要、自动聚类等处理，配合专业分析师生成详细的舆情分析报告，提供舆情监测预警。

三、舆情报告的撰写

（一）舆情报告的基本要素

在对舆情指标进行系统性观测后，组织需要撰写相应的舆情报告。一份完整的舆情报告需要包括舆情综述、媒体舆论解析、网络舆论解析、舆情应对点评及危机应对建议四个方面。

舆情综述是舆情报告的“脸面”，包含对整体舆情态势、各方舆论观点和风险研判要点的梳理总结。要求用较短的篇幅，提炼出核心的看点，高度概括报告的中心评述。

媒体舆论解析指的是综合境内外网络新闻、报刊、主流媒体新闻客户端等媒介，对某一舆情事件或话题的传播路径、传播热度以及舆论观点进行聚类分析并归纳总结。这一部分是舆情报告的核心主体之一，撰写时应做到信息来源真实、条理清晰、舆情逻辑鲜明。值得注意的是，虽然商业门户网站没有新闻采访权，但为了与网友观点进行区分，可以将这部分报道的转载情况纳入媒体舆论解析。

网络舆论解析要求综合境内外网络社区（论坛、博客、微博、微信等）网友和网络意见领袖的言论，并对其进行倾向性分析。区别于媒体舆论解析，网友言论体量较为庞大，一些热点舆情事件往往是“百万级”乃至“千万级”评论，因此这部分数据需要采用抽样分析法。报告撰写人需要确保抽样来源全面，这对于抽样结果是否公平公正有至关重要的影响。

最后是舆情应对点评及危机应对建议（或称舆论宣传效果评估及建议）。该部分可以进一步分为两个层面：一是舆情点评或宣传评估；二是风险研判及改进建议。舆情点评和宣传评估在撰写思路上有所不同，前者偏向对舆情危机全方位评估后对舆情应对的利弊进行剖析；后者倾向于对正面宣传效果进行评估，对融媒体传播的现状进行分析。①

（二）舆情报告的相关工具及应用

面对海量的互联网信息，舆情分析人员需要掌握和学会使用各类舆情监测平台，更需要熟练运用各种辅助性工具来美化和全景展示舆情报告。下面整理了一些易学易用，而且在舆情报告和研究课程中确实用得上的舆情工具和软件，供广大的舆情分析人员参考使用，希望能够减轻分析师的工作负担，更快速、更出色地制作出图文并茂的舆情分析报告，达到事半功倍的效果。

1. 文字云：词频词云图制作工具

网址：https://www.wenziyun.cn/ciyun/editor。

功能说明：这是一个免费的词频分析词云图制作软件，在文本框内输入文章的文字内容或者文章原地址，点击“分析出图”，该软件会自动将文章长文本进行分词，生成词云图（如图 9 - 2 所示）。

2. 地图慧：自定义的标记地图

网址：https://www.dituhui.com。

功能说明：地图慧是一款大众化的在线地图绘制工具，可以快速把 Excel 数据在线制作成各种区域分布图、焦点分布图、统计地图，并导出地图图片或地图应用，分享到舆情报告或新媒体发布页面中，地图慧还支持各种行政区域地图、自定义标注内容、显示地图数值等功能，极大地丰富使用者的报告和报表。

3. 百度图片：网络辟谣利器

网址：http://image.baidu.com/? fr-shitu。

① 人民网舆情数据中心．十天学会写舆情报告．北京：人民日报出版社，2018.

图 9-2　词云图

功能说明：在百度图片的首页，通过本地上传或粘贴网址方式，百度图片能够自动识别找到该图原图及该图有关信息。在舆情管理过程中，有了百度图片这样一种利器，公关人员可以迅速判断图片来源的真伪，理性地分析和研判舆情。

4. 百度指数：网民行为数据分享平台

网址：https://index.baidu.com/v2/index.html#/。

功能说明：百度指数是用来反映关键词在过去时间内的网络曝光率及用户关注度。它能形象地反映关键词每天的变化趋势，洞察网民需求变化，并监测媒体舆情趋势。百度指数能够告诉用户某个关键词在过去一段时间里的用户关注度和媒体关注度。在实际使用过程中分析人员可以设定自己所需的关键词进行搜索，然后找到规律加以利用。

第 4 节　舆情应对的策略与方法

一、线上引导

（一）企业回应策略

当前，微博、快手、抖音等社交媒体平台已经成为大众获取与表达信息的主要渠道，也成为企业接触用户的首要阵地。置身于这样一个人人都是自媒体的时代，企业危机事件及其公关都面临着愈加复杂严峻的舆情环境。

在自媒体时代，企业需要在舆情事件发生后快速做出反应，慎重选择回应的时机。在舆情事件发生后，企业第一时间进行回应会将自己置于主动地位，也更有可能化危机为时机，为企业赢得更多的印象分。在中国上市公司舆情中心和腾讯财经联合推出的 A 股上市公司舆情应对能力推荐榜中，上市公司应对重大舆情的排行榜的前三家公司都是当天发布声明、公告、接受媒体采访的。这要求企业随时关注网络动态，把握“黄金节点”，1 小时内快速介入，主动发声，有效对冲舆情；4 小时内发布权威信息，赢得主动权；24 小时内召开新闻发布会，争取“一锤定音”。在人人都是自媒体的时代，信息传播更快、更易产生网民群体极化现象，如果危机事件较为严重，而企业又没有及时回应，企业在民众中形成“傲慢”形象，负面评论、猜测、谣言会进一步激化民众情绪，甚至会引发次生舆情灾害。

提升企业对舆情事件的干预频率，也能在一定程度上缓解企业的舆情危机。如有必要，企业应当持续滚动发布权威信息。若企业能在及时回应的基础上提高回应的频率，就能使用户感到自己的声音被企业重视，自己的权利被企业呵护。如果企业不能做到多次回应，也应该在措辞上注意，让公众感觉自己备受重视，自己的权益受到保护。

此外，企业也要留意回应方式的选择。当企业采取辟谣、转移注意力和权威机构正名的方式时，更容易被公众接受，但是当企业采取回避甚至是直接指控等方式时，就会引起公众的反感。在自媒体占主流的现代社会，直接对抗或者逃避都不是解决问题的方法，要照顾到公众的情绪，更要借助形象良好的第三方对企业进行援助。

企业可以参考以下七条策略进行回应。第一，在自媒体意见领袖参与时，在危机事件较为严重的情况下，企业应当尽可能一次性回应清楚。第二，在企业危机事件不严重，且自媒体意见领袖参与、主流媒体未参与的情况下，企业应当判断当前舆论情况再进行回应。第三，在企业危机事件不严重，但主流媒体与自媒体同时参与的情况下，企业应当及时回应。第四，在企业危机事件不严重，且主流媒体与自媒体同时未参与的情况下，企业应当及时回应，且减少回应次数。第五，在意见领袖未参与的情况下，企业较晚回应，同时应减少回应次数。第六，在主流媒体与意见领袖同时未参与的情况下，企业应减少回应次数。第七，在企业危机事件不严重，且主流媒体未参与的情况下，企业应当拖延回应时间，了解舆论走向，通过使用轻松的语句在自媒体上多次回应，进而渡过危机。①

（二）政府回应策略

新媒体舆情传播所具有的互动性、开放性和草根性等特征，给突发公共事件网络舆情的管理提出了新挑战。处置突发事件网络舆情时，既定的自上而下的舆论管理模

---

① 邵文武，张滢，黄训江．自媒体时代下企业网络舆情应对策略研究：基于李宁、海天等五十个案例的组态研究．情报探索，2024（1）：75－83.

式存在着应急准备不足、信息过度控制、主流媒体引导缺位、检测分析手段落后等问题。

政府组织需要评估自身的网络舆情应对能力，提高政府网络治理能力，减少突发公关事件带来的形象伤害。政府应对网络舆情的能力可以分为五个维度，分别是及时性、透明性、权威性、准确性和协调性（见图 9－3）。其中，及时性由回应速度、回应态度和回应次数测量；透明性由信息公布和新闻发布会测量。这意味着对于突发公共事件，政府要将相关的信息公之于众，同时，根据事件轻重缓急情况，决定是否通过召开新闻发布会的方式解答公众的顾虑。权威性由回应层级、事态引导测量，即政府相关部门应做出回应，并给予正面引导。准确性由专业程度和媒介素养测量，政府回应的人员应具有专业化媒介素养，能够做到对事态的发展进行敏锐的判断。协调性由信息共享和部门联动测量，政府各部门之间应该保持信息互通、步调一致、联合回应，避免出现口径不一、相互推诿的现象。五个维度共同构成政府应对网络舆情能力的钻石模型。

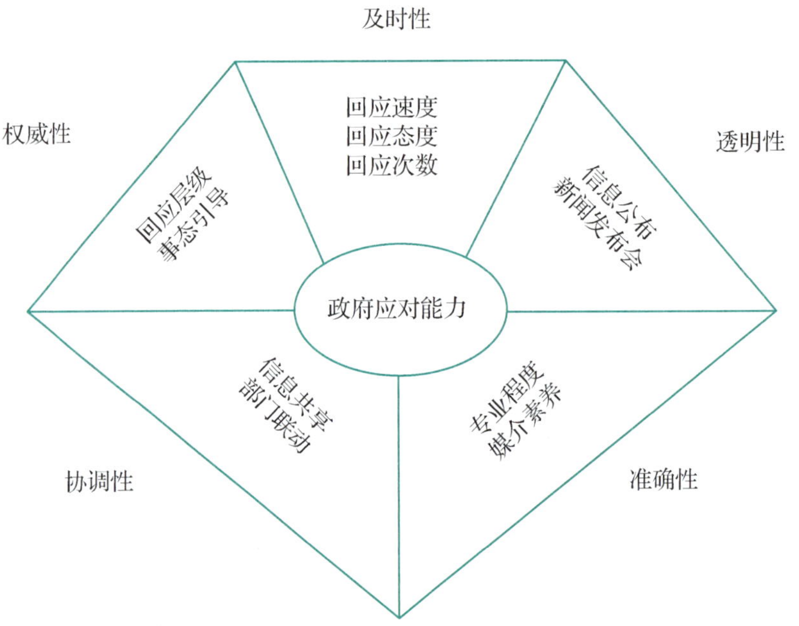

图 9－3　突发公共事件中政府应对网络舆情能力钻石模型

资料来源：崔鹏，张巍，何毅，等．突发公共事件网络舆情演化及政府应对能力研究．现代情报，2018，38(2)：75－83，95.

二、线下处置

线上舆情需要线下解决。一方面，网络舆情是社会实体在网上的反映，是社会实体的晴雨表，离开了社会实体，网络舆情不复存在。在每一起网络舆情事件后，都有一个社会实体问题的归因。另一方面，实体处置的效果影响网上舆论的走向，网上舆论的走向是实体处置的重要依据，两者相互影响、密不可分。在突发事件中，只有线上线下“双线联动”，统筹协调，才能有效应对、妥善处置。

先有事情，后有舆情。事故、事件、事情，都可能引发舆情。要想处置舆情，先要做好事情。一旦发生了负面舆情，组织就不该有任何侥幸心理，敷衍了事、逃避回应的行为，都只会让舆情事件雪上加霜。组织要解决事件背后的关切。只有注重线下处置，直面舆情事件指向的诉求，依法依规解决问题，才能真正回应关切，处置好组织的公共关系。对于政府组织，更要看到舆情背后的民情，把握真实诉求，既关注事件本身，也综合考虑舆论环境，分析社会心理、社会情绪，改善问题滋生的“土壤”。

思考题

1. 移动互联网时代舆情有哪些新特点？

2. 对于企业和政府而言，舆情研判有什么重要意义？

3. 请从近期发生过的网络舆情突发事件中挑选一则，使用网络舆情生命周期原理，梳理该舆情事件的生命周期。

4. 请访问本章推介的舆情监测机构与平台，具体介绍舆情有哪些热度指标。

5. 请选择一起突发公共事件，依据政府应对网络舆情能力钻石模型，说明政府应该如何回应。

案例

吉祥航空“坚果门”事件舆情分析报告

2025 年 2 月 24 日，一位网友反映其乘坐吉祥航空航班时，乘务人员给乘客发放的坚果包过期了 10 天。根据该网友发布的图片显示，一包坚果零食的包装袋上印有“吉祥航空”字样，生产日期为“2024 年 8 月 13 日”，保质期为“6 个月”。

这名乘客介绍，这一现象引发乘客不满，等到飞机落地后，机组人员给所有乘客发了一份保密协议，然后把人堵在廊桥，必须填完身份证号、签完字、在支付宝扫码把钱领了才让走。

该乘客因着急赶往下个行程，放弃了赔偿、未签署保密协议，并在 24 日对过期食物一事进行了投诉。工作人员让他提供购票证件号，说不提供证件没法处理。考虑到还要坐吉祥航空的航班，该乘客未提供证件给对方。

24 日晚，吉祥航空相关工作人员向媒体回应：在 2 月 23 日由乌鲁木齐飞往上海虹桥的 HO1256 航班服务中，存在将外站配送的部分过期 10 天的坚果零食派送给乘客的情况。当班乘务组在航班飞行途中发现问题后，立即通过卫星电话向公司报告。为弥补服务过失，公司迅速启动应急处理机制。在航班抵达后，工作人员第一时间向乘客致歉，并提供每人 1 000 元服务补偿金。针对此次事件，公司立即开展事件调查并视调查结果对责任人严肃问责。为杜绝此类问题再次发生，公司重新梳理了外站回程航班坚果类的小零食配送流程，完善机上核查机制，同时建立更完善的监督机制，确保同类问题不再发生。

1. 舆情趋势

根据识微商情监测系统显示，2025 年 2 月 24 日 00 时至 2025 年 2 月 25 日 15 时，有关“吉祥航空被曝给乘客发过期坚果”的舆情信息约为 8 000 条。

2. 传播平台

该时段内，有关“吉祥航空被曝给乘客发过期坚果”的舆情主要集中在社交网络平台，相关舆情量约占总量的62.4%，其次为新闻App（约占24.4%）、短视频（约占7.4%）等。

3. 情感分析

该时段内，有关“吉祥航空被曝给乘客发过期坚果”的舆情情感倾向以负面为主，占48.5%，主要是指责航司提供过期食物，管理有问题，以及强制签协议太粗暴；其次为中性舆情，占39.9%；正面舆情较少，占11.6%。

4. 网民代表性观点

- 竟然供应过期坚果？是故意还是大意？
- 二级市场今天就是做空赚钱好时机。
- 肯定不是航司故意的，他们何必给自己找这个事呢，但出了事就给钱捂嘴，就太粗暴了。
- 钱赔了之后还是被曝光了，亏大了。
- 这个人着急走没拿到赔偿，才曝光。
- 飞机上人除了签了的不就剩他自己了？有啥能藏的。
- 1 000元一包坚果，可以了。
- 乘客吃进ICU就不是1 000元的事儿啦。
- 吃坏了怎么办？你觉得多，人家觉得不多啊……健康重要还是1 000元重要？
- 不签保密协议，按法律也是赔一千的。
- 多少个1 000都比不上股价的1%吧。
- 不签财务怎么报销。下面人说发了多少就多少吗？
- 其实直接赔1 000元钱就可以，不用签保密协议，可能风评也不会这样走。

5. 情感趋势

通过观察趋势可知，该时段内，有关“吉祥航空被曝给乘客发过期坚果”的负面舆情于2月25日零时达到最高峰，中性舆情于2月25日零时达到最高峰，正面舆情于2月25日8时达到最高峰。

6. IP属地分析

通过对“吉祥航空被曝给乘客发过期坚果”的舆情包含IP属地的信息分析发现，该段时间内，文章数排名前的地域依次是广东省、北京市、上海市。此外，IP属地为江苏省、浙江省的文章数也比较多。

7. 信息类型

该段时间内，有关“吉祥航空被曝给乘客发过期坚果”的舆情信息以评论为主，占 53.0%；其次为原帖，占 34.3%；转发较少，占 12.7%。

资料来源：识微看舆情 . 吉祥航空“坚果门”事件舆情分析报告 .（2025－02－27）. https://baijiahao.baidu.com/s?id=1825019757059383605&wfr=spider&for=pc.

思考题：

1. 假设你是舆情研究人员，你将如何一步步生成舆情分析报告？

2. 一份舆情分析报告还应该包括哪些内容？根据现有的信息，你会建议吉祥航空如何做出下一步回应？

第 10 章

公关文稿写作

公关文稿写作就是以书面语言为载体，探讨公关实务必须掌握的各种实用文体的写作理论、规律、方法和技巧的学问。它是记录、存储、传递、交流各种信息的一种主要手段，是处理与公众关系的重要媒介，是一种创造性的精神劳动。公关文稿写作将公关活动的丰富内容和系统的写作理论融为一体，是现代写作理论在公共关系领域里的特殊应用，是社会组织借助公关意识，以文字为媒介、以公关传播为手段，处理主体与客体的关系，为组织树立良好社会形象的实用写作学科，是实用写作学的一个重要分支。①

第 1 节　公关文稿的类别

公共关系处理组织与各类公众的关系，这个过程涉及各种各样的文稿，有直接服务各类公众对象的文稿，也有写给组织管理层的文稿。这些文稿的读者对象相当广泛，因此公关文稿的种类呈现复杂性和多样性。根据公关文稿的性质特点、使用范围和写作角度，大体上将公关文稿分成以下几大类。②

一、沟通协调类文稿

沟通协调类文稿主要包括请柬、邀请函、公函、介绍信、公关致辞、演说稿、会议纪要、备忘录等。

---

① 彭小平，韩红．实用公关文稿写作．北京：中国水利水电出版社，1998：3.

② 叶茂康．公共关系写作教程．上海：复旦大学出版社，2003.

在日常沟通协调工作中，一份格式规范、用词得体的文稿，体现的是一个社会组织的文化和形象。在许多情况下，一份书面文稿直接影响社会公众对某一组织的判断。在现代信息社会中，许多社会组织的成员是在尚未谋面的情况下，先通过信函、传真件或电子邮件等开始初步联系和沟通的。写作规范也就成为公共关系从业人员的基本素质要求，直接关系到组织业务的有效开展。

沟通协调类公关文稿的写作通常有较固定的格式，一般包括五个部分：（1）称呼。信纸第一行顶格写，后面加冒号。（2）正文。第二行空两格写起，转行顶格。可有若干段落。（3）结尾。正文写完，如果正文最后一行空格比较多，可以接着写“此致”“祝”等词语，否则，另起一行空两格或四格写“此致”“祝”等词语。然后另起一行顶格写“敬礼”“进步”等祝颂语。（4）署名。一般写在祝颂语下行的后半行。（5）日期，写在署名下一行，靠右边写上写作的年月日。请柬除具有书信的特点外，还要特别写明出席的具体时间、地点。用语要客气有礼貌。

二、信息传播类文稿

信息传播类文稿包括各类新闻稿、宣传单、专题宣传稿等。现代公共关系工作的一个重要组成部分就是组织各种信息的有效传播。这是组织提高自身在社会公众中的知名度和美誉度、塑造良好社会形象的重要途径。然而，从目前国内公共关系工作开展的实际情况看，不少社会组织的文稿写作能力不尽如人意。原因在于公共关系从业人员还缺乏信息传播类文稿的撰写知识和能力，无法取得理想的传播效果。

以会议类的新闻稿为例，通常包括：第一段，写好导语，介绍会议举办背景，点明与会人员、主持人；第二段，提炼领导讲话、嘉宾发言的主要内容；第三段，理清会议的程序；第四段，强调会议举办的意义。此类新闻稿要注意：（1）标题要恰当，符合会议的规格；（2）导语中出现会议名称、举办地点等要素的全称；（3）写清出席会议的领导姓名、职称，并注意排序问题；（4）领导讲话内容要提炼到位，并经过领导及其秘书认可；（5）介绍会议的程序要分主次；（6）描绘会议的现场气氛；（7）简要概括举办会议的意义。

三、调查评估类文稿

调查评估类文稿包括调查方案、调查问卷、调查报告、公关评估报告等。调查评估类文稿写作的知识和技能在第 6 章“公共关系工作的一般程序”（调查研究、策略制定、方案实施、效果评估）中已有介绍。

调查评估类文稿写作通常涉及调查研究计划的制订和评估。公共关系部门应设定长远目标，具体执行并定期评估。写作者要把公共关系调查与公共关系目标相联系，也就是说，调查的每一项内容都是有的放矢的，都是为了解决问题服务的，没有问题是“浪费”的。目标含糊、拍脑袋确定的调查问题无助于公关目标的实现。调查方案要围绕评估指标展开，以结果倒推当下的行动。通过对结果和预期目标进行评估，我们可以不断改进公关工作，增加公关工作对组织实现目标的贡献。某公司的一份公共关系调查方案的写作通常包括以下部分。

1. 调查背景

随着市场经济的深入发展，公共关系在企业和组织中的作用日益凸显。为深入了解公众对我公司的认知和评价，提升公司的知名度和美誉度，特制定本公共关系调查方案。

2. 调查目的

了解我公司的知名度、美誉度和信誉度。

掌握公众对我公司产品、服务、品牌形象等方面的看法和意见。

分析我公司公共关系工作中的不足和优势，提出改进建议。

3. 调查对象

我公司的客户。

潜在客户。

行业专家、学者。

媒体记者。

社会公众。

4. 调查内容

我公司的知名度和美誉度。

我公司产品和服务的满意度。

对我公司品牌形象的评价。

公众对我公司社会责任和公益活动的看法。

公众对我公司未来发展的期望和建议。

5. 调查方法

问卷调查：设计问卷，通过线上和线下方式发放给调查对象，收集他们的意见和建议。

深度访谈：选择部分调查对象进行深度访谈，了解他们的看法和意见。

数据分析：对收集到的数据进行整理和分析，提取有价值的信息。

6. 调查步骤

制订调查计划：明确调查目的、对象、内容和方法，制订详细的调查计划。

设计调查工具：根据调查内容设计问卷和访谈大纲。

发放问卷和访谈：在线上和线下发放问卷，选择调查对象进行深度访谈。

数据收集和分析：收集问卷和访谈数据，进行整理和分析。

撰写调查报告：根据数据分析结果，撰写调查报告，提出改进建议。

7. 调查时间安排

制订调查计划：1 周。

设计调查工具：1 周。

发放问卷和访谈：2 周。

数据收集和分析：2 周。

撰写调查报告：1 周。

8. 调查预算

问卷设计、印刷和发放费用：×××元。

访谈费用（包括访谈人员交通、食宿等费用）：×××元。

数据分析费用：×××元。

调查报告撰写和印刷费用：×××元。

总预算：×××元。

9. 调查人员分工

项目负责人：负责调查计划的制订和协调。

问卷设计人员：负责问卷的设计和修改。

访谈人员：负责访谈的开展和记录。

数据分析人员：负责数据的收集和分析。

报告撰写人员：负责调查报告的撰写和修改。

10. 调查结果应用

根据调查结果，制定针对性的公共关系策略，提升公司的知名度和美誉度。

对公司的产品和服务进行改进，提高客户满意度。

加强与社会公众的沟通和互动，树立公司的良好形象。

四、专题活动类文稿

专题活动类文稿包括专题活动策划书、专题活动实施方案、专题活动应用文案等。公共关系专题活动是一个社会组织为了进一步改善和提升自身与公众的关系，根据事先确定的某一公共关系主题，有计划、有步骤地采取的旨在邀请或吸引目标公众参与的某种集体活动。公共关系专题活动包含四个层面的含义：

（1）公共关系专题活动具有鲜明的目的性，即改善一个社会组织的公共关系。

公共关系的目的在于提升组织形象（包括知名度和美誉度），因此公关专题活动并不等同于商品促销，或者为吸引眼球搞噱头。

（2）一项公共关系专题活动必须集中传播公共关系的某一主题。

公共关系专题活动的种类很多，规模亦有大小之分，根本目的是提升社会组织的公众形象。一个具体的公共关系专题活动，必须有一个鲜明的主题。如果缺乏一个主题，整个活动亦难免显得支离破碎。从传播的角度看，新闻媒介即使想报道这样的活动，也往往苦于找不到“新闻眼”。显然，为搞活动而搞活动的做法，对社会组织的公众形象建设无益。

（3）公共关系专题活动必须有清楚的诉求对象，即特定的目标公众。

活动主题与目标公众相互关联，目标公众不确定，也会影响活动主题的提炼和确定。在策划和实施一个专题活动时，不能奢望一个活动能吸引所有的社会公众。道理很简单：任何一个社会组织，虽然同时面对方方面面的社会公众，但这些社会公众中，有的是这一组织的特定目标公众，有的则不一定归入其中。同时，组织的目标公众也并非一成不变，在一定时期有一定的侧重点。落实到一个具体的公共关系专题活动上，只能面对这个社会组织某一层面的目标公众，否则结果就是那一层面的社会公众对此也无兴趣，活动的效果就无从谈起。因此，在策划和实施公共关系专题活动时，写作人员必须清楚写明：这一活动主要面向哪一层面的目标公众，这一层面的目标公众与自己所服务的社会组织以及本次活动的连接点何在，如何才可以让这一层面的公众尽可能多地关心、参与或知晓这一活动。这实际是活动的定位问题。在目前市场日益细分的大趋势下，注意把握这一点，是公共关系专题活动成功的关键之一。

（4）公共关系专题活动乃是有计划、有步骤地策划和实施的集体性活动。

公共关系专题活动是一项集体性活动，它十分强调活动的计划性和效益性，强调策划和操作的程序化管理。尤其是大型活动，涉及面广、参加人众多、投资额大，更要强调这一点，并在有关策划和写作文稿中体现出来，否则就容易在实施时出现未按程序规定步骤进行操作的情况，结果往往会发生一些意想不到的事情，使活动效果大打折扣，甚至导致活动失败。

五、管理咨询类文稿

公共关系在社会组织中所担负的是一种管理职能，其管理对象不是产品、技术、资金等有形资产，而是信息、舆论、关系、品牌、信誉、形象等无形资产，并因其手段和目的的不同，构成了一个独特的管理领域，这反映了现代信息社会管理学发展的新趋势。

公共关系的管理职能主要体现在社会组织公共关系的战略管理上，即站在组织决策的高度，从组织的长期建设和可持续发展着眼，对组织公共关系事务进行全面的规划和调控。换言之，公共关系不是被动地传播和推介一个社会组织及其品牌的现有形象，或对社会组织做一些包装、执行工作，而是直接参与到社会组织的战略决策之中，使社会组织确立既符合自身定位和长远发展需要，又契合社会文化和社会公众心理的“内实外华”的良好形象。只有这样，公共关系才能有效地发挥其另外两种管理职能，即对公共关系机构的日常管理和对具体公共关系项目的管理。

在我国，由于公共关系这一职业起步较晚，发展还不是很成熟，所以对许多社会组织来说，公共关系还远没有上升到战略管理的应有高度，仅仅停留在包装、执行的层面上。一般情况下，往往是某个社会组织的决策层决定了某一事项，然后由公共关系人员去实施推介方面的工作。因此，公共关系工作变成只是联络、宣传专题活动之类的工作。就是这一类工作，也常常因为没能有机地整合在组织形象建设的总目标下而显得支离破碎。

值得欣慰的是，随着市场经济体制的逐步完善和公共关系行业的规范发展，公共关系所具有的战略管理职能越来越受到各类社会组织的重视，公共关系从业人员亦越来越多地参与到社会组织的决策工作之中。从目前的情况来看，这主要涉及两大方面的事务：一是社会组织的危机管理；二是社会组织的整体形象建设和管理。这些工作有时是由社会组织自己的公共关系部门的人员来完成，但在更多的情况下，则是由社会组织委托专业公共关系机构来操作，即通过专业公共关系机构提出管理咨询方案并监控其实施过程，帮助社会组织完善公共关系战略管理体系，实现公共关系战略管理的目标。

无疑这对公共关系从业人员提出了更高的要求，比如需要公关人员能够提出对社会组织的整体形象建设和管理真正有价值的咨询意见，否则社会组织的公共关系战略管理只能是一句空话。

管理咨询类文稿包括危机公关文稿、组织形象设计文稿等。以危机公关文稿撰写为例，撰写危机公关文稿是一项艰巨的任务，它需要在紧张的情况下清晰、准确地传达信息，以减小危机带来的负面影响。以下是一个危机公关文稿的示例，请注意，具体稿件应根据实际情况（如危机性质、受众特点、组织形象等）进行调整和定制。

1. 开场白

尊敬的媒体朋友、社会各界人士，以及我们亲爱的客户与合作伙伴：

大家好！我是［您的姓名］，代表［组织名称］，在此就近期发生的［简述危机事件］向大家致以最诚挚的歉意和最深切的关注。我们深知此次事件对您、对我们的合作伙伴乃至整个社会所带来的影响与不便，我们对此深感痛心并承担全部责任。

2. 表达同情与理解

首先，我们向所有受到此次事件影响的个人和家庭表示最深切的同情。我们理解您可能感到的焦虑、失望与愤怒，这些感受对我们而言同样沉重。请相信，我们正全力以赴，采取一切必要措施，确保类似事件不再发生，并尽快恢复正常的业务运营和社会秩序。

3. 阐述应对措施

针对此次危机，我们迅速采取了以下措施：

立即成立专项小组：由公司高层亲自挂帅，集合跨部门专家，全面调查事件原因，制订并实施补救计划。

透明公开信息：我们将保持信息的持续更新，确保所有相关方都能获得准确、及时的信息。

加强安全保障：对涉及的系统、流程进行全面审查与升级，增加安全监控与防护措施，确保未来安全无虞。

客户关怀计划：为受影响客户提供专项支持，包括但不限于经济补偿、服务升级及心理辅导等。

社会责任承诺：我们承诺，将以此次事件为鉴，进一步强化企业社会责任，为构建更加安全、和谐的社会环境贡献力量。

4. 展望未来

我们深知，信任一旦受损，重建绝非易事。但请允许我们重申，［组织名称］自成立以来，一直秉承诚信、责任与创新的核心价值观，致力于为社会创造价值。此次危机对我们而言是一次深刻的教训，也是一次自我提升的契机。我们将以此为动力，不断优化内部管理，加强外部合作，确保我们的每一步都更加稳健、透明。

5. 结语

最后，我们再次为给您带来的不便表示歉意，并衷心感谢您的理解、支持与耐心。我们期待与您一同见证［组织名称］的蜕变与成长，共同迈向更加美好的未来。

如有任何疑问或需要进一步沟通，请随时联系我们的公关部门，联系方式为［提供联系方式］。

谢谢大家！

撰写危机公关文稿时应注意几个要点：第一，及时性。危机公关文稿应尽快发布，以掌握信息传播的主动权。第二，一致性。确保文稿中的信息与之前发布的信息保持一致。第三，同情心。在文中表达对受影响群体的同情和关怀。第四，权威性。确保信息来源可靠，增加文稿的可信度。第五，合规性。遵循相关法律法规和政策要求，确保文稿内容合法合规。掌握这些要点，危机公关文稿可以帮助组织在危机中有效地与公众沟通，维护组织形象。

在以上五类文稿中，沟通协调类文稿与信息传播类文稿的对象是各类公众，调查评估类与专题活动类文稿是面向组织内部的管理层或其他部门人员，管理咨询类文稿既可能涉及内外公众，也可能涉及管理层或其他部门。

第 2 节　公关文稿的撰写

无论是在以前的传统媒体时代，还是在如今的社交媒体时代，面向公关对象的文稿写作都需要慎之又慎，常常一字之差，满盘皆输。社交媒体的出现为政府和企业增添了多种可选择的沟通平台，同时也丰富、创建了公共关系新的功能和职责，如今社交媒体被越来越多地整合到组织战略考虑中。作为一种新兴的沟通平台，社交媒体也被政府、企业及各类组织重视并推崇。社交媒体无论是作为一种手段还是一种工具，其需要借助信息传播技术以及衍生的平台的基本特性至今依然没变，公关文稿撰写的基本原则也没有变。① 但公关文稿的写作技巧，在传统媒体时代公关文稿写作技巧的基础上，随着媒介技术演进与媒介环境变化有所调整。

一、公关文稿撰写的基本原则

（一）公关意识

1. 服务公众的意识

任何组织的公共关系工作都必须着眼于公众，服务于公众利益。公众是公关工作的对象，自然也就是公关文稿写作的对象，即通常所说的读者。心里装着公众，设身处地为他们着想，这样写出的文稿才有针对性，才容易被公众理解和接受。例如，新冠疫情突发时，口罩一时间成为紧缺物资。上汽通用五菱于 2020 年 2 月开始改造产线转产医用口罩，并且打出了“人民需要什么，五菱就造什么”的旗号。上汽通用五菱生产口罩一事，瞬间在社交媒体发酵，并登上微博热搜榜。2020 年 2 月 15 日，央视新闻联播报道《战疫情 中国制造跑出加速度》，点赞上汽通用五菱仅用三天时间就完成了无尘车间改造、设备安装调试等一系列工作，并取得了民用防护口罩的研发、生产、销售资质。同年 5 月开始，地摊经济逐渐火热，甚至掀起一股全民摆摊的风潮。五菱看到了商机，6 月 2 日五菱专用车公众号发布文章《五菱翼开启售货车——地摊经济的正规主力军!》，推出“地摊神器”五菱荣光小卡翼开启和五菱荣光新卡翼开启两款车型，一上线就销量火爆，订单甚至排到一个月后。网友对此评价“真就人民需要什么，五菱就造什么”。6 月 3 日，港股五菱汽车午后大幅拉升，最高涨幅达 126.13%，报 0.45 港元/股。②

2. 塑造形象的意识

塑造组织的良好形象是公共关系工作的重要目的，信誉则是形象的根基。公共关系思想中，最重要的是珍惜信誉、重视形象的思想。因此，在公关文稿写作中要引进塑造形象的意识，作者必须真正认识到“一言树誉，一言毁誉”的社会作用，将自己所写的每一篇文稿、每一句话甚至每一个词语，都同树立和维护本组织形象联系在一起，做到实事求是，既充满自信，又留有余地，给人以真实可信之感。2023 年 9 月 17 日洁柔直播间输错价格致亏损千万元，有顾客主动取消了“10 元 6 箱”的订单。对此，洁柔写信表达感谢：自失误事件发生以来，整个团队深感压力，但您的善意像黑暗中的一道微光。邀请退款顾客成为“荣誉洁柔人”，可以参加洁柔 45 周年庆，体验新品，享受内购价购买产品，为其家属提供实习及工作岗位。洁柔用真诚打动消费者。品牌的声明是带着营销目的，还是真心实意地道谢/道歉，消费者能够从文字中感受出来。现在有很多公关文稿都非常套路，很多公关声明乍一看写了很多字，仔细一读全是废话，要么表示

---

① 侯向平．浅论社交媒体对传统公关理论范式及实践的影响．国际公关，2023（4）：63－64．

② 人民需要什么，五菱就造什么．上海汽车报，2022－10－23．https://epaper.shautonews.com/content/2022－10/23/013050.html．

自己不容易，要么想糊弄过关。洁柔在直播间事故后，第一次声明是虚心道歉，表示品牌愿意承担全部责任，格局拉满；第二次声明是道谢，对愿意退款的消费者表示感恩，并用实际行动证明，将品牌形象落到实处，也是品牌价值的一次具象化体现，以人文关怀撬动消费者心智。①

3. 创新审美的意识

公关工作是一项富有创造性的工作，组织良好形象塑造过程中每一个公关活动，其策划与设计都需要有创新。同样，作为实现公关意图和巩固其成果的文字载体——公关文稿，也必须富有创造性，要选择新颖、生动、典型、感人的材料，进行巧妙的构思。这样写出的文稿才能别开生面、充满活力，才更容易引起公众的兴趣，受到公众的欢迎。例如随着"淄博烧烤"的火爆，整个淄博市也受到了关注。"小饼烤炉加蘸料，灵魂烧烤三件套"文案在这次现象级营销事件中迅速走红，淄博市文化和旅游局迅速采取一系列措施，例如开通烧烤专列、推出半价青年驿站等，吸引更多人留在淄博，而不仅仅是短暂的流量。这一过程展示了一个城市如何通过一顿烧烤来吸引大家的注意和关注。在短短不到一个月的时间里，淄博的旅客数量不断刷新最高纪录。"淄博烧烤"不仅在各大社交平台上频繁登上热搜榜，还引发了大家的热议和点赞。许多人纷纷喊话要"组团到淄博撸串"，可以说它已经完全爆火出圈了。借助大学生的力量和年轻化的平台互动，淄博成功带动了更多年轻人参与，并最终形成了一个引人注目的城市营销事件。②

4. 注重情感的意识

"文生于情""感人心者，莫先乎情"。写诗作文，讲究的是以情感人，以理服人。与科技写作、财经写作、司法文书写作等其他实用写作相比，公关文稿写作尤重以情感人，情理相融的公关语言往往能产生奇妙的效应。在公关文稿写作中引入以情感人的意识，首先要做到真诚待人，以真诚的态度赢得公众的好感，融洽感情，消除隔膜，缩短距离；其次要尊重和理解人，尊重是人的一种精神需要，尊重对方能启发对方产生自尊自爱的感情，而理解则可以激起心灵的火花，产生善良和容忍，产生信任和动力。文稿不仅仅是文字的写作，在社交媒体时代，图像、影像的力量越来越强大，影像在表现情感方面更有视觉冲击力。2020 年 2 月 8 日元宵节，不少企业面临着疫情防控和复工的双重压力。晚间，一段题为《刚刚！老乡鸡董事长手撕员工联名信》的视频通过微博、微信朋友圈等平台广为传播。视频中束从轩称由于受疫情严重影响，老乡鸡保守估计会有 5 亿元的损失，为了帮助企业渡过难关，员工提出疫情期间不拿工资，并签字按手印提交联名信。束从轩对此的回应是直接撕掉，并喊话员工，哪怕卖房子，卖车子，也会千方百计确保员工们有饭吃、有班上。手撕联名信在餐饮业普遍哭穷哭惨声中独树一

---

① 知名国货感谢信刷屏！网友：真诚果然是必杀技.（2023－09－26）. 澎湃网，https://m.thepaper.cn/baijiahao_24750592.

② 主播说联播丨淄博烧烤"一夜爆红"，网红体质的本质是什么?.（2023－03－30）. 澎湃网，https://www.thepaper.cn/newsDetail_forward_22505724.

帜，该视频迅速出圈，刷屏网络，在抖音平台的搜索量高达 500 万。[①]

（二）实事求是

在当前新媒体技术推动下的复杂舆论环境中，公关文稿写作更要以事实为基础，尊重客观事实，真实地反映事情的本来面貌。选用的材料，一定要反复核对，做到确凿无疑，一切以客观事实为依据。不管用的是“死材料”还是“活材料”，都应是确凿可信的，经得起核对的。引用数字要有根有据，有切实可查的原始来源。结论要产生于对大量事实的认真思考和冷静分析之后，要确实可靠，为此，撰稿者应力争亲自多做调查研究，掌握第一手材料，使所写的文稿有情况、有分析、有结论、有措施，能从实际出发有针对性地提出和解决问题。应当有勇气和胆量把事实真相告诉领导和其他人员或者公众；即使组织自身有了缺点错误，也应该告诉公众，不能知情不报，或者对事实加以夸大或缩小。公关文稿做到既报喜又报忧，让公众全面了解组织，把组织的活动置于公众的监督之下，才能赢得公众的理解、信任和合作。在发生突发性社会事件时，公关文稿的写作要实事求是地反映事件，结合新闻写作的 5W 要求，即何时（when）、何地（where）、何事（what）、何因（why）、何人（who），将事件的来龙去脉告知公众，并且形成过程性、阶段性报道，直到整个事件结束，力求文稿呈现内容及其反映的事件真实、完整。

二、公关文稿撰写的技巧

（一）突出公关主体标识

公关主体可以是任何组织，包括政府和企业。对于企业来说，品牌标识（brand logo），也称为品牌标志、徽标、商标，在现实生活中随处可见，对品牌的识别、传播和推广起到重要作用。品牌标识的定义通常包括以下要素：第一，是一种视觉设计；第二，其中可能包含图像、文字、插图或符号；第三，具有区别和象征功能，承担着传达品牌形象的使命。[②] 在新媒体环境下，公众的注意力不断地被分散至各种公共事件中，无论是政府、企业、组织以及个人，都需要展现自我，这就需要在文稿中清晰阐明“我”是谁，是谁在发言，而政府、企业自身标识的突显就是在公众心中形成初步形象的第一步。

1. “♯”字符号的使用

由两个♯框起来的文字——“话题”，简单来说就是在各大社交媒体进行搜索时用的关键字，也可以说是你给某条在社交媒体发送的信息贴的一个标签，方便它与其他提到该关键字的内容相互关联起来。格式为♯＋关键字＋♯。例如：♯比亚迪助力中国足

---

① 感动！老乡鸡董事长在镜头前手撕员工联名信.（2020－02－09）. 数英网，https://www.digitaling.com/articles/256661.html.

② 彭璐珞，魏雨婷，朱国玮. 品牌标识研究综述及展望. 南大商学评论，2020（2）：115－139.

球少年跑向世界♯（见图 10－1），表现形式为超链接，点击后跳转到包含该关键字的微博的搜索结果页面。

图 10－1　♯比亚迪助力中国足球少年跑向世界♯

每一条公关文稿发布之时，尤其是在社交媒体（微博、微信、小红书等）上发布时，一定要鲜明标识是哪一个机构、企业、组织或个人发布的，这是让这则公关文稿形成话题讨论的基础。

2. 开门见山地表达

突出公关主体自身标识最直接的方式就是在文稿开头开门见山地表达是由谁发起这次公关活动的，如“蒙牛 2024 呼和浩特马拉松开赛 深度支持大众体育赛事”，直截了当表明这场体育赛事是由蒙牛发起的，展现企业实力。图 10－2 中，梅赛德斯-奔驰以自身品牌名为开头进行文稿写作。

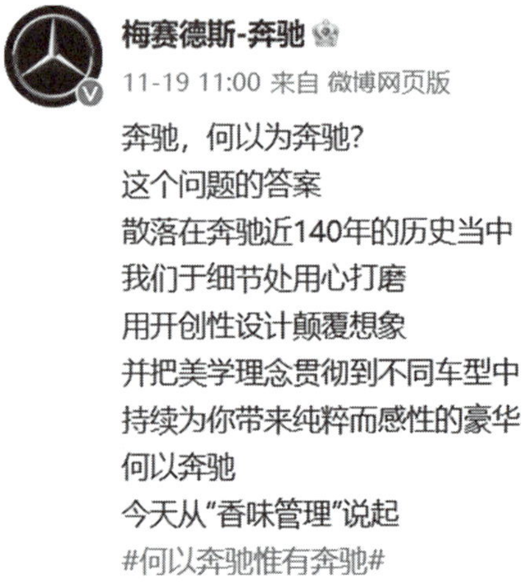

图 10－2　梅赛德斯-奔驰公关文稿

3. 辅以影像呈现

在社交媒体时代，影像逐渐成为人们在网络上阅览信息的主要方式。传统电视总是将台标置于显著位置，公关主体的标识也应凸显。

（二）重视写作的语言艺术以及图文配合

公关语言艺术是系统探讨公关传播语言运用的原理、原则、艺术技巧等的应用语言学科，是公共关系学的一门新兴的分支学科。人们的语言交际总是两方面的：一方面是表达，一方面是理解。即参与交际的人往往既要用语言表达自己的思想，又要去理解、领会人们使用的语言所表达的思想。这样，“公关语言艺术”的内涵也必然包括两个方面：一是探讨公关语言使用者驾驭语言的能力和技巧，即探讨怎样才能把自己的思想用某种恰当的语言形式表达出来，从而将想要传递的信息准确地且卓有成效地传达给接收者；二是探讨公关语言接收者怎样才能准确无误地理解、领会别人使用的语言所表达的某种特定含义。从逻辑的角度讲，这就是指在具体的交际过程中，人们的逻辑思维如何才能以恰当的语言表达，又如何通过表达出来的语言去正确地领会其中的逻辑含义的问题；从文学的角度讲，则是如何通过直觉体验、想象创造等形象思维，透过语言现象的复杂性和人文性，去探索、体验、阐释别人所使用的语言，特别是艺术语言的含义问题。总起来讲，就是探讨公关语言接收者的逻辑思维和形象思维的人类的心理活动的规律问题。①

在社交媒体时代，人们越来越多地阅读影像，公关的呈现也越来越依赖影像，图文的配合也越来越重要。在传统媒体时代，公关摄影就是公关活动的一个重要组成部分。为帮助组织树立良好形象，公关摄影师有计划、有目的地为组织拍摄经过事先策划、充分准备的公关活动的照片。在组织越来越注重自身形象及影响力的当下，公关摄影所承载的功能也越来越多。从台前对于活动、舞台、发言等内容的记录，再到幕后对于现场花絮、观众以及后续从活动衍生出来的系列项目的拍摄，公关摄影题材的范围正在逐渐扩大，公关摄影师们所需付出的努力也越来越多，公关摄影可以理解为商业摄影服务，包括商务人像摄影、建筑摄影、活动记录摄影等。公关摄影对活动或产品的宣传推广起着重要的作用，将相关影像剪辑后上传至更多的传播平台，可以让公众直观地了解活动或产品。一场活动的影像不但可以反映活动本身的质量，还可以再现活动现场的精彩瞬间。如果活动没有留下影像，那将意味着没有传播，也就失去了做活动的意义。

影像是活动或产品的重要宣传推广工具。没有影像记录则无法让未到现场的人感受到这是一个何等盛大的场面，影像的力量甚至可以让一个普通的场面变得气势磅礴。影像是表现最直接、最容易被公众记住的媒介之一。一场活动、一件产品被人们记起，大多是通过影像的形式。活动或产品的推广如果没有影像，宣传效果就将大打折扣。好的公关影像可以最大限度地还原最精彩的瞬间，有故事、有美感，会让人心生向往，感觉身临其境，或后悔没有置身其中。好的公关影像源于现场，高于现场。它可以屏蔽一些杂质，把核心信息更纯粹、直接地传达给受众。精彩的瞬间和细节的呈现是影像的力量，缺一不可。②

---

① 吴月堂，胡泽洪，孔治明. 公关语言艺术. 长沙：湖南师范大学出版社，1993：9.

② 曹博，田雨，陈琪. 公关摄影. 北京：人民邮电出版社，2024：15－21.

公关影像的制作原理跟摄影以及其他商业影像制作类似。以拍摄照片为例，拍摄的场所分为两大类：一类是摄影师进行实景拍摄，其拍摄环境不由摄影师控制；另一类是影棚拍摄，这种拍摄仍可能是实景拍摄，但摄影师能较好地控制拍摄环境。实景拍摄相对于影棚拍摄而言，因为摄影师无法控制拍摄环境中的绝大部分元素，要想拍摄成功，就只能尽量利用拍摄环境。实景拍摄中摄影师所能做的是选择最佳的背景和镜头，决定是否用辅助照明，进行取景构图，然后在恰当的时候按下快门。拍摄照片有很多技巧：精准切换对焦模式；动态捕捉和拍摄；对焦模式智能切换；合理运用现场色彩；准确构图，突出重点；制造动感，让画面不一样；巧用机顶闪光灯，提升画面的质感；利用光比，塑造艺术剪影等。这些在曹博等出版的《公关摄影》一书中有详细讲述，本书不赘述。下面主要介绍社交媒体时代的语言艺术以及图文配合技巧。

1. 严谨、权威性表达

在关乎公众切身利益的各种社会性事件中，公关主体需要秉持客观严谨的态度对正在发生、已经发生以及未来可能发生的事件进行事实性阐述，以满足公众的知情权。例如各类警情、灾情通报的公关文稿写作中，应遵循新闻写作中最基本的要素（即5W），用平实客观的语言阐述事件的来龙去脉以及处理办法。

2. 接地气、轻质化表达

在商业中，心理距离是对消费者与品牌之间心理联结状态的描述。当心理距离较小时，品牌可以与消费者建立起情感纽带，提供伙伴感，密切品牌与消费者之间的关系，消费者对品牌的态度也会更加积极①，在公关活动中同样如此，在公关文稿写作中，接地气、轻质化的语言表达能够拉进公关主体与公众的心理距离，从而提高公众对公关主体的正向态度。

3. 情感、叙事化表达

新闻的叙事能够激励或控制情感的反应，报道叙事通过强调某些情感来激励大众的情感反应，并避免出现另一些反应。同样，在公关文稿写作过程中，学会将叙事性融入文稿写作能够激发公众对公关主体、公关活动的情感反应。费希尔提出的叙事范式理论提供了一种文本叙事的传播视角，他认为“人类的本质是讲故事”，故事中所蕴含的情感连接了这场传播中的每一个人。2020年，腾讯状告老干妈欠款不还，称2019年老干妈是《QQ飞车》手游的S联赛的冠名商，但拖欠的广告费至今未给，并由此向深圳市南山区人民法院申请冻结老干妈1 624万元资金。后面的剧情令所有人惊呆了：老干妈公司相关负责人表示没有和腾讯有任何合作，随后，贵阳警方通报称，该事件系3人伪造老干妈公司印章，冒充该公司市场经营部经理与腾讯签合作协议，只为倒卖推广活动中配套送的游戏礼包码。一时间，吃瓜群众沸腾了，各种段子漫天飞舞，网络舆论几乎呈现了一边倒的状态，纷纷对腾讯法务部门和市场部门的疏漏进行冷嘲热讽。各路品牌商以看热闹不嫌事大的心态纷纷来蹭热点。2020年7月1日中午，腾讯

① 周飞，沙振权．品牌拟人化对温暖和能力的影响：心理距离和成人玩兴的视角．当代财经，2017（1）：79－87.

先是在 B 站上发布了一条动态：今天中午的辣椒酱突然不香了。当晚，腾讯又发布了一则相关案情的后续视频，标题取名为“我就是那个吃了假辣椒酱的憨憨企鹅”。在这段视频中，企鹅化身受害者，以“别人买一瓶假的亏 8 块，我亏 1 600 万”痛诉自己的悲惨遭遇，可谓是“闻者伤心、见者流泪”。通过这则视频，腾讯巧妙地让各路看客笑到忘记了之前腾讯在冻结老干妈财产时的“霸道”，化身楚楚可怜的“傻白甜”，“萌”混过关。

4. 参与、互动性表达

公关传播的目的不仅是信息沟通，更重要的是引起信息互动，而引起信息互动的关键是语言和图像必须具有激励力量。所谓“激励力量”，是激发鼓励的力量，这是人类活动的一种内在心态的外在表现。公关语言在多数情况下应具有激励性，这样才能产生一股内在的激发奋进的动力，进而引起即时性的信息互动。社交媒体的特色就在于互动性。2017 年建军节，大家被一款互动 H5 产品《快看呐！这是我的军装照》刷屏了。网友们纷纷晒出自己的军装照，表达拥军爱军之情。《快看呐！这是我的军装照》是为庆祝建军 90 周年，由人民日报客户端创意出品并主导开发、腾讯天天 P 图提供图像处理支持的新媒体产品。

5. 联想、意向性表达

“联想”是指由某人或某种事物想起其他相关的人或事物，由某一概念想起其他相关的概念。例如，看到树叶发芽会联想到春天，听到某个名字会联想到某个人。公关文稿的写作也可以借助联想和意会让公众从更深的角度去理解公关主体的理念。例如，蒙牛在 2020 年高考之际在微博发出的这版文案，从喝奶到对青春的联想（见图 10－3）。

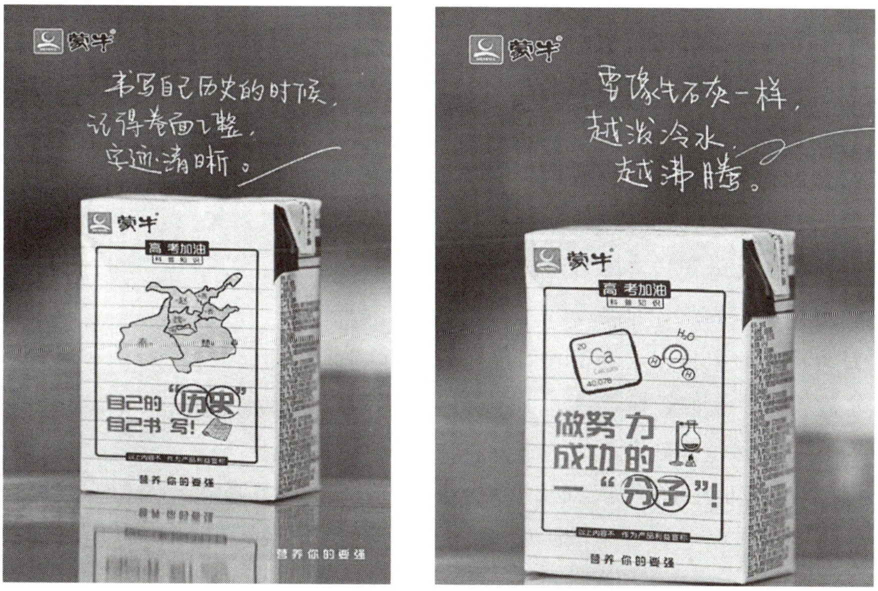

图 10－3　蒙牛高考公关文案

思考题

1. 公关文稿有哪几种类型？

2. 如果你的学校计划在校庆日邀请所在城市的市长参加，请你草拟一份邀请函。

3. 公关文稿写作需要牢记的基本原则有哪些？

4. 公关文稿写作有哪些具体的技巧？

5. 请查找近五年中国国际公共关系协会（CIPRA）主办的中国公共关系行业最佳案例大赛以及亚洲公关大奖的获奖案例，摘取其中的公关文稿，总结公关文稿撰写的原则与技巧。

案例

雷军小米汽车技术发布会七大金句

2023年12月，小米汽车技术发布会举行，小米CEO雷军介绍了小米汽车的五大核心技术：电驱系统、电池技术、大压铸工艺、智能座舱、智能驾驶。发布会上，雷军金句频出，小米官方回顾了雷军讲的金句。

- 打造先进的“移动智能空间”
  就是汽车工业新百年的核心命题
- 百年赛道无捷径，从底层核心技术出发
  十倍投入，认认真真做一辆好车
- 轿车，是汽车工业发展每个阶段的时代标杆，被历史记住的名车，绝大多数都是轿车
- 最先进的科技和最完整的生态
  才能做到真正的“人车合一”
  才是智能电车的终极境界。
- 无论这个时代有多少宏大叙事
  无论你有多少责任与担当
  每个人的心里，都有一个奔涌澎湃的梦
- 自信人生无限宽广，不断向前的成就
  就是对你人生最好的奖励
- 因为确定的掌控，才给了我们确定的自由

雷军表示，小米的目标是通过15～20年的努力，成为全球前五的汽车厂商，为中国汽车工业全面崛起而奋斗。

资料来源：雷军小米汽车技术发布会七大金句：十倍投入认认真真做好车.（2023-12-28）. https://baijiahao.baidu.com/s?id=1786534885990412281&wfr=spider&for=pc.

思考题：

1. 请你观看雷军在小米汽车技术发布会的演讲，逐字琢磨这些金句，哪些措辞打动了消费者？

2. 雷军在发布会上的讲话经过充分的准备，你从这些金句中获得哪些撰写公关文稿的启示？

第 11 章

公共关系广告

今天，广告充斥着我们生活的各个角落。在商品经济高度发达的社会，不管你是否愿意接受，我们每天都要接触大量的各种类型的广告。

广告对于我们来说是一个既熟悉又神秘的事物。说熟悉，是因为我们接触得太多了；说神秘，是因为我们总是在不知不觉中被其影响和左右，广告的技巧和手法总是不停地创新，使我们目不暇接。

第 1 节　公共关系广告的产生

广告一词从字面来解释是广而告之，即向广大公众告知某种事物。它是外来语，20世纪初被引入国内。

对于广告的定义不下几十种。目前比较一致的观点是把广告这一概念分为广义和狭义两种。美国的《广告周刊》将广义的广告定义为："个人、商品、服务、运动，以印刷、书写、口述或图画为表现方式，由广告者出费用作公开宣传，以促成销售、使用、投票或赞成为目的。"狭义的广告则是指以营利为目的的经济广告，又称商业广告，它的基本含义是："以说明的方式，有助于商品或服务销售的公开宣传。"

一、企业公共关系广告的出现

广告是大众信息的传播活动，更是大众性的经济信息传播活动。随着商品经济的发展，当企业意识到自己的产品需要通过报纸、电视、广播等大众传播媒介进行宣传，大众传播媒介又意识到这是获取收益的重要手段时，现代广告就诞生了。现代广告的发展首先是从以宣传商品为主的商业广告开始的，它的主要任务就是把商品信息传递给人们，并使其深深地扎根于人们心中。当人们需要到市场、商店购买某种商品时，头脑里会自然地浮现出广告中的商品形象，无形中产生一种信任感。

大量的企业通过广告向消费者介绍自己产品的信息，然后通过反复播放广告使人们对产品更加熟悉，由熟悉产生信任，这是一种最基本的心理过程。我们喜欢了解的东西，不喜欢不熟悉的东西；人们对熟悉的东西感觉可靠，对陌生、异样的东西持怀疑、谨慎的态度。享有盛誉的名牌产品，如德国的奔驰汽车、日本的松下电器、我国的中华牙膏等很畅销，原因就在于此。

在当今充满竞争的社会里，企业之间在产品和服务方面的竞争日益激烈，人们对产品和服务有很大的选择余地。广告能够给人们提供选择信息，帮助人们做出抉择。然而，人们是很健忘的，企业如果停止广告投放，就会很快被人遗忘。近年来，世界上不乏为了节省广告费用而导致企业一蹶不振的例子。曾经有人预言，假如世界各地的可口可乐广告牌全都拆除的话，不出一年时间，人们就不会再喝可口可乐了。在商品经济高度发达的现代社会里，广告已经成为企业推销产品和服务的主要手段，受到企业的普遍关注和重视。

现代广告是随着以宣传产品和服务为主的商业广告发展起来的，然而，由于企业之间竞争日益激烈和生产技术日臻成熟，生产同类产品的企业之间在产品的质量、外观、成本、价格等方面越来越趋于一致。人们对产品的选择余地越来越大，除了考虑产品的价格、质量、外观、售后服务等因素，人们更愿意买自己熟悉和喜欢的企业的产品，这样，企业的形象和知名度成了影响企业产品和服务销售的重要因素，企业对能提升自身知名度的广告宣传更加重视。与此同时，企业在广告中开始大量运用公共关系技巧，树立企业形象，于是产生了以树立企业的良好社会形象为直接目的的公共关系广告。

公共关系广告是指企业通过购买大众宣传媒介使用权的方式，向大众宣传企业信誉、树立企业形象的一种广告形式。企业的公共关系广告与产品广告有明显的区别，如表 11 - 1 所示。

表 11 - 1　公共关系广告与产品广告的区别

项目	公共关系广告	产品广告
广告内容	与企业形象有关的信息	产品及相关的技术、服务
广告对象	公众与舆论	现有顾客及潜在顾客
广告目的	“爱我”：交朋友、树形象	“买我”：卖产品、做生意
广告效果	长远的社会影响	近期的市场效果
营销功能	间接促销	直接促销
传播色彩	公众色彩较浓	商业色彩较浓
影响模式	公众→企业→产品	公众→产品→企业
表现方式	客观性强，报喜也报忧	主观性强，只报喜

从表11－1我们可以看出，公共关系广告一般属于企业的长期行为，是企业在一段较长的时间内始终要做的，其性质是企业形象宣传，内容是企业的特色和信誉，以及企业对社会的贡献，对公益事业的关心、支持等。企业的公共关系广告的周期较长，其目的是使公众认识企业、信任企业，进而购买企业的产品，走的是"公众→企业→产品"的认识路线。产品广告则属于企业广告中的一种短期行为，主要是尽快实现多销产品的目的，因此，其广告的内容主要是促销产品，宣传产品特色，产品广告的周期一般较短，其目的是使公众认识和购买企业的产品，走的是"公众→产品→企业"的认识路线。有人干脆把产品广告和公共关系广告的区别概括为：产品广告是推销产品，公共关系广告是推销企业。

以下几则公共关系广告有助于我们认识和理解公共关系广告和产品广告的区别。

（1）德国戴姆勒-奔驰汽车公司的广告："如果有谁发现奔驰牌汽车发生故障，被修理车拖走，我们赠送您1万美元。"

（2）日本东芝公司的广告：

"TOSHIBA，TOSHIBA，大家的东芝。"

"TOSHIBA，TOSHIBA，新时代的东芝。"

（3）奥运会广告："更快、更高、更强、更团结。"

（4）两则国内公共关系广告：

"海外学子祝贺中国人民大学建校80周年。"

"人类失去'联想'，世界将会怎样？"

二、公共关系广告的类型

公共关系广告的类型很多，常见的有以下几种。

（一）实力广告

实力广告是指用广告的形式向公众展示组织的实力。对于企业来说，实力广告主要是展示生产、技术、设备和人才等方面的实力。

公关视角11－1 华为业务宣传片

实力广告是公共关系广告中较为常见的一种广告形式，实力广告的主要目的在于使公众通过对企业的经济、技术、人才实力的了解，增加对企业及其所提供的产品和服务的信任感，以达到创造购买气氛的目的。

（二）观念广告

观念广告是向社会传播管理哲学、价值观念、传统风格和组织精神的广告。精通管理艺术的企业家和管理人员总是十分重视培养和形成本企业的价值观念，从而对内产生凝聚力，对外产生感召力，使组织的形象连同它的观念和口号深入广大公众心中。以下三则广告就是比较典型的观念广告："只有可口可乐，才是真正的可乐"（可口可乐公司的广告)；“百万的企业，毫厘的利润”（美国奥尔巴克百货公司的广告)；“时间就是金钱，效率就是生命”（深圳市蛇口工业区在改革开放初期的广告)。

（三）信誉广告

信誉广告是一种宣传组织的信誉和良好形象的最直接的公共关系广告。信誉广告的目的在于树立组织作为守法公民、社会公仆，为社会经济发展做贡献或乐于赞助社会公益事业的形象。可选择企业的主张、政策、开发项目、服务水平、举办社会活动、赞助社会福利事业或解决某一社会问题等内容做信誉广告。例如，利生体育用品公司的“为中华体育腾飞做贡献”以及“海鸥表赞助第十一届亚运会”等广告就是信誉广告。

（四）声势广告

声势广告主要是以宣传组织的大型活动为内容，比如新厂房落成剪彩、庆典等，旨在创造声势，扩大影响。2025 年 1 月，全球高档化妆品品牌兰蔻独家携手上海文化广场，倾情呈现法语原版音乐剧《巴黎圣母院》（上海站演出)，让这部代表法国文化及艺术至高水准的旷世瑰宝再次绽放于中国，并以此为契机进一步助力中法文化艺术交流，为兰蔻品牌 90 周年系列庆典活动再添力作，这实际上就是一则声势广告。

（五）商标广告

商标广告是以宣传产品的商标为主要内容的公共关系广告。商标广告宣传的基础是产品质量，许多企业通过为社会提供优质的产品和服务，通过创名牌、保名牌的广告宣传来树立自己的商标和企业信誉及良好形象，良好的商标和企业形象会促进企业产品的销售。例如，“车到山前必有路，有路必有丰田车”（日本丰田汽车公司的广告)，“不只是巧克力，更是费列罗”（费列罗巧克力的广告）等就是比较典型的商标广告。

（六）祝贺广告

祝贺广告以向社会公众贺喜为主要内容。如某公司新开张，同行的企业纷纷刊登广告，一则表示祝贺，愿意携手合作；二则表示欢迎正当竞争，可以达到广结良缘的效果。这类广告的做法一般是企业向新开张的单位赞助若干广告费，并在新开张单位的广告中署名祝贺，该单位通常也以某种方式表示谢意。这种做法可以使新开张单位在经济上直接受益，也可视作赞助单位表达善意，借此机会增加本单位曝光的次数。20 世纪 50 年代，法国白兰地厂家抓住美国总统艾森豪威尔 67 岁生日的有利机会，以祝贺广告为手段上演了一场“祝寿”的好戏，使法国白兰地顺利进入美国市场，这是一次十分成功的祝贺广告宣传活动。

（七）歉意广告

歉意广告是用来承认错误、消除误解和表示歉意，以取得公众谅解的广告。歉意广告要求认真陈述公众希望了解的事实情况，不能隐瞒，不能文过饰非，应明确地表达敢于承担社会责任和知错必改的态度，以取得公众的谅解。这样做不但无损于组织形象，反而会使公众感到组织态度认真，知过必改，从而产生好的印象。如广州中药厂曾在《广州日报》上刊登过一则歉意广告，说明该厂生产的产品由于购买者过多，一度出现市场脱销，造成顾客花费很多时间排队却买不到需要的产品，中药厂深表歉意，目前企业正在加班生产，很快就会满足广大顾客的需要。

（八）谢意广告

谢意广告是用来对公众或合作者的支持表示感谢的广告。例如“××企业建厂一百周年，向国内外新老朋友、广大客户鸣谢！”就是一种谢意广告。

再如，日本亚细亚航空公司在15周年庆典之际做了谢意广告：每一次相遇，我们都心存感激，未来，就从此刻延续。

（九）声明广告

声明广告又称解释性广告，是一种表明组织对某事件的立场、态度的广告。通常适用于两种情况：一是对组织不利的事件，但组织自身并无过错。例如假冒本企业商标的劣质产品给消费者带来了损害，或本组织的某种专利权被非法侵犯，或某些竞争对手恶意中伤、造谣诬蔑，或新闻媒介的失实报道，等等。在上述情况下，都可利用声明广告表明本组织的立场。二是就本组织或社会上出现的重大事件表明态度。这类广告一般先交代缘由，再提出解释或声明，表明态度和希望。例如，南京《扬子晚报》曾刊出“一台沙松牌冰箱爆炸”的消息和现场照片，这则新闻立即在南京几十万冰箱用户中引起了一场轩然大波，一些沙松牌冰箱用户将冰箱视为不定时的“炸弹”，沙松牌冰箱的形象受到极大的损害，企业面临倒闭的危机。沙松冰箱厂立即在南京开展了一系列公共关系活动，在《南京日报》上刊登了公共关系广告：“厂家提醒用户不要在冰箱内存放易燃易爆危险品”。同时，在南京电视台的黄金时段，请企业领导者与广大市民见面，说明调查情况，解释冰箱爆炸的原因。通过一系列公共关系活动和公共关系广告，沙松冰箱厂最终赢得了用户的理解和支持，树立了良好的企业形象。

（十）响应广告

响应广告是指用广告响应社会生活中的某个重大主题，表示组织与社会生活的关联性，以获得各方公众的理解和支持。响应广告的一个重要内容是对政府的某项政策或当前社会生活中的某个重大主题，以组织的名义响应。这样做的目的是要表明组织不仅为自己打算，而且会从全社会的角度考虑问题，愿意为社会的繁荣做出贡献，积极参与社会活动，通过广告表明组织的良好愿望和做出的努力，扩大社会影响。比如支持北京申办奥运会，赞助“希望工程”等响应广告，既可以扩大组织的社会影响，也是树立组织形象的一个重要手段。

（十一）公益广告

公益广告是显示组织对公益事业热心支持的广告，广告的内容与公共事业有关，不一定与组织有关。其内容涉及社会的方方面面，诸如社会公德、文明礼貌、风俗习惯、生态环境保护、交通安全、防火防盗等。例如，“曾几何时，我们因为奔波事业、陶醉爱情、照顾子女而冷落了终生操劳的母亲。回家！看看母亲最欣慰的笑容吧，哪怕只是打个电话。”这句朴素的公益广告词唤起了现代社会忙碌的人们对亲情的珍视、对家的思念，很容易使人产生共鸣。再如，某保险公司的公益广告：“今天下雪路滑，保险公司提醒市民，请注意交通安全。”这种及时、细心、真诚的提示和告诫体现了保险公司对公众的关心和爱护，增进了公众与公司的感情，缩小了公众与公司之间的心理距离，赢得了社会的好感。

（十二）创意广告

创意广告是指以组织的名义率先发起某种运动或提倡某种有益观念的广告。这种广告的目的在于表明组织积极参与社会生活的态度，树立组织“领导新潮流”的形象。例如，20 世纪 70 年代初期，新加坡航空公司掀起了一场“革除随地吐痰陋习”的宣传运动。该公司连续在新闻媒介上登出广告，循循善诱地告诫公众，随地吐痰不仅有害他人及自己的身体健康，更损害一个人应有的自尊和高尚的形象。新加坡航空公司还组织员工上街发放宣传品，并主动捐资在公共场所设置了一批脚踏开启式痰盂，大大提高了新加坡航空公司的声誉，带来了良好的经济效益和社会效益。

（十三）互动广告

广义的互动广告是指所有互动形式的广告，包括传统媒体中互动形式的广告。但也有学者把网络广告专称为互动广告。准确地说，任何具备互动功能或者能够为受众提供即时互动反馈的广告均可称为互动广告。例如，可口可乐 2018 年 8 月推出的“微笑激活候车厅贩卖机”活动中，就使用了视觉感官触发联结，该传播活动在“Share a Coke 分享可乐”的品牌概念指导下，通过营造日常候车厅环境的非日常现象，诱发受众好奇心，利用面部识别技术和公共候车亭显示器来构建微笑激活的自动售货机，媒体屏幕能够跟踪参与者的面部表情，并匹配表情分析和符号映射到面部，自动将一罐可口可乐分配给那些微笑的人。①

（十四）参与式广告

参与式广告是指用户主动参与企业广告制作，为传播特定企业品牌提供支持的一种新型网络广告。它基于社交网络平台（social network sites，SNS），以大量弱链接为基础，以多级传播方式为核心，用户充当企业形象设计及传播的代言人，提供创意、知识、技能、人脉等资源支持，通过虚拟社区共同为构建和传播品牌创造新内容。用户参与品牌广告创意，例如“江小白”文案瓶，通过在社交媒体发布特定类型话题，吸引广大网友对产品瓶身进行文案创作，邀请网友提交自己的广告创意，并从中挑选出优秀的

---

① 世界上最有创意的广告，拥抱一次贩卖机，领一瓶可乐!. (2023-03-11). 哔哩哔哩，https://www.bilibili.com/video/BV1RT411a7A5/.

作品进行投放。这种方式不仅激发了用户的参与热情，还使得广告内容更加贴近用户，增强了广告的传播效果。①

公共关系广告除了以上类型，在实际应用中还有其他一些形式以及新出现的类型。需要注意的是，公共关系广告并不拘泥于某种固定的类型，经常出现几种类型交叉或混合，尤其是与商品广告的结合越来越密切。因此，应灵活掌握公共关系广告在实际中的运用，充分发挥其作用。

三、公共关系广告的作用

公共关系广告作为一种重要的广告形式，越来越受企业重视，原因在于公共关系广告具有多方面无法替代的重要作用。

（一）树立企业形象，促进产品销售

正如前面所述，在市场竞争中，当企业的形象成了决定产品销售的主要因素时，产生了公共关系广告。因此，公共关系广告从诞生开始，其目的就是推销企业的产品，很多企业把公共关系广告和产品广告合二为一，一起来做。公共关系广告确实对企业树立良好的社会形象和推销产品起到了重要作用。以鸿星尔克为例，2021 年 7 月，河南遭受特大暴雨灾害，鸿星尔克捐赠 5 000 万元物资驰援河南。这一消息迅速在网络上引起热议，因为当时鸿星尔克自身的经营状况并不理想，2020 年营收 28.43 亿元，净亏损达 2.2 亿元。这种“破产式捐款”的行为深深打动了消费者。捐赠消息传出后，鸿星尔克的直播间和线下门店被消费者挤爆，网友们纷纷下单购买其产品，以实际行动支持这家有社会责任感的企业。据统计，鸿星尔克在抖音等多个品牌矩阵账号的直播间均实现销售额大幅增长，其中抖音主账号“鸿星尔克官方旗舰”在捐赠消息传出后的直播销售额高达 1.1 亿元。

美国《时代周刊》亚太地区经理桥本乡英概括了公共关系广告对企业信誉和产品销售的作用，他说：“企业形象往往是最后购买决定的‘解铃者’……如果企业形象被错误描述或被误解，那将是一个极大的危险……在今天高度竞争的社会里，你的企业信誉就是强有力的销售工具之一，它可以帮助你销售产品、达成目标、加强与消费者之间的联系。”

（二）提高企业信誉，吸引社会各界投资

在资本市场比较健全、投资主体多元化的情况下，能够左右公众投资意向的主要因素就是企业信誉。公众会根据企业信誉的高低，决定投资与否和投资多少。很难想象一个信誉卓著的企业会缺乏对投资者的吸引力，也很难想象一个声誉低劣的企业会使众多投资者竞相解囊。曾有人预言：假如有一天可口可乐公司遭受火灾，那么各家银行争相

---

① 江小白心情酒馆，今晚开醺，欢迎你的光临!.（2022-10-31）. 哔哩哔哩，https://www.bilibili.com/video/BV1u84y1i7nR/.

给可口可乐贷款将成为第二天的头条新闻。事实证明，公共关系广告可以为企业赢得大量投资。

（三）治理企业环境，为企业发展打下良好基础

无论是企业内部还是企业外部，都存在若干复杂的关系，这些复杂的关系构成了企业的内外部环境。内部环境包括企业与员工之间的关系；外部环境则包括企业和原材料供应商、协作商、销售商之间的关系及企业和媒体、银行、政府机构之间的关系。公共关系广告有助于这些关系的改善和调整。

从企业外部环境来看，公共关系广告已成为一个改善外部环境的手段。通过公共关系广告，企业树立良好的形象，还可以使原材料供应商、中间商、零售商更愿意与本企业保持稳定的业务联系，结成更稳固的关系。这样一来，企业的发展就有了基础，效益就有了保障，也使与企业结成稳定的合作关系和供应关系的供应商、零售商等觉得有利可图。

就企业内部环境而言，企业利用公共关系广告宣传本企业的情况，既可以让员工了解企业的成就，也可以让员工了解企业的薄弱之处和不足，促进员工和企业之间互相沟通，企业和员工可以通过公共关系广告紧密地联系在一起，增强企业的向心力。日本丰田汽车公司的“丰田人”“车到山前必有路，有路必有丰田车”的公共关系广告，使得每一个丰田员工从内心深处感受到作为一个丰田人的骄傲与自豪，增强了企业的凝聚力。

（四）为企业吸引人才

人才是决定现代企业竞争能力的最主要因素，通过公共关系广告，企业树立良好的社会形象，对于吸引人才具有很大的作用。在人们的心目中，经常做公共关系广告的企业必定实力雄厚，有前途，有发展的可能，在这样的企业里自己才更有可能发挥才智，因此，人们更愿意进入这样的企业就职。例如，近几年，主旋律的广告比起娱乐类和温情类的广告更容易出圈，蕉内发布的《底线》广告片，就借助主旋律的势，强化国货新底线，进一步诠释重新设计基本款的品牌内核，同时融入创意事件、品牌价值和社会责任，为企业树立了良好的雇主形象，从而吸引了大量优秀人才的关注。①

公共关系广告是企业获得消费者、投资者、政府及协作者的理解和支持的桥梁和纽带，是企业增强向心力的重要手段。公共关系广告把企业价值观、企业方针和企业精神巧妙地结合在一起，向社会公众传播，使企业形象悄然进入人们的心中。

第 2 节　公共关系广告的创意与策划

小小一则广告，一个画面，短短几行字，要想打动公众的心，引起共鸣，达到树立

---

① 蕉内，为每一位普通人设计，为生活画条底线.（2021－07－19）. 哔哩哔哩，https://www.bilibili.com/video/BV1S64y1z7FF/?spm_id_from=333.337.search-card.all.click.

企业形象和推销产品的目的，可谓一担挑起千斤重。公共关系广告的创意与策划，就是使公共关系广告挑起这千斤重担的关键。在制作广告之前，首先分析企业处境，然后选择目标对象，再进一步确定广告定位和广告主题等。

一、分析企业处境

常言道，知己知彼，百战不殆，公共关系广告的运用也是如此。企业公共关系广告的创意与策划是从对企业自身状态的分析，即分析企业处境开始的。公共关系广告对企业处境的分析，主要是分析公众对企业的看法如何，进而通过公共关系广告，改变公众对企业的不良态度或模糊认识，强化和完善公众对企业的良好印象（见表 11－2）。

表 11－2　公众对企业的不良态度及转变情况

公众对企业的不良态度	通过公共关系广告要转变为
敌视	同情
偏见	接受
冷淡	兴趣
无知	熟知

分析企业处境，首先要发现和掌握公众的真实态度，一般可以通过两种方式获知：一是调查、访问，直接了解；二是从本企业的产品销售情况与同行的对比分析入手。前者比较准确，但费用较高；后者费用较低，但结论的准确性较差。

在获取公众对企业的态度以后，分析企业处境的下一步工作就是要弄清公众对企业持不良态度的原因，进一步寻找解决的办法。例如速溶咖啡问世之初，销路打不开，产品不被公众接受，原因是在许多国家，一般家庭主妇把煮咖啡作为拿手厨艺，选用速溶咖啡会使丈夫觉得妻子偷懒或治家无方。针对这种情况，通过宣传，如举办品尝大会或宣传速溶咖啡省时省事、味道醇美，来改变公众的消费观念，使公众接受这一产品。如果公众对企业的态度冷淡，如对保险公司不感兴趣，不愿购买保险，保险公司可以通过公共关系广告，介绍公司的发展和规模，介绍保险事业给公众带来的好处，使公众产生兴趣。公共关系广告可以使公众对企业从无知变为熟知。确定了企业的处境以后，就可以确定公共关系广告要完成的任务，做到有的放矢。

二、选择目标对象

企业要想通过公共关系广告转变公众的不良态度、树立良好形象，在公共关系广告活动中，就必须选择好目标对象，即确定自己的广告要影响哪一类人，这就需要对公共关系广告的对象进行细分。与企业的产品广告的对象不同，公共关系广告的对象可以细分为八种。

（一）政府

政府既包括国家的中央政权机构，又包括地方政府。政府对企业的重要影响主要表现在两个方面。第一，政府是法律的制定者，尤其是反垄断法，对一些大型企业有重要的制约作用。企业在迅速发展时期，通过公共关系广告宣传企业继续发展和扩张对整个国家经济发展如解决就业等问题所起的作用，可以避免政府用反垄断法干预企业的发展，甚至强行把企业分为若干小企业。第二，政府是最大的公共产品购买者。随着我国社会主义市场经济体制的建立，政府的职能开始转换，指令性计划逐步转变为以国家采购为主。因此，企业通过公共关系广告影响政府有关部门，有利于政府更好地为企业服务和增加对企业的采购。

（二）社区居民

任何企业都处在一定的空间范围之内，社区居民就是企业或工厂所在地区的公众。企业的存在经常会给社区居民带来许多困扰和不便，如排放的废气、废水、废渣对环境造成污染，噪声对社区居民的正常生活造成影响，把原材料堆放在厂区外的街道上给附近居民带来很大不便等，自然会引起公众的不满，因此，企业需要妥善处理与所在社区公众的关系。

（三）雇员

雇员包括管理人员和一般员工，他们都是企业公共关系广告的目标对象，对他们进行公共关系广告宣传，目的是使全体员工了解企业的历史、目前的规模和成就以及发展规划，使员工团结一致，共同为建设现代化的企业而奋斗。有不少企业是通过企业刊物来协调企业和员工的关系的，如日本三井物产株式会社将自己出版的《三井生活》送给员工，企业每次招收员工，都要举行一次入社仪式，把这份刊物送给他们，并在封面印上“欢迎新入社员工诸君”。

在面向企业外部的公共关系广告中也可以对员工进行宣传，起到激励员工的作用。如美国某电子工业公司在自己的广告中有这样一句话：“通过员工参与管理来提高质量和产量。”员工看到企业的广告中提到自己，很容易产生一种自豪感，会更加努力地工作，提出合理化建议。

（四）供应商

供应商主要是指原材料、能源的供应商及企业的协作单位，它们与企业之间的经济关系十分密切，对企业的生存和发展起到重要作用，是利益相关者，因此，企业的供应商也是企业公共关系广告的重要对象。企业通过公共关系广告同它们保持和发展良好的合作关系，可以获得供应商的更大支持，乃至结成命运共同体。

（五）财务公众

财务公众包括企业的股东、银行和与企业有信贷关系的其他金融机构。企业的财务公众是企业资金的注入者，也是企业命脉的掌握者，企业必须使财务公众了解企业的财务状况是健康的，企业是有前途的。企业每年都有年度报告发给股东和金融界。这种年度报告印刷得很精致，使收到的股东感到投资这家企业是值得的，使金融界对企业有了深刻了解后，愿意在资金上予以支持。许多企业往往在年终结算后，利用各种宣传媒介，刊登公共关系广告，以取得更广泛的财务公众的支持。对于一些股份制企业来说，这也是影响股民投资的重要手段。

（六）消费者和用户

消费者和用户是企业产品和服务的使用者，他们对企业的态度对于企业来说可谓生死攸关。因此，消费者和用户是企业公共关系广告最主要的目标对象，在企业竞争日趋激烈的今天，消费者一般愿意购买自己熟悉的企业的产品，而不会购买自己厌恶的企业的产品。因此，企业公共关系广告的首要任务是在消费者和用户心中树立良好的形象。

（七）经销商

经销商是企业商品流通中的一个重要环节，是企业通向市场的桥梁和纽带。企业与经销商之间的关系是决定企业产品能否顺利进入市场的重要因素。特别是当企业准备进入新的市场和需要与新的经销商沟通时，企业与经销商的关系更为重要。与经销商关系的形成和巩固往往也需要依靠公共关系广告。

（八）意见领袖

意见领袖主要是指一些在社会上有较大影响力的人士，他们的演讲、文章、评论可以影响许多人。这些人士包括新闻记者、评论家、文艺体育人士等，还包括一些政界人士。由于这些人对舆论的影响较大，他们对企业的印象、态度和好恶往往可以影响相当一批人，因此，意见领袖虽然数量不多，但与企业形象关系很大，是企业公共关系广告的重要对象之一。

上述八种目标对象是企业的基本公众，其中每一种公众都有自身的特点，如消费者数量多、分布广，经销商可能只有若干家，相对集中。每个企业需要根据自身的处境和发展来确定广告对象，使企业的公共关系广告更好地发挥作用。

三、广告定位和广告主题

人无完人，企业更是如此，任何想通过公共关系广告把企业打扮得完美无缺的想法都是无法实现的，按照这一目标制作的公共关系广告必然是一则失败的广告。

一则好的公共关系广告，不论其内容长短，都是向公众宣传企业某一方面的良好形象，如告诉公众企业的技术力量和资金实力雄厚，或宣传自己全心全意为公众服务，或塑造企业热心公益事业的形象等。因此，在制订有效的公共关系广告计划时，一项必不可少的工作是广告定位，即确定在公共关系广告中将企业置于竞争中的什么位置。

（一）广告定位

具体讲，广告定位主要从企业实力和公众心理两个方面进行。

1. 企业实力

企业实力主要是指企业在经济、技术方面所拥有的实力以及在同行中的地位。一般来说，在同行中居于领先地位的大企业，其公共关系广告的一个重要内容就是宣传企业在技术上、经济上的实力，突出表现自己的时代先锋形象。当企业在行业中并不处于绝对领先的地位时，可以采取另一种策略，即“甘居第二”的策略。如美国安飞士汽车租赁公司的广告是：“在汽车出租业中，安飞士只是第二。”在美国这样一个出租汽车公司众多的国家，居第二位是十分不容易的，这也是企业根据自身实力进行广告定位的一个杰作。此外，许多企业，尤其是一些小型企业，运用与常规做法相反的方法宣传企业实力，把自己说成是最差的、最坏的，往往会产生出奇制胜的效果。如美国俄勒冈州的一家小饭馆在门前竖起了一个大广告牌，写道“俄勒冈最差的食物”，该饭店老板声称自己是一名最差劲的厨师，结果，“最差”二字不但没有把顾客吓跑，反而引来很多的顾客，甚至游客也前来就餐。

2. 公众心理

公众心理主要指的是公众的价值观，即对于广大公众来说，他们对企业的评价有固定的标准。如我国许多公众认为国有企业是比较可靠的；大多数年轻人喜爱体育运动，对关心和支持中国体育事业腾飞的企业充满好感；还有公众认为热心公益事业的企业是值得信赖的。企业的公共关系广告必须研究公众心理才能更加有效。

（二）广告主题

确定了广告定位以后，就可以确定公共关系广告的主题了。很多广告将企业和产品从头到脚打扮一番，这种公共关系广告的宣传效果并不佳，究其原因，就是广告缺少主题。

广告主题是广告的灵魂，通过提炼、浓缩，用简单的语言、动作、画面、声音等来表达广告的中心思想；企业通过广告主题来宣传企业的特色，树立企业形象。公共关系广告的创作能否把握主题，是公共关系广告成败的关键。比如，美国某航空公司为了宣传航班安全、舒适，只用了一句话来表达，“乘本航空公司的班机，到处都是好天气”，这就是广告主题。

一般来说，企业的公共关系广告按广告主题可以分为企业名称广告、企业风格广告、企业文化广告、事业广告、业绩广告、技术广告、传统广告、告知性广告、问候广告、纪念广告、征募广告、意见广告、赠奖广告、合成广告和其他广告等。

确定了广告主题以后，还要通过一定的表现方法把这一主题传递给公众。公共关系广告的主题能否完整地传达给公众，取决于公共关系广告的表现手法。在既定目标下，为表现广告主题，要在新、绝、深、美四个方面下功夫。

（1）主题要新。这样才能比其他广告技高一筹。例如，1759 年，一位叫吉尼斯的人开办了一家啤酒作坊，生产吉尼斯啤酒。据说，当时人们在吉尼斯酒吧饮酒时，常常争论什么是最长的、最短的、最大的、最小的等，老板为招徕顾客，印了一些小册子来回答这些问题，日积月累，为后来的吉尼斯世界纪录收集了很多珍贵资料。1955年《吉尼斯世界纪录大会》出版，初版就印制了43万册，后被译成40多种语言，成为家喻户晓的畅销书。该企业通过出版物和消费者建立了良好的关系，因此“不管是否喝啤酒，你一定喜欢吉尼斯”成为人们的口头禅。

（2）主题要绝。就是要想到别人想不到的东西，广告一问世便能产生强烈的效果。如某丛书的广告——“书与酒，价格相同，价值不同”，通过书与酒的对比，突出了书对人类的益处，让人叫绝。

（3）主题要深。是指在确定主题时要深思熟虑，使主题寓意深刻，使公众产生联想，受到启发。如某儿童用品生产企业的广告是“小孩是大人的复制品”，短短九个字，极富哲理且寓意深刻，回味无穷。

（4）主题要美。是说企业通过广告要给公众留下美的感觉、美的享受、美的印象。日本富士彩色胶卷的广告曾以“盒中自有花满谷”为主题，含义深刻，使人不禁联想到美丽的富士山，从而对富士胶卷产生信赖。

思考题

1. 说明公共关系广告与产品广告的区别。
2. 常见的公共关系广告有哪几种类型？
3. 为什么公共关系广告定位主要从企业实力和公众心理两方面进行？
4. 公共关系广告为什么要确定主题？为表现公共关系广告主题应在哪些方面下功夫？

案例

企业赞助航天事业

“航天”一直都是热点话题，自带流量。随着我国航天技术的快速发展和商业空间市场的日益成熟，越来越多的品牌开始将目光投向航天领域。航天就是新的流量密码，企业可以借此来提升品牌知名度和曝光度、增强品牌影响力和提升品牌形象，并与科技、创新、时尚、文化、社会责任、爱国等元素紧密结合，向外界传递品牌的价值观和企业文化。

2003年，我国航天事业取得重大突破，成功发射我国第一艘载人航天飞船“神舟五号”，跟随杨利伟探索浩瀚宇宙的还有“中国航天员专用牛奶”——蒙牛，这既是蒙牛首次与航天事业合作，也是国内航天营销的开始。2023年，正好是蒙牛与中国航天战略合作20周年，蒙牛借机开展了一系列营销活动，例如，联合中国航天基金会共同发起“万人共绘航天梦”公益科普活动，邀请航天英雄杨利伟和众多航天工作者参与共绘活动，参加2023年中国航天大会，打造微博话题＃蒙牛×中国航天20年＃，联合央视打造《借你一双航天员的眼睛》TVC短片，回顾中国航天事业的辉煌成就，联合中国航天基金会在中国航天博物馆共同举办“要强二十载 所向皆星河”点亮未来主题发布会，展示万人共绘的画作等。蒙牛一直以来将“天生要强”作为企业精神文化，并与之有着同频共振精神的中国航天事业开展长期合作，不仅助力中国航天事业发展，也进一步深化了品牌“天生要强”的用户认知。

乳业领域的头部品牌中，除了蒙牛，伊利也积极参与航天营销，2022 年“神舟十三号”乘组成功返回的次日，伊利在北京举行了其与中国航天科技国际交流中心合作发布会，正式开启中国乳业太空时代。2023 年 3 月伊利携手中国航天推出“太空菌株”，开启了“中国专利 太空菌株”的新纪元。不久之后，伊利成为 2023 中国航天大会的保障乳制品，为大会提供了多款创新产品，收获一波好评。伊利借势在航天领域具有广泛影响力的盛会向大众传递伊利“不创新，无未来”的品牌理念和未来发展战略，并强化用户对伊利“航天严选”“创新”“健康”“营养”传播点的认知记忆，进一步体现了伊利“视品质如生命，始终为消费者提供品质最优的产品和服务”的企业信条。

与中国航天合作的除了乳业品牌，还包括家电、互联网、食品、饮料、餐饮、服饰、汽车等多个行业，更多的品牌开始用中国航天文化和科技创新为品牌赋能。比如，百度作为互联网行业的“大佬”，自然不会放过与中国航天事业的合作，中国航天日之际，百度又玩出了新花样，用“航天-百度·文心大模型”打造有“中国航天之父”荣誉称号的钱学森数字人，并发布钱学森数字人以自拍 vlog 的形式体验中国航天现阶段所取得的辉煌成绩的短片，以此来致敬中国航天探索精神。短片一经发布，瞬间引发全网用户激烈讨论，一些用户觉得这是在致敬为中国航天探索做出卓越贡献的英雄，另一些用户觉得这是在消费逝者，此外，关于研发数字人所引起的伦理和道德问题也被再次拿出来探讨，不过百度用虚拟数字人的方式重现钱学森，也展示了其在 AIGC 和数字生命领域过硬的科技实力，彰显其在人工智能领域的引领者的品牌形象。

资料来源：数字品牌榜．无论啥品牌都可以挂靠航天概念吗？.(2023－05－24)．新浪，https://k. sina. com. cn/article_6866981017_1994dd09901901001d. html.

思考题：

1. 本案例所谈的广告属于哪种类型的公共关系广告？请说明理由。
2. 企业为什么赞助重大的社会事件？

第 12 章

危机处理的公关技巧

在组织经营过程中，总是会出现一些危机事件，如决策失误、产品设计与质量问题、公共关系活动违反法律规定、经营人员的态度与水平问题、新闻媒介和竞争对手的误导等。危机是企业经营过程的伴随物。既然危机不可避免，正确处理各种危机事件，就成为公共关系的日常性事务。树立科学的危机观，掌握危机的处理艺术与技巧，是有效消除危机影响、开发危机处理资源、塑造组织形象、强化公共关系效用的基础。

第 1 节　公关危机与危机公关

公关危机与危机公关是两个概念，危机事件的类型和特点决定公共关系的形式和特征。要利用公共关系处理好组织危机，首先应了解组织危机的基本含义。

一、公关危机与危机公关的含义

（一）公关危机

公关危机就是组织需要进行公关的危机事件。人们通常所说的危机，一般是指由非正常因素引起的某种非常事态，其外延十分广泛，如财政危机、金融危机、经济危机、能源危机、军事危机、管理危机等。公关危机是各种危机中的一种，它是由组织内外的某种非常因素引发的组织与各类公众关系非常事态和失常事态，是一种特殊的组织与公众关系的状态。从一般意义上说，所谓公关危机，是指组织内部或外部的种种因素严重损害组织的声誉和形象，使组织陷入强大的社会舆论的包围，并处于发展危机之下的一种组织与公众的关系状态，这种状态如果不迅速改变，就会影响组织的生存，因此称为公关危机。

在日常生活中，公关危机的例子并不少见，例如，某品牌的牙签将消费者的牙龈戳破；某跨国公司生产的火星探测器发生故障坠毁；企业未经消费者同意而利用人脸识别技术抓取消费者信息。凡此种种都是不同领域、不同层次的公关危机事件。公关危机可导致组织与公众关系迅速恶化，组织正常业务受到影响，组织生存和发展受到威胁，组织形象遭到损害，处于高知名度、低美誉度的境地。组织需要建立预防的观念，在危机未发生之前就有一定的预防和规避机制，将危机意识贯穿组织处理日常事务的始终。

（二）危机公关

在现代社会，信息知识爆炸、社会变动复杂、企业竞争激烈，更增加了组织危机事件出现的可能性和严重性。事前预防、发生时及时控制、降低或消除危机事件的不良影响尤为重要。危机公关就是组织面对危机的公共关系处理。具体讲，危机公关就是组织为了处理给公众带来损失、对企业形象造成危害的危机事件，以及预防、扭转或改变组织发展的不良状态所采取的公共关系策略与措施，也就是组织从公共关系的角度对危机的产生、发展、变化采取或实施的有针对性的一系列控制行为，其主要内容是对危机进行预防和处理。

事实上，不少组织通过对危机事件的处理，将危机的不利影响降至最低程度，乃至将不利影响转化为有利影响。反之，在危机事件爆发之后，组织若不能及时采取有效措施，则可能给组织带来更大的损失。

二、危机事件的特点与类型

（一）危机事件的特点

1. 突发性

几乎所有的危机事件都是在人们无法预料的情况下突然发生的，往往会令组织措手不及，陷入混乱与惊恐之中。危机何时发生、怎样发生、在什么地方发生等都有极大的偶然性，难以提前做出预测。当然，有些危机在萌芽状态时是可以察觉并能着手解决的，但如果组织不重视，就会酿成大祸或灾难，如组织与公众关系不协调时，会产生一些不利于组织发展的谣言等，由此引发的祸患是不可预测的，这也体现了危机事件的突发性特点。

2. 紧迫性

危机一旦发生，就有快速扩张之势，它会像一颗突然爆炸的炸弹，在社会中迅速扩散开来，造成严重的冲击。同时，它还会像一根牵动社会的神经，迅速引起社会各界的不同反应，令社会各界密切关注，若不采取有效措施，就容易使组织形象遭到彻底破坏。因此，“兵贵神速”，危机发生后，组织应首先想方设法防止事态进一步扩大，然后采取具体而有效的手段修复和提高组织形象。

3. 危害性

公关视角 12－1　油罐车混装事件

任何危机事件不仅会对组织的经济利益和声誉造成不利的影响，破坏组织的正常运转或生产经营秩序，带来严重的形象危机和巨大的经济损失，而且会给社会造成严重的危害，给公众带来恐慌，甚至造成直接的损失。

越严重的危机事件，其危害性越大，因此，组织必须迅速地予以处理，否则，后果不堪设想。

4. 可变性

在现代市场经济条件下，市场环境瞬息万变，组织面临复杂多变的局面。就危机事件而言，危机事件的发生有一个从准备期到爆发期的变化过程，在这个过程中，矛盾发展到一定程度，达到临界点，任何一个突发因素都可能导致危机爆发。如果组织能居安思危，注意监测环境，积极预防，建立应急预案就能把危机消除在萌芽状态。危机事件是无规律的，表现为每一次危机事件产生的原因、表现形式、事件的范围、影响的层次、损失程度都不尽相同，因此，对危机的防范和对危机的处理模式也没有固定章法可循。

（二）危机事件的基本类型

一个组织可能面临的危机事件来源于多个方面，有时很难预判。因此，了解和分析危机事件的基本类型有助于我们科学地解决组织的危机问题。

1. 由不可抗力引起的事件

这包括自然灾害和突发性的全国或世界性商业危机、经济萧条、社会政治动荡、战乱等。这类灾害是不以人的意志为转移的，它往往给组织带来意想不到的打击。自然灾害中的洪涝、干旱、台风、森林大火、火山爆发、泥石流、海啸等具有突然性、无法回避性、重大损害性等特点，常常使遭受打击的组织面临严重的突发灾害。这些灾害的爆发通常与组织的管理责任无关，事态及后果也是组织无法控制的，对组织的公共关系形象也不会产生巨大的损害，但是组织所采取的积极或消极行动可能会给组织形象带来有利或不利的影响。

公关视角 12－2　重庆市政府积极应对山火

2. 非组织成员有意或无意造成的事件

在现实生活中，组织可能遭到蓄意破坏、陷害、诽谤，或一些不正当竞争者散布谣言，或进行比较性广告宣传，有意贬低竞争对手；或采取恶劣行径严重扰乱竞争对手的经营秩序等。这些事件往往对组织形象有严重的损害，组织要学会自我保护和自我防御。

公关视角 12－3　“企业强制加班”微信截图系捏造

这些事件虽然不是组织自身过错引起的，但或多或少与组织有关，常常是因为组织缺乏自我保护的能力和措施，或者是组织没有处理好与某些公众的关系。

3. 由公众的误解引发的事件

公关视角 12-4　湖南安乡一医院坐椅子需收费 10 元?

公众对组织的了解并不全面，有时公众会因信息缺乏或听信一面之词对组织产生误解。这包括几个方面：一是服务对象对组织的误解；二是内部员工对组织的误解；三是传播媒介对组织的误解；四是权威机构对组织的误解。无论哪一类公众对组织产生误解，都有可能引发组织的危机。特别是传播媒介和权威机构的误解，更可能使误解的范围扩大、程度加深，形成极为不利的舆论环境。

4. 由组织管理方面的责任引起的事件

组织管理混乱往往会导致产品质量问题，重大工伤事故、重大生产责任事故、污水排放、废气泄漏、劳动纠纷、罢工、股东丧失信心、内部人员贪污腐化等，这类事件同组织管理直接相关，对组织的形象和声誉会造成巨大的危害。甚至曾经出现组织内部员工存心破坏、报复或搞恐怖活动等，由于当事人是组织成员，这类事件常常跟组织的员工教育和管理联系在一起，对组织形象产生较大的危害性。

第 2 节　公关危机的预防

在媒介化背景下，社会议题的交织使得危机事件的爆发与发展呈现复杂性和多变性的特征，因此，研究危机事件，有助于企业建立危机事件的预防和应对机制，在危机处理中把握危机事件发生发展规律，更好地制定应对策略。尽管危机的发生是不可预测的，但组织的公关危机大多是可以预防的，任何组织都应该重视公关危机的预防工作，建立应急预案。一旦发生危机，组织应立即采取有力措施，尽快渡过危机。

一、危机的预防

近年来，随着社会环境与媒介技术的发展与进步，危机事件的爆发周期不断缩短，组织的公关回应速度由期望的“黄金 24 小时”逐渐缩短至“黄金 4 小时”乃至“钻石 1 小时”。危机事件应对时间的缩短体现了危机事件预防的重要性，组织应重视对危机事件的预防，实现风险控制与应急并重，才能防患于未然。

对世界 500 强企业的董事长和总经理的调查发现，这些企业被危机困扰的时间平均为 8 周半，其中，没有应急预案的公司要比有应变计划的公司的被困扰时间长 2.5 倍。可见，对危机进行预防是必要的。公关危机的预防是指对公关危机的隐患进行监测、预控的危机管理活动。

预防就是未雨绸缪，分析研究某些引发危机的线索和因素，估计将会遇到的问题以及事件发生后发展的程度和方向，从而制定多种可供选择的应变措施。一般情况下预测的主要内容是：有多大可能发生危机事件；各种危机事件的性质；危机的影响范围、发展方向、发展速度等。对这些状况有所预测后，立即向组织决策层、各职能部门传递信息，以加强协作，及时妥善处理危机事件。

如果组织不预先制定完善的危机管理战略，不在危机的最初阶段对危机态势加以控制，危机的连锁反应将是一个加速发展的过程。凡事预则立，不预则废，一些组织等到危机无法收拾时才出面解决，往往是大势已定，难以扭转。正因如此，英国航空公司成立了“安抚组”，专门处理客户的不满，并在三天内做出回应。这个机构让公司清楚地知道哪个环节最容易出问题，从而提出应对策略，做到未雨绸缪，防患于未然。

二、预防措施

（一）做好危机预警工作

许多危机在爆发之前都会出现某些征兆，因此，应该建立预警系统来及时捕捉这些危机的预兆。

建立预警系统可由公共关系人员协同各个管理部门进行，主要包括：加强公共关系信息与组织经营管理信息的收集分析工作；密切注意国家经济政策的变化；加强与重点客户的沟通；经常分析竞争对手的生产经营策略和市场发展情况；定期或不定期进行自我诊断；开展多种调研活动，并在此基础上研究和预测可能引起组织危机的突发事件，使危机消除在萌芽状态。

组织需要系统梳理可能面临风险的清单。要培养全体员工的忧患意识，组织决策层首先就要具备强烈的危机意识，能把危机管理工作做到危机来临之际，并为组织应对危机做好人员、措施、经费上的准备。组织公关危机是组织内外部环境出现问题造成的，因此，在危机爆发之前，必然会出现一些信号。当组织经营过程中出现如下征兆时，公关人员就有必要请示决策部门注意并进一步加强监测：对组织和组织领导人的负面传闻越来越多，受到政府、新闻界或同行人士异乎寻常的关注，组织的各项财务指标不断下降，组织遇到的麻烦越来越多，组织的运转效率不断降低等。

（二）做好危机预控工作

危机公关中的危机预控工作主要有：建立危机处理小组；指定组织发言人；建立以媒体关系为核心的紧急事件处理联络网；对组织潜在的危机形态进行分类；制订预防危机的方针、政策；为处理每一项潜在的危机制定具体的战略和战术；确定可能受到危机影响的公众；在制订危机应急计划时，多听外部专家的意见；写出书面报告；对有关方案不断进行试验性演习；为确保处理危机时有一批训练有素的专业人员，平时应对他们进行专门训练。

建立危机处理小组，人员可以由组织决策层负责人、公关部门负责人和组织其他相关部门的负责人组成。这些成员应保证联系渠道畅通，当危机发生时，该小组自然转变为危机领导核心。对于组织来说，有效的危机公关预控可以防止危机的出现或改变危机发生的过程。实施公关危机预控时应检查所有可能造成组织与社会发生摩擦的问题和趋势，确定需要考虑的具体问题；估计这些问题对组织的生存和发展的潜在影响；确定组织对各种问题的应对态度；实施具体的解决方案和行动计划；不断监控行动结果；获取反馈信息，根据需要修正具体方案。适当时进行危机预演，让内部人员熟悉危机发生时必须要做的事情，当危机真正来临时才不会自乱阵脚，而是能灵活、合理地应对。

（三）树立良好的组织形象

危机事件具有突发性，对于任何组织而言，完全控制危机的发生是不可能的。但这并不意味着组织被动地等待危机的发生，组织平时可以积极建设自身的企业形象与文化，练好内功，在公众心目中建立起鲜明的形象特征。良好的组织形象可以有效地缓冲危机带来的损害。

公关视角 12－5
“神仙企业”胖东来
为什么这么火？

（四）培养全员公关意识

全员公关意识是指一个组织内的所有成员，从最高管理层到普通员工，都认识到公共关系的重要性，并积极参与到公共关系活动中去的意识。这种意识强调公关工作的全员参与和公关职能的全面渗透，具体包括以下几个方面：第一，公关理念普及。所有员工都应理解公关的基本理念，认识到良好的公共关系对于组织形象、品牌建设和可持续发展的重要性。第二，形象意识。员工应认识到个人行为和组织的整体形象紧密相关，每个人都是组织形象的代表。第三，责任意识。员工应明确自己在公关工作中的责任，无论是在日常工作中还是面对突发事件时，都能从维护组织形象的角度出发，做出恰当的反应。第四，服务意识。全员公关意识强调员工应具备强烈的服务意识，无论是服务内部顾客（同事）还是外部顾客（公众、消费者），都应致力于提供优质服务。第五，沟通能力。员工需要具备良好的沟通能力，能够有效地与内外部公众进行交流，传递组织信息，化解矛盾，建立和谐关系。第六，团队协作。全员公关意识还体现在员工之间的团队协作精神上，公关工作往往需要多部门、多职能协作才能完成。第七，危机管理。在遇到危机时，所有员工都应能迅速行动，按照公关危机管理预案有效应对。

全员公关意识的培养和提高对于组织来说至关重要，有助于形成良好的组织文化，提升组织的整体公关能力，从而使组织在社会舆论中占据有利地位。通过全员公关，组织能够更好地与公众沟通，树立正面的社会形象，赢得公众的信任和支持。

第 3 节　危机公关的处理

危机事件是对一个社会组织的基本价值和行为准则架构构成严重威胁，并且在时间压力和不确定性极高的情况下必须做出关键决策的事件。

一、危机处理原则

危机公关处理有 5S 原则之说。在面对公关危机时，组织或企业可以遵循这五个原则，分别是：速度第一（Speed）；勇于承担责任（Shoulder the Matter）；真诚沟通（Sincerity）；系统运行（System）和权威证实（Standard）。遵循 5S 原则，组织可以在危机发生时迅速反应，有效应对，最大限度地减少危机带来的负面影响，并有可能将危机转化为提升组织形象和信任度的机会。

（一）速度第一的原则

速度第一的原则是指对发生的危机事件采取有效措施及时地加以控制。危机事件一旦发生，极易出现人心散乱的局面。如何引导舆论、稳定人心，便成为处理危机事件的一项重要任务。加拿大企业危机管理专家唐纳德·斯蒂芬曾经说："危机发生的第一个 24 小时至关重要。如果你未能很快地行动起来并准备好把事态告知公众，就可能被认为有罪，直到你能证明自己是清白的为止。"在社交媒体时代，危机事件的爆发周期不断缩短，组织的公关回应速度缩短至"黄金 4 小时"乃至"钻石 1 小时"。

好事不出门，恶事行千里。在危机出现的最初 12～24 小时内，消息会像病毒一样，以裂变方式高速传播。这时候可靠的消息往往不多，到处充斥着谣言和猜测。组织的一举一动将是外界评判组织如何处理这次危机的主要根据。媒体、公众及政府都密切注视组织发出的第一份声明。对于组织在处理危机方面的做法和立场，舆论赞成与否往往都会立刻见诸传媒报道。

因此，组织必须当机立断、快速反应、果决行动，与媒体和公众及时进行沟通。只有这样，才能迅速控制事态，否则会扩大突发危机的范围，甚至可能失去对全局的控制。危机发生后，能否首先控制住事态，使其不扩大、不升级、不蔓延，是处理危机的关键。

（二）勇于承担责任的原则

组织与公众之间的关系一旦发生危机，最有成效的办法就是协调好各种利益关系，尤其要注意受害者的利益，利益协调的好与坏直接关系到组织舆论状态和组织形象。利益是公众关注的焦点，因此无论谁是谁非，组织应该承担责任。即使受害者在事故发生中有一定责任，组织也不应首先追究其责任，否则会各说各理，加深矛盾，引起公众的反感，不利于问题解决。

公众一般会关心两个问题：首先是物质上能否得到妥善补偿，即物质利益永远是公众关注的焦点。因此，组织应首先主动承担损失和责任，及时向受害者及所有的消费者道歉，并切实采取措施补偿损失。其次是精神上是否得到合理安抚，即组织是否在意公众的情感。组织应该站在受害者及所有消费者的立场上表示同情和安慰，必要时还应通过媒体向社会公众发表致歉公告，以解决深层次的情感问题，赢得公众的谅解和信任。若在危机发生时百般推诿，强词夺理进行狡辩，则会进一步扩大负面影响。

（三）真诚沟通的原则

组织处于危机漩涡中时，是公众和媒体的焦点，组织的一举一动都可能受到质疑。因此，组织千万不要有侥幸心理，企图蒙混过关，而应该主动与新闻媒体联系，尽快与公众沟通，说明事实真相，促使双方互相理解，消除疑虑与不安。组织在处理危机事件时，无论是对内部公众，还是对新闻记者、受害者、上级领导等，都不能隐瞒事实真相，要实事求是，争取主动，求得公众的了解和信任；否则，可能导致对组织更为不利的局面。

公关视角 12－6　四单位联手谎报事故

（四）系统运行的原则

在规避一种危机时，不要忽视另一种危机。在进行危机管理时必须系统运行，绝不可顾此失彼。只有这样才能透过表象看本质，创造性地解决问题，化害为利。

（五）权威证实的原则

自己称赞自己是没用的。在危机发生后，组织不要整天拿着高音喇叭喊冤，而要请重量级的第三方在前台说话，使公众解除对自己的警戒心理，重获他们的信任。2024 年 6 月，央视曝光厦门鼓浪屿宰客一条龙，隐蔽交错、根深蒂固的“灰色产业链”俨然成了鼓浪屿的“牛皮癣”，不仅影响旅游品质，也严重损害鼓浪屿的口碑。危机发生后，厦门市政府直面问题要害，加强联动治理，重新营造诚信规范的旅游市场环境。2024 年 10 月，新华网发布“总要去一趟厦门吧”，内文动情地说道：“厦门是进取的，在每一段历史脉络里，这座城市都在向前，又向前。厦门是包容的，每一种新变化，都能在这里匹配到合适的位置。”

二、危机处理的一般程序

危机中进行公共关系工作，是公共关系的一种特殊表现形态，是组织公共关系水平的综合体现。有效的危机公关有助于缓解不利于组织的局面，也是组织自我保护、维护形象的客观要求，它对于减少组织形象受损、维护已有的公共关系工作成果有着不可替代的作用。同时，有效的危机公关活动有助于在广大公众心目中树立组织在关键时刻敢于负责、有所担当的形象，有助于提高组织的公共关系水平，提高组织成员的公共关系意识。正因如此，必须制定一个反应迅速、正确有效的危机处理程序，以避免情急之下的盲目性和随意性，防止危机公关中的重复和空位现象。

（一）采取紧急措施，防止事态发展

组织遭受突发危机，往往猝不及防。在此关键时刻，需要沉着冷静，并采取紧急措施，防止事态蔓延。现代社会信息传播高度发达，任何组织的危机事件都有可能被迅速传播，若不加以紧急控制，可能造成惨重的损失。采取紧急措施，一方面可以使组织的形象与声誉损失降到最低；另一方面赢得了宝贵的时间，组织能了解危机事件的真相，并妥善地处理危机。

（二）坦诚告知，表明诚意

组织一旦发生危机，便会受到社会与公众的关注，人们急于了解危机发生的真相，媒体也必然派出记者进行采访。此时，组织只有两种态度：一种是掩盖问题，隐藏真相；另一种是坦诚告知，表明诚意。事实证明，隐瞒事情真相，往往会助长公众的怀疑，扩大危机的波及面，最后势必无法处理危机；坦诚告知，表明诚意，才是最佳的选择。

（三）调查情况，收集信息

对于突发性危机的处理，最终要建立在针对事件真相，采取相应的、得体的公共关系措施的基础之上，因此，调查危机事件的真相显得非常重要。也就是说，在灾难得到遏制、危机得到初步控制后，就要立即展开对危机的范围、原因和后果的全面调查，查明原因，为危机处理决策提供依据，这也是成功处理危机的关键所在。

公关视角 12－7　爱奇艺到底有没有“财务造假”？

（四）针对对象，确定对策

在对危机事件真相调查分析的基础上就可以针对不同的对象确定相应的对策。对策大体上包括以下几个方面。

1. 对组织内部的对策

首先，迅速成立处理危机事件的专门机构，由一名本组织的主要负责人担任机构的领导。其次，判明情况，采取措施，通告全体内部人员，统一口径、共同行动。最后，可以奖励处理危机事件的有功人员，处罚事件的责任者，并通告有关部门，以得到公众的理解、同情、支持和合作。

2. 对受害者的对策

（1）认真了解受害者的情况，实事求是地承担相应的责任，并诚恳地道歉。

（2）冷静地倾听受害者的意见，及时了解和满足有关赔偿损失的要求。

（3）给受害者尽可能多的安慰和同情，并尽可能提供他们所需要的服务。

（4）设专人负责与受害者接触，在整个事件处理过程中不随意更换工作人员。

3. 对上级主管部门的对策

（1）及时汇报。危机事件发生后，及时向上级主管部门汇报，不能文过饰非，更不能歪曲真相、混淆视听。

（2）及时联系。在事件处理中，应定期报告事态的发展情况，及时与上级主管部门取得联系，获得主管部门的支持和指导。

（3）总结报告。事件处理后，要形成详细报告，内容包括处理经过、解决办法和今后的预防措施。

4. 对业务往来单位的对策

（1）传递信息。尽快如实地传递事件发生的信息。

（2）告知对策。以书面形式通报正在采取何种对策。

（3）当面解释。如有必要，应派人员到各单位去当面解释。

（4）说明处理经过。事件处理过程中，定期向各单位和各界公众通报处理情况。事件处理完毕，要以书面形式向对方表达诚恳的歉意。

5. 对其他公众的对策

（1）传播渠道。通过各种渠道向其他公众说明事件梗概，介绍事件经过、处理方法和今后的预防措施。

（2）接待来访。如果有人来访，不能拒绝，对于提出的问题，不能隐瞒事实真相，要坦诚回答、热情接待。

（3）公开道歉赔偿。可根据事件的性质和造成损害的程度，以组织或个人名义向公众表示歉意，必要时，应该赔偿经济损失。

（五）评价总结，改进工作

组织在平息危机事件后，一方面要注意从社会、经济、公众心理和企业形象等层面评估危机公关的合理性和有效性，并实事求是地写出处理报告，为以后处理类似事件提供依据；另一方面要深度分析事件发生的内在原因，收集公众对组织的看法、意见和议论，总结经验教训，以便改进组织工作，从根本上杜绝类似事件再度发生。

三、危机传播的管理

在处理危机的过程中，组织一定要充分利用舆论，巧妙运用现代传播媒介，把组织驾驭危机的信心和胆略、危机的真相和处理危机的方法、进展，及时、准确地传达给公众，正确引导公众舆论。因此，企业需要切实制定危机传播的管理方案。

（一）组织危机的阶段、特点

组织危机不仅具有突发性、严重危害性，而且具有扩散性。危机常常成为社会舆论关注的热点和焦点，成为新闻媒体报道的素材，牵动社会各界的神经。好事不出门，坏事传千里，一个负面消息的传播足以抵消千百篇正面的报道和千万次广告。

正是由于组织危机易扩散和受舆论关注的特征，组织的公共关系人员在整个危机处理的过程中发挥着重要的控制危机传播的作用。了解危机传播的阶段和特点是进行危机传播管理的前提。

1. 危机酝酿期

危机酝酿期指的是危机的孕育时期。这个阶段的特点是：危机有时有些预兆和端倪，但更多的危机是难以察觉的，如果能通过蛛丝马迹察觉出潜藏的危机，就有可能消除隐患。

危机的酝酿是一个长期的过程，在实践中，危机的爆发只在瞬间，但其隐患可能存在很长时间。比如，员工无礼对待消费者，可能是思想教育或管理出了问题；产品存在瑕疵，可以从产品开发、原料采购、质量控制、成品生产和运输等环节找到源头。

2. 危机爆发期

危机爆发期指的是危机的发生初期。这个阶段的特点是：危机已经浮现，忽视和迟钝会导致对危机爆发的信号熟视无睹，错过最佳应对时机。在这一阶段，一旦发现了问题的苗头，就应该积极解决危机，防止向更大的危机转化。对内，应积极自查自纠，尽快解决问题；对外要动态阻断危机中出现的谣言，有一分证据说一分话，控制危机发展的规模。

3. 危机扩散、蔓延期

危机扩散、蔓延期指的是危机发生后，通过媒介、人员、组织的传播与扩散，受众知晓率爆炸式上升。此时信息复杂化，充斥着大量的谣言与猜测，公众难以辨认孰是孰非。信息传播渠道呈多样化，有从现场得到的（信息的原始起源），有从相关组织或人员得到的，也有从媒体得到的（比如一些媒体会转载来自其他媒体的信息）。现场民众、媒体、企业、相关组织和人物，都可能因为事态的发展成为信息源。事件原因又在等待调查的过程中形成信息真空，这时媒体、公众会从各种渠道寻求信息。这个时期的特点是：危机事态发展，原因尚不明朗，各种信息真假难辨，快速扩散。

危机扩散、蔓延期的应对措施更要得到重视，在这一阶段，危机很可能在传播过程中和其他事件发生反应，在勾连中产生更大的危机。因此，在这一阶段，更要注重应对策略，在主体选择、回应内容、事件处理和回应渠道等方面都要注意处理的技巧。

在主体选择方面，要选择权威的第三方发布。若是组织自身进行回应，则要以组织这个整体进行官方发布，而不是选择由组织的某一名成员来回应。通过权威发布的方式体现组织对危机事件的重视和客观性。

在回应内容上，首先需要注意回应内容中传递的情绪。2022年，郑州市某社区书记在新冠疫情防控会上称自己错过女儿成人礼后，她针对网络舆论在线上线下做出的回应带有强烈的个人情绪，这种情绪不仅无法平息网络上的舆论，而且使得网友对其行为更加抵触，是一次错误的公关处理。

同时，我们也可根据情景危机传播理论（SCCT）来选择回应的策略。情景危机传播理论认为，危机可划分为三种类型：受害者型危机，是指涉事机构也是危机的受害者，包括自然灾害、谣言、工作场所暴力、产品被破坏/恶意攻击等；意外型危机，是指涉事机构行为是无意的，导致危机发生，包括技术故障、操作失误等导致的危机事件；可预防型危机，是指涉事机构明知把相关人员置于危险中而采取不恰当的行为或违法违规行为，包括人为造成的事故、人为造成的减产、未造成伤害的不当行为、管理失误的不当行为以及造成伤害的不当行为等。

对此，库姆斯（Coombs）等提出三种应对策略。否认型策略，是指涉事机构否认与危机有关，包括：（1）否认，管理层声称不存在危机；（2）替罪羊，管理层指责一些外部实体应该对危机负责；（3）攻击原告，管理层声称问题是某些团体或个人造成的。弱化型策略，是指减少涉事机构与危机事件的联系或者强调外部不可控因素，从而减轻危机事件对涉事机构的负面影响，包括：（1）借口，管理层声称对事件缺乏控制或无伤害意图试图将危机责任最小化；（2）理由，管理层试图将危机造成的损害降到最低。重建型策略，是指愿意承担造成危机事件的责任以及后果，包括：（1）迎合，管理层赞扬其他利益相关者和/或提醒人们该组织以前的良好工作；（2）关注，管理层表达对受害者的关注；（3）同情，管理层向受害者提供金钱赔偿或其他礼物补偿；（4）遗憾，管理层表示对危机的发生感到非常遗憾；（5）道歉，管理层表示愿意对发生的危机承担全部责任，并请求受害者原谅。[①] 组织可以通过分析危机发生的类型来选择适合的策略进行处理（见图 12-1）。

	无危机史	曾有类似危机史
受害者型危机	纠正不实信息（否认型策略）	弱化型策略
意外型危机	弱化型策略	重建型策略
可预防型危机	重建型策略	重建型策略
补充说明	否认型策略一般用于应对谣言和挑战导致的危机	
	应持续并一致地使用危机反应策略，如果将三种策略混合使用将会影响危机应对的总体效果	

图 12-1　危机类型与应对策略

尽管有许多危机事件似乎都在互联网上发酵，但要看到大部分危机事件的发源地仍是线下。因此，在危机事件处理方面，我们不仅要注重线上的危机回应，更要关注线下的危机处理，以线下解决为主、线上回应为辅。

在危机回应的渠道上，我们应遵循事件在哪里爆发，回应就在哪里发布的原则，以使回应效率最大化。

---

① 孙建，向学亮．基于情景危机传播理论的涉警舆情应对策略研究．信息网络安全，2021（A1）：74-77.

4. 危机减弱、消失期

随着事态的发展、对事件的处理、对原因的调查，事情有了结果，公众、媒介的关注在触及顶峰后逐渐减弱、消失。在危机的减弱、消失期，组织也不应放松警惕，要保持敏感，时刻关注危机舆情的发展动态，注意危机的长尾效应。在某些特定的事件和场景下，网友的“吃瓜”行为可能导致舆论啸聚，进而引发“次生舆情”。特别是由于情绪扩散与社会动员，使得舆论场演化变得具有极强的不确定性。因此，组织应时刻保持敏感，防止次生危机。

（二）制订危机传播管理方案

在做好危机管理方案的同时，要制订危机传播管理方案，危机传播管理方案的内容和要求如下。

1. 设立一个专门负责的发言人

危机发生后，不管是应付危机的常设机构，还是临危受命的危机处理小组，均应当迅速各司其职，搜索一切与危机有关的信息，并通过组织委派的发言人（这项工作一般由公共关系部经理担任）将有关情况告知社会公众，发言人所代表的就是组织决策层的意见。

应当注意的是，组织对外传播的信息只应由发言人发出而不要有多种声音；发言人需要掌握组织相关信息，表达专业，态度诚恳。

2. 主动与新闻界沟通

危机发生后，新闻界必然要联系企业进行采访。与其在记者到来之后被动受访，不如自己主动将情况通报给日常工作中经常打交道的新闻单位，并尽量给予对方采访上的便利，积极提供新闻参考资料（可公开的或平时未公开的）和背景材料，以免它们通过一些非正常渠道去获取新闻资料。

在与新闻界沟通的过程中，要注意两方面的情况，即有利的情况和不利的情况。如果竭力掩盖于己不利的真相，一旦被发现，就可能会被怀疑组织自身是危机的罪魁祸首，反而得不偿失。这方面的工作与发言人的工作并不矛盾，发言人代表组织的决策层来讲话，与新闻界沟通的工作实际上是为前者讲话提供具体资料和陈述依据等。

3. 公布造成危机的原因

应坦诚地向社会公众及新闻界说明造成危机的原因。如果是自己的责任，应当勇于向社会承认；如果是由于误解或遭遇不正当竞争（如栽赃等），则应通过各种手段使真相大白，最主要的是随时向新闻界等说明事态的发展，对无事实依据的小道消息及流言蜚语做出澄清。

四、重塑组织形象

危机对任何组织都是一场严峻的考验。对大多数经历危机的组织来说，不管是否有能力解决危机，其组织形象都会不同程度地受到损害。正如组织形象的树立是一个长期的过程，组织形象的损害也是长期的，不利影响会在今后组织的生产经营活动中体现出来。因此，在恢复期，公共关系人员应该在重塑组织形象上多下功夫，应该牢记：只有组织形象得到重塑，组织才能转危为安。组织发生了危机，就可能会失去公众的信任，组织原先的顺意公众可能变成逆意公众，同时组织也会失去长期以来经过艰辛努力营造的良好的公共关系环境和获得的产品市场份额，组织美誉度及经济效益下降，因此，如何力挽狂澜并重塑组织形象是组织面临的主要问题。

（一）树立重塑组织良好形象的强烈意识

在危机处理中，组织必须树立重塑良好形象的强烈意识。要有重整旗鼓的勇气和再造辉煌的决心而不能破罐子破摔。只有形象得到重塑，组织才谈得上进入了良好的公共关系状态。

（二）重塑组织形象的目标

组织在重塑形象的过程中，可以根据调查的结果来策划重塑组织形象的方法。如果是组织的美誉度受到损害，则组织可以采取提高产品和服务质量的方式重塑组织形象；如果是组织与媒体的关系导致的危机，可以改进与媒介沟通方式来重塑形象。

重塑组织形象的目标具体来说分为四个方面：第一，使组织危机事件的受害者或其家属得到最大的安慰；第二，使利益受损者重新获得信心；第三，使观望怀疑者重新成为真诚的合作伙伴；第四，更多地获得事业上新的关心者和支持者。

（三）采取重塑组织良好形象的有效措施

组织在确立了重塑形象的目标之后，其工作的关键是采取有效措施，这些措施包括对内和对外两个方面。

1. 组织内部

一是要以诚实和坦率的态度来安排各种交流活动，形成组织与员工之间上情下达、下情上达的双向交流，保证信息畅通无阻，提升组织管理的透明度和员工对组织的信任感；二是要以积极主动的态度，动员组织全体员工参与决策，制订组织在新的环境中的发展计划，让员工合理认识组织的处境与当下困难，并树立企业上下团结一致、攻坚克难的信心；三是进一步完善组织管理的各项制度和措施，有效地规范组织行为。

2. 组织外部

一是要同平时与组织息息相关的公众保持联络，及时告诉他们危机发生后组织的新局面和新进展；二是要针对组织公共关系形象的受损情况，重点开展有益于弥补形象、恢复形象的公共关系活动，与广大公众全面沟通；三是要设法提高组织的美誉度，争取拿出一些过硬的服务项目和产品，从根本上建立公众对于企业的全新认知。

思考题

1. 什么是公关危机？什么是危机公关？

2. 说明危机事件的特点和基本类型。
3. 说明公关危机预防的重要性及举措。
4. 说明危机公关处理应遵循的5S原则。
5. 阐述危机处理的一般程序。
6. 请分析最近发生的一起企业危机处理事件，谈谈你对危机处理的认识。

案例

胖东来8页调查报告——应对顾客与员工争执

2023年6月19日21时10分，用户“飞燕走壁”发布了一则抖音视频，内容为“头一次见吵胖东来的人”。

据胖东来调查报告描述，视频长度为54秒，内容显示是在时代超市称重台，顾客全程大声呵斥一名男员工，言辞激烈，包含伤人话语以及手部直指动作。其间员工有简短话语回应，被值班班长劝阻，只是低头没有再发声，旁边有几名其他员工进行劝阻。该视频目前已不可见。

承担责任：舆论不信胖东来员工会跟顾客吵起来，甚至认为一定是顾客的问题。这是胖东来建立起来的一以贯之的口碑防火墙，但胖东来没有借助舆论支持模糊带过，而是站在客观中立的立场上发布8页调查报告以告知公众，承担起企业应有的社会责任。

真诚沟通：无招胜有招，真诚胜过技巧。一般企业在应对危机舆情时，官方回应往往会“说多错多”，在不得不回应的情况下公关一般会建议“少说”，而胖东来发布长达8页调查报告，是绕开招数、技巧直接解决问题。

速度第一：该事件曝光账号“飞燕走壁”（同日购物顾客）6月19日晚通过抖音发布视频，20日上午就删除了该视频。6月29日晚，许昌市胖东来超市有限公司在其抖音官方账号发布了一份关于顾客与员工发生争执事件的调查报告。报告长达8页，不仅有封面和目录，还对处理方案作了详细说明。

系统运行：危机舆情中舆论往往是感性的，被情绪裹挟，是非不明之前舆论会倾向弱者。一般企业在应对过程中为了平息舆论、自我保护，经常出现甩锅员工的情况。胖东来奖励顾客500元，补偿员工5 000元的做法既照顾到弱势的顾客，也维护了弱势的员工。

资料来源：舆情复盘｜胖东来“8页调查报告”事件．(2023-07-18)．澎湃，https://www.thepaper.cn/newsDetail_forward_23881959.

思考题：

1. 本案例属于哪种类型的危机事件？
2. 请从危机事件的特点来分析“胖东来员工争执”事件。
3. 请对应公关处理的5S原则说明胖东来在处理过程中是如何体现这些原则的。

第 13 章

公共关系中的人际交往

开展公共关系离不开人际交往。所有的公共关系活动都必须靠人来进行，大量的公共关系工作是通过组织的公共关系人员与公众的交往实现的，因此，公共关系人员必须掌握人际交往的理论和艺术。戴尔·卡耐基曾说，一个企业家的成功只有15%是靠他的专业知识，85%是靠他的人际关系与领导能力。因此，在公共关系活动的人际交往中，公共关系人员需要掌握一些基本的交往原则和技巧。

第 1 节 人际交往的含义与基本模式

人际交往是人们生活中必不可少的组成部分，也是公共关系活动中的重要内容。本节将着重从人际交往的角度分析公共关系人员如何塑造自己的形象。

一、人际交往的含义

组织要处理好与公众之间的关系，营造生存和发展的良好环境，就必须开展各种公共关系活动，人量的公共关系活动的主体都是现实中的人，因此，开展公共关系活动离不开人际交往。

人际交往的含义可以从以下几个方面理解：

(1) 人际交往是人与人之间的交往。人际交往离不开主体——人，是人与人之间的相互交往，不同于人与物打交道。人有思想、有行为，是能动的，因此，人际交往绝不像人与物之间的关系那样简单。

(2) 人际交往是有意识、有目的的行为。人们进行交往总是将一定的目的作为驱动因素，为了达到自己的某种期望而与他人进行交流。无论是想结交朋友还是促成生意，无论是出于崇拜还是迎合，人们总是在交往之前就想好了某一目的，目的一直存在于交往过程中，或在交往过程中发生变化。

（3）人际交往需要实现信息交流和思想互动。人不同于物，人有思想，人际交往不是机械的相互作用而是一种思想互动，这种互动以信息交流为前提。信息交流是交际的基本手段，是进行交往的前提，没有信息交流，不能称为交往。在现实生活中，人与人交往只有实现了思想上的互动，才能继续发展乃至深入发展下去，否则，交往便会中断或停止。

二、人际交往的模式

人际交往的模式多种多样，按信息沟通的过程，其基本模式有以下几种。

（1）直接沟通和间接沟通。直接沟通是运用人自身固有的手段（如语言手段和非语言手段）进行的面对面的沟通；间接沟通是借助技术手段（如书信、文章、电话等个人媒介和报纸、电视、互联网等大众传媒）进行的不见面的沟通。随着生产力的发展和科学技术的进步，人与人之间间接沟通的比例明显上升，直接沟通则相对减少。

（2）正式沟通和非正式沟通。根据沟通双方的社会身份，可以将公共关系活动中的人际沟通划分为正式沟通和非正式沟通。正式沟通是指通过组织关系进行、经过精心设计与安排并有一定程序、建立在一定的正式社会结构基础上的信息传递和交流。非正式沟通是指未经设计和安排、没有一定程序、人们通过私人关系并以个人身份进行的信息交流。在任何一个社会组织中，既有经过正式安排、使信息有目的地交流和传递的正式沟通，又有未经设计和安排、组织成员自由进行信息交流和传递的非正式沟通。

（3）语言沟通和非语言沟通。语言沟通就是以语言为沟通手段的信息交流，它又可以分为：有声语言沟通，即口头语言的沟通；无声语言沟通，即书面语言的沟通。非语言沟通就是不以一般的语言为沟通手段的沟通，它又可以分为动态无声沟通、静态无声沟通、辅助语言和类语言沟通三大类。

三、人际交往中自身形象的塑造

人格魅力是一个人心理素质和修养的外在表现，它能反映一个人的道德品质、思想情感、性格气质、学识教养、处世态度等。一个人能否被别人接纳，是否具有人格魅力，关键在于他在别人心目中的形象如何，个人形象的好坏直接影响到与他人关系的性质、程度。

为了广泛建立良好的人际关系，展示自己的人格魅力，公共关系人员在人际交往中要塑造良好的自身形象。为此，必须注意以下原则：第一，精神饱满，神情自然；第二，仪表整洁，衣着得体；第三，谈吐高雅，言语真诚；第四，自然大方，挥洒自如。

第 2 节　人际交往中的语言技巧

生活离不开交往，交往离不开说话。一句热情得体的话，可以暖人心田，同样，一句尖酸刻薄的话，也可以招来嫉恨。礼貌友好的谈话艺术常常可以沟通信息、交流思想和表达感情，给人的生活和事业带来不可低估的影响。因此，公共关系人员在讲话技巧方面应力求解决好以下几个问题。

一、赞扬的技巧

一个人不管是通过言语还是行为，只要表达出对别人的优点和长处的真诚肯定和喜爱，都可以说是赞扬或赞美，它是一种堂堂正正、正大光明的处世艺术。

学会赞扬需要把握以下几个原则：第一，真诚是赞扬的前提；第二，赞扬对方引以为荣的闪光点；第三，赞扬要实事求是；第四，赞扬要适应环境；第五，间接赞扬可能收到奇效。一个善于赞扬别人的人往往更加喜欢用间接称赞这种稍微曲折一点的方式。借别人的口来赞扬一个人，增强了赞扬的客观性和可信度。间接赞扬的另一种方式是通过赞扬与一个人有密切联系的人、事或物来表明对这个人的赞扬之意。间接赞扬往往让人认为你更加真诚。

二、劝说的技巧

劝说是一门艺术，常言道，话有三说，巧说为妙。不同的谈话方式的效果往往大不一样。“触龙说赵太后”的故事就是巧用劝说的典范。

在现代社会里，在工作、生活中若能将婉言规劝用得恰到好处，则会对人与人之间的沟通、理解大有帮助。

（一）以退为进

在劝说难以奏效时，劝说者可以先绕开话题，做适当的让步，先消除对方情绪上的对立，使他没有戒备心，然后因势利导，以退为进，陈述利害。正如古人所言：“将欲取之，必先予之”，这样往往能达到预期的效果。我国春秋时期的齐相晏子最擅长使用这种方法。据《晏子春秋》记载，齐国有人得罪了齐景公，景公大怒，命人将他绑起来，置于殿下，召集武士来肢解他，有敢劝谏的，定斩不饶。晏子左手持着那人的头，右手提着刀，仰面向齐景公问道：“您知道古代贤明的君主要肢解人时，从哪里开始下刀吗?”齐景公顿时明白了，说：“把这人放了吧，过错在寡人。”

（二）逻辑诱导

在劝说别人时，寻求双方态度上的一致性，往往是进行有效劝说的重要基础，这对减弱对方的戒备心、化解对方的对立情绪、增进相互间的理解起着关键作用。当双方有了相似之处后，再以此为前提，运用逻辑推理，层层递进，因势利导地说出令对方口服心服的结论，方能达到改变对方态度的目的。比如，电影《南征北战》里有一段高营长劝说张连长注意不要有急躁情绪的场景。高营长说："我也想打一个冲锋，一下子把蒋介石的800万军队都打败，可是不行啊。我们是小米加步枪，而敌人是飞机加坦克。这就要求我们饭要一口一口地吃，仗要一个一个地打。"这段话入情入理，说得张连长心服口服。

（三）类比借喻

在劝说时，采用类比借喻的方法，既可以使道理讲得形象易懂，又往往能够避开对方的戒备心理，使其在不知不觉中得到暗示、引发思考、获得启发，从而改变原有的态度。比如，春秋时期，晋国要借道虞国以伐虢国，虞国大夫宫之奇向虞公谏曰："虢，虞之表也，虢亡，虞必从之……谚所谓'辅车相依，唇亡齿寒'者，其虞、虢之谓也。"宫之奇用"辅车相依，唇亡齿寒"来比喻虞、虢两国之间的关系，建议不要让晋国借道。无奈昏庸的虞公不听，最终导致虞国被晋国灭掉。像"螳螂捕蝉，黄雀在后""鹬蚌相争，渔翁得利"等都是很好的类比例子。

（四）分散注意

倘若劝说对象刚愎自用，固执己见，这时直接劝说往往很难叩开对方的心扉，我们可以采取间接、迂回的方法，即直话曲说，转移对方的注意力，削弱对方的戒备心，使其在不知不觉、毫无防备的情况下，接受劝说者的观点。

战国时，田婴准备在封地薛地修筑城防工事，因为会引起齐威王猜疑，不少门客去谏阻他。田婴于是吩咐传达人员不要为劝谏的门客通报。有个门客请求谒见田婴，他保证说："我只说三个字就走，要是多一个字，愿意领受烹杀之刑。"田婴于是接见他。客人快步走到他跟前说："海大鱼。"然后转身就走。田婴赶忙问："先生还有要说的话吧？"门客说："我可不敢拿性命当儿戏！"田婴说："不碍事，先生请讲！"客人这才回答道："你没听说过海里的大鱼吗？渔网、钓钩对大鱼无能为力，但一旦大鱼得意忘形离开水域，那么蝼蚁也能随意摆布它。以此相比，齐国就如同殿下的'水'，如果你有齐国庇护，为什么要倚仗薛地呢？你如果失去齐国，即使将薛邑的城墙筑得跟天一样高，又有什么用呢？"田婴称赞说："对。"于是停止筑城的事。

三、否决的技巧

在拒绝或否定别人时，往往容易伤害对方的自尊心。

在拒绝别人时，谈话的艺术表现在拒绝对方时能保留对方的面子，维护对方的自尊心。下面谈谈在拒绝对方时应该注意的几个问题。

（一）选择好谈话的场合与环境

在拒绝或否定别人时，最忌讳在大庭广众之下或有第三者在场，因为这样容易让对方难堪，伤及其自尊心。一般来讲，倘若当众否决对方，不管否决者说得多么有道理，对方都会产生强烈的戒备和防卫心理，误认为否决者有意伤害和羞辱他，从而与否决者情感破裂，行为对立，甚至会耿耿于怀。比如，有的妻子总是爱当着别人的面指责自己的丈夫，丈夫此时往往甚是恼火。再如，有些家长总是当着外人的面批评自己的孩子，这也是比较失策的举动，它会使孩子与家长之间产生一种对立的情绪。

（二）拒绝或否定之前，最好先肯定对方的优点

善意的拒绝或否定是为了让对方改正错误而不是为了刺伤对方、羞辱对方。因此，在否决对方时，要讲究方法。要尽量把话说得婉转、迂回，富有人情味，使对方在没有戒备心的情况下接受你的观点。在有些场合，直接否决对方很容易伤害对方，如果先承认对方的优点，在得到对方情感认同的情况下，再指出对方的不足，这样既可以使对方容易接受，又不至于招致对方的防范和反感。

（三）否决对方时，要给对方台阶下

在否决对方时，要想使其避免难堪、自尊心不受伤害，就要设法给对方找个台阶下。比如，一位顾客来到商店退西装，店员检查出西装有洗过的痕迹，聪明的店员没有当面揭穿，而是说：“太太，是不是你的家人不小心搞错了，把这件西装送去洗了呀？我也有过类似的经验，我外出的时候，洗衣店的人来了，我丈夫稀里糊涂地让人把才洗过的衣服和其他衣服一起带走，和这情形完全一样，是吗？你看，这上面有洗过的痕迹。”顾客看了证据，无话可说，心里倒有些感谢店员给了她一个台阶。

四、道歉的技巧

在人际交往中，人们往往会在有意无意间得罪他人，伤害彼此间的情谊，造成不愉快，甚至产生感情上的疙瘩。

冤家宜解不宜结，那怎么个解法呢？学会道歉。道歉就是向对方表达出你内心深处真诚的歉意。歉意的表达需要运用一定的技巧，否则难以取得良好的效果。

（一）勇于承担责任

道歉首先要有承担责任的诚心和勇气。道歉不是一件丢脸的事情，反而更能体现一个人良好的人品与修养。道歉不是耻辱，而是真挚、诚恳和有勇气的表现。不但我们普通人，就连一些历史名人也需要道歉。英国首相丘吉尔一度对美国总统杜鲁门印象很坏，后来他找了个机会向杜鲁门道歉，形式很巧妙：“总统先生，我以前低估了您，实在对不起。”丘吉尔以赞誉的方式道了歉。关于负荆请罪的典故，人们不仅佩服蔺相如的有容乃大，更佩服廉颇有过则改的勇气和负荆请罪的真诚。有人道歉时“犹抱琵琶半遮面”，左一个“因为”，右一个“假设”，强调种种客观因素，或将责任推到他人身上，说“要不是他……我不会……”，而很少扪心自问是否有愧。这样的道歉苍白无力，无

法让人生出谅解之情。道歉要有廉颇式的诚意，有了诚意才会有说出“对不起，我错了，请原谅”的勇气。

（二）善于把握时机

道歉要善于把握适当的时机，应选在对方心平气和、有喜事等心情较好的时候。人逢喜事精神爽，这时对方更容易接受你的道歉，与你握手言欢、重归于好。当然，道歉宜早不宜迟。道歉要选准适当的地点，最好是亲自上门道歉，或约对方到一个环境幽雅安静的地方，这样双方都能平心静气，自然也就容易推心置腹、开诚布公地谈心，从而化干戈为玉帛。

（三）巧于借物传情

当岸与岸相隔时，聪明的人发明了桥和船，两岸相通非人能行也，善假于物也；当心与心相隔时，我们也应巧借外物表达心意。如果直接致歉不合适，不妨在适当时间打个电话或写封言辞诚恳的信，向对方表示歉意。当然，也可以请一位彼此都信任的朋友、同事或领导代为转达歉意，待日后时机适宜时再登门致歉赔礼。甲不小心伤害了乙，他感到很内疚，于是，乙生日那天，甲到学校广播站为乙点歌一首，并说：“乙，对不起，我真的不是故意的，你能原谅上周惹你生气的朋友吗？今天是你的生日，我祝你生日快乐，前程似锦！”乙听到广播后很感动，立刻登门致谢，两人和好如初。

（四）贵在持之以恒

也许你的失误给对方造成刻骨铭心的伤害，这时你要有诚心，更要有耐心，道歉一次不行就两次，两次不行就三次。快要失去耐心与信心时，你要站在对方的立场想一想：要是我，我能轻易原谅深深伤害过自己的人吗？水滴石穿，只要你敞开心扉真诚地对待对方，精诚所至，金石为开，朋友间就不会有解不开的心结。

第 3 节　网络中的人际交往

一、网络人际交往的内涵

互联网是当今社会全新的传播媒体，在网络化的今天，网络人际交往已经不仅仅是线下人际交往的补充，而是在发展中逐渐占据了人际交往的大部分比重。从字面意思来理解，网络人际交往指的是借助互联网进行的人际交往活动，它往往受制于网络空间中不同软件的功能与形态，并会根据其所依附媒介的不同而展现出不同的样态。①

① 蔡炜．公共关系学．上海：华东理工大学出版社，2014：101－102.

二、网络人际交往的特征

1. 即时性

1994 年国内接入互联网，BBS（网络论坛）、贴吧成为网络社交媒体发展的开端，经过了一个从精英化到大众化的转变过程后，2005 年后 BBS 进入繁荣期，人际交往以社群形式展开，在此期间以 QQ 为代表的即时通信类社交媒体逐渐发展起来，微博与微信先后于 2009 年和 2011 年正式上线，投入市场，随后易信、飞信、陌陌等多元化的通信社交应用开始出现，近几年来抖音、快手、小红书等社交平台繁荣，传播围绕以人为节点的关系网展开，展现出即时性的特征。

2. 公开性

网络是一个高度开放的系统，任何人都可以平等地利用它获取信息和传递信息。信息传播者和受众在这一媒体中有充分自由。在互联网上，无论是信息内容的制作、媒体的运用和控制，还是传播信息和接收信息的方法、方式及消费，都公开地呈现在公众眼前。在这一网络系统中的人际交往，往往也带有公开性的特征。

3. 可回溯

基于数字技术的互联网决定了网络人际交往的可回溯性。不论是以文字、图片或视频形式进行的人际交往都能成为一种网络数据，留存在浩瀚的互联网数据库中。部分数据在网络权限的限制下得以私密存储，部分数据则在一定程度上公开，不论是以哪种形态存储的数据，都能够通过超链接进行访问与回溯。“留痕”是网络人际交往与线下人际交往最重要的区别之一。

三、网络人际交往的沟通手段

1. 电子邮件

电子邮件是网络上最早运用且使用范围广泛的沟通方式之一，它能够在不同的网络系统中即时传输文本、图片、视频与音频等信息。电子邮件的使用不受时间和空间的限制，人们可以随时随地使用电子邮件与他人进行沟通。电子邮件兼具传统电话的实时性与书信交往的直观性，是对传统沟通方式的一种更新。它的特点包括发送速度快、成本低廉、交流对象广泛等。

网络公共关系的一种常见形式就是给记者、编辑或者客户发送电子邮件，介绍组织的情况、产品或服务。与其他网络沟通方式相比，发送电子邮件在一定程度上更加正式，组织会以规范的电子邮件格式来呈现相关的内容信息。以电子邮件沟通建立起来的通信关系更能使受众感到被重视，同时，组织也可迅速地对受众的反馈作出响应。

2. 线上会议

线上会议是伴随着即时通信技术发展而来的产物，以腾讯会议为例，对于用户的技术水平要求低，功能划分清晰，界面友好，易于公关人员上手。它包含多种功能，如视频会议功能、实时文档编辑、云端存储与管理等，公共关系人员可以根据个人进行人际交往的目的和要求，灵活选择软件功能，或根据实际需求在几种模式之间无缝切换。

线上会议的召开往往是为了推动事件的进程，实用意义高。尽管线上会议看上去是“一对多”的交往模式，但也包含“一对一”的人际交往，组织在召开线上会议时更需要时刻注意自身的言行举止，组织人员在线上会议的表现很大程度上会影响组织的专业形象。新冠疫情期间线上教学就发生过多起忘记闭麦或关闭摄像头导致“社死”的情况。

3. 社交软件

万维网技术应用初期被称为 Web1.0 或门户网站，主要模式是用户从客户端通过浏览器访问某个网站的服务器，阅读该网站上的网页信息，被称为静态互联网时代。[①] Web1.0 表现出包括平台创造、平台所有、平台控制、平台受益等核心特征。到 Web2.0 时代，智能手机、微信等社交软件全民普及，口语化的片段以数以亿万兆计的形式存在于新媒介的话语中，构成了我们鲜活的口语生态场，称为交互式互联网时代。[②] Web2.0 的核心特征表现为用户创造、平台所有、平台控制、平台受益等核心特征。当前正在进入 Web3.0 时代，第三代互联网的代表有区块链、元宇宙、DAO、NFT、链游，被称为协议互联网时代。Web3.0 将虚拟现实（VR）和增强现实（AR）技术应用于各个领域，打造出沉浸式的体验和交互方式。人们可以通过虚拟现实技术进入虚拟世界，在数字环境中进行互动。Web3.0 的核心特征表现为：用户创造、用户所有、用户控制、协议分配利益。

无论是当下还是未来，社交软件都是网络人际交往中不可缺少的组成部分。在社交软件上进行的人际交往更具“一对一”的亲密感，不同于电子邮件交流的正式与规范，在社交软件上进行的交流更加私密、灵活。组织的公关人员能够在社交软件上与客户维持亲近的人际关系，并以此促进后续公关活动的开展。

四、线上交往的心理障碍

线上沟通也容易出现交往障碍。由于自身神态、肢体动作等无法被对方感知而引起误解，多出现于电话沟通、网络交往中，并以网络交往为高发区。学者科尔南（Mary J. Culnan）和马库斯（Lynne Markus）在 1987 年提出社交线索消除理论，认为基于互联网的交流消除了很多面对面交流中的必要因素，比如表情、肢体语言、语音语调、两个人之间的距离和环境等，导致交流中出现语意误解，一定程度上阻碍了人际交流的正常进行。

---

① 刘存地. 网络传播技术的潜在规定性及其对受众社会认知的影响. 江汉论坛，2024 (8)：60-68.

② 翟羽佳，赵英乔. 次生口语的学理逻辑与传播形态：从 Web2.0 到 Web3.0. 现代传播（中国传媒大学学报），2024，46 (6)：148-157.

同时，数据化的互联网能够留下交往的痕迹，而痕迹往往会成为现下互联网危机事件的导火索，并在点赞和转发中被不断扩散。从李佳琦的“哪李贵了”到被制作成表情包的翻白眼女记者，种种微小的细节都有可能在互联网中被放大，这种犯错的压力使得交往双方产生了一定的心理障碍，导致以互联网为媒介的线上交往更加“套路化”“规范化”，拥有一套自身的运作蓝本。这种僵化的交往模式不利于人们发展建立一段良好的人际关系，同时，也无法应对灵活多变的现实交往状况。

公关视角 13－1
64.2%受访青年感觉自己存在“社交卡顿”

每个人都希望善于交往，建立起和谐的家庭关系、朋友关系、同学关系、同事关系等，这些良好的社会关系可以使人在温馨怡人的环境中愉快地学习、生活和工作。在实际交往过程中，或多或少总是存在一些不尽如人意之处，影响人际交往的正常进行。“知人者智，自知者明”，能否正确地认识和了解他人，关系到人际交往能否顺利进行。要走出对他人认知的心理误区，应注意以下几个方面：第一，认识和完善自我形象；第二，严于律己，宽以待人；第三，树立新型的交往观念和交往意识。人们的交往方式逐渐从封闭型交往向开放型交往转变，从被动型交往向主动型交往转变，从单一型交往向多样型交往转变。

思考题

1. 说明人际交往的一般过程。
2. 在人际交往中如何赞扬别人？
3. 简述网络人际交往的特征及沟通手段，以自己为例说明线上沟通出现的交往障碍，如表情、肢体、语言语调导致交流中出现语意误解，阻碍人际交往的正常运作。
4. 试举一个网络人际交往的案例，运用本章知识说明它的成功或失败之处。

案例

触龙说赵太后

赵太后刚刚执政，秦国就加紧攻赵。赵国向齐国求救。齐国说：“一定要把长安君作为人质，才派兵。”赵太后不肯答应，大臣们极力劝说，赵太后对左右的人说：“有哪个再来说要长安君为人质的，我就要把唾沫吐在他的脸上。”

左师触龙觐见赵太后，赵太后气冲冲地等着他。触龙来到宫中，慢慢地小跑着到了赵太后跟前谢罪道：“我脚上有毛病，竟不能快步跑。好久都没见您了，我怕您玉体欠安，所以想来看望您。”赵太后道：“我靠车子才能行动。”触龙又问：“每日饮食该没减少吧？”赵太后道：“不过吃点稀饭罢了。”触龙说：“我近来不想吃东西，却勉强自己散散步，每天走三四里，稍稍增加了一些食欲，身体也舒畅了些。”赵太后说：“我做不到啊。”赵太后的怒色稍稍地消了些。

触龙又说：“老臣的贱子舒祺年岁最小，不成器得很，而我已经衰老了，心里很怜爱他，希望他能当一名卫士，来保卫王宫。我特冒死来向您禀告。”赵太后答道：“好吧。他多大了？”触龙道：“十五岁了。虽然他还小，我却希望在我没死之前把他托付给您。”赵太后问道：“男人也爱他的小儿子吗？”触龙答道：“比女人还爱得很哩！”赵太后答道：“女人格外疼爱小儿子。”触龙说：“我私下认为您对燕后的爱怜超过了对长安君。”太后道：“您说错了，我对燕后的爱远远赶不上对长安君啊！”触龙言道：“父母疼爱自己的孩子，就必须为他考虑长远的利益。您把燕后嫁出去的时候，拉着她，还为她哭泣，不让她走，想着她远嫁，您十分悲伤，那情景够伤心的了。燕后走了，您不是不想念她，可是祭祀时为她祝福，说：‘千万别让她回来。’您这样做难道不是为她考虑长远利益、希望她有子孙能相继为燕王吗？”太后答道：“是这样。”

左师触龙又说：“从现在的赵王上推三代，直到赵氏从大夫封为国君，历代赵国国君的子孙受封为侯的人，他们的后嗣继承其封爵的，还有吗？”太后答道：“没有。”触龙又问：“不只是赵国，诸侯各国有这种情况吗？”太后道：“我还没听说过。”触龙说道：“这大概就叫做，近一点呢，祸患落到自己身上；祸患来得晚，就会降临到子孙头上。难道是这些子孙一定都不好吗？是因为他们地位尊贵，却无功于国；俸禄优厚，却毫无功绩，而他们又有许多珍宝异物。（这就难免危险了。）现在您使长安君地位尊贵，把肥沃的土地封给他，赐给他很多宝物，可是不趁现在使他有功于国，有朝一日您不在了，长安君凭什么在赵国立身呢？我觉得您为长安君考虑得太短浅了，所以认为您对他的爱不及对燕后啊！”太后答道：“好了，任凭您把他派到哪儿去。”随即为长安君准备了上百辆车子，到齐国作人质。齐国于是派兵救赵。

思考题：

结合本章中劝说的技巧谈谈触龙如何做到成功说服赵太后的。

第 14 章

国际公共关系

从全球经济、贸易、科技发展的实际状况来看，投资国际化、生产国际化、经营国际化以及经济一体化的发展，使一国经济不可能超然于世界经济和贸易之外，参与国际竞争已成为一国发展经济不可或缺的重要组成部分和企业生存和发展的关键。习近平指出："企业家要立足中国，放眼世界，提高把握国际市场动向和需求特点的能力，提高把握国际规则能力，提高国际市场开拓能力，提高防范国际市场风险能力，带动企业在更高水平的对外开放中实现更好发展，促进国内国际双循环。"① 习近平主席于 2013 年提出了建设"丝绸之路经济带"和"21 世纪海上丝绸之路"的重大倡议，简称"一带一路"倡议。十余年来，"一带一路"倡议作为中国高水平对外开放的重要举措，不仅为沿线国家合作提供了国际舞台，也为中国企业开拓海外市场、助推企业品牌国际化带来了历史机遇。② 中国企业出海面临着迥异的文化背景和陌生的海外环境，企业参与国际市场竞争会遇到种种困难。因此，国际公共关系作为现代国际经营的重要方面，日益受到重视。

在对外交往中，政府和事业单位日益重视国际公共关系。党的二十大报告提出，"提炼展示中华文明的精神标识和文化精髓，加快构建中国话语和中国叙事体系，讲好中国故事、传播好中国声音，展现可信、可爱、可敬的中国形象"。随着公共关系逐渐进入到政府决策层面，国家公关在提升国际形象方面发挥着重要作用。中国政府在一些国家大型活动中积极探索中国特色国家公关，取得了较好的效果。比如 2024 年 7 月，中国政府推出 144 小时过境免签政策，越来越多的外国人来华旅游，并在网络上展示他们的所见所闻。来华旅游的外国博主带火的"city 不 city"成为网络流行语。144 小时免签，不仅带火了中国旅游，还打破了西方信息封锁，对外展示了一个真实、生动的中国形象，推动了中外经贸合作，可谓一举多得。

---

① 习近平．在企业家座谈会上的讲话．北京：人民出版社，2020：9.

② 崔登峰，李锦秀，王海忠．中国企业品牌"出海"："一带一路"倡议如何提升企业品牌价值．外国经济与管理，2024，46（8）：103－119，137.

第 1 节 对外交往中的国际公共关系

各种类型的组织都可以成为国际公共关系活动的主体，对国际业务占比较大的企业而言，国际公共关系的开展尤为重要。了解国际公共关系的发展历史与现状，有助于我们加深对国际公共关系的理解。

一、什么是国际公共关系

国际公共关系的含义有广义和狭义之分。就广义而言，只要是跨国界和跨文化的公共关系活动都可以列入国际公共关系的范畴，主体可涉及政府、跨国公司、民间非营利组织或其他开展跨国活动的国际机构，凸显国际公关主体的多元化；狭义的国际公共关系主要是指一国政府或民间机构采用一定的传播方式在国际公众中树立良好形象，取得国际公众的理解与合作，从而为国家发展创造良好外部环境的公共关系活动。我们认为，国际公共关系是指一个社会组织，如政府部门、企业或事业单位等，在与他国公众的交往中，通过国家间各种信息传播活动，增进本组织与他国公众之间的了解和信任，维护和发展本组织的良好形象。

国际公共关系有两个重要特征：跨国界活动与非国家性质。

首先，与国内公共关系不同，国际公共关系是对外交往中的公共关系，需要进行跨国界的活动。虽然它在应用公共关系基本原则与方法上与国内公共关系基本相同，但并不是国内公共关系的简单延伸，因为它面临比国内更为复杂多元，拥有不同宗教信仰、文化背景、教育水平、语言文字和风俗习惯的公众，而且国家之间存在利益冲突的政治和经济集团，存在激烈的国际市场竞争，甚至存在局部冲突和战争，因此国际公共关系与国内公共关系相比，是一种更复杂和更高级的公共关系。

其次，国际公共关系需要进行跨国界活动，与外交有相似之处，特别是在使用的调查研究方法和活动方式上与外交有相同之处。相比之下，外交工作以国家和国家关系为对象，国际公共关系则具有非国家性质的特征，它的工作对象是他国公众而不是国家政府。

国际公共关系的宏观层次值得重视，特别是在一些重要场合诸如奥运会、世界杯足球赛等重大体育赛事时应将国际公共关系提升至国家战略高度进行整体规划。

二、国际公共关系的产生和发展

随着社会的发展，每个国家都在设法提高参加国际经济、技术合作与竞争的能力，国家之间需要更多的理解、信任、合作。

第二次世界大战以后，世界各国之间的公共关系发展极快，1947 年美国公共关系协会成立，同年加拿大成立了全国性公共关系协会，1948 年英国特许公共关系协会成立。这一切很快促成了公共关系走向国际舞台，跨国性的公共关系组织应运而生。1955 年，第一个国际性的公共关系组织——国际公共关系协会宣告成立；1959 年，欧洲公共关系联盟成立。与此同时，各国跨国公司纷纷建立了公共关系机构，各国海外机构和办事处也开始注意运用国际公共关系技巧。第二次世界大战结束后国际公共关系得到如此之快发展的根源我们可以从战后世界政治、经济以及传播手段的变化等方面予以揭示。

在政治层面，第二次世界大战后世界政治格局发生了变化，政治交往形式朝多元化、多层次的方向发展。各国政府和民间的体育与文化交流、经济交往不断增加，国家之间的相互依赖程度也在不断提高。各国为保持影响力，从对抗转向对话，从相互排斥转向相互合作，因此国际组织的作用也相应增强。

在经济层面，战后国际贸易障碍纷纷消除，伴随着人民生活水平的不断提高、消费需求和消费结构日益多样化，世界各国各类组织尤其是经济组织之间的竞争逐渐增强，地区性经济贸易逐渐被全球性经济贸易取代，跨国公司不断出现，世界从分散经济向聚合经济发展。在今天这个世界上，若想为本国、本组织谋利，首先要拓宽视野，从国际角度考虑各种问题。

世界各国市场竞争日趋激烈，各国的市场销售都围绕一个关键的问题展开，那就是如何使市场销售策略适应各国的市场环境，做到四个“适当”：适当的产品、适当的地点、适当的时间和适当的价格。要使出口产品适应各国消费者的需求，就需要了解当地的民俗、市场特征、消费者的特点乃至文化环境、社会结构等，同时，还必须将本国和本组织的情况告知其他国家的公众，增加透明度，以便吸引更多的外商来本国投资，购买本国的产品。

在传播层面，第二次世界大战后广播、电视等大众传播手段为人们进行大规模的频繁交往提供了技术保证，使各类社会组织能更精确、及时地与世界各国公众建立联系、沟通信息，形成有效的信息反馈网络，从而在瞬息万变的社会环境中提高自身的反应与调整能力。这一切使开展国际公共关系活动成为必要，同时也使这种活动的有效开展成为可能。

国际传播交流侧重于使用在海外有影响力的传播媒介，最重要的传播领域是金融领域和外交领域。随着各国金融和外交的发展，国际公共关系日益成为公共关系的重要部分。

随着全球经济一体化，世界各国及地区皆不可避免地卷入国际市场。一方面，跨国公司从数量到经营范围都发展得非常迅猛；另一方面，对外贸易及服务活动成为每个国家经济的重要组成部分。在这一形势的推动下，国际公共关系势必成为有关组织跨国经营中的重要活动。在此情况下，国际公共关系在世界范围内迅速发展起来。

三、国际公共关系的基本原则

国际公共关系的最大特点是与国外组织及公众打交道，国际公共关系相较于本土公关而言，面临着更为复杂多变的国际环境，如各国的政治制度差异、文化差异、传播渠道差异、目标受众差异等，国际公共关系活动的开展除了应遵循一般的公共关系活动原则外，还应在考虑本身的特点及各国的具体情况的基础上制定一些有针对性的特殊措施。

（一）具备全球性眼光

当今世界是一个变化的世界，国际社会的相互依存和彼此影响要比以往任何时候都深刻和广泛。国际公共关系作为在国际领域内开展的公共关系活动，需要以全球性的眼光来思考和看待公共关系工作所涉及的和参与解决的问题，这不仅是国际公共关系存在的先决条件，而且是开展国际公共关系活动的基本原则。从事国际公共关系工作的机构和人员怎样才能具备全球性的眼光？国外公共关系界人士认为：第一要充分了解国际政治、经济形势的变化和发展趋势；第二要关注人类社会共同面临的重大问题和全球经济发展的不平衡、国际金融市场的波动、生态环境保护、恐怖组织的活动、威胁人类生存的疾病的传播等问题；第三要重视现代科学技术发展，尤其是新传播媒介和新技术的运用；第四要掌握公共关系理论研究的新成果和公共关系实务发展的新动态。

当代国际公共关系的发展使其不再局限于作为社会组织的一种管理功能，它在人类社会的一些重大问题上正发挥着日益积极的作用。在世界最佳公共关系金奖大赛上，美国保护臭氧层工业联合会实施的保护全球环境的信息交流公共关系项目，以及肯尼亚的非洲医疗研究基金会针对艾滋病传播开展的促进边境地区社会的医疗保健运动，都受到了国际公共关系界评委和联合国官员的好评，这样的公共关系活动从全球的角度考虑问题，具有十分积极的国际意义。

（二）重视地方特点

一个变化的世界必然是一个多样化的世界，承认世界的多样性，尊重各国、各地区的地方特点，是开展国际公共关系活动的另一个基本原则。

所谓地方特点，一般指政治制度、法律法规、生活水平、文化传统、风俗习惯、交往语言、宗教信仰、礼仪禁忌等。了解和研究各国、各地区的地方特点，对于成功地开展国际公共关系活动至关重要。要做到这一点，公共关系人员应该注意几方面的问题：第一要承认社会的多样性和差异性，善于在求同存异的基础上开展各方面的工作；第二要以理解和包容的态度，深入研究和平等对待各种地方特点，防止和避免产生这样或那样的偏见；第三要通过实践活动摸索和积累经验，通过学习增长见识。

重视地方特点要求国际公共关系活动应具备地方视角。凡真正具有民族特色的，往往也具有世界性。我国各地举办的种种带有浓厚地方文化特色的“节”“会”，如潍坊国际风筝会、上海国际电影节、哈尔滨国际冰雪节等，当地政府在将其打造成为知名国际活动的同时，也成功地对外宣传了地方的特色优势，大大提高了地方的知名度，其成功的原因在于这些活动扎根当地，开发、利用和突出了当地的历史传统和风俗等特色。

（三）遵守国际惯例

每一个行业都有自己成文和不成文的行规，国际公共关系也不例外，遵守与公共关系工作有关的国际惯例是开展国际公共关系活动的又一基本原则。

国际公共关系协会早在 1961 年就通过了《国际公共关系协会行为准则》，1965 年又在雅典通过了《国际公共关系道德准则》。这两个文件对国际公共关系从业人员的行为提出了一些原则性的要求，如注重信息的真实性和充分交流，尊重和维护人类的尊严，对社会和公众利益负责等，所有的国际公共关系工作者都应遵守这两个准则。

此外，国际公共关系领域还有一些不成文的国际惯例，例如，在向社会公众广泛传播信息的过程中，要注意保守组织或客户的商业机密；公共关系职业性服务机构要在公平竞争的基础上从事公共关系项目，不得向自己客户的竞争对手提供服务等。对于这些通过人们长期的公共关系实践形成的国际惯例，国际公共关系工作者必须遵守。

四、中国国际公共关系的发展

（一）民间外交是具有中国特色的国际公共关系

现在有各种形式的民间团体从事对外交往，都属于民间外交。只要是民间人士进行的外交活动，都应该归到民间外交这个总的体系当中。[①] 党的十一届三中全会以前，我国虽然尚未提出国际公共关系理论，也无针对公共关系的组织部门，但存在实际上的国际公共关系工作实例，特别是我国的民间外交，在实践中遵循了国际公共关系的实务原则——双向沟通，争取国外广大公众的了解与支持，树立新中国的良好形象。1956 年我国政府派艺术团访问当时与我国尚未建交的智利、阿根廷、巴西、乌拉圭四国。巡演期间，艺术团按照周恩来总理的指示，以艺术为纽带，友好接触各社会阶层，以攻坚克难的决心圆满完成了多场演出，成为新中国历史上一次成功的民间外交活动。这次活动的成功离不开明确的目标、周密的计划以及全团上下卓越的执行力。

（1）在访问前确定了出访（公共关系）目标：走出去，向拉美人民介绍社会主义新中国，从而树立起自己的形象。

（2）在调查研究的基础上，制订了周密的计划并做了认真准备：1）组织了阵容整齐的艺术团。艺术团成员有京剧界和音乐界的著名艺术家。2）审定演出节目、舞台布景和灯光色彩。3）办理有关签证，开拓代表团与国内联系渠道等。实际上，这些都是国际公共关系制订计划阶段的活动。

（3）出国后，在大多数国家还不了解新中国，南美对新中国的了解更是一片空白的情况下，代表团克服各种障碍，以实际行动打破外交坚冰。

第一件事，全体团员向智利民族解放运动的先驱奥希金斯的铜像敬献花圈，表明中

---

① 陈昊苏．增进人民友谊 维护世界和平：摘自陈昊苏《民间外交论》．今日中国论坛，2009（10）：25－28．

国人民对智利人民和智利民族感情的尊重。此事引起巨大反响。对新中国不了解的智利人民开始重新认识主张“和平共处五项原则”的新中国。

第二件事，两国政府当时尚未建交，无国家关系，但代表团在演出之前仍向智利总统等上层官方人士发出请帖，实现了双向沟通。演员们精湛的技艺给总统留下了深刻的印象。演出后，总统和夫人还出席了艺术团的招待会，祝贺演出成功，并与艺术团领导交谈。通过智利及其他国家的传播媒介，智利人民和其他拉美国家人民开始对新中国有所了解，艺术团在智利树立了新中国的良好形象。

第三件事，在艺术团演出期间，想方设法联系华侨。当地华侨有的买票观看演出，有的参加会见及各种活动，由此，他们对新中国有了新的认识，大大激发了爱国之情，为艺术团的成功访问积极努力，这样就实现了祖国人民与广大侨胞之间的双向沟通。

总之，这次民间外交活动在建国初期我国外交举步维艰的时代背景下，远远超出了对外宣传的范围，达到了预期目标。因其面向特殊和具体的公众，实际上也是成功的国际公共关系工作实例。

公关视角 14－1　中国华信走进捷克

在“一带一路”倡议下，许多民营企业走出国门，发挥了民间团体的国际交流作用，拉近了与国际公众的情感联系。通过开展民间外交，特别是通过开展有关文化、体育交流活动加强国际交流，绕过政治、经济等敏感问题，求同存异，加强国家间的沟通联系，使国外公众增进了解和产生好感。现在许多跨国公司频频赞助世界性体育比赛和目标国家的文化活动，原因也在于此。

（二）国际公共关系在中国的兴起

20世纪80年代，随着中国改革开放，公共关系理论与实践传入中国。中国公共关系的研究、教育从1985年以后迅速发展，各种公共关系协会、学会、研究会相继成立，1987年中国公共关系协会成立。

1991年4月，中国国际公共关系协会宣告成立。该协会作为一个全国性的公共关系行业管理组织，其宗旨是促进中国公共关系组织同海外公共关系组织和人士的相互沟通、了解和合作，开展高层次国际公共关系活动，为海内外组织提供公共关系咨询服务，组织海内外公共关系学术交流，培训国际公共关系人才。协会的成立标志着国际公共关系开始得到中国公共关系界的重视。多年来，该协会通过积极的对外交流活动和广泛的宣传活动，使国内公共关系界在一定程度上了解了国外公共关系理论研究和实务发展的最新动态，普及了国际公共关系知识。

随着改革开放的深入和中国公共关系的发展，中外公共关系交流自20世纪80年代后半期进入了一个新的发展阶段。国外一些大型公共关系公司的高级管理人员陆续来华访问，他们与中国公共关系界接触和交流的重点是了解中国公共关系市场的发育程度，探讨在中国市场进一步发展的机会。国际公共关系协会四任主席的来访，尤其是国际公共关系界元老萨姆·布莱克教授三次来访，使中国公共关系界有机会与国际公共关系协会建立密切的联系，也使国外同行有机会更全面地了解中国公共关系发展所取得的成就。中国公共关系界有诸多人士加入了国际公共关系协会，在世界公共关系大会上中国均有代表参加，国际公共关系舞台上已开始有中国的声音。中国公共关系界以积极的态度参与国际公共关系界的活动。在一些国际公共关系报刊和通讯上，也能见到较多的有关中国公共关系的报道。如此频繁的接触、积极的交流，使得中国公共关系的发展成为国际公共关系界人士关注的焦点。

中国国际公共关系协会（CIPRA）成立以来，在开展民间外交，促进国际交流与合作，推动全国公共关系事业职业化、专业化和规范化方面做了大量的工作，取得了显著成绩，突出地表现在如下几方面。

（1）积极开展民间外交工作，促进国际交流与合作。协会不断扩大对外联络渠道，整合海外各种资源，提高了协会在海内外的知名度和影响力，积极、有效地支持了我国的民间外交工作。CIPRA 与 100 多个外国驻华使馆和国际组织的驻华机构建立了联系，与其中的近 50 家机构保持经常性的工作联系；与 10 余个主要国家的驻华商会建立了工作关系；与世界 500 强中的许多企业开展了合作，其中部分在华企业已成为协会单位会员（如可口可乐、壳牌、杜邦、西门子、通用汽车等）。

CIPRA 还加强了与美国、俄罗斯、澳大利亚、日本、韩国以及欧盟诸多国家的一些组织的交往与合作，接待了数十次外国团组来访。CIPRA 还积极协助政府部门开展对外联络工作，如 2001 年支持北京申办 2008 年奥运会的公共关系策划和争取海外支持工作，得到了北京奥运会组委会的充分肯定。2002 年，CIPRA 积极为上海申办 2010 年世界博览会出谋划策，获得了中央有关部门的好评。在国际能源合作领域，CIPRA 协助政府部门与国外能源企业进行沟通交流。例如在与中东某国家的能源合作项目中，CIPRA 组织政府代表团与当地能源企业进行会谈，介绍中国的能源政策和技术优势，为双方的合作搭建桥梁，推动了能源领域的国际合作，保障了国家的能源安全。CIPRA 还充分调动广泛的海内外资源，主动配合政府的外交工作，充分发挥国际公共关系的职能，积极开展争取非建交国的活动，取得了一定进展。

（2）加强行业指导力度，促进中国公共关系业的健康发展。CIPRA 根据我国市场经济的发展步伐和改革开放的新形势，结合工作实践，总结出了“指导、协调、服务、监督”的八字工作方针。CIPRA 发布的《中国公共关系业 2023 年度调查报告》显示，中国公共关系行业处于稳步恢复和增长中，营业规模约为 802 亿元人民币，年增长率为 4.8%。与 2022 年行业年增长率 2.6%相比，2023 年公共关系行业恢复性增长较为明显。经过各界的共同努力，我国逐步形成并完善了一系列行业制度性活动，如中国最佳公共关系案例大赛、中国国际公共关系大会等。这些工作为协会持续、稳定、健康发展奠定了良好的工作基础，也为地方公共关系组织开展工作提供了宝贵的经验。2002 年 6 月中国国际公共关系大会在北京成功举办，业内人士普遍认为，这是中国公共关系史上的一次盛会，70 多家媒体对此做了 120 多篇次报道。2008 年 11 月 15 日由国际公共关系协会主办、中国国际公共关系协会承办的第十八届世界公共关系大会在北京落下了帷幕。本届大会的主题为“公共关系——构建全球化时代的和谐社会”，大会历时两天，中国国家领导人、部委领导、行业精英和来自全球 47 个国家和地区的跨国企业及著名公共关系公司的高层管理者等700多名代表出席了大会。大会聚集了全球公共关系业的领袖和精英，既有在公共关系业担任要职的国际公共关系公司的首席执行官，也有在跨国企业身居要职的公共关系负责人，还有强力推动公共关系业发展的前辈巨人。国际公共关系协会主席、第十八届世界公共关系大会共同主席罗伯特·格鲁普由衷地说，自1958年在比利时举办第一届大会以来，这是最成功的一次，他作为本届的主席终生难忘。他说："2008年在北京举办的世界公共关系大会，是卓越的、杰出的、无可比拟的！"

多年来，CIPRA一直积极推进中国公共关系事业的职业化、专业化、规范化，视"职业、专业、敬业"为公共关系行业之本。通过各种制度性的工作来规范行业行为，起草并制定了《中国国际公共关系协会会员行为准则》。

（3）加大会员服务力度，使会员服务经常化、制度化。CIPRA坚持每年举办公共关系专业讲座，邀请在公共关系理论和实践方面有丰富经验的国内外公共关系界专家讲课；每年举办经济形势报告会；每年举办高级公共关系沙龙，为公共关系从业人员提供宽松、专业的交流氛围。

为服务、管理好协会会员，协会加强了信息化建设，2001年开始更新了计算机设备，建成了局域网，并随着技术的发展不断完善信息建设，建立了完备的会员信息数据库、行业案例数据库、专家资源数据库等，对相关信息进行系统整理和存储，以及时、准确地提供有关会员信息及会员咨询服务。此外，CIPRA为会员搭建信息共享平台，会员可以在平台上发布自己的项目经验、成果分享、合作需求等信息，使CIPRA成为会员联络中心。

（4）扩大行业对外交流，提升CIPRA在海内外的知名度和影响力。CIPRA作为外向型的专业组织，提高了海内外交流力度，与一些公共关系专业组织建立固定的联系，如国际公共关系协会、美国公共关系协会、日本公共关系协会等。CIPRA还曾邀请担任过国际公共关系协会主席的柯林·邱齐、卡罗琳·法齐奥、雅克·迪南等来华访问，并邀请他们在中国国际公共关系大会上发表主题演讲。CIPRA还接待了众多国际公共关系协会理事或董事会成员来访，密切了中国国际公共关系协会与国际公共关系协会的关系。

党的二十大报告指出，推进高水平对外开放。稳步扩大规则、规制、管理、标准等制度型开放。加快建设贸易强国。推动共建"一带一路"高质量发展。维护多元稳定的国际经济格局和经贸关系。目前，我国与全球有着密切的政治、经济联系，这使我国的国际公共关系上了一个新的台阶。

第2节　国际公共关系的目标

国际公共关系的目标确立往往要涉及国家间的政治、经济、文化等多方面的战略考量。了解国际公共关系的目标及提高目标意识，能使组织形象的完善和形象地位的提高具体化、数量化，有利于发挥组织的特长，促进组织目标的实现。

一、国际公共关系的目标与分类

国际公共关系目标是指在一定时期内能控制一个社会组织的公共关系活动全过程的总目标和指导实施方案的各个具体目标。确定公共关系目标是制订公共关系计划的关键步骤。组织的公共关系活动将围绕实现这些目标而进行。国际公共关系目标与国内公共关系目标相比，更重视和强调其跨越国界的特征。具体而言，国际公共关系的目标可分为四类。

1. 长期目标（总目标）

长期目标（总目标）是涉及组织长远发展和经营管理战略等重大问题的目标，通常服务于组织的整体目标。例如，我国的某家企业如何让个体层面的国外的公众了解企业的性质、规模、特色、经营范围、产品等，如何提高产品在国外的知名度、美誉度，如何扩大和国外企业的交往、贸易、合作等；在整体层面，如何让全世界、各国人民更多地了解改革开放后的中国，了解中华民族，从而促进中国和世界各国的友好往来、经济贸易、平等合作。这就是国际公共关系的长期目标和总任务。长期目标的时间跨度一般在 5 年以上。

2. 近期目标（具体目标）

近期目标（具体目标）是为实现长期目标而制定的具体实施目标，有明确的指向，实际指导公共关系的具体活动。常见的是年度工作目标（有些目标需要几年时间才能实现），或需要近期实现的较大的具体目标。

3. 一般目标（分目标）

一般目标（分目标）是依据各类公众的要求、意图、观念或行为的同一性而制定的目标。它是构成总体形象的要素，也是为实现近期目标而制定的具体的分目标。

4. 特殊目标

特殊目标是针对那些与组织目标、发展及利益相关的特殊公众或其特殊要求而制定的具体目标，具有特殊的指向性。

例如，M 跨国公司经过调查研究，决定在 S 国投资建设一个现代化面粉厂，并垄断当地面粉供应市场。其中垄断当地面粉供应市场是长期目标。为实现这一目标，要建立近期目标：（1）投资建厂；（2）科学管理；（3）交通运输通畅；（4）树立信誉；（5）收购当地面粉厂。

在近期目标中，有的又有两个分目标（一般目标）。如交通运输通畅目标的两个分目标是：（1）了解当地铁路、公路、海运实际情况，以决定主要运输手段（海运）；（2）确保运输通畅的关键问题是与 S 国政府有关部门的关系。在实现第二个分目标的过程中，确定某部部长是特殊目标，对于该部长的公共关系活动，其女朋友是关键人物，也是公共关系特殊目标。

建立公共关系目标，可以画出公共关系目标图（见图 14－1）。在画出公共关系目标图后，应确定公共关系的重点工作和重点公众，规定实现目标的时间（这是公共关系的第二步，即制订公共关系计划），并分清问题的轻重缓急，排列目标次序。如图中近期目标包括五个方面：投资建厂、科学管理、交通运输通畅、树立信誉、收购当地面粉厂。显然，投资建厂是第一步；有了工厂才能进行科学管理，这是第二步；有了产品，交通要通畅，这是第三步；流通问题解决了，就要在公众中树立信誉，解决销售问题（第四步）；在上述几步运转良好的情况下，才有可能收购当地面粉厂，这是第五步。在上述五个步骤（近期目标）实现以后，组织的长期目标，即垄断当地面粉供应市场的目标亦可实现。

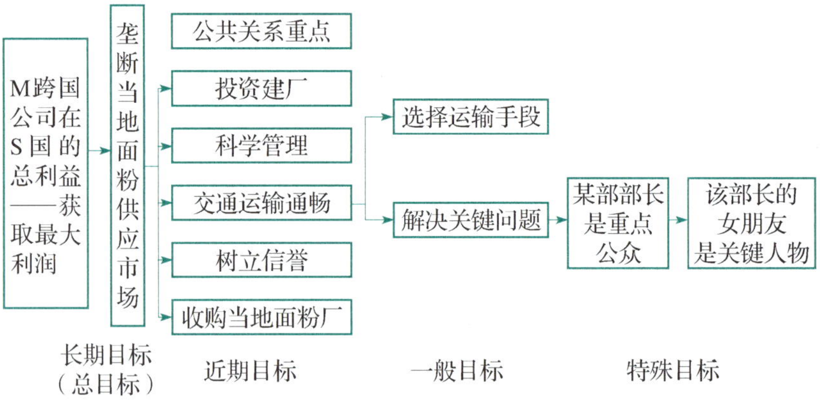

图 14-1　公共关系目标图

在近期目标中，投资建厂是第一步，也是公共关系的重点。为此，经过周密的调查研究，与当地政府谈判达成协议：M跨国公司在当地投资建厂，免费为S国磨面粉，20年后该厂免费归S国政府所有。S国政府同意税率优惠（免税若干年），并规定小麦磨成面粉后，剩下的麸皮归M跨国公司。其实，麸皮是制造某种贵重药品的重要原料，其价值大大高于面粉，麸皮由该公司运往欧洲销售。这样，M跨国公司在5年内即可收回投资成本，在其后15年内净收利润；S国政府在20年后也将拥有一座现代化面粉厂，此项目对双方都有利。

国际公共关系目标按实施主体分类，可以分为跨国企业国际公关目标和政府对外公关目标。

1. 跨国企业国际公关目标

跨国企业与本土企业相比，需要更精准地把握国际市场动态，战略定位通常更具全球性和长远性，公关目标往往与企业的全球战略布局紧密相关，旨在提升企业在全球市场的竞争力和影响力。跨国企业国际公关目标主要有权益保护、形象提升、推动世界和平与可持续发展。

（1）权益保护。跨国企业国际公关目标具有重大意义和深远影响，其主要目标之一是权益保护。在全球化的商业舞台上，跨国企业面临着复杂多变的国际环境，各国或地区的法律、政策、文化差异等因素都可能对企业的合法权益构成挑战。因此，跨国企业通过积极有效的国际公关手段，维护自身的知识产权、商业利益、品牌声誉等重要权益，确保企业在国际市场上能够稳定发展。

（2）形象提升。形象提升也是跨国企业国际公关的关键目标。良好的企业形象如同璀璨的明珠，在国际市场中熠熠生辉。跨国企业通过精心策划的公关活动、积极践行社会责任以及高质量的产品和服务，向全球公众传递企业的价值观、创新能力和社会责任感。不断提升企业在国际上的知名度、美誉度和信任度，吸引更多的合作伙伴、客户以及优秀人才，为企业的持续发展注入强大动力。

（3）推动世界和平与可持续发展。和平与发展是当今世界的时代主题。跨国企业作为国际经济的重要参与者，有责任通过自身的行动促进国际合作，并通过积极参与国际公益事业、推动文化交流与理解、倡导可持续发展理念等，以和平友好的姿态融入国际社会，为构建一个更加稳定、繁荣的世界贡献力量。

2. 政府对外公关目标

随着全球化的快速发展，各主要国家在硬实力方面的差距或者代沟正逐渐缩小，在软实力方面的竞争却愈演愈烈，政府对外公共关系与中国国家形象构建面临挑战。2017 年 10 月 19 日，外交部长王毅谈及新时代中国特色大国外交总目标是推动构建人类命运共同体。政府公关在外交总目标的指引下，在实践中不断地丰富其现实意义。

如在“一带一路”建设中，政府公关以其独特的作用，为实现共同发展、共同繁荣的外交总目标不断努力，为构建人类命运共同体注入强大动力。政府公关能够精心塑造“一带一路”的良好形象。通过多种渠道和方式，向世界展示“一带一路”倡议所蕴含的和平合作、开放包容、互学互鉴、互利共赢的丝路精神。积极宣传中国在“一带一路”建设中秉持的共商、共建、共享原则，让共建国家深刻认识到这一倡议不是中国的独奏曲，而是各国共同参与的交响乐。涉及众多国家的不同利益诉求和发展规划。政府公关团队可以积极开展外交斡旋和对话，倾听各国意见，尊重各国关切，寻找利益共同点。通过高效的沟通和协调，推动各国在政策制定、项目合作、贸易往来等方面达成共识，实现优势互补、共同发展。政府公关还可以及时回应国际社会对“一带一路”的质疑和担忧，以坦诚的态度、翔实的数据和生动的案例，化解误解，增强信任。

党的二十大报告提出，“加强国际传播能力建设，全面提升国际传播效能，形成同我国综合国力和国际地位相匹配的国际话语权”。政府国际公关为国际传播奠定坚实基础。通过积极主动的政府公关活动，能够向国际社会清晰地传达国家的政策主张、发展理念和价值取向。在国际事务中，政府公关致力于塑造良好的国家形象，提升国家的声誉和影响力。例如，通过举办国际峰会、文化交流活动等，展示国家的实力和魅力，为国际传播提供丰富的素材和正面的形象支撑。国际传播是政府公关的重要手段。借助各种媒体渠道和传播平台，将国家的声音传播到世界的每一个角落。国际传播能够让世界更好地了解一个国家的政治、经济、文化等各个方面，促进各国之间的交流与合作。在“一带一路”倡议的推进过程中，国际传播可以将中国与沿线国家共同发展、互利共赢的故事生动地展现出来，增强国际社会对这一倡议的理解和认同。

延伸阅读 14 - 1

新时代我国国际公关的基本趋势与特征

中国国际公关发展的基本趋势

第一，国家公关的主体意识将会进一步增强。目前，世界政治经济格局正在发生深刻变化，中国要素越来越多地融入其中。中国在国际社会的瞩目下一步步走向世界舞台的中央，形成了与时俱进的全球化思维格局。这客观上要求中国的对外传播工作者（包括公关工作者）改变以往在国际传播格局中的边缘化心态，充分树立自信，增强主体意识和引领意识，在超越性的发展格局中进一步丰富改革开放和现代化建设的实践成果，将中国在转型发展中形成的经验、理念、思想与世界分享。

第二，构建人类命运共同体将成为共识。“构建人类命运共同体”是中国对人类文明走向的基本判断和总体认识，它着眼于国际社会和平、发展、合作大局，反映了人类的共同利益与共同追求。目前，“构建人类命运共同体”已经得到国际社会的普遍认同，并且作为世界和平发展的目标与愿景被联合国决议、安理会决议采纳；同时又有“一带一路”倡议在实践层面的推进，具有“内而思维，外而行事，皆达正鹄”的逻辑自洽性。这种自洽性也应充分体现在中国国际公关以及国际话语体系建设中，并提升到国家战略高度予以认识。从宏观上看，这也正是中国国际话语体系建设的突破口与立足点。

第三，“一带一路”将向高质量发展转变。习近平总书记在推进“一带一路”建设工作5周年座谈会上指出，共建“一带一路”正在向落地生根、持久发展的阶段迈进。在保持健康良性发展势头的基础上，推动共建“一带一路”向高质量发展转变，这是下一阶段推进共建“一带一路”工作的基本要求。

对于新闻传播界以及公关领域而言，更多地体现在活动方式和话语方式上。以话语方式为例，我国新闻媒体的对外话语大都集中在建构性的话语方面，包括对党和国家颁布的大政方针的宣传解读，有关沿线国家领导人的表态、合作协议的签署、项目的顺利开工等，而与落地效果直接相关的话语，比如当地知识阶层、普通民众对于“一带一路”的看法、存在的疑虑与问题等，却缺乏详尽的报道和充分的反映。说到底，后者才是影响国家战略决策的更为重要的方面，需要媒体及公关界共同努力。

中国国际公关发展的基本特征

由上述基本趋势所决定，新时代我国国际公关的发展将呈现出以下特征。

第一，更强的针对性。针对性是就落地效果而言的，强调对目标公众实施的精准传播。这种针对性在面向“一带一路”沿线国家的传播中尤显重要。关于“一带一路”对外话语如何增强针对性的问题，中国的传播主体当解之惑应包括四个方面：惯性思维、对接困惑、认知落差和现实忧虑。惯性思维是指人们基于以往的经历与感受，对当前事物产生的一种套路性认知和刻板印象。对接困惑是指“一带一路”倡议应与沿线各国自身的发展战略相契合，否则对方难免出现疑惑与排斥心理。认知落差是指中国的形象自塑并未在对象国受众那里获得相应的认可，二者之间存在一定的反差。现实忧虑是指与中国有利益纠葛并处于大国博弈角力场中的沿线国家对“一带一路”表现出的复杂心理。对于所有这些，我们都应本着真诚的态度进行深入沟通，尽可能减少外部世界对于“一带一路”的疑惑。为此应当树立“一国一策”意识，在充分了解沿线各国涉华舆情的基础上，进行对应性的、细致入微的沟通交流，及时回应不同国家对于中国的关切与质疑；进行必要的舆论引导与纠偏，避免这方面话语的主观性、概念性、空泛化与表面化。

第二，更大的创新性。习近平总书记多次强调，要“创新对外宣传方式，着力打造融通中外的新概念新范畴新表述”；他还要求“用海外读者乐于接受的方式、易于理解的语言讲述好中国故事”。客观、真实、生动地报道中国经济社会发展情况，促进外国公众更多更好地了解中国。按照这一要求，我国主流媒体和公关机构在对外传播方面持续进行着创新探索，通过多种渠道，尤其是利用新媒体平台传播中国声音。2017 年 5 月，人民日报社、中新社相继推出不同曲风的《“一带一路”之歌》，通过年轻、时尚、国际化的表现形式，对“一带一路”的历史渊源和当代意义进行解读。有些公关机构还深入发掘中国社交平台的独特优势，将其作为新时期对外文化交流的补充渠道。凡此种种都将使我国的国际公关呈现出与前不同的新特色。

第三，更高的战略性。国际公关离不开战略规划以及顶层设计之下的协同联动。在新的媒介环境下，在传播主体日益多元化的今天，中国国家形象的效果不再由单一主体决定，而是由多元主体形成的合力决定；也不再由单纯的“说”来决定，而是由“说”与“做”的综合效应决定，应当强调中国多元主体的国际公关能力共建。只有将“说”与“做”相结合、官方与民间相结合、大众传播（包括网络传播）与人际传播等多种渠道、手段相结合，才能更好地整合资源，产生协同效应，达到预期目标。

资料来源：程曼丽．新时代我国国际公关的基本趋势与特征：兼谈“一带一路”的高质量发展．国际公关，2018（6）：57－58.

二、确立目标的原则

（一）调查研究

我们常说，没有调查就没有发言权。调查研究是收集情报和信息的系统方法，是有效公共关系的基础。调查研究可以使目标确立在真实、客观的基础上，可以减少确立目标过程中的不确定性因素，可以验证对公众状况和公共关系的假设，可以使目标准确和有效。

仍以 M 跨国公司为例，该公司想在 S 国设厂，但能否确立此目标呢？经过调查研究发现：

（1）S 国在某年大选后，执政党实行对外开放政策，建立自由贸易区，推出许多优惠政策，具有投资建厂的有利外部社会环境。

（2）S 国东北部一港口是个天然良港，港阔水深，十分方便。

（3）S 国只有一个国有面粉厂，设备陈旧，无法与 M 跨国公司竞争。M 跨国公司投资建厂后有可能收购 S 国国有面粉厂，垄断 S 国面粉供应市场。

M 跨国公司在以上调查研究的基础上确立了“在 S 国投资建厂和垄断 S 国面粉供应市场”的目标。

目标必须建立在全面系统的调查研究基础上。任何企业要在国外投资、设厂、开店，都要进行系统的可行性研究，对该国政府有关法律、法规，特别是海关税率规定、利润分成办法、外汇管理、原料来源、劳动力状况、工资水平及市场预测等方面进行全面系统的调查研究，在此基础上确定目标。

（二）确定重点公众

为确立目标，需要研究有关国家的公众，但由于时间、物力和财力有限，应确立研究的重点，如将重点放在有代表性的公众，以及可能对组织有直接或间接影响的公众上。如上述M跨国公司决定在S国投资建厂，投产后生产发展顺利，但面临严重的交通运输问题。该公司决定大力发展海运，但S国政府中负责此项业务的部门从中阻挠。通过调研发现该部部长是个关键人物，于是，该公司把此部长作为重点公众，确定此人为公共关系特殊目标。

（三）有针对性

由于各个国家和地区之间的文化、语言文字、教育水平、宗教信仰、风俗习惯差别很大，公共关系人员要有针对性地计划和完成公共关系工作，否则犹如进入茫茫大海，无法确定目标。

所谓有针对性，首先是确定目标国家。如M跨国公司确定在S国设厂，就开始有针对性地了解S国公众的有关情况，如历史传统、风俗习惯、生活方式、消费需求及S国的社会、政治、经济情况，发现其特点和规律性，在此基础上确立公共关系目标。值得注意的是，公司虽然从事的是经济活动，但对政局也应十分关心，应经常了解各个党派不同的经济主张，分析政局发展趋势，预测政府的稳定性、执政人物变换的可能性等，因为这些变化可能对组织（企业）在当地的利益产生巨大影响。

其次要确定特定的公众。如M跨国公司确定某部长为公共关系重点公众，针对该部长进行系统和全面的调查研究。在此基础上，发现该部长年轻、有为、果断、未婚，目前有个女朋友，两个人关系十分亲密。于是该公司在确定该部长为公共关系重点公众后，又确定其女友为关键人物，针对其女友开展公共关系工作，并通过她与部长接近。双方实现了沟通，部长了解到该公司的困难，于是下令船运部门对该公司开绿灯，解决了该公司的交通运输问题。处理公司与当地政府关系时，有针对性地开展对特殊公共关系目标（重点公众）的工作，建立友谊，是十分重要的，也是行之有效的办法。

（四）国际公共关系目标与组织整体利益目标一致

国际公共关系活动的最终目标是树立组织的良好形象，这与组织的整体利益一致。如我国政府部门的国际公共关系目标就是维护我国的形象，发展与各国和各国人民的友好关系，创造和平的国际环境，以利于我国现代化建设，这与我国总的战略目标一致。企业的国际公共关系活动的目标就是树立企业在国外的信誉，发展和占领国际市场，这与企业要获取利润的整体目标是一致的，是为其服务的。如对于M跨国公司来讲，在S国投资建厂是为了获取最大利润，垄断S国面粉供应市场是公共关系活动的总目标，垄断市场和获取利润是一致的，实现了垄断，也就取得了最大利润。

三、目标确立前的调研

国际公共关系人员的责任之一就是客观、准确地提供信息、分析判断，并在此基础上确立公共关系的目标。为了达到这一目标，国际公共关系人员必须在日常工作中十分重视调查研究，充分地收集调研资料，尽可能成为公共关系对象国的“活字典”；充分利用现代科技手段，使日常调研科学化和系统化。在此基础上，进行确立目标前的专项或专题调查研究就比较容易了。

日常的调查研究属于基础调研，主要包括四方面内容，即社会环境、重要公众、组织环境和传播媒介。

（一）社会环境

在公共关系活动中，通过调查研究，了解和掌握社会环境不仅是首要步骤，而且是最困难的一步。社会环境包括的内容比较广泛，如历史传统、地理资源、经济法规（特别是税率、关税、外汇管理）、外经外贸、交通运输、政局变化、市场行情及驻在国重大社会问题，如人口与就业、生态平衡与资源等影响公众意向和组织存亡的重大问题，此外，还有有关组织竞争对手的情况等，了解这些情况要靠平时的积累。

（二）重要公众

对重要公众的情况，应着重了解重要权势人物的情况，并尽量广交朋友，这对组织的生存与发展至关重要。在国外，许多事业成功的华侨或华人的经验表明，与当地政界和商界人士发展积极、良性的关系是公共关系得以顺利开展的关键之一。

（三）组织环境

组织环境包括组织内部环境及公众对组织的印象。后者包括：组织知名度调查（公众是否了解本组织的名称、标识、产品、服务，了解的程度与范围如何），信誉调查（公众是否喜欢或信任本组织的产品与服务，程度如何），公众评价调查（公众对本组织的产品和服务、经营管理、社会活动、人员形象的评价）。由于一般派驻国外的人员数量较少，结构比较简单，因此组织内部环境一般可由国内公共关系人员了解，国际公共关系人员可重点进行外国公众对本组织印象的调查。

（四）传播媒介

在进行国际公共关系活动时，应将传播媒介及其在公众中的影响力列为重点的调查研究对象。应尽量广泛结交各电视台、广播电台、报刊的主编、重要编辑和记者，以及网红大 V 等互联网上有影响力的人，积极发展和维护与他们的关系。在一些传播媒介落后的国家，维系好与当地有影响力公众间的关系尤为重要。

日常调查研究的内容十分广泛，可以有计划地进行，不同时期应突出不同的重点。如应尽量利用国外现成的资料、设施（记录各国基本情况的工具书、人物志、图书资料室、计算机中心、网页、电子数据库等），并利用现代技术对信息加以整理、存储。目录要简明，便于检索。在日常基础调研的同时，还可能进行专项或专题调研，其内容要依拟定的目标而定。在国际公共关系调研中需要注意的是，使用的方法与方式应依据所处国家的特点而定。

第3节 国际公共关系活动

国际公共关系活动是组织与广大国际公众进行沟通、塑造自身良好形象的有效途径。组织可以根据具体情况，开展各种不同主题的国际公共关系活动。

一、国际公共关系活动的内容

（一）建立信息传播网络

国际公共关系工作的基础就是建立内外部信息传播网络，其要求是双向、畅通和高效。驻国外的本组织代表处所设立的公共关系部或代表应负责此项工作，应具有情报中心和协调办公室的职能。在信息网络的要求中，双向与畅通是最基本的要求，高效是更高层次的要求。

建立内部信息传播网络的主要目的是建立组织内部领导与员工、员工与员工之间的沟通网络。内部信息传播网络具有管理职能，它十分重要，但不是国际公共关系的工作重点。

建立外部信息传播网络的主要目的是建立组织与社会环境（国外环境）、外国公众之间的沟通网络。这是国际公共关系的工作重点。外部信息传播网络面较广，工作中应确立重点，也就是外交上所说的“广交朋友，深交朋友”，既要做到联系面广，又要做到有重点和深度。

外部信息传播网络包括新闻传播媒介、公共关系公司和国际公共关系协会及其他国际性公共关系组织、政府部门官员、重要的私营企业及财团、知名人士与各界代表人物、普通公众的代表人物。

外部信息传播网络的建立应遵循以下原则：

（1）应合法、有组织地进行。目前世界上绝大多数国家都与中国建立了外交关系，不少国家都存在官方或民间的外中友好协会或外中协会，会员中有各行各业的友好人士。国际公共关系人员要与这些组织建立关系，通过这些组织进一步与各行各业、各个层次的公众建立外部信息传播网络。

（2）积极地与当地社会团体建立联系。在一些国家中，企业家定期举行午餐会，洽谈业务，交流信息，新闻界则是不定期地举行新闻发布会、研讨会等。国际公共关系人员应与其建立联系，广交朋友。

（3）与新闻传播媒介建立密切联系。国际公共关系人员与新闻记者、编辑的关系在很大程度上会影响公共关系活动的效果。国际公共关系人员必须在相互信任、互利互惠的基础上，与新闻界建立密切的合作关系。平时，公共关系人员要有选择地结交新闻记者和编辑，相互建立信任关系。比较实际的办法是让记者采访或主动邀请记者采访。当然，首先要认真做好准备，材料要真实并有新闻价值，最好附图片。其次可以用酒会或家宴形式，请记者采访，形成独家新闻。这样既结交了朋友，又传播了组织的信息，一举两得。

（4）利用大众媒介与一般公众建立联系。例如，举办展销会；建立当地人代理公司，进行售后服务；举办客户联谊会；组织的领导者来访；举行招待会；等等。

建立双向、畅通、高效的外部信息传播网络后，在国外的工作就能较顺利地进行。

（二）处理公共关系，策划公共关系活动，树立组织形象

在双向信息交流的情况下，公关人员对内外公众，特别是外国公众进行调查、分析，建立档案资料，可利用数据库等信息技术，以便建立方便的检索系统，制定适应各类公众的政策。

在调研的基础上，制定公共关系目标及活动计划，组织各种公共关系活动，进行双向沟通，反馈信息，评估总结。国际公共关系人员的日常工作大致可分为情报与协调两部分：情报部分包括经常和系统地收集、反馈社会环境和各类公众的信息，在科学调研的基础上研究这些信息，撰写书面调研报告、书面活动计划及计划实施后的总结报告，对公共关系活动的效果和组织形象做出比较可靠的评估与测定；协调部分主要是处理公共关系事务，策划各种公共关系活动，编制活动经费预算和制定执行程序，组织和实施各种活动，如宴请、谈判、参观、演讲，举办展销会、研讨会，参加开幕式、奠基活动，编辑报刊，发布新闻等。日常工作繁多，主要目的在于通过公共关系活动，在外国公众心目中树立组织良好的形象。

（三）处理重大突发事件

国际公共关系还包括处理突然发生的重大事件。国际公共关系人员在危机后的善后处理中扮演关键角色，通过修复声誉、重建信任和制定长期策略来减少危机对组织的负面影响。2016 年，三星 Galaxy Note7 手机因电池缺陷在全球范围内发生多起起火和爆炸事故。三星宣布全面召回该款手机，提供全额退款或更换其他机型，并对用户额外补偿交通、通信等费用，委托第三方机构公开检测报告，明确问题根源并改进电池供应链。与此同时，投入广告宣传，强调质量承诺；后续旗舰机型（如 S8）通过严格安全测试重新赢得市场信任。三星还承诺成立独立产品安全团队，建立全球实时监测系统预防类似事件。尽管三星短期损失超 50 亿美元，但通过高效善后，三星手机市场份额在两年内恢复并保持全球领先。

（四）监测社会环境，分析发展趋势

国际公共关系人员面临复杂多变的国际形势，驻在国有关政策的变迁、政局的变动等都可能会危及组织的利益与生存，如两国断交，公司被迫撤回。在这类事件中，国际

公共关系人员应配合驻外使馆，随时监测社会环境，及早提出对策。

监测社会环境的内容包括：

（1）政治环境的变化。一般要注意监测驻在国各种政策法令的变化，还要注意政局的变化。在各国举行总统选举、议会大选、地方选举时尤其要注意对本国及本组织可能造成的影响，特别是不利的影响。如美国总统选举年对我国贸易政策的影响、各驻美公司的环境等。

（2）经济环境的变化。包括市场行情、股市、汇率的变化，资源开发、能源生产、生态环境的变化等。

（3）舆论与人文环境的变化。包括新闻媒介与各类公众舆论的变化，以及人们的价值观、道德风尚、兴趣爱好、消费需求与消费结构变化等。

在信息技术日新月异的当下，国际公共关系人员尤其需要借助人工智能、大数据以及社交媒体监测技术等，全面深入地对社会环境进行监测。通过人工智能的算法模型对海量数据进行智能分析，利用大数据技术整合多渠道、多类型的数据资源，再结合社交媒体监测技术实时追踪社交媒体平台上的动态信息。在此基础上进行分析研究，向组织报告近期及长期发展趋势，预测重大公共关系活动可能遇到的问题，并提供更具针对性和前瞻性的公共关系方案和对策。

二、常见的国际公共关系活动

（一）谈判、接待与出访

谈判是国际公共关系人员经常涉及的工作，也是一门艺术。在国际公共关系中，谈判是一个社会组织与他国组织或公众为了改变相互关系而交换意见，为了取得一致而相互磋商的行为，是直接影响人际关系、组织关系，对参与各方产生持久利益的过程。广义的谈判，包括正式谈判和非正式磋商、对话。随着我国国际公共关系的发展，谈判在对外业务中的作用日益明显和重要。国际公共关系人员在涉外谈判中起两个作用：作为正式谈判的参与者，在谈判中起沟通与服务的作用；在非正式磋商中，担任直接谈判者或调停者。正式谈判和非正式磋商，虽然在形式上和礼仪上有区别，但是谈判的基本方法、技巧和策略大同小异。不论是否直接参加谈判，国际公共关系人员均应熟练掌握和运用这些基本方法。

1. 谈判前的准备工作

（1）提供背景材料。事先认真地进行调查研究，收集国内外有关信息。围绕谈判主题，收集各方面的材料。在与外商谈判合资或合作时，要收集并编写有关背景材料，如国际市场行情、技术水平、客户资信、客户在银行的有关资产及国内市场销路、双方国家有关的经济政策及法规、在当前国际市场上类似客户或企业的有关情况等。

（2）做到知己知彼。认真调查研究，收集谈判对手的有关材料，如经历、性格、爱好，有过哪些成功的交易，参加过哪些谈判。最重要的是，预判对方在谈判中可能提出的方案，分析比较各种方案的可行性、利弊及我方的对策。

（3）编写含有谈判方针的书面报告，提请本组织领导批准。代表国家的外交谈判方针，应取得国家领导人的批准；代表社会组织的谈判方针，应取得本组织领导者的批准。在编写谈判方针时，大致应包括如下内容：当前双方的有关情况，对外方预案的估计，分析外方在谈判中的目的与目标；为了达成协议，我方让步、妥协的方案及我方的底牌。

（4）撰写我方领导的讲话稿和说帖。在正式谈判中，一般要举行欢迎宴会、欢送宴会，我方领导要发表讲话，国际公共关系人员应根据这次谈判的主旨及我方有关策略、政策等撰写讲话稿。即使有的组织领导可能不用稿，也应先撰写备用或供有关领导参考。国际公共关系人员应估计对方在谈判中可能提出的问题，对这些问题应如何对答，事先准备好文字材料——说帖，写在小卡片上，要言简意赅，准确明了。必要时，可立即拿出说帖。准备说帖时应注意范围尽量广泛，同时要切中要害。国际公共关系人员在正式谈判中虽不直接与外方谈判，但实际上比直接谈判者更需要动脑筋，尽量不要漏掉对方可能提出的问题，要做到心中有数。

（5）接待工作的准备。如果是在国内谈判，应在外方来中国数月前做好接待准备工作。主要包括：1）事先订好宾馆房间，在考虑来访者之间关系的基础上，预先安排好有关房间，秘书及安全人员的房间应离主人较近；2）预订好车辆；3）事先安排好活动日程并征求外方意见，提前打印好活动日程安排；4）如到外地参观，事先准备好交通工具（如果坐飞机，提前订机票）和解决外地食宿问题；5）提前预订外宾回程机票（如果对方需要的话）。

（6）出国谈判的准备。如果是在国外谈判，要做好以下工作：

1）办理出国手续。填写有关审批表格，报有关领导和部门审批，办理有效护照、签证，包括有关国家入境签证及途经国家的过境签证。在申办时，尽量申请二次或多次过境，以免在国外再申办有关签证手续。

2）指定专人保管谈判用资料，注意保密，防止丢失；保密资料不得放入托运行李箱内。

3）国际公共关系人员要熟悉航班、路线，懂外语，途中注意听飞机上的广播，在生活上照顾全体人员。

4）如遇过境停留，应事先与航空公司联系，如该公司不负责接待，最好事先订好宾馆房间。

5）事先准备好应对记者在机场临时采访时有关的讲话稿或说帖（备用）。

2. 接待外方（谈判）人员

（1）检查预订的房间，分派好客人的房间，有条件的在房门上用外文标明客人姓名。

（2）检查和布置谈判场地。正式的谈判一般用长方形桌或会议专用桌（主客分两方坐），放桌布、饮料、笔、纸。外交谈判要挂放国旗。一般谈判人数不多时，也可用圆桌。谈判时机密资料不得放在桌面上。

（3）准备好交通车辆。车队事先编好号码并附有明显的号码标识。如需办理汽车通行证，应事先办好。

（4）注意仪容，服装要整齐。提前到机场、车站、码头，准备迎接。身份高的外宾，需用机场贵宾室，应事先订好房间。接待一般的或初次见面的外宾，应事先准备一个牌子，用外文写好“欢迎××先生（女士）”，这样容易找到所要接的客人，给外宾一个良好的最初印象。

（5）与客人相见，应主动介绍我方领导及进行自我介绍。接收客人名片时，应仔细阅读，尽快记住客人的名字，并在上车前分发写有各位客人姓名、车号、宾馆房间号的卡片。对身份高的客人，可以交给其秘书。应帮助客人提取托运行李，但不要拿对方的公文包或手提包。上车前应清点外宾人数，外宾各自认清行李并确认无误后将行李放上汽车。

（6）上车后，简单向客人介绍活动安排，并询问客人身体情况及有何私人活动与安排。

（7）接到客人后，直接送往住宿宾馆。如客人不多，房间可以先分好，也可留给客人自己分，但应事先征询客人的意见。到房间后，不宜久留，以免影响客人休息。要告诉客人自己的联系方式。

（8）如外宾参加正式谈判，不宜安排太多的其他活动，可安排参观有关项目和文娱活动。活动安排要有助于达到我方谈判目的，创造和谐气氛。

3. 谈判应注意的事项

（1）国际公共关系人员在正式谈判中主要起服务与沟通的作用，是“幕后的谈判者”。组织领导是直接谈判者，应由其与外宾谈判。

（2）我方如果由几个单位组成，应由主谈人按预定的谈判方针去谈，其他人不能随意向外宾表态。

（3）主谈人在谈判时要察言观色，巧妙利用休会、参观、送礼品等手段，掌握会议进程。如双方谈判陷入僵局，可暂时休会，以便各自调整谈判策略；或安排参观访问，以缓和谈判气氛，要留一定时间给双方谈判者请示各自的领导。

（二）正式宴会、家宴、冷餐会、招待会、酒会、便餐、茶话会

1. 中国的饮食文化在国际公共关系中的作用

中国具有灿烂悠久的文化，饮食文化世界闻名。在中国特色的国际公共关系中，饮食是重要活动手段之一，它对联络感情、建立友谊、实现双向沟通起着很大的作用。国际公共关系可借鉴外交上的一些做法。

在外交史上，中外均有利用宴请实现预期目标的例子。

在一般的国际交往中，宴请也起着重要作用。如我国某公司在国外购置一栋楼房，房主要求不用当地货币而用美元在第三国支付，这可能需要该国外汇管理局的审批。当地律师提出，若公司交300美元给前任外汇管理局局长，便可在外汇管理局找人疏通。但是公司通过我国使馆的一个朋友，直接宴请现任外汇管理局局长全家，宴会气氛和谐，充满信任感。该局长说，在第三国支付美元不涉及该国外汇管理问题，因而不用向该局申报，问题轻松解决。

宴请的做法比较实用、有效，这与拉关系、走后门不同，不是为了公共关系人员的私利，而是为了社会组织的利益，是一种公共关系手段。

2. 各种形式宴请的特点

（1）正式宴会一般在大饭店举行，规格最高，客人身份一般比较尊贵（如高级政府官员，公司董事长、总经理等）。可用圆桌、长桌等，要排座位，设座位卡（姓名、职务）并放菜单（外文），客人按座位卡就座。这种方式比较正式、隆重，但开支大，主要用于礼宾目的，不宜谈问题，而且排座次容易引起矛盾。在国外，一般社会组织较少使用正式宴会。在外交上，一般用国宴招待总统、总理。

（2）家宴，即在家中请客，女主人准备饭菜，客人一般不多。这种形式在国外比较常用，其优点是开支少，在家中谈话比较自由，容易联络情感，是比较有效的办法。最好每次只请一家人（包括夫人、孩子），或相互熟悉的两三家人。这种方式一般不用排座位、摆菜单。如有身份高或不熟悉的人，也可放菜单，女主人可亲自招待，显得亲切。

（3）冷餐会，即自助餐形式，食品规格接近宴会，包括汤、冷盘、热菜、水果，这适合人数较多的客人参加，如外交官午餐会、商人联谊会。食品自取，比较自由，不用排座位，容易结交朋友，但开支也较大。

（4）招待会、酒会、便餐的食品水平比较接近，即主要提供酒水及少量食品。招待会一般人数较多（几十人、几百人）；酒会、便餐人数少，可深入交谈。

（5）茶话会一般在下午举行，只提供茶水、点心，常用来招待女宾，开支少，又可联络感情，但一般时间较短。

3. 因地制宜、因人制宜，灵活运用各种宴请方式

我国某展团在国外参加展销会时，在海关申报价格上遇到难题。有些物品既可按工艺品申报，也可按日常用品申报，两者税率相差极大，如纸扇，这对展品能否盈利关系较大，为此，要用国际公共关系办法，疏通海关官员。于是，展团团长出面宴请海关关长一家，展团又举行小型冷餐会，招待海关办事官员，以不同形式分别做工作，最终解决了海关申报价格上的难题。

（三）国际博览会、展销会、图片展览、交易会

1. 各种展览、展销活动及其作用

（1）国际博览会或展览会一般是多国参加的综合性大型展览活动，以实物广告促进商品销售，宣传国家形象，反映参展国的特点及发展水平。在我国，此类活动一般由中国国际贸易促进委员会组织参加，展品主要用于参观展览，只有小部分进行商业销售。

（2）展销会可以是多国的，也可由一国某个公司举办，如我国某公司与南亚某财团联合举办展销中国商品的展销会，类似于把国内的百货公司搬到国外展销。

（3）图片展览以图片为主，通常是专题性的，主要达到宣传目的。可以举办专题展览会或在驻外机构展览橱窗陈列。

（4）交易会，如中国进出口商品交易会，由一国多公司联合举办，多国商人参观、

洽谈、订货。

总之，国际公共关系通过各种展览、展销会开展公共关系活动。这是一种综合运用各种媒介、手段推广产品，宣传组织形象和建立良好公共关系的大型活动。有实物、图片、模型等，加上讲解、交谈、宣传手册、电影、录音、录像等，是一种复合性的传播方式，综合了多种传播媒介的优点，以不同的方式吸引公众。是直观、形象、生动的传播，能够给公众留下深刻的印象，同时组织与公众可进行双向沟通，是常用的国际公共关系手段之一。

2. 举办国际展览、展销活动应注意的问题

（1）要有吸引力。要像磁铁一样，吸引不了解展品的公众。没有公众参观，展览、展销活动就是失败的。根据我国举办此类活动的经验，要使展览、展销活动有吸引力，应认真做好下面几件事。

1）要有中国特色。在多国博览会上，尤其要注意这一点，如中国古典建筑风格的展厅或展厅大门要有宫灯、狮子，如条件许可，配上中国民乐、舞龙或舞狮，更能吸引公众。优秀的中国传统文化艺术是吸引公众的“传家宝”。

2）要有针对性。事先了解举办展览会的国家的公众的接受水平及特点。

3）展与销最好能结合。许多观众在参观中国馆后对中国产品产生好感，这时国际公共关系人员要抓住时机，继续做工作，分发介绍产品的手册，进一步详细介绍有关产品性能，提供订货场所，满足观众购买展品的要求。由于国际展览会一般规定展品要运回，不能在当地销售，出售展品有困难，国际公共关系人员最好与当地海关及举办单位商量，争取销售部分展品，如有条件，最好举办展销会。

4）娱乐与展览相结合。如可以在展览厅中开辟电影厅或录像厅，免费向观众开放。招待员可穿上民族服装，以中国食品招待观众，对于当地上层人物和外交使团可设专门餐厅，并赠送小礼品。展厅内安排一些机器人、电动小火车、火箭和电子游戏机等娱乐项目，有助于吸引观众。

（2）搞好与当地新闻媒介的关系。要事先做好调查研究，在我驻外使领馆的领导、支持与配合下，确定有关人员名单，准备好质量高、语言简洁、译成外文的新闻稿和有吸引力的图片，这样报刊、广播、电视便可迅速刊登、播放。最好在展览开幕前，请当地的报刊、广播、电视的记者和外国记者（外交使团可专场参观）参观展览，宴请并赠送小礼品，争取新闻媒介的支持。

（3）研究驻在国海关的有关规定，搞好与海关官员的关系。在举办展销会时，这一点尤其重要。一般情况下，海关对工艺品、玩具等征收较高关税，报关时要认真、仔细地研究有关规定，否则容易造成经济损失。

（4）注意做好展品与人员的安全保卫工作。在多国博览会或有文物之类贵重物品的展览会上，尤其要做好安全保卫工作。在准备展览会时，应将安全问题列入有关规划之中。

（5）争取我驻外使领馆的领导与支持。在国外的各种活动中，我外出各团组均受我使领馆领导，由于他们多年驻在当地，熟悉当地情况，有广泛的朋友，争取使领馆的领导与支持，可较容易克服一些困难。

3. 展览、展销活动的组织工作

现以安徽省某市在南亚某国与一当地财团联合举办的展销会为例，说明如何成功地举办一次展销会。

（1）确定展销会的目的和主题。该市想把安徽产品打入国际市场，在国外投资，办合资零售商店。通过举办一次展销会，探索合资前景及进行实地市场调查。

（2）确定外国合作伙伴。安徽省国际经济合作公司通过该公司驻外代表与我驻外使馆商量，决定与当地某财团合作，双方达成意向书，即由该财团提供合作商店场地、人员，我方提供中国商品，双方成立合资零售商店。经过多次谈判，我方代表也向银行了解有关情况，对该财团的资产进行调查、摸底。双方同意先举办一次展销会，试销中国产品。

（3）选择展览地点。这一点十分重要，应提前几个月定好。外方建议在该财团所属的一座大楼内举行，此楼虽位于商业区，但不是最繁华地段，影响有限。外方认为未来的合作商店将建于此处，可先以展销方式试销。我方建议将举办地点放在当地有影响的中国援建的大厦内，因为在中国援建的大厦内举办中国商品展销会会吸引观众。经过多次谈判，双方达成在中国援建的大厦内举办展销会的一致意见。最终结果是提前几个月订好了展览大厅，并获得了租金优惠。

（4）确定参展单位及项目。考虑到未来的合作商店将销售中国商品，种类繁多，单一的出口公司难以承担，遂决定由某市百货公司的主办货源人员组队，人员经过培训便可进行参展工作。该百货公司负责提供展品、培训人员、准备宣传资料。

（5）进行可行性考察及定案。由一位副市长带队，有关部门领导和公司领导参加，共同赴该国实地考察，与合作伙伴进一步谈判，考察展览地点等，最后拍板定案。

（6）确定展销会预算开支。这是一项艰苦、困难的工作。首先要与外国合作伙伴确定开支分摊。这是首次展销中国商品，外商对展销能否成功、能否盈利没有把握，在谈判时比较谨慎。外商不愿承担太多风险，对于盈利同意双方各占 50%，但对亏损的负担则有疑虑。外商对我国各种商品的质量、价格、销售前景、人员素质不大了解，提出要到中国的这家百货公司考察，指定几种商品参展。我方考虑展销的目的在于对各种商品的销路进行市场调查，希望展出商品的种类多一些，但外商害怕我方以劣质商品参展，转嫁经济亏损。最后，双方同意，我方承担亏损的 70%，外商承担 30%。另外，双方还研究了向该国海关报关的方式，最后确定了预算开支。

（7）雇用当地的工作人员。双方商定，外方负责挑选、雇用当地展销工作人员。我方人员外语水平稍差，特别是许多人不懂当地语言，雇用当地人，工资水平低、语言熟悉，负责销售业务，由中方人员协助、监督，商品实行明码标价，简单易行，效果较好。

（8）在展览大厅的一旁设中餐厅，展团负责招待参加开幕式的重要客人，并赠送小礼品。

（9）展销会开幕前一天，为当地新闻媒介、外国记者举行一场预展，电视台记者拍摄实况，展团负责人介绍有关情况，并在中餐厅宴请这些人员。当晚电视新闻予以报道，第二天报纸也做了报道，效果较佳。

（10）展销品的价格问题及剩余展品的处理问题。这个问题比较复杂，涉及当地海关及有关法律规定，也涉及合作伙伴的利益，需要做大量谈判及疏导工作。

（四）接待外国记者采访，请名人参加活动

在国内公共关系中，组织可以利用记者招待会和新闻发布会扩大影响。在国际公共关系中，一个社会组织在国外的影响力有限，如无重大的信息，一般不用召开记者招待会，可将写好的新闻稿给外国记者，以独家新闻的方式来宣布相关信息，效果比较好。这样既结交了新闻界的朋友，又使国际公共关系目标容易实现，比做广告和召开记者招待会省钱省力，效果又好。

可以请当地名人参加活动，如奠基仪式、展销会、开幕式等，名人在当地影响大，其一举一动都会引起新闻界的注意。公共关系人员可以利用这一点，通过国外新闻媒介报道名人活动，提高组织知名度。

第4节 国际公共关系礼仪和外事规则

在国际公共关系活动中，人们往往把礼仪看作一个国家和民族文明程度的重要标志。世界上每一个民族都有凝结着本民族情感的礼仪习俗，因此，认真研究、了解和学习国际公共关系礼仪，遵守外事规则，对国际公共关系人员来说是一门必不可少的重要课程。

一、国际公共关系礼仪在对外交往中的作用

在国际交往中，特别是外交活动中，各国都十分重视国际交际礼仪。各国的外交部一般都设有负责此项业务的礼宾司。礼宾工作是整个对外工作的重要组成部分，是必不可少的形式与手段。在国际公共关系活动中，交际礼仪一般没有外交礼宾那样严格，有一定弹性，但也应十分重视。在对外工作中，交际礼仪不仅起着润滑剂和媒介的作用，而且起着黏合剂和催化作用，它对于表达感情、加深友谊、增进了解、树立形象是必不可少的，对国际公共关系人员来讲掌握基本的交际礼仪十分重要。

鉴于中国特色的国际公共关系尚处在发展、完善阶段，我们可以借鉴中国外交的经验。周恩来总理在对外交往中十分重视交际礼仪，娴熟地运用礼宾活动推动外交工作的开展，树立了新中国的良好形象。

二、国际公共关系礼仪的基本要求

（一）彬彬有礼，不卑不亢

1. 彬彬有礼

彬彬有礼就是态度热情、言谈文雅、举止得体、仪表端庄。

（1）态度热情。对内不以衣着取人，对外不以国别取人，待人以诚，一视同仁，微笑服务。

在国际公共关系活动中，态度热情表现在各个方面。如在涉外宾馆，当客人乘车到达宾馆门前时，门口服务员应立即迎上前去，打开车门，并把手放在汽车门顶，提防客人头部撞门，接客人下车。行李员应主动上前帮助提行李，如是私家车，服务员还应协助开车、停车，同时给客人停车票证（免费服务）。客人到达前厅，服务员要热情办理手续，行李员要引导客人到房间，客房服务员要事先打开空调，告诉客人各个电器开关、洗手间的位置，并在询问客人有何要求后，立即退出。

对国际公共关系人员来讲，态度热情不仅包括热情回答客人提出的有关问题，协助解决具体困难，还包括守时守约。现代社会生活节奏紧张，每个人的时间都是极为宝贵的，要特别注意按时守约。当然，按时也不是机械的，如果是参加家宴或招待会，可以准时或略晚几分钟到场，但不能提前到场，以免主人正在做准备（如洗澡），给主人带来不便。如遇到因公务繁忙而迟到的客人，国际公共关系人员应予以理解；如果确实遇到时间观念不强，不能按时到场的客人，见面时也应践行公关人员的职业精神，保持积极的态度。

（2）言谈文雅。首先表现在见面时的称呼上。在一般国际惯例中，称男子为先生，称女子为夫人、小姐或女士。对不熟悉的人，可以在职务后加上先生、小姐，如“经理先生”“护士小姐”。对熟悉的人，可称姓氏加先生、小姐等，如“李先生”“史密斯小姐”。对医生、教师、律师可以称姓氏加职务，如“安东尼斯医生”“吴律师”。对上层人物，如部长、总理、大使可分别称部长阁下、总理阁下、大使阁下。有些称呼在国内使用显得比较得体，如称××老师，表示对人尊敬，但在国际惯例中难以使用。

言谈文雅还表现在与人交谈时距离要得体，这要根据不同国家的风俗习惯采取不同做法。如在阿拉伯国家，谈话时要站得近，以示关系亲密；在美国就要保持距离，不能太近。在公共场合（如招待会），可以谈笑风生，但不能声音太大，以免显得粗俗。

（3）举止得体。注意行为细节，如军人行举手礼，入室脱帽，室内不戴墨镜等，主人应在客人离开后再离场、文艺晚会上保持注意力集中。举止得体还包括能够控制自己的情感，不以眼神或体态外露情绪。在涉外活动中，对外不要劝酒，本人饮酒也不得超过酒量的 1/3。

（4）仪表端庄。国际公共关系人员的一切都体现着国家、民族、团体或企业的形象，这当然也包括外表。一个人的气质、风度、学识、审美能力都可以从他的穿着打扮上反映出来。得体的服饰、装束，能弥补缺陷，更增添感染力和魅力，帮助一个人在社交、公务、事业上取得成功。我们反对那种“只重衣衫不重人”的观念，但也不提倡不修边幅、邋里邋遢，或浓妆艳抹、奇装异服。穿着整洁、得体不仅是对别人的尊重，也反映了认真、严肃的工作态度。美国的推销员训练手册上有这样一句话：“一套好西装、一双好皮鞋，是商场上成功交易的桥梁。”这说明服饰在经营、推销中的重要性。《韦氏秘书手册》中要求美国高级秘书的仪表和服装应达到这样的程度：“可以使你随时能够陪重要的客人去进餐，或代表你的上级去开会，或去机场迎接一个地位显赫的贵宾。”

公共关系人员的穿着应根据办公、聚会、谈判、出国访问等场合挑选合适的衣着，并保持衣服挺括、整洁和色调和谐，适当表现出个性。另外，国际公共关系人员一定要了解当地的风土人情和宗教禁忌，加强美学修养。

2. 不卑不亢

不卑不亢，就是既不卑屈，又不高傲，稳重自然，落落大方，平等处事。要充分考虑到国外公众的政治、经济、文化、风俗、习惯、历史等背景因素。一般原则是入乡随俗，因人因地而异，不能强人所难，以自己的好恶为取舍标准。当然，我们也不能迎合、迁就某些情趣不高的外国客人。

要防止崇洋媚外，失去民族自尊心。其主要要求是：国际公共关系人员在参与国际交往时，必须意识到自己在外国人的眼里代表着自己的国家，代表着自己的民族，代表着自己的组织。因此，在外国人面前既不应该表现得畏惧自卑，低三下四，也不应该表现得自大狂傲，放肆嚣张。周恩来总理曾经要求我国的涉外人员应具备高度的社会主义觉悟、坚定的政治立场和严格的组织纪律性，在任何复杂艰险的情况下，对祖国要赤胆忠心，为维护国家的利益和民族尊严，有时甚至要不惜牺牲个人的一切。

此外，不卑不亢还表现在对大小国家一视同仁，礼仪安排应该平衡统一。作为有中国特色的国际公共关系人员在对外交往中要保持和发扬这一优良作风，对大国强国不卑，对小国穷国不亢。

（二）尊重外国习惯

国际公共关系人员应充分了解、尊重对象国公众的习惯，以免伤害对方的感情，影响彼此的关系，损害组织的形象。例如，德国人讲究效率，崇尚理性思维，时间观念强，他们不喜欢暮气沉沉、拖拖拉拉、不守纪律和不讲卫生的坏习气。德国人在交谈中很讲究礼貌。与德国人打交道时，在这些方面加以注意，有助于赢得好感和信任；反之，则会被视为待人无礼和不自重。再如，英国人注重仪表，讲究穿着，男士每天都要刮脸，凡外出进行社交活动，都要穿深色的西服，但忌戴有条纹的领带；女士则应穿着西式套裙或连衣裙。西班牙女士上街一定要戴耳环。根据国际惯例，一般在协议签字仪式上，宾主举杯饮香槟酒表示祝贺，但对方如果是穆斯林，不能喝酒，可以将对方的酒改为水。

尊重对方的风俗习惯，需要：（1）加强调查研究，仔细了解有关风俗习惯；（2）适应当地风俗习惯，融入当地生活。

三、礼宾工作的原则

（一）尚礼好客

在接待对象国公众访华时，对客人应该热情友好，主动周到，使他们有宾至如归之感。公共关系对象国公众到中国访问，这是国际公共关系人员树立中国和本组织形象的良机，应尽量给客人留下美好的印象。中国是礼仪之邦，具有尚礼好客的优良传统，在开展中国特色的国际公共关系活动时应特别注意发扬这一优良传统，使其成为中国国际公共关系的特色之一。

（二）礼尚往来

在对外活动中应坚持礼尚往来，应坚持原则，维护国家与组织利益，不能丧失国格人格，丧失民族自尊心，在接待外宾、临时出国或长期驻外时都要注意这个问题。在安排活动时，要坚持原则，不能有损国家和组织形象；在个人交往时，不谋私利，不受金钱和美色的诱惑。

（三）实事求是

实事求是是公共关系工作应坚持的一个原则，也是国际公共关系礼宾工作应坚持的原则。应有一说一，有二说二，不能浮夸；不能只讲优点不讲缺点，也不能报喜不报忧。约定的会晤、安排会谈、组织会议、贯彻协议、履行合同等都要守时，接受任务必须按期完成，说到做到。如果不能按期完成，要向对方说明原因，并尽可能不拖延太久。要做到言必信，行必果。同时，不轻易答应别人所托而自己又力所不能及的事情，一旦答应就应该尽一切力量去办到。

（四）女士优先

尊老爱幼是中华民族的传统美德。在国际交往中，不仅应继续发扬尊老爱幼的优良传统，还应尊重女士，礼让优先。女士在男士面前，处于尊者地位，享受相应的礼仪待遇。

女士优先是国际公认的一条重要的礼仪原则，也是体现教养水平的重要标志。女士优先在欧美各国很讲究，尤其是英国。在社交场合，每一名成年男子都有义务自觉地以自己的实际行动去尊重、体谅、照顾女士，而且要想方设法、尽心竭力地去为女士排忧解难。例如，上下楼梯、上下车、进出电梯、就餐、就座之前等均请老人、女士先行，并主动予以照顾；同行时，男士应主动帮助女士提拿重物，男士应走在女士的后面或左面，不熟悉的地方应予以引导；与老人、女士同桌用餐时，男士应主动照顾，帮其入席、离座等；在国际交往中有以右为尊的规定，在座次上，一般将女士的座位安排在男士的右边，显示其身份的尊贵。

四、遵守纪律，维护形象

对公共关系人员来讲，维护公众利益、诚实可信、遵纪守法、不谋私利是应遵守的职业道德与纪律。对国际公共关系人员来讲，还应注意了解和遵守国际公共关系行为准则，使自己的行为符合国际标准。对中国国际公共关系人员来讲，为维护我国和所在组织的良好形象，要严格遵守外事纪律，即严格遵守“涉外人员守则”。

“内外有别”是所有中国涉外人员必须遵守的原则。对于国际公共关系工作来讲，内外有别是区别于国内公共关系工作的重要特征之一。它要求公共关系人员在对外活动中，规范自己的言行，这包括两个方面：

一是必须牢记保守国家和本组织的机密，绝不允许以友好、坦诚为借口，向外宾提供机密以及在谈判时提供对我方不利的情况或资料。

二是必须牢记“授权有限”，注意请示汇报，以及时得到领导与组织的帮助。

目前，商业间谍活动的触角已伸向世界的各个角落，其活动范围已超过政治、军事、战略间谍，它们又是互相兼容、不可分割的。世界各国都对商业间谍活动严加防范，确保国家、企业机密的安全。

为保守国家和组织的秘密，内外有别原则对国际公共关系人员做了以下规定：

（1）在接待外国人参观和洽谈业务时，应从实际出发，划清秘密与非秘密、核心机密与非核心机密的界限，不明确的要向领导请示报告。明确规定参观路线、项目和洽谈的范围、口径。负责接待的国际公共关系人员应遵守这些规定，不得随意改变。

（2）如有外国机构和人员来电、来函或来人了解、索取情况，属于保密事项的应及时向外事主管部门联系、请示，按规定给予答复。

（3）出入外国驻华机构和外国人住处，陪同外国人参观、游览、参加宴会等，不得携带秘密文件、资料和记有秘密事项的笔记本，如果需要携带应经领导审批并采取保密措施。出国人员亦应遵守上述规定。

（4）凡属内部报刊及内部资料，未经批准不准对外提供或销售。未经公开展示的文物，不得让外宾参观或拍照。

（5）出国谈判时，不得把机密文件放在桌上；内部商量对策和交换意见应在保密的地方进行；机密电报和文件应在使领馆内草拟；在国外宾馆、饭店、乘车场合，严禁讨论秘密事项和内部问题。

（6）对外发表论文，交换书刊、资料、样品应按有关部门的规定办理，严格进行保密审查，履行审批手续，不得自行其是。

（7）在对外经贸活动中，不得泄露内部掌握的对外援助技术出口和接受外援的具体政策、规划数字、计划措施等秘密事项。对外谈判、宣传报道、举办展览、接待参观、技术交流等，凡是尚未公布的经贸措施、统计数字、生产技术、计划措施，均要进行严格审查，未经批准，不得对外提供和公开发表。

（8）在对外引进技术和资金活动中，要注意工作方式，确需提供必要的秘密资料时，应本着在确保核心机密（限制）的基础上有控制地放宽对非核心机密限制的原则，但必须办理必要的审批手续。

（9）向国外转让、出售技术或通过技术合作、经济援助向外提供技术项目时，属于发明等科技秘密事项的，应报有关部门批准。

（10）利用广播、电视、电影、报纸、书刊、电子邮件等传播媒介时，不得涉及有关保密内容。在国际通信中，严禁明密电混用，传真通信不得涉及秘密内容，严禁用普通电话传达保密内容，要注意计算机信息保密。

思考题

1. 什么是国际公共关系？国际公共关系应遵循的原则有哪些？

2. 为什么说民间外交是具有中国特色的国际公共关系?

3. 说明常见的国际公共关系活动有哪些。

4. 根据国际公共关系礼仪的基本要求，一个国际公共关系人员如何做到彬彬有礼，不卑不亢?

5. “内外有别”是涉外人员必须遵守的原则，结合你的经历或了解的情况，谈谈为保守国家和组织的秘密，哪些是国际公共关系人员必须严格遵守的“内外有别”的规定。

案例

中国建筑的国际公共关系实践

近年来，伴随中国经济的发展，中国建筑集团有限公司（以下简称“中国建筑”）的海外业务发展步伐加快，尤其在“一带一路”倡议提出后，中国建筑参与海外市场的程度在加深、速度在加快。中国建筑践行“人海外战略”，积极开拓国际市场，尤其注重服务“一带一路”共建国家，提高基础设施水平，推进房屋建筑、轨道交通、机场、电力等专业工程领域的合作。中国建筑在发展的同时，关注当地民生、增加当地福祉，树立中国企业良好形象，不断提升品牌影响力。

作为央企，中国建筑在海外市场不仅通过优质的产品和服务积极践行企业经济责任，更通过积极的国际公共关系活动有效响应属地国公众的利益诉求，助力全球打造“可持续城镇”，为项目所在地人民提供工作和再教育机会，促进当地经济增长。

1. 员工、管理人员属地化，扩大当地就业，提升企业管理效益

在中国企业经营海外市场时，本土化经营是非常重要的手段，尤其是人力资源的本土化。人力资源本土化，一方面可以减少文化摩擦，帮助企业适应所在国的经营环境；另一方面有利于降低公司海外派遣人员和跨国经营的高昂费用，有利于与当地的社会文化融合，减少当地对外来资本的负面情绪，更可以帮助所在国增加就业机会，促进更多项目的开展。

中国建筑一直保持开放心态，积极引进优秀的属地员工和国际化管理人才，将重要管理岗位向属地员工开放，为当地创造了大量就业岗位。

2011 年，中国建筑巴基斯坦公司在建设巴基斯坦首都伊斯兰堡最大的公共项目——伊斯兰堡国际机场航站楼时，以该项目为平台，全面调整劳务管理模式，按照普通工种全部使用本地工人，专业工种使用“少量中国技术工人+本地工人”的模式，在机场项目全面推行劳务属地化。在项目实施的 4 年中，机场项目累计使用本地劳务工人 3 000 余名，长期使用本地劳务工人 700 余名，占到项目劳务工人日常总数的 94%，为项目周边社区创造了大量的就业机会，带动周边社区普通家庭致富。

在伊斯兰堡国际机场项目进入履约高峰期时，公司引进 32 名巴基斯坦中层管理人员（占当时管理人员总数的 46.5%）。经过三年的推进，公司本地管理人员达到 45 名，占比接近 60%。这些本地管理人员凭借语言、文化、社会关系、熟悉英美技术等优势，在外部对接和内部管理等方面做出了较好的成绩。

2. 积极开展公益慈善活动，赢得社区公众支持

“国之交在于民相亲，民相亲在于心相通”。企业在国际环境中立足与发展离不开当地民众的支持，与民相亲是营造良好外部环境的基础。中国建筑在海外市场合作中有计划地结合当地民众需求，开展一系列赞助当地福利事业、捐建图书馆和健身馆等公益慈善活动，以争取当地民众的信任和支持。这些公益项目惠及当地基层社区和普通民众，受到当地政府和民众的肯定，密切了双方关系，使中国建筑得到当地民众的大力支持，树立起中国建筑良好的品牌形象。

中国建筑刚果（布）公司在海外经营过程中，坚持积极参与公益事业，支持当地社区建设，改善当地民生。2011 年 8 月中国建筑刚果（布）公司无偿援建奎卢省木屋地区萨哈村进村道路，这条路解决了萨哈村 8 000 余人的出行难题。2012 年 11 月，公司又捐建了邦嘎小学新教室，点亮了周围 3 个村子的希望，铺平了孩子们的求学之路。同时公司还组织和支持员工参与社区志愿者活动，进行交通通信、饮水卫生等公共基础设施建设，增加儿童和弱势群体的受教育机会，加强与刚果（布）政府、当地居民的友好共处，与社区共享企业发展成果。

3. 多元方式拓展海外媒体关系，助力企业宣传

媒体是公众获取信息的重要渠道，是社会现象的放大镜，具有广泛的影响力和极强的灵敏度。中国建筑结合自身业务特色，积极创新，利用多元方式，借助媒体放大企业声量，引导公众舆论。

第一，通过组织媒体联谊探访活动，加强同媒体的互动交流沟通。中国建筑旗下中海集团每年都举办传媒春茗活动，建立良好媒体关系。公司还经常组织美洲、非洲等海外媒体到中国参观访问，加深这些媒体对中国及公司发展的了解。这些探访交流活动使境外媒体记者见证了中国的巨大变化，见证了中国建筑取得的快速发展，激发了当地媒体记者报道的积极性。

第二，借助外事活动建立媒体沟通机制。中国建筑在海外积极借助中国驻外大使馆、所在国驻华使馆，“搭桥”东道国政府官方活动，与媒体进行积极的沟通和交流。如中国建筑受阿拉伯联合酋长国驻华使馆邀请参与《中阿友谊——两国建交 25 周年纪念特刊》出版首发仪式，这一官方活动为媒体记者和中资企业构建了沟通交流平台，也为中国建筑对外发声、构建良好媒体关系、塑造企业形象等创造了机会。

第三，借境外媒体积极宣传中国成就和中国建筑成就。每逢重大事件，中国建筑都积极结合自身发展情况，联合权威媒体对外开展宣传活动，以中国建筑的发展反映国家的发展与进步，提升国家形象，扩大企业影响。2017 年 5 月 24 日，中国建筑南洋公司联合新加坡主流媒体《商业时报》（*The Business Times*）报道了公司建筑领域新技术的应用，有效提升了中国建筑南洋公司在新加坡市场的品牌形象，也使国外公众了解到中国的建筑行业在技术创新领域的发展成就。

第四，参与外事活动，提升企业形象。2017 年 5 月中国建筑总公司高层领导赴澳门，先后出席了央企支持澳门中葡平台建设高峰会和第八届国际基础设施投资与建设高峰论坛系列活动。

第五，借势国庆、企庆等活动进行企业高端宣传。2015 年 1 月 26 日，中国建筑中东公司参加了阿拉伯联合酋长国公共工程部在艾麦勒医院项目举行的阿拉伯联合酋长国

国庆 44 周年活动。在已经完工的主干道区域举行了简短的剪彩仪式，随后开展了系列庆祝活动。这是中国建筑中东公司第 3 次参加该国国庆活动，充分促进了中国建筑中东公司与阿拉伯联合酋长国公共工程部的联系，进一步加深了双方的友好合作关系。

4. 以基础建设、绿色可持续发展赢得海外公众认同

伴随中国建筑海外市场拓展程度的加深，中国建筑逐渐从单一的房建业务向绿色可持续发展的全产业链转化，尤其是伴随城镇化发展趋势，中国建筑充分发挥房屋建造、轨道交通、市政公路、城镇化建设等优势，全力发展绿色产业链，打造“可持续城镇”。中国建筑还在施行环保指标上采取一票否决制，贯彻执行绿色施工理念，得到业主单位一致好评，中国建筑在当地赢得了极高的社会声誉。

5. 实行“先融入，再融合；抓共性，引共鸣”的海外企业文化宣贯模式

在复杂的国际环境中，不同国家和地区之间的巨大文化差异是诸多企业开展国际公共关系活动面临的重大挑战之一。中国建筑在海外市场综合考虑属地员工的宗教信仰、文化背景，形成了“先融入，再融合；抓共性，引共鸣”的独特海外企业文化宣贯模式。

第一，尊重不同地区的文化习惯，促进文化融合。伴随员工属地化水平的提高，中国建筑发现不同国家和地区的员工有不同的工作习惯。中建一局在建的海外项目的总包管理团队中共有员工 335 人，在这样一个国际化团队里要形成统一的工作文化、行为习惯相当不容易。为调整中外员工的工作节奏，统一整个团队的工作步调，中建一局国际事业部在大型海外项目的关键管理岗位上实行“1+1”，即“一个中国员工+一个外国员工”的双配置管理制度。通过日常工作中的交流与合作，中国员工能潜移默化地影响外籍员工的工作习惯，相互之间逐渐了解、熟悉，加强了外籍员工对中国建筑的企业文化的认同，提升了其归属感，并以人为媒介传播了中国建筑的品牌。

第二，融入属地传统文化，结合当地的特色节日活动促进文化融合。中国建筑注重融入属地传统文化，结合当地特色节日活动，促进文化融合。在斯里兰卡新年，项目部举办“一家亲”新年联谊会，中斯双方员工及家属表演了各具特色的节目，大家一起跳舞、游戏，其乐融融。

第三，娱乐、体育无国界，通过文娱体育活动促进文化融合。娱乐、体育无国界，娱乐、体育活动往往是在轻松、快乐的氛围中开展的，有助于中外员工卸下包袱，积极开展互动、交流。如中国建筑定期组织中外员工开展篮球、足球、乒乓球“三大联赛”，队员不分国籍统一着装，在奔跑、传球、呐喊中迸发出激情，实现彼此间的认同与欣赏，持续向文化融合推进。

思考题：

1. 请讨论中国建筑在海外市场的发展过程中是如何关注当地民生、增加当地福祉、树立中国企业的良好形象的。

2. 试分析本案例中中国建筑如何借助媒体放大企业声量，引导舆论。

第 15 章

公共关系的新趋势

第 1 节　大数据洞察

《“十四五”大数据产业发展规划》提出，“优化大数据公共服务。建设大数据协同研发平台，促进政产学研用联合攻关。建设大数据应用创新推广中心等载体，促进技术成果产业化。加强公共数据训练集建设，打造大数据测试认证平台、体验中心、实训基地等，提升评测咨询、供需对接、创业孵化、人才培训等服务水平。构建大数据产业运行监测体系，强化运行分析、趋势研判、科学决策等公共管理能力。”

一、大数据的定义与重要意义

（一）大数据的定义

最早提出“大数据时代到来”的是全球知名咨询公司麦肯锡，其在《大数据：创新、竞争和生产力的下一个前沿领域》报告给出的定义是：大数据是指数据量级超过传统数据库软件工具捕获、存储、管理和分析能力的数据集。① 2015 年国务院印发《促进大数据发展行动纲要》（以下简称《纲要》），正式将大数据提升为国家级战略。《纲要》明确提出了大数据的基本概念：大数据是以容量大、类型多、存取速度快、应用价值高为主要特征的数据集合，正快速发展为对数量巨大、来源分散、格式多样的数据进行采

① Manyika J，Chui M，Brown B，et al. Big Data：The next frontier for innovation，competition，and productivity. McKinsey & Company，2014－09－02.

集、存储和关联分析，从中发现新知识、创造新价值、提升新能力的新一代信息技术和服务业态。

（二）大数据的重要意义

1. 大数据成为推动经济转型发展的新动力

以数据流引领技术流、物质流、资金流、人才流，大数据将深刻影响社会分工协作的组织模式，促进生产组织方式的集约和创新，推动社会生产要素的网络化共享、集约化整合、协作化开发和高效化利用，改变传统的生产方式和经济运行机制，最终显著提升经济运行水平和效率。大数据持续激发商业模式创新，不断催生新业态，已成为互联网等新兴领域促进业务创新增值、提升企业核心价值的重要驱动力。大数据产业正在成为新的经济增长点，对未来信息产业格局产生重要影响。对制造业企业而言，数字化转型早已不是选择题，而是实现可持续发展的必修课。作为近年涌现出的优秀企业之一，成立于 2011 年的宁德时代十余年间从一家初创企业成长为全球领先的动力电池研发制造公司，它的成功与其较早布局数字化战略密切相关。通过数字化转型，宁德时代突破了生产经营的困难和外部市场的压力，实现了从“制造”到“智造”的跨越。①

2. 大数据成为重塑国家竞争优势的新机遇

在全球信息化快速发展的大背景下，大数据已成为国家重要的基础性战略资源，正引领新一轮科技创新。充分利用我国的数据规模优势，实现数据规模、质量和应用水平同步提升，发掘和释放数据资源的潜在价值，有利于更好地发挥数据资源的战略作用，增强网络空间数据主权保护能力，维护国家安全，有效提升国家竞争力。当前，新一轮科技革命和产业变革重塑全球竞争格局，围绕互联网、云计算、大数据、人工智能、量子计算等数字产业的竞争愈演愈烈，主要经济体纷纷将数字产业作为重塑竞争优势的战略选择。如美国的“国家量子计划”、欧盟的“欧洲数据战略”“2030 数字罗盘计划”、日本的“机器人新战略”、韩国的“国家半导体产业计划”、印度 2019 年发布了“电子产业国家政策”等，都体现了主要经济体进一步强化数字产业竞争优势的宏伟愿景。此外，当前国际环境和大国博弈形势日趋复杂多变，我国产业链供应链“卡脖子”问题进一步凸显，我国数字产业高质量发展面临艰巨挑战。②

3. 大数据成为提升政府治理能力的新途径

大数据应用能够揭示传统技术方式难以展现的关联关系，推动政府数据开放共享，促进社会事业数据融合和资源整合，将极大地提升政府整体数据分析能力，为有效处理复杂社会问题提供新的手段。建立“用数据说话、用数据决策、用数据管理、用数据创新”的管理机制，实现基于数据的科学决策，将推动政府管理理念和社会治理模式进

---

① 王家宝，蒋铭霁，盛洁. 从制造到智造：宁德时代的数字化转型之路. 清华管理评论，2022（9）：122-129.

② 《“十四五”国家信息化规划》专家谈：培育先进安全的数字产业 构建数字中国建设新图景.（2022-01-19）. 中国网信网，https://www.cac.gov.cn/2022-01/19/c_1644194876256900.htm.

步，加快建设与社会主义市场经济体制和中国特色社会主义事业发展相适应的法治政府、创新政府、廉洁政府和服务型政府，逐步实现政府治理能力现代化。成立于2016年的大数据国家工程研究中心作为国家级科技创新平台，围绕智慧城市物联网场景的数据采集、汇聚、批流、融合处理、数据规范治理，自主研发了物联网数据管理平台。该平台基于大数据前沿技术，针对物联网感知数据海量、多源异构、时效性高等特点，实现对城市物联感知设备上传的感知数据进行接入、解析、汇聚、存储、转发，以助力万物互联，赋能数字经济。①

二、大数据洞察在公关中的应用

以企业公关为例，大数据赋能公关传播业务基本上可归纳为三个核心方向：基于第三方大数据资源的消费者洞察、基于网络爬虫文本数据的公关传播效果评估和网络舆情监测。②

（一）基于第三方大数据资源的消费者洞察

在当今复杂多变的市场环境中，公共关系从业者们愈发认识到准确把握消费者需求和心理状态的紧迫性。第三方大数据资源为深入了解消费者提供了强大的支撑。通过对第三方大数据资源的挖掘和分析，公关人员能够获取海量的消费者行为数据、偏好信息以及反馈意见。这些数据跨越不同的平台和渠道，涵盖了消费者在购物、社交、娱乐等各个领域的活动轨迹。公共关系团队可以借助这些丰富的数据资源，构建出全面而细致的消费者画像。

一方面，了解消费者的购买决策过程，分析影响其选择的因素，为企业制定更具针对性的市场营销策略提供依据；另一方面，洞察消费者的情感诉求和期望，有助于企业在公共关系活动中更好地与消费者进行沟通和互动，增强消费者对品牌的认同感和忠诚度。此外，第三方大数据资源还可以帮助公共关系人员及时发现潜在的危机和问题。通过监测消费者的舆论动态和反馈，提前预警可能出现的负面舆情，为企业采取积极有效的应对措施争取宝贵的时间。基于第三方大数据资源的消费者洞察为公共关系实践提供了有力的武器，使企业能够在激烈的市场竞争中更好地满足消费者需求，提升品牌形象，实现可持续发展。手机品牌vivo就是通过小红书的站内搜索数据（包含用户的主动搜索数据、笔记发布相关数据、话题页数据等）从年轻用户搜索关键词和笔记词汇变化，洞察到用户在提及夜生活时的趋势变化，例如，落日灯相关笔记量对比前一年暴增了136倍，“地下酒吧”的单月搜索量涨了10倍等。由此从手机主打“夜拍”出发，瞄准年轻用户的真正需求，打破偏见，用数据说话，纠正被妖魔化的年轻人夜生活，打破蹦迪、烧烤等刻板印象，携手小红书用大数据梳理出年轻人

---

① 2022年“十佳大数据案例”.（2022-05-30）. 数据观，http://www.cbdio.com/BigData/2022-05/30/content_6169153.htm.

② 刘云鹏. 大数据在公关传播业务中的实践应用. 国际公关，2018（6）：62-63.

真正的夜生活报告，为年轻人潮酷、有活力的夜生活发声，同时在共鸣中深刻种草 vivo 新机的全新夜拍功能。

（二）基于网络爬虫文本数据的公关传播效果评估

在当今数字化高速发展的时代，网络已然成为信息传播的核心阵地，而网络爬虫文本数据则如同一个强大的信息宝库，为公关传播效果的精准评估提供了坚实的基础。

通过先进的网络爬虫技术，公关人员能够广泛收集来自各个网络平台的海量文本数据，并基于海量数据完成对公关传播覆盖范围的量化分析，确定信息在网络空间中的传播广度，了解其触达了哪些特定的受众群体，以及在不同地域、不同领域的传播情况；同时深入剖析文本内容，挖掘公众的情感倾向，清晰呈现公众的态度变化。这些数据涵盖了新闻媒体、社交媒体、论坛博客等众多渠道，可清晰反映公众对特定公关活动、品牌或事件的各种观点、评价和反馈。

此外，利用网络爬虫文本数据还能追踪公关传播的动态变化过程。从活动启动初期的舆论预热，到传播高峰时期的热议焦点，再到后期的持续影响和余波，都可以进行实时监测和阶段性总结。这有助于公关团队及时调整策略，优化传播方案，以更好地适应不断变化的舆论环境。

（三）网络舆情监测

本书第 9 章专门介绍舆情分析，未来这一领域的重要性有增无减。对于公共关系从业者而言，网络舆情监测是构建良好品牌形象和维护和谐公共关系的重要基石。它借助先进的信息技术手段，对浩如烟海的网络平台信息展开全方位、无死角的严密监测。无论是主流新闻媒体网站、热闹非凡的社交媒体平台，还是观点多元的论坛以及内容丰富的博客等，都在其密切关注的范围之内。技术人员可通过强大的网络爬虫技术，持续不断地抓取海量的信息数据，预警可能引发舆论风暴的潜在信号。

网络舆情监测能够迅速而精准地捕捉公众对于各类事件、热门话题、企业品牌以及社会组织的种种看法和态度。无论是突如其来的重大新闻事件，还是逐步升温发酵的社会热点问题；无论是企业推出的新产品动态，还是关乎品牌声誉的点滴变化，都能在第一时间被网络舆情监测系统敏锐地察觉。它就如同一个高度灵敏的传感器，时刻感知着网络舆论场的温度起伏和风向转变。

对政府部门而言，网络舆情监测有助于深入了解社情民意，及时发现民众最为关心的热点问题以及潜在的社会矛盾冲突，从而为科学决策、合理施政提供坚实有力的依据；对企业而言，它可以助力企业全面掌握消费者的需求偏好和反馈意见，密切监测竞争对手的一举一动，在危机尚未完全爆发之前就能及时采取有效的应对措施，全力维护企业的良好形象和宝贵声誉。

同时，网络舆情监测要求拥有强大的数据分析与处理能力。随着技术的不断进步，网络舆情监测能够对收集到的庞大舆情信息进行细致的分类、系统的整理以及深入的挖掘分析，从中提取出关键的核心信息和重要的趋势走向。通过数据可视化等先进手段，将复杂多变的舆情态势以直观、清晰的形式呈现出来，让决策者能够在最短的时间内一目了然地把握舆情发展的脉络和走向。网络舆情监测以其高度的敏锐性、卓越的洞察力和高效的信息处理能力，为构建良好的公共关系和塑造积极的社会形象发挥着至关重要的作用。

三、大数据时代公关面临的挑战与机遇

（一）大数据时代公关行业面临的挑战

大数据对中国公关职业领域的冲击主要体现在行业转型与升级、公关理念与思维、趋势监测与研判、危机识别与预防、公众标签与关系管理、数据分析与策略制定、沟通内容多元呈现、沟通方式方法创新、传播效果可测量、公关角色和组织地位变化十个方面。①

在行业转型与升级方面，大数据犹如一股强大的推动力，它促使公关行业从传统的模式逐步蜕变，迈向更加智能化、数字化的发展道路。公关机构和从业者不得不重新审视自身的业务模式，积极探索新的服务领域和发展机遇，以适应大数据时代的新要求。

公关理念与思维在大数据的冲击下发生了重大转变。传统的公关思维逐渐被数据驱动的决策理念取代。公关人员不再仅仅依靠经验和直觉，而是更加注重对数据的收集、分析和运用，以制定更加科学、精准的公关策略。

在趋势监测与研判方面，大数据为公关从业者提供了前所未有的强大工具。通过对海量数据的实时监测和分析，能够准确把握市场动态、行业趋势以及公众舆论的走向，为企业的战略决策提供及时、可靠的参考依据。

在危机识别与预防方面，大数据的作用同样不可小觑。它能够帮助公关人员提前发现潜在的危机信号，及时采取有效的预防措施，将危机化解于萌芽状态。通过对网络舆情、消费者反馈等数据的分析，可以快速识别可能引发危机的因素，为企业制定危机应对预案提供有力支持。

在公众标签与关系管理方面，大数据使得公关人员能够更加深入地了解公众的需求和特点。通过对公众数据的分析，企业可以为不同的公众群体贴上精准的标签，从而实现个性化的公关沟通和关系管理，提高公众对企业的认同感和忠诚度。

在数据分析与策略制定方面，大数据为公关策略的制定提供了坚实的数据基础。公关人员可以通过对数据的深入分析，了解目标受众的行为习惯、兴趣爱好和消费偏好，从而制定出更加有针对性、更加有效的公关策略。

在沟通内容多元呈现方面，大数据为公关沟通提供了丰富的素材和创意灵感。通过对数据的挖掘和分析，企业可以发现公众关注的热点话题和兴趣点，从而制作出更加丰

---

① 陈先红，张凌．大数据时代中国公共关系领域的战略转向：基于扎根理论的探索性分析．国际新闻界，2017，39（6）：20－41．

富多彩、更具吸引力的沟通内容，提高公关传播的效果。

在沟通方式方法创新方面，大数据推动了公关沟通方式的不断创新。社交媒体、大数据分析平台等新兴渠道的出现，为公关人员提供了更多与公众互动的方式。同时，大数据还可以帮助公关人员优化沟通策略，提高沟通的效率和质量。

在传播效果可测量方面，大数据使得公关传播效果的测量更加科学、准确。通过对数据的监测和分析，企业可以实时了解公关活动的传播范围、影响力以及公众的反馈情况，为评估公关活动的效果提供客观依据。

在公关角色和组织地位变化方面，大数据使得公关在企业中的角色和地位发生了重大变化。公关部门不再仅仅是企业的宣传部门，而是逐渐成为企业决策的重要参与者和数据驱动的战略合作伙伴，为企业发展提供有力的支持。

总之，大数据对公关职业领域的冲击是全方位、深层次的。公关从业者只有积极拥抱大数据时代，不断提升自身的数据素养和专业能力，才能在激烈的市场竞争中立于不败之地。

（二）大数据时代公关行业的机遇

在大数据时代的广阔背景下，公共关系领域迎来了前所未有的发展机遇，这些机遇主要呈现在以下几个关键方面。

第一，在趋势监测与研判方面，展现出更高的科学精准性。当我们迈入大数据时代，公关环境犹如被赋予了数据化的魔法外衣。大数据分析摒弃了传统的样本思维，转而以宏大的总体思维为基石。这就意味着它能够从更为全面、系统的角度去洞察和把握事物的发展规律。在这样的模式下，公共关系不再仅仅是凭借经验和直觉的摸索，而是具备了深厚的调研性基础，使得对趋势的监测与研判犹如拥有了精准的导航仪，能够更加科学地指引前行的方向。无论是市场动态的微妙变化，还是行业发展的潜在趋势，都能通过大数据的精细分析被敏锐地捕捉到，为公关决策提供坚实可靠的依据。

第二，在危机识别与预防方面，具备了更显著的前瞻性和预防性。公关人员拥有了强大的工具——“爬虫系统”。通过巧妙地设定一系列关键字，这个系统能够如同不知疲倦的哨兵，自动且持续地监测提及率和敏感字。一旦发现潜在危机的信号，公关人员便能迅速行动起来，及时采取有效的处理措施，将危机化解于萌芽状态。这种前瞻性和预防性的能力，为企业和组织在复杂多变的市场环境中筑起了一道坚固的防护墙。

第三，在公众识别与关系管理方面，组织机构呈现出愈发强烈的拟人化特征，与用户之间的关系也越来越接近朋友般的亲密。通过对用户数据的深入挖掘和分析，能够为不同的用户群体精准地贴上个性化的标签，绘制出清晰的用户画像。这如同为每一位用户绘制了一幅独特的肖像画，让组织机构能够更加深入地了解他们的需求、喜好和行为模式。基于此，粉丝群的维护管理也变得更加高效和有针对性。组织机构可以像对待朋友一样，与用户进行真诚的互动和交流，倾听他们的声音，回应他们的关切，从而建立起更加稳固和持久的关系。

第四，沟通内容实现了令人惊叹的多元呈现。在这个丰富多彩的时代，公关信息不再局限于单一的形式，可以是生动的文字，能够描绘出细腻的情感和精彩的故事；可以是绚丽的图片，瞬间吸引人们的目光，产生直观的视觉冲击；可以是悦耳的声音，如同美妙的旋律，触动人们的心灵；可以是逼真的影像，将真实的场景和动人的情节展现在人们眼前；更可以是这些形式的完美综合体，创造出令人沉浸其中的多媒体体验。尤其在新媒体传播领域，视频以强大的感染力和传播力，发展势头极为迅猛。它就像一颗璀璨的明星，吸引着无数观众的目光，为公关传播带来了新的活力和机遇。

第五，沟通方式更具互动性，为公共关系注入了新的活力。在大数据的助力下，沟通不再是单向的信息传递，而是变成一场充满活力的互动交流盛宴。公众不再仅仅是信息的接收者，他们成为积极的参与者和创造者。通过各种新媒体平台和互动工具，公关人员能够与公众进行实时的对话和互动，倾听他们的意见和建议，回应他们的质疑和关切。这种互动性不仅增强了公众对组织机构的认同感和参与感，而且为公关传播带来了更广泛的影响力和传播效果。

第六，公关效果变得容易评估，为公共关系的优化和提升提供了有力的支持。在新媒体传播的时代，一切都可以被量化和分析。公关活动的效果不再是模糊不清的，而是可以通过大数据分析进行精确的评估。借助先进的数据分析技术，企业能够清晰地了解公关活动的传播范围、影响力以及公众的反馈情况。同时，大数据分析还能帮助我们找到那些市场营销费用中被浪费的一半①，从而有针对性地进行优化和改进，提高公关资源的利用效率。

第七，公关角色和组织地位发生了深刻变化。公共关系对从业者的战略思维和策略能力一直有较高的要求，而大数据时代的到来，进一步提高了从事公关职业的技术门槛。公关人员不再仅仅是信息的传播者和关系的协调者，他们必须兼具深刻的战略思维能力和娴熟的技术运用能力。在这个复杂多变的时代，公关人员需要像智慧的战略家一样，能够洞察市场的风云变幻，为企业和组织制定长远的发展战略；又要像技术精湛的工程师一样，熟练掌握各种大数据分析工具和新媒体传播技术，将战略转化为具体的行动和有效的传播。只有这样，公关人员才能在激烈的市场竞争中为企业和组织赢得优势，提升公关在组织中的地位和价值。

四、拥抱大数据的同时不抛弃小数据

（一）什么是小数据

小数据是指需要新的应用方式才能体现出具有高价值的个体的、高效率的、个性化的信息资产。如果说大数据关注的是总体和大致规律，那么小数据关注的是个体和细腻的事实。和大数据相比，小数据的价值在于它来源于各类社会行为的细节，更贴近人们的个体感受，对需求的呈现也更精准。比如，按照大数据画像，婴儿尿布可能

① 广告领域的沃纳梅克之惑：“我知道我的广告费有一半被浪费掉了，但我不知道是哪一半。”

会和奶粉、玩具等商品相关联，啤酒的消费者可能会同时选购花生米、薯片等零食。沃尔玛依据小数据的分析显示，男性顾客在购买婴儿尿片时，常会顺便购买几瓶啤酒来犒劳自己，于是尝试推出了将啤酒和尿布摆在一起的促销手段，竟然取得了成功。①

（二）小数据在大数据时代的重要公关意义

1. 精准定位目标受众

大数据时代，公关活动常常面临海量信息和广泛的受众群体，而小数据能帮助公关人员更精准地定位目标受众。企业通过分析特定客户群体的行为模式、兴趣爱好、消费习惯等小数据，可以深入了解他们的需求和期望。例如，一家企业推出新的产品，通过对以往购买类似产品的客户的小数据分析，公关团队可以确定最有可能对新产品感兴趣的人群特征，从而有针对性地制定传播策略，提高传播效果。

2. 个性化的沟通与互动

在公关活动中，与受众建立良好的关系至关重要。小数据可以为公关人员提供个性化沟通的依据。分析单个客户或特定群体的反馈、评论、咨询等小数据，公关人员可以了解他们的具体关注点和痛点，从而以个性化的方式回应和互动。比如，在社交媒体上，针对不同用户的提问和反馈，给予个性化回复，能让用户感受到被重视，增强用户对品牌的好感度和忠诚度。

3. 评估公关活动效果

大数据虽然能提供宏观的传播效果数据，但小数据可以更细致地评估公关活动的实际影响。企业通过分析特定受众群体对公关活动的具体反应、参与度、态度变化等小数据，可以深入了解公关活动在目标受众中的实际效果。例如，通过对参与活动的部分客户的访谈和调查数据进行分析，公关团队可以评估活动的满意度、改进方向，为后续活动提供更精准的优化建议。

4. 危机公关处理

在危机公关中，小数据可以发挥关键作用。及时收集和分析受影响客户的反馈、投诉、意见等小数据，公关团队可以快速了解危机的具体影响范围和程度，制定针对性的应对措施，同时，通过对关键意见领袖和核心客户的小数据分析，可以更好地把握舆论走向，及时调整危机公关策略，降低危机对品牌的负面影响。

5. 创新公关策略

小数据能为公关策略的创新提供灵感。通过对特定场景下的用户行为、市场趋势等小数据的挖掘，公关人员可以发现新的公关机会和切入点。例如，分析新兴的小众社交平台上的用户互动数据，公关团队可以制定创新的传播策略，开拓新的传播渠道，提升品牌的知名度和影响力。

---

① 人民日报新知：大数据、小数据与全数据．（2019－04－04）．人民网，http://opinion.people.com.cn/n1/2019/0404/c1003－31012514.html.

托马斯·克伦普在《数字人类学》一书中指出，数据的本质是人，分析数据就是在分析人类族群自身。数据产生于人类社会的各种活动，其价值也在于服务人类社会，让生活变得更加美好。对公共部门和企业来说，在确保数据安全的前提下，将数据转化为服务和产品，才能更加准确地对接人们的需求和期待，从而让数据更好地服务人类社会，不断提升人们的幸福感。①

第2节　智能化与社交化

一、公共关系的智能化趋势

2024年9月12日在北京举办的第九届中国内容营销高峰论坛上，中国国际公共关系协会人工智能工作委员会正式成立，这标志着中国公共关系行业面对人工智能及数字技术带来的机遇与挑战，在用人工智能推动公关行业发展方面迈出了重要一步。②

（一）智能化技术在公关行业的应用

对于公关传播行业来说，在众多必备的技术中，人工智能无疑将是应用范围最广、冲击力最强的技术。智能化工具的应用给公共关系行业带来的影响主要体现在以下方面。③

1. 优化公关传播内容

人工智能最为强大且实用的基础功能之一便是对海量数据展开精准度较高的分析。伴随机器学习以及自然语言处理等技术的持续发展与完善，在公关稿内容标准化和传播内容个性化这两个不同方向上，人工智能都能发挥巨大作用。例如，一篇格式与内容标准化的新闻稿可由软件依据所提供的素材自动生成。

然而，仅将人工智能用于生成标准化公关稿，无疑是大材小用。利用人工智能对海量历史数据进行智能分析，然后基于分析结果，有针对性地为每一项公关活动的文案提供最优化的内容组合，包括引人瞩目的标题、核心信息点、表达方式、发言人角色等，从内容层面全力保障公关传播活动达到甚至超越预期效果，实现个性化、精准传播，这才是人工智能大展身手的方向。

2. 早期危机预警助力危机公关

危机管理是公关传播人员最不愿面对却又不得不面对的挑战，同时也是最能体现公

---

① 人民日报新知：大数据、小数据与全数据.（2019-04-4）. 人民网. http://opinion.people.com.cn/n1/2019/0404/c1003-31012514.html.

② 中国国际公共关系协会人工智能工作委员会在京成立.（2024-09-18）. 中国新闻网，https://www.chinanews.com.cn/cj/2024/09-18/10288135.shtml.

③ 单承峻. 人工智能如何助力公关传播. 国际公关，2018（4）：42-43.

关团队价值和能力的机遇。总体而言，利用人工智能助力危机管理主要体现在以下几个方面：危机早期预警；危机规模预测；重要时间节点、动向预测；建议回应的信息点和时间点；遴选最佳媒体渠道、关键意见领袖（KOL）；捕捉虚假夸大信息。

通过人工智能技术，公关团队对海量同行业（或相关产业）的负面报道进行梳理和分析，能够在实时进行的舆情监控中及时捕捉到危机事件即将发生的先兆并发出预警，可以第一时间着手应对；若应对及时有效，便能避免危机的发生。一旦负面事件严重到危机已不可避免，无论是主流媒体还是自媒体上的声音都会铺天盖地，危机有全面爆发之势，此时同样可以利用人工智能对报道进行深度内容分析，提炼出新闻报道中的核心信息点、自媒体评论中的核心关注点，并结合海量历史数据，提出最佳的危机公关方案；针对核心信息点和关注点，利用新闻通稿、官网官微等有的放矢地进行回应，以最大限度地掌控危机走势、降低危机对品牌形象的负面冲击。

3. 勾勒目标受众画像

公关传播活动的核心在于：将正确的信息，在正确的时间，通过正确的渠道，传递给正确的人。人工智能借助机器学习和自然语言处理技术对社交媒体的相关内容进行大数据分析，能够提炼出品牌目标客户的特点和习惯，进而描绘出不同品牌产品的目标客户画像和宣传活动目标受众的画像，并针对目标客户（受众）所具备的这些特点和习惯，在接下来的传播活动中进行更精准有效的宣传，从而提升活动的总体产出和效果，提高客户转化率。

4. 公关效果前期预测与后期评估

要想让人工智能更好地服务于公关传播，就必须首先运用人工智能对公关传播方方面面的海量数据进行智能、深度分析，这才是人工智能助力公关传播的根本所在。基于大数据（包括当期活动的成果数据、客户自身的历史数据、对标友商的相关数据、行业趋势数据等）的分析结果，人工智能还需要进一步提炼出具有指导意义的洞察和具有可操作性的建议，甚至对各种活动策略可能产生的传播效果进行量化预测，为接下来的公关传播策略与活动提供精准、可靠的决策支持。每一次活动结束后，新产生的数据成果需要被纳入人工智能分析体系中，以充实基础数据量并校正人工智能前期的分析判断，为下一阶段的公关传播提供决策支持，从而形成一个端到端的闭环体系，自动强化人工智能对公关传播工作的提升效果，这也符合机器学习的规律和要求。

毫无疑问，科技的迅猛发展必将推动包括公关传播在内的各行各业快速发展。公关企业建立自己的技术团队、利用人工智能等新技术为客户提供高效的一站式服务和创新的用户体验乃是大势所趋。技术应用通过提升传播效果评估的准确性，提高了公关活动的定制化程度和精准度，进而提高了客户满意度。然而，公关传播终究还是一个以人为本的行业。无论人工智能未来会发展到怎样的高度，无论人工智能能够替代人类从事多少种不同性质的工作，人的智能（并非“人工智能”）、人的创意、人的思考、人的信任乃至人的温情，都是无法被冷冰冰的智能机器取代的。愈发强大的人工智能与依旧创造力无限的人进行完美结合，才是公关传播行业在科技日新月异的时代应有的发展方向。

（二）智能化趋势对公关行业人才提出新要求

1. 数据分析能力

在智能化时代，公关人员需要具备强大的数据挖掘能力，能够从海量的数据中提取有价值的信息。例如，通过分析社交媒体数据、网络舆情数据等，了解公众的关注点、情绪倾向和需求，为公关策略的制定提供依据。

此外，公关人才应该熟练掌握各种数据分析工具，如数据可视化软件、舆情监测工具等。能够运用这些工具对数据进行深入分析，生成直观、易懂的报告，为管理层决策提供支持。

2. 智能技术素养

智能化趋势带来了新的传播模式，如社交机器人、算法推荐等。公关人员需要了解人工智能在公关领域的应用，如智能客服、自动化内容生成等，并能运用这些工具提高工作效率，为客户提供更好的服务。在这样的过程中，广大从业者需要不断创新，适应这些新的传播模式，制定有效的公关策略。例如，对于社交机器人的合理运用需要在掌握其传播特点的基础上，利用社交机器人进行品牌推广。

二、公共关系社交化趋势

在当今时代，公共关系正呈现愈发明显的社交化趋势，这一趋势深刻地影响着各个领域和行业的发展。随着互联网的飞速发展和社交媒体平台的不断涌现，公共关系的传播渠道和方式发生了翻天覆地的变化。传统的公共关系主要依赖新闻媒体、广告宣传等渠道来传播信息，如今，社交媒体已经成为公共关系活动中不可或缺的重要组成部分。社交媒体平台拥有庞大的用户群体，信息传播速度极快，能够在短时间内将信息传递给大量的受众。企业、组织和个人可以通过社交媒体平台与公众进行直接的互动和沟通，及时了解公众的需求和反馈，从而更好地调整自己的公共关系策略。

（一）社交化趋势对公关行业的变革

公关社交化趋势给公关行业带来了深刻的变革，主要体现在以下几个方面。

1. 传播趋势与渠道的变化

（1）多元化社交平台的运用。随着公关社交化，公关行业不再仅仅依赖传统媒体渠道进行传播。如今，微博、微信、抖音、小红书等众多社交媒体平台成为公关传播的重要阵地。公关人员需要熟悉不同社交媒体平台的特点和用户群体，制定针对性的传播策略。例如，在微博上利用热门话题和大 V 互动进行品牌推广；在抖音上通过短视频吸引年轻用户关注。社交媒体平台的多样性也使得传播方式更加丰富。除了文字、图片外，视频、直播等形式越来越受欢迎。公关团队需要具备多种形式的内容创作能力，以满足不同平台用户的需求。故宫博物院利用微博、微信等社交媒体平台，大力推广其文创产品，通过精美的图片、有趣的故事和文化解读，吸引了大量年轻用户关注，同时，故宫博物院举办线下活动时通过社交媒体提前宣传、直播活动等方式，扩大了活动影响力，让更多人了解故宫文化。

网评作为引导公众导向的重要舆论工具，是加强网络阵地管理的重要抓手。做好信息网评工作，是深入贯彻习近平新时代中国特色社会主义思想、党的二十大精神和全国组织工作会议精神的重要举措。组织部门应扛牢责任、主动作为，高度重视网评工作在网络社会治理中凝聚人心、汇聚力量的积极作用。湖北省针对网评员队伍建设滞后、培养机制不健全等问题，多措并举加强全市网评员队伍建设，把牢舆论宣传主动权，筑牢舆论安全防线，为进一步凝聚正能量、传播好声音，打响网评工作品牌提供坚强的组织保障。①

（2）人际传播在公关活动中的重要性凸显。在社交化环境下，用户之间的人际传播变得至关重要。用户更倾向于相信朋友、家人和其他用户的观点，而不是传统生硬的公关观点输出。公关人员需要通过积极的品牌建设和受众互动，例如，举办线上活动，鼓励用户分享自己的体验和感受；及时回应用户的问题和投诉，提高用户满意度，促进口碑传播。互联网时代的企业家如小米公司雷军等，经常在微博等社交媒体平台上与用户互动，分享公司动态、产品信息等。这种亲民的形象和直接的沟通方式，让用户感受到小米的诚意和活力。

2. 公关策略与目标的调整

（1）强调互动与参与。公关社交化趋势使得公关策略从单向传播转变为双向互动。公关人员需要积极与用户进行互动，倾听他们的声音，回应他们的关切。例如，在社交媒体上开展问答活动、投票活动等，增强用户的参与感。通过互动，不仅可以建立良好的品牌形象，而且可以获取用户的反馈和建议，为产品和服务的改进提供依据。

参与度成为衡量公关效果的重要指标之一。公关活动不再仅仅追求曝光量和点击率，更注重用户的参与度和互动效果。例如，通过分析社交媒体上的评论、点赞、分享等数据，评估公关活动的影响力和用户参与度，及时调整策略，提高公关效果。可口可乐利用社交媒体平台开展个性化营销活动，推出“定制瓶”活动，用户可以在可口可乐瓶上定制自己的名字或祝福语，然后通过社交媒体分享，引发了广泛的传播和参与。

（2）注重情感共鸣与价值观传递。在社交化时代，用户更加关注品牌的情感价值和社会责任感。公关人员需要通过故事讲述、情感营销等方式，与用户建立情感共鸣，传递品牌的价值观。例如，一些品牌通过讲述自己的创业故事、公益活动等，引起用户的情感共鸣，增强用户对品牌的认同感。

价值观的传递也成为公关的重要目标之一。具有积极价值观的品牌更容易获得用户的支持和认可。公关人员需要将品牌的价值观融入公关活动中，通过行动和传播，向用户展示品牌的社会责任感和价值观。

---

① 强化网评员队伍建设，把牢舆论宣传主导权.（2023－08－11）. 湖北日报客户端，https://news.hubeidaily.net/pc/c_1708142.html.

（二）社交化趋势与公关人才需求的变化

1. 新媒体技能要求

公关社交化趋势要求公关人员具备新媒体技能，包括社交媒体管理、内容创作、数据分析等方面的能力。公关人员需要熟悉各种社交媒体平台的操作和规则，能够运用新媒体工具进行品牌推广和危机公关，例如通过社交媒体监测工具，及时了解舆情动态，从而采取相应的公关措施。

数据分析能力也变得越来越重要。公关人员需要通过对社交媒体数据的分析，了解用户需求和行为，评估公关效果，为决策提供依据。例如，分析用户的评论和反馈数据，了解用户对品牌的看法和建议，改进公关策略。

2. 创新思维与快速反应能力

社交化环境变化迅速，公关人员需要具备创新思维和快速反应能力，以及时抓住热点话题和事件，进行创意性的公关活动。例如，在突发事件发生时，能够迅速做出反应，通过社交媒体发布声明和采取措施，控制舆情。

创新思维也体现在公关活动的策划和执行中。公关人员需要不断尝试新的传播方式和手段，吸引用户的关注。例如，利用虚拟现实、增强现实等新技术进行品牌推广，给用户带来全新的体验。

总之，公关社交化趋势给公关行业带来了全方位变革。公关人员需要适应这一趋势，不断提升自己的能力和素质，创新公关策略和方法，为品牌的发展和传播做出更大的贡献。

第 3 节　危机公关升级

一、企业和政府面对的宏观环境发生变化

当前，全球经济形势错综复杂，科技革命浪潮汹涌澎湃，政策风向不断调整，社会观念持续演进。这些宏观环境的变化，犹如一场场突如其来的风暴，给企业和政府带来了前所未有的危机。对于众多企业而言，在当今瞬息万变的商业世界中，企业如同在汹涌波涛中前行的航船，时刻面临着来自宏观环境变化的严峻挑战。如何在这变幻莫测的大环境中稳住阵脚、化危为机，成为摆在面前的紧迫课题。

（一）地缘政治竞争日益激烈

在中国的主要社交媒体中，国际关系话题数量整体呈现波动上升趋势。2023 年，地缘政治竞争日益激烈，国际大事层出不穷。据统计，2023 年 6 月至 12 月国内主要社

交媒体平台——微博、快手、抖音、今日头条及 B 站的热搜话题中，“国际关系”相关话题整体呈现上升趋势。地区冲突引发的不确定性因素被认为是近期和中期内全球经济面临的最大风险。在后疫情时代，经济不确定性增加、预期不乐观的背景下，这些风险可能会导致部分企业减少投资、降本增效，进而引发裁员等负面舆情。

在地缘政治紧张的背景下，不仅政府的国际公关面临严峻的挑战，我国企业也会受到政治因素的影响，具体影响包括但不限于出口管制、投资限制、黑名单制度等。这些因素可能会影响企业的正常运营和品牌形象，进而影响企业的舆情。与此同时，未受到直接制裁的科技企业也会受到波及，产生负面舆情。2023 年 10 月 26 日，小米正式发布澎湃 OS 系统，却遭到一波又一波的冷嘲热讽，有网友称买小米相当于购买骁龙芯片支持美国高科技企业，还有网友给小米扣上“买办”的帽子。

（二）民众社会心态日益多元化、复杂化

1. 部分主流媒体未能有效应对复杂形势，未能发挥引导舆论的功能

无论是国内还是国外，自媒体的繁荣都在一定程度上消解了传统媒体的权威。近年来，部分主流媒体面对复杂多元的社会心态准备不足，其观点与网友观点形成“逆行”。当下民众的社会心态日益多元化、复杂化，部分主流媒体的回应本意是正的，但在具体做法上缺乏有效的公关策略，未能发挥出舆论引导的功能。

2. 个别地方政府、地方主流媒体公信力不足

打铁还需自身硬。个别地方政府公共部门陷入“塔西佗陷阱”的一个关键因素是证据不能服众。作为公权力代表，即使是一个地方政府的个别部门，在网络上呈现的形象也与地方政府公信力息息相关。近年多起事件使得个别地方政府公信力遭受打击。2023 年 6 月 1 日发生的鼠头鸭脖事件中，南昌市高新区市场监督管理局在没有充分调查的情况下就下定论，将鼠头认定为鸭脖，同时，学校在官方平台火速做出情况通报，表示：“该同学本人第一时间承认是自己认错了”“已经对食品留样进行检测”。此次事件对地方政府公信力造成了严重影响，使得当地公众对其产生了严重的不信任感，引发大规模舆论反弹。一些地方媒体报道失实，发布假新闻和误导性信息，也使得公众信任度下降。2023 年 8 月 3 日，《河北日报》刊登了一篇《救灾战士手拿饭盒背靠车头睡着》的图片报道，展示了一位投入救灾的士兵疲惫地坐在车头，手握饭盒，已经进入梦乡的画面。然而，细心的网友对比后被发现这张图片是三年前《人民日报》发布的一篇报道的照片。事情被曝出之后，评论区炸锅，随后原文被迅速删除。

3. 新媒体语境中不同群体标签易引发对立情绪

以中国人/外国人标签为例，民众以维护本民族利益和尊严为出发点，在网络平台发表的意见和评论使普通的商业问题可能上升转化为国家民族层面的问题。在 2023 年第二十届上海国际汽车工业展览会的宝马 MINI 展台上，工作人员发放冰激凌时，疑似区别对待中国访客和外国访客。这一视频发布后迅速点燃了网友情绪，很多消费者怒喷宝马区别对待中外访客。此外，男女标签和贫富标签也容易引发群体间的对立。

（三）媒介技术变革不仅改变受众收视习惯，而且对叙事方式提出了要求

2010 年前后，随着智能手机的流行与无线网络的普及，受众进入社交媒体时代。阅读载体从大屏转向小屏，带来了一系列受众行为变化：从家庭收看电视转向个人在手机上收看；从固定地点收看转向移动收看；收看姿势也从看电视的后仰变为看手机的前俯；收看时间从整段转向碎片。尽管受众在手机上看到的依然是文字、图片与视频，但收看形式变了，收看行为也变了，对收看的内容提出了不同的要求。如果将传统媒体时代的优质内容照搬到社交媒体上，就会产生一些问题。

在社交媒体平台上，企业或政府在公关叙事方面正在从以往的宏大叙事话语体系转向关注个体，讲述小而美的故事。随着人民群众精神文化需求的不断提高，有内涵、有温度的知识型主播越来越受大众欢迎，网友也更愿意为知识付费，人们对于高质量的直播与短视频内容的需求旺盛。董宇辉的直播带货不仅提供高质量的产品，更通过分享自己的故事和经历，与观众互动交流，倾听他们的需求和建议，回应他们的关注和疑虑，建立情感联系，鼓励普通人努力打拼，追求自己的梦想。这种互动让观众感到被关注和被理解，也加深了他们对品牌的信任和忠诚。

二、新媒体时代危机公关特点的改变

在当今数字化浪潮席卷全球的时代，新媒体如同一股汹涌的洪流，彻底改变了信息传播的格局。在新媒体时代，危机公关也迎来了前所未有的变革。曾经传统的危机公关模式在相对稳定的信息环境中运作，而如今随着新媒体的崛起，危机公关的特点发生了翻天覆地的变化。信息的传播速度迅疾，一个小小的事件在瞬间就能引发全球范围的关注；公众的参与度空前高涨，每个人都成为信息的传播者和评论者，他们的声音汇聚成强大的舆论力量，足以影响企业的命运。新媒体时代的危机公关不再是企业单方面的应对行动，而是一场企业与公众、与各种信息渠道之间复杂而激烈的博弈。

（一）传统媒体时代的危机公关特点

1. 传播范围有限

在传统媒体时代，信息的传播主要依赖报纸、杂志、广播、电视等传统媒介。这些媒介的覆盖范围受到地域、发行量、播出时段等因素的限制，危机公关的传播范围相对有限。例如，一份地方性报纸的发行量可能仅在特定地区内有一定的影响力，而全国性的电视节目虽然覆盖面较广，但也难以触及每一个角落。早期互联网时代的网站已经成为传统媒体。企业在面临危机时，往往只能通过有限的渠道将信息传递给目标受众，无法像社交媒体时代那样实现全球范围内的快速传播。

2. 反应时间滞后

传统媒体的新闻采编流程相对较长，从事件发生到新闻报道的发布需要经过一系列

环节，包括记者采访、编辑审核、排版印刷或录制播出等，这使得企业在面对危机时，有一定的时间来准备应对策略，反应相对滞后。例如，企业发生危机事件后，可能需要数小时甚至数天的时间，新闻才会通过传统媒体渠道传播出去。在这段时间里，企业可以组织内部会议、商讨应对方案、与相关部门进行沟通协调等，然后通过新闻发布会、媒体声明等方式回应危机。

3. 信息传播方式单一

传统媒体时代的信息传播方式主要是单向的，即媒体向受众传播信息，受众只能被动地接收信息，缺乏互动性。企业在进行危机公关时，主要通过新闻发布会、媒体声明、广告等方式向公众传递信息，公众的反馈渠道相对较少。这种单一的信息传播方式使得企业难以及时了解公众的需求和意见，也难以根据公众的反馈调整公关策略。

4. 引导舆论较为容易

传统媒体通常具有较高的权威性和公信力，发布的信息经过严格的审核和把关，因此企业在一定程度上可以借助与传统媒体的良好关系来引导舆论。例如，企业可以通过邀请记者参加新闻发布会、提供独家新闻素材等方式，引导媒体报道的方向，从而影响公众对危机事件的看法。此外，传统媒体的数量相对较少，企业可以较为集中地进行公关活动，提高舆论引导的效果。

5. 应对策略较为简单

由于传统媒体时代的危机传播速度较慢、范围有限，企业的危机公关应对策略较为简单。通常情况下，企业会采取否认、沉默、道歉、赔偿等方式来应对危机。例如，当企业面临产品质量问题时，可能会首先否认问题的存在，然后在证据确凿的情况下进行道歉，并采取召回产品、赔偿消费者损失等措施。这种简单的应对策略在一定程度上可以缓解危机带来的负面影响，但在互联网时代，可能难以满足公众对企业透明度和责任感的要求。

（二）新媒体时代的危机公关特点

1. 危机爆发更频繁

随着新媒体的迅速发展，信息传播的速度和范围极大地提升，企业面临危机也变得更加频繁。新媒体平台上的信息传播具有即时性、互动性和广泛性等特点，任何一个小事件都可能在瞬间引发公众的关注和热议，从而演变成一场危机。例如，一条微博、一个朋友圈动态或者一段短视频都有可能引发公众对企业的质疑和批评，导致危机爆发。此外，新媒体时代的竞争更加激烈，企业的一举一动都在公众的监督之下，稍有不慎就可能引发危机。

2. 危机爆发更迅速

新媒体时代的信息传播速度极快，危机可以在瞬间爆发。社交媒体、新闻客户端、短视频平台等新媒体渠道使得信息能够在几秒钟内传播到全球各地，企业几乎没有时间进行准备和应对。例如，当企业发生负面事件时，用户可以通过手机随时随地发布信息，这些信息会迅速在网络上扩散，引发公众的关注和讨论。2018 年，杜嘉班纳因一则侮辱中国文化的视频（为其上海大秀推出的宣传片）在社交媒体平台上引发轩然大波。一位网友在微博上发布的对该视频质疑的内容，迅速引发了公众对于杜嘉班纳强烈的不满和抵制。从视频被质疑到舆论全面发酵仅仅用了几个小时的时间。众多明星纷纷宣布与杜嘉班纳解约，消费者也对该品牌进行抵制，杜嘉班纳在中国市场遭受了巨大的损失。这一事件充分体现在新媒体时代，一条微博就有可能引发一场严重的品牌危机。在这种情况下，企业必须迅速做出反应，否则危机可能会迅速升级，给企业带来更大的损失。

3. 危机传播的辐射面更广

新媒体的普及使得信息的传播不再受地域和时间的限制，危机的传播辐射面更广。任何一个国家或地区发生的危机事件都可能在瞬间传播到全球各地，引起全球范围内的关注。例如，一家跨国企业在某个国家发生的产品质量问题，可能会通过社交媒体迅速传播到其他国家和地区，引发全球消费者的担忧和抵制。此外，新媒体时代的公众参与度更高，每个人都可以成为信息的传播者和评论者，危机事件的传播速度和影响力也因此得到了极大的提升。

三、数字时代组织危机公关意识亟须升级[①]

数字时代各种组织面临的危机更加复杂，组织的危机公关意识亟须升级。现代组织需要具备以下危机公关意识。

（一）先套路再个性

数字时代迅速爆发的危机要求组织快速做出反应，传统的“黄金 24 小时”被缩短至“黄金 4 小时”，甚至“钻石 1 小时”。在危机公关化解过程中，遵循一定的套路非常必要，它能确保企业快速、准确地做出反应，从而取得良好效果并减少损失。在此基础上，展现个性和特色，通过灵活运用基本原则，结合实际情况进行针对性的策划和执行，组织可以更好地应对危机事件，降低其影响程度，并重建与公众之间的信任关系。2023 年 10 月 19 日，青岛啤酒一则“工人疑似在原料仓小便”的视频迅速在网络传播，使青岛啤酒深陷舆论漩涡，股价受到影响。10 月 20 日，“青岛啤酒”官方微博发布情况说明“第一时间向公安机关报警，公安机关已介入调查。该批麦芽已经全部封存”，并于 11 月 1 日根据平度市联合调查组的调查结果，公布了包括“厂区升级人工智能行为识别监控系统、强化人员管理、封存麦芽无害化处理”在内的整改措施。青岛啤酒及

---

① 年报系列｜《中国企业危机年度报告（2024）》发布：解读数字时代下企业的生存法则．（2024－03－21）．知微数据，https://research.zhiweidata.com/2024/03/21/.

时、多次回应且态度诚恳，处理果断公开，体现了企业责任担当，使得负面舆情快速消退。

（二）采用逆传播与占领评论区抵消负面影响

逆传播指的是组织主动出击，利用各种渠道和方式，将正面信息传播出去，以此抵消负面影响。比如，企业可以通过官方微博、微信公众号、官网等渠道发布声明、公告、新闻稿等，引导舆论走向，塑造积极的品牌形象。2023 年 11 月，国产羽绒服卖到 7 000 元引发热议，一些人认为 7 000 元的国产羽绒服展现了高品质和创新力。他们认为，随着国内品牌的崛起，消费者愿意为国产优质产品支付更高的价格。然而，另一些人则这一价格表示质疑，认为它远超羽绒服的实际价值。人民网主动参与讨论发声，“明码标价，遵纪守法，这是基本的经营之道。不管如何涨价、如何定价，商家都不能目中无‘人’。取悦消费者，善待消费者，让消费者感受到应有的“性价比’，消费者才会认定你，从而实现双赢。”进一步引发热议。这个时候，如果确实是价格虚高，相关企业应该主动做出价格调整；如果确实是因为原材料、人力成本上升，更应诚恳对外宣传性价比等内容，正本清源，实现逆传播，提升品牌声誉。

（三）敏锐观察复杂舆论生态

纵观近几年的网络舆情热点事件，主要围绕贫富差距、腐败、拆迁、医患关系、失地农民、流动人口、食品安全、劳动纠纷、住房、环境、网络安全等问题展开。面对舆情的多变特点，应具备原生态的解析能力，全面、深入把握舆情的相关特征。通过精准洞察舆情热点问题，及早识别潜在网络舆情事件。应高度警惕负面舆情，及时预警，密切关注后续发展动向，做好防患于未然。

（四）“故事+ 情感+ 价值观”有机融合

公关视角 15－1　我深爱的家乡

在信息时代，公共表达有至关重要的地位。随着信息传播速度的加快和传播范围的扩大，人们每天都被海量信息包围。在这样的环境下，公共表达成为人们沟通、交流、传递观点的关键方式。为了能更有效地将信息传达出去，并且对他人产生影响，我们需要对公共表达的要素进行升级。将“故事＋情感＋价值观”这些因素有机融合，实现“有趣、有用、有内涵"的公共表达，以小见大，通过展现真情实感触动受众内心。其中，故事是信息传递的重要载体，它能以生动的情节吸引听众或读者的注意力，让他们更容易接受后续的内容。情感则是拉近与受众距离的关键，当表达中融入了合适的情感，无论是积极向上的激励之情，还是温暖人心的关爱之情，都更易使受众产生共鸣。价值观是公共表达的核心指引，它能让表达具有深度和方向，让受众在接收信息的同时，理解背后的意义。

第4节　跨文化公关

随着全球化进程的加快，跨文化公关的重要性愈发凸显。随着各国之间经济、贸易、文化等领域的交流日益频繁，组织面临着来自不同文化背景的受众。跨文化公关能够帮助企业和政府组织在全球范围内树立良好的形象，提升品牌知名度和美誉度，增强市场竞争力。同时，跨文化公关也有助于促进不同文化之间的交流与理解，减少文化冲突，推动全球文化的融合与发展。

跨文化公关的影响广泛而深远。在经济方面，它能够促进国际贸易和投资，为企业开拓海外市场提供有力支持。在文化方面，它能够传播不同国家和地区的优秀文化，促进全球文化多样性。在社会方面，它能够增进不同国家和地区人民之间的友谊和合作，促进世界和平与发展。下面主要从企业角度介绍跨文化公关。

一、跨文化公关：企业国际化不可或缺的一部分

在全球化时代，企业国际化发展趋势不可阻挡。在企业面临的诸多挑战中，跨文化差异问题尤为凸显。跨文化公关是企业国际化不可或缺的部分，它能帮助企业应对文化差异问题，助力企业在国际市场发展。

（一）进军国际市场，扩大企业业务规模

企业进军国际市场时，跨文化公关起着重要的引导作用。通过精准的跨文化公关策略，企业能够深入了解不同国家和地区的市场需求、消费习惯以及商业规则，进而针对性地调整产品与服务，更好地适应国际市场。这有助于企业拓展业务领域，扩大业务规模，实现从本土企业向国际化企业的转变。

（二）适应不同文化，促进企业文化融合

不同国家和地区的文化背景、价值观和行为方式存在差异。跨文化公关在企业国际化过程中扮演着文化协调者的角色。它帮助企业深入认识不同文化之间的差异与共性，引导企业尊重并适应这些差异。通过开展跨文化培训、交流等活动，促进企业员工对不同文化的理解与包容，推动企业文化与不同国家和地区文化的融合，形成具有包容性和适应性的国际化企业文化，为企业的持续发展提供支撑。

（三）提高国际竞争力，应对全球范围危机事件

在国际市场竞争中，企业的国际竞争力是其生存和发展的关键。跨文化公关通过塑造良好的企业形象、提升品牌知名度和美誉度，为企业在国际市场上赢得竞争优势。同时，它能够及时把握国际市场动态，为企业调整战略布局提供依据，以适应不断变化的

市场环境。在全球范围内发生危机事件时，跨文化公关能够迅速制定有效的危机公关策略，帮助企业妥善处理危机，维护企业的声誉和形象，增强企业的抗风险能力，提升企业在国际市场上的公信力和影响力。

二、全球视野下跨文化公关面临的挑战

在当今时代，全球化浪潮如汹涌澎湃的潮水，以势不可挡之势席卷世界的每一个角落。科技的飞速发展，交通的日益便捷，让地球变得越来越小，企业与组织的视野也随之不断拓展。它们不再局限于本土市场，而是将触角延伸至世界各地，寻求更广阔的发展空间。在这一宏大的全球化进程中，跨文化公关犹如一座桥梁，连接着不同文化背景下的企业、组织与受众，其重要性愈发显著。

随着国际贸易的蓬勃发展，跨国企业如雨后春笋般涌现。它们在不同国家设立分支机构，与全球各地的供应商、合作伙伴和消费者建立起紧密的联系。国际文化交流活动也日益频繁，各类艺术展览、学术研讨会、体育赛事等在世界范围内举行，吸引着来自不同文化的人们参与。这些活动不仅促进了文化的传播与融合，也为企业和组织提供了展示自身形象、拓展业务的平台。在这样的背景下，跨文化公关成为企业和组织在全球舞台上立足的关键因素之一。它能够帮助企业深入了解不同国家和地区的文化特点、消费习惯、商业规则以及社会价值观，从而制定出更加精准、有效的公关策略，增强品牌在国际市场上的竞争力，提升企业的国际形象和声誉。

然而，跨文化公关之路绝非坦途，充满了曲折与坎坷。诸多挑战如影随形，如同隐藏在暗处的礁石，随时可能使企业和组织的全球化航船触礁搁浅。不同文化之间的巨大差异犹如一道道鸿沟，给跨文化公关带来了前所未有的困难。

不同文化背景下的沟通障碍与误解

1. 语言障碍：不同国家和地区的语言差异导致沟通困难

词汇差异是语言障碍的一个重要方面。不同的语言有不同的词汇体系，有些词汇在一种语言中有特定的含义，但在另一种语言中可能没有对应的词汇，或者含义有所不同。语法差异也是语言障碍的一个重要因素。不同的语言有不同的语法结构，这使得在翻译和沟通时容易出现误解和歧义。在中国文化中，龙象征着祥瑞，中国人被称为“龙的传人”，而英文的“dragon”在西方文化中则是邪恶凶悍的生物，以“dragon”作为“龙”的译名容易招致误读乃至别有用心的歪曲。由此，学术领域关于“龙”的翻译争议已持续数十年。近年，“Loong”作为“龙”的音译正在逐渐被更多人接受。2024 年，中国国际电视台（CGTN）在报道“新春龙舞挑战赛”活动时，把“龙年”译为“Loong Year”，把“龙舞”译为“Loong Dance”。①

① Dragon or Loong?“中国龙”到底该怎么翻译?.（2024 - 2 - 10）. 光明网，https://m.gmw.cn/2024-02/10/content_1303657823.htm.

此外，中国品牌出海还面临着中文发音困难的困境。在翻译时，如果不注意发音问题，将不利于品牌传播。

表达方式差异也是语言障碍的一个表现。不同的语言有不同的表达方式，包括词汇的选择、句子的结构、语气的运用等。例如，中国人通常比较委婉地表达自己的意见，而西方人则比较直接地表达自己的想法。这种表达方式的差异容易导致沟通中的误解。

2. 习俗障碍：不同文化背景下的习俗差异导致误解与冲突

礼仪习俗是习俗障碍的一个重要方面。不同的国家和地区有不同的礼仪习俗，包括见面礼仪、餐桌礼仪、商务礼仪等。例如，在日本，人们见面时通常会鞠躬行礼，而在西方国家，人们见面时则通常会握手或拥抱。如果不了解这些礼仪习俗，就容易在交往中出现失礼的情况。

饮食习惯也是习俗障碍的一个重要因素。不同的国家和地区有不同的饮食习惯，包括食物的种类、烹饪方式、用餐习惯等。例如，在欧美国家，人们通常以面包、牛奶、肉类为主要食物，而在亚洲国家，人们通常以米饭、面食、蔬菜、肉类为主要食物。如果不了解这些饮食习惯，就容易在饮食方面出现不适应的情况。

节日庆祝也是习俗障碍的一个表现。不同的国家和地区有不同的节日庆祝方式，包括节日的时间、庆祝活动、传统习俗等。例如，在中国，春节是最重要的传统节日之一，人们会贴春联、放鞭炮、吃年夜饭等；在西方国家，圣诞节是最重要的传统节日之一，人们会装饰圣诞树、送礼物、吃火鸡等。如果不了解这些节日庆祝方式，就容易在节日期间出现不和谐的情况。

3. 价值观障碍：不同文化背景下的价值观差异导致认知差异和冲突

价值观是人们对事物的重要性和价值的判断标准，不同的文化背景下有不同的价值观。例如，在个人主义文化中，人们强调个人的自由和权利，注重个人的成就和利益；在集体主义文化中，人们强调集体的利益和荣誉，注重个人对集体的贡献。这种价值观的差异容易导致认知差异和冲突，在跨文化公关中需要特别注意。

三、全球化背景下跨文化公关发展趋势

（一）全球化进程加速，跨文化公关需求增加

随着全球化进程的加速，各国之间的经济、贸易、文化等领域的交流日益频繁，企业和组织的国际化程度不断提高，这使得跨文化公关的需求不断增加，企业和组织需要更加注重跨文化沟通和合作，以适应全球化的发展趋势。

（二）信息技术发展，助力跨文化公关

信息技术的发展为跨文化公关提供了有力的支持。互联网、社交媒体、移动通信等技术的普及，使得信息的传播更加迅速和广泛，企业和组织可以通过这些技术平台进行

跨文化宣传和推广，与不同文化背景的受众进行互动和沟通。同时，信息技术也为跨文化公关研究提供了更多的数据和方法，有助于深入了解不同文化背景下的受众需求和行为习惯。

（三）跨文化公关研究不断深入，为企业提供理论支撑

随着跨文化公关的重要性日益凸显，跨文化公关研究也在不断深入。学者们通过对不同文化背景下的公关实践进行研究，总结出了一些跨文化公关的理论和方法，为企业和组织提供了理论支撑。同时，企业和组织也在不断探索和实践跨文化公关，积累了丰富的经验，为跨文化公关研究提供了实践基础。

公关视角 15－2　伊利跨文化管理创新实践

第 5 节　可持续发展理念

习近平指出，可持续发展是“社会生产力发展和科技进步的必然产物”，是“破解当前全球性问题的‘金钥匙’”；“大家一起发展才是真发展，可持续发展才是好发展”。在第七十六届联合国大会上，习近平提出全球发展倡议：一是坚持发展优先；二是坚持以人民为中心；三是坚持普惠包容；四是坚持创新驱动；五是坚持人与自然和谐共生；六是坚持行动导向。其中包括加快落实联合国 2030 年可持续发展议程、构建全球发展命运共同体等具体倡议。

提出可持续公共关系，是源于可持续发展理念。从本质上讲，可持续公共关系概念的提出意味着任何公共关系活动都需要平衡眼前需求和长远人类需求之间的关系，并平衡股东、客户、社会和环境间短期及长期的竞争利益。虽然这一概念在理论上是直接明了的，但在实践中，特别是在现代激烈竞争的商业环境中在坚守持续发展的理念下，如何兼顾各种利益之间的固有矛盾是一个复杂过程。

2024 年 4 月，在中国证监会统一部署下，上海、深圳、北京三家交易所同步发布了《可持续发展报告指引（试行）》。同年 3 月份召开的两会中，企业可持续发展成为两会代表特别是许多企业界代表关心和建议的核心话题之一。2024 年 11 月《可持续发展报告编制指南（征求意见稿）》的出台，将会大幅度助推中国企业从高速度增长转向高质量发展。一方面会使得中国企业从上市公司到非上市公司成规模地向可持续性商业进行转型；另一方面会激发中国企业可持续发展的外部环境和生态系统进行剧烈的变革。①

---

① 诸大建．2024：中国企业向可持续发展转型的突进之年．（2024－03－06）．澎湃新闻，https://www.thepaper.cn/newsDetail_forward_26574514.

一、企业社会责任（CSR）

企业社会责任（corporate social responsibility，CSR）是指企业在创造利润、对股东和员工承担法律责任的同时，还要承担对消费者、社区和环境的责任。CSR 最早于 1924 年由谢尔顿提出。[①] 倡导企业不仅要追求经济利益最大化，更要追求经济、社会和环境效益协调发展。美国是世界上最早披露企业社会责任信息的国家，早在 20 世纪 60 年代，企业社会责任报告就已经在美国大量出现。

进入经济全球化的时代，积极的企业社会责任行为会对品牌态度和购买意愿产生正向影响，东道国消费者积极的品牌态度是品牌在国际市场中建立可持续竞争优势的基础，对国际化品牌具有重要意义。党的十九大报告提出，在实施“走出去”发展战略过程中，企业要积极履行社会责任，在带动当地就业、保护生态环境、参与公益事业等方面展现良好的中国企业形象。只有真正承担起相关的社会责任，跨国公司才有可能持续发展。

可以说，企业积极地履行社会责任能够与消费者的反应形成良性循环，积极的社会责任形象能显著正向影响消费者的品牌态度，消费者更愿意购买并愿意承担溢价。[②]

二、从 CSR 到 ESG 的演进

企业社会责任和可持续发展报告是两个广为人知的概念，2004 年由联合国等国际组织提出的 ESG（environmental，social and governance，即环境、社会和治理）则是更新的概念，提倡在投资中关注环境、社会、治理问题，并从以上三个维度评估企业经营的可持续性与对社会价值观的影响，系统呈现企业在履行环境承诺、承担社会责任及加强内部治理等方面的举措，是企业披露社会责任实践相关信息的进一步升级。从可持续发展报告到 ESG 报告，从名称上体现了市场的宏观趋势：利益相关者不仅关心企业运营带来的环境和社会影响，还将关注范围拓展到企业如何从治理结构上确保各项行动落实。[③] 完善的 ESG 信息披露可以让市场对上市公司的可持续发展能力以及风险防范水平做出更准确的判断，并鼓励更多企业全面、深度履行社会责任和维护社会公共利益，为经济高质量发展做出贡献。越来越多的领先企业都开始转向 ESG 报告，如联想集团在使用了多年“可持续发展报告”的名称后，从 2020 年起开始用“ESG 报告”的名称来公布非财务信息。

相比 CSR 主要出于企业管理层主动自觉的驱动，ESG 聚焦于外部市场的投资者的

---

① 中欧国际工商学院芮萌教授：CSR 和 ESG 的异同是什么？.（2023-04-12）. 环球网，https://capital.huanqiu.com/article/4CSwabFC3GM.

② 李峰，崔康乐．企业社会责任行为对东道国消费者的影响研究：基于中国品牌国际化视角．华东经济管理，2022，36（6）：89-104.

③ 从 CSR 变成 ESG 背后有何深意？（2020-09-24）. 光明网，https://tech.gmw.cn/2020-09/24/content_34218318.htm.

关注，并进行专业化分析和规范化管理。ESG 搭建了投资者和企业之间联动的桥梁，可以说从 CSR 到 ESG 主要产生了以下两个方面的重大转变。

第一个转变是从模糊到清晰。投资者为了更好地评估企业的价值，对企业履行社会责任的行为进行了更加清晰的界定和要求。按照环境、社会和治理三个要素，构成了趋同的、规范的量化体系。

第二个转变是从自发到联动。市场的投资者认为 ESG 的投资行为能够激励企业履行社会责任，形成价值创造的闭环，企业更加积极地创造 ESG 的综合价值，ESG 正推动企业特别是上市公司高质量发展。

三、企业可持续发展：塑造 ESG 品牌

2023 年 9 月，中国公共关系协会发布《公共关系与中国企业 ESG 发展行业倡议》，以倡导保护生态环境、履行社会责任、提高治理水平为核心的 ESG 理念受到全球关注和热议，与我国贯彻创新、协调、绿色、开放、共享的新发展理念高度契合。越来越多的企业逐渐意识到，ESG 不仅仅是企业的责任，还是实现可持续发展的核心因素之一。通过在产品开发与生产中更加重视环保理念，积极采取环保措施，关注社会福利和促进良好的公司治理，企业能够更好地在社会中扮演积极的角色。这种社会责任感有助于树立企业良好的声誉，并在公众心目中塑造积极的品牌形象，更加立体化地塑造受众对于一个企业品牌的认知。

消费者也愈加关注企业的道德和在环境治理方面的态度和表现，可持续性在消费者的购买决策中变得越来越重要。消费者能够与品牌产生共鸣，并认为这些企业更值得信赖和支持。

可持续发展对投资者和资本市场也具有重要意义。越来越多的投资者将 ESG 因素纳入他们的投资决策过程中，他们更愿意支持那些以可持续发展为核心价值的企业。拥有良好的 ESG 表现的企业通常能够获得更多的投资和融资机会，从而实现业务的可持续增长。一些主流市场交易所，比如香港交易所已经将 ESG 列为上市规则的重要考核维度之一，要求企业进行 ESG 相关的披露。ESG 正在成为赢得消费者、客户、员工、股东和社会信任的关键因素之一。在某种程度上，ESG 相关的问题正在与品牌领导力的问题趋同，成为企业发展过程中不可或缺的一环。

从企业品牌维度来说，ESG 品牌的打造也逐渐成为企业品牌塑造中的重要思考维度之一。ESG 品牌是企业吸引外界和利益相关者的有效途径，能够帮助企业更加立体地与目标受众建议关系，形成品牌差异化，推动增长，为品牌带来长期价值。很多行业领先企业比如谷歌、可口可乐等很早就以联合国在 2015 年制定的可持续发展目标为基础，制定了企业的 ESG 品牌的发展战略。[①] 2023 年世界环境日的主题是“塑战速决”，呼吁全球为抗击塑料污染制定解决方案，将展现国家、企业和个人在怎样学习更加可持

---

① 机构动态 | 打造 ESG 品牌：可持续发展对企业品牌塑造的意义.（2023－08－08）. 财新网，https://promote.caixin.com/2023－08－08/102091098.html.

续地使用塑料，希望有一天塑料污染可以成为历史。早在 2019 年，UR 首次推出环保胶囊系列，该系列面料采用由回收塑料瓶再加工成环保纱线，能够将服装制造过程中的水污染降到最低。

因此，将 ESG 理念融入企业公关实践中，能够体现企业的社会责任感，助力企业可持续发展。

公关视角 15－3　数字时代，腾讯的 ESG 战略落地执行之路

四、企业可持续发展与中国式现代化①

企业可持续发展与中国式现代化高度相关，是中国企业为高质量发展做出贡献的必由之路。2024 年 1 月国务院国资委强调中央企业高质量发展要提升五个方面的价值，这具有把中国式现代化落实到企业可持续发展之中的战略意义。

（一） ESG 与中国五位一体现代化（G 领域）

企业 ESG 的理论基础是企业可持续发展的四个支柱（经济、社会、环境、治理），其中经济是企业的经济绩效，社会、环境、治理是企业的非经济绩效。中国式现代化的五个方面按照领域解读是经济富裕、政治民主、文化文明、社会和谐、生态美丽。党的二十大报告指出，中国式现代化是人口规模巨大的现代化，是全体人民共同富裕的现代化，是物质文明和精神文明相协调的现代化，是人与自然和谐共生的现代化，是走和平发展道路的现代化。企业的发展战略与公司治理，需要把中国式现代化转化为微观企业可持续发展的重要性议题。如金融行业需要把数字金融、科技金融、普惠金融、养老金融、绿色金融等社会关注的议题关联起来，有侧重地把它们转化为企业 ESG 的重要议题。

（二） ESG 与中国现代化的双碳目标（E 领域）

联合国应对气候变化问题的思想基础是强可持续性，即在气候变化、生物多样性、资源环境等地球生态极限内实现经济社会繁荣，因此碳排放与经济增长脱钩是企业 ESG 的基本背景。中国式现代化是人与自然和谐的现代化，因此中国企业的 ESG 需要从去碳化中发现商机。中国最近十年来的新能源革命是这方面的典型领域和成功故事，包括源网荷储的四个方面的供应链革命，即风光发电（如上海电气）、超高压电网（如国家电网）、新能源汽车（如比亚迪）、锂动力电池（如宁德时代）等。

（三） ESG 与中国现代化的共同富裕（S 领域）

相比 CSR 的理念强调要给利益相关者分蛋糕，ESG 则是共同创造价值、做大蛋糕。中国企业践行 ESG，一方面要做大蛋糕，与利益相关者合作创造价值；另一方面要分

① 诸大建．2024：中国企业向了持续发展转型的突进之年．(2024－03－06)．澎湃新闻，https://www.thepaper.cn/newsDetail_forward_26574514.

好蛋糕，与利益相关者分享蛋糕，由此助力向中国式现代化中“全体人民共同富裕的现代化”的目标稳步推进。

思考题

1. 在当今时代背景下，公关发展呈现哪些新趋势？
2. 大数据和小数据如何更好地结合助力企业做好公共关系管理？
3. 智能化趋势下，公关传播中如何平衡人工智能与人类智能的关系？
4. 企业在跨文化公关中，如何有效克服不同文化背景下的沟通障碍与误解？
5. 新媒体时代危机公关特点的改变对企业危机公关策略提出了哪些新要求？

案例

远离“漂绿”与“藏绿”，用公关核心价值践行可持续发展传播

绿色与可持续发展，这一早已深入人心、被现代企业广泛认同且纳入核心经营理念的概念，恐怕对稍有社会与经济学常识的人来说都不会陌生。在当今的企业传播领域，如果你想找到一家从未提及过可持续发展信息，从未将绿色作为自己业务佐证标签的企业，恐怕已如大海捞针。即便是在这样一个高度共识趋同的领域，企业是否真的理解可持续发展，是否真正为绿色未来付诸自身的务实努力，是否真的已将可持续发展目标与自身使命及商业策略进行了融合，恐怕企业扪心自问，答案也会不尽相同。

想要成为一家真正践行可持续发展的企业，企业决策者对这一概念的理解格外重要，稍不注意、略有偏差，就会落入夸夸其谈、纸上谈兵、无话可说的绿色歧途中，这其中最具代表性的陷阱要数“漂绿”与“藏绿”行为了。

Greenwashing 一词最早由美国环保主义者杰伊·韦斯特维尔德（Jay Westerveld）于 1986 年在一篇文章中首创，他把表面上大张旗鼓倡导环保而实际上带有更隐晦牟利目的的行为称为 Greenwashing，中文翻译为“漂绿”，也称“洗绿”。延伸的含义是指一个公司运用具有误导性或错误的方式，来夸大自己在环境方面的努力。

通俗地说，“漂绿”是指企业在保护环境方面说得比做得多，也就是言行不一。企业的“漂绿”行为一旦曝光，将会大大降低消费者的购买意愿，打击消费者对企业所谓环保实践的信任。如若“漂绿”行为蔓延，还会导致公众对所有企业的可持续发展宣言持怀疑态度，使真正以可持续方式运营的企业也陷入风险。

正如欧洲议会环境委员会主席帕斯卡尔·坎菲（Pascal Canfin）所说，“消费者希望采用更可持续的生活方式，但他们不知道什么是真正可持续的。越来越多的公司和组织都在滥用可持续性和社会责任等术语，它们破坏了人们对实现可持续发展目标的信任。这就是‘漂绿’的真正代价：一个没有信任的社会，将继续加速消耗我们的自然资源，使子孙后代无法生存居住。”

事情都有两面性，瑞士碳咨询机构 South Pole 发布调研报告，涉及 1 220 家来自 12 个发达国家的大公司。其中 23% 的受访公司虽然已设定基于科学的减排目标，但它们不愿意公开目标以及计划。这种与“漂绿”相反的行为被称为“绿色沉默”或简称“藏

绿”（Greenhushing）。

“漂绿”指的是用绿色环保的标签对未达相应标准的行为或物品进行误导性宣传的行为，而“藏绿”则是指公司设定了可持续发展目标，但不向大众披露。与做好事不留名不同，大企业“藏绿”并不是好事。应对气候变化需要多方合作，企业不公开减排目标和成果，不仅让审核更加困难，而且会限制减排方法论的交流，导致错过减排合作的机会。

“藏绿”和“漂绿”是推行可持续发展与传播的两个极端，减排发展初期监管不严，企业贴上绿色标签几乎无风险，因此“藏绿”现象很少见。但随着政府和大众对企业“漂绿”行为进行监督，打消了许多企业靠“漂绿”营销的企图，“藏绿”逐渐兴起，这为企业绿色发展带来了新的隐忧。面对气候变化挑战，我们不仅需要有清晰的目标和探索应对挑战的能力，而且要保持信心，因为进步不可能发生在沉默当中。

既然歧路重重，企业在践行可持续发展的道路上，究竟如何将自身亮点适时适度地与行业分享、向公众传播呢？这就回到了企业的本源问题，一家企业究竟为何而生，存在与发展的终极意义是什么，那应该就是企业的使命价值！

“目标”（purpose）一词近年来在西方企业管理领域被广泛认可，甚为流行，它在高于企业愿景的层面，回答了上述问题，它站在本源基础上，为企业指明了立足之本，指明了对内外部利益相关者的互利价值和动态关系。

联合国为了解决环境、经济、社会三个维度的问题设置了17个细化的可持续发展目标（全球发展目标），其主旨是围绕最核心的五个方面：（1）人（people），为人类解决贫困，带来健康；（2）繁荣（prosperity），构建一个经济富足，让每个人放心生活的世界；（3）地球（planet），与自然共生，保护地球环境；（4）和平（peace），实现最大程度的和平与公正；（5）伙伴关系（partnership），人与人互相协助、互相成就。这五大领域（5P）互为因果，循环衍生，作为可持续发展的实质内容，指导和引领每一个组织去积极参与，从自身角度去贡献力量。

从全球聚焦到中国，用目标驱动的企业可持续发展，其传播战略中应具备三个要素。首先是体现公司对可持续发展的重视和投入的态度，特别是围绕环境隐患、气候变化、平等包容等方面的发展问题。这种重视和投入实际上折射了企业的使命和核心价值观。比如，众多能源企业均把实现碳中和作为对外公布的战略目标，这也是塑造自身关注地球和生命的企业形象的重要组成部分。

其次是强化公司对可持续发展目标的融合和实践的能力。公司需要努力尝试，不断传播自身在可持续发展上的洞察能力、创新能力、变革能力，并将其融入业务之中，提供相应的解决方案。比如，研究与发布行业问题白皮书，洞察行业发展前景，既是行业发展重要的风向标，也是公司创新和对行业积极贡献的展现。

最后是充分利用公关核心价值中的创意力与故事力，为企业在可持续发展项目上创意新的执行方式，巧妙借力与搭载，以及用故事的形式进行全程讲述。从意愿到举措再到成果，形成企业可持续发展传播的完整链条。

企业开展可持续发展传播项目已经有一些成功的案例。全球生物创新领域的领导者诺维信公司发布《诺维信助力中国实现双碳目标》，其创意设计的生态城市理念，营造出生物技术造福人类的完美世界，将其生物酶解决方案如何在能源、农业、交通、制造等各大垂直行业通过减碳实现业务增效，用讲故事的方式搭载多媒体平台进行传播，将趣味科普与生物技术亮点完美结合，更好地将双碳目标这一民生与经济热点话题与企业的核心目标融合统一。2022 年 The Woolmark Company 推出“美丽诺助巢计划”，携手独立艺术机构——不止艺术在云南老君山自然保护区打造承载羊毛助巢材料的环保艺术装置，让在此栖居的上百种野生鸟类构筑温暖巢穴。2023 年 The Woolmark Company 与浸入式戏剧《不眠之夜》上海主创团队合作，在重庆山区推出《RETURN》艺术表演，用现代舞的形式引导观众感受环境破坏的疮痍与蓬勃的自然生命力之间的对撞，讲述羊毛产品在自然环境中完全降解的物理特性与环境可持续的关联故事等。这些案例都获得了极大的社会关注，真正用公关和传播的力量，为企业的可持续发展工作提供价值。

资料来源：Cao J. 远离“漂绿”与“藏绿”，用公关核心价值践行可持续发展传播. 国际公关，2023（5）：64－65.

思考题：

1. 请查找哪些企业曾因“漂绿”卷入舆论漩涡。其“漂绿”行为的具体表现是什么？

2. 请查找哪些企业出现过“藏绿”行为，分析其背后的动机与原因，并说明为何做好事也得说出来。

3. 结合党的二十大报告提出的“推动经济社会发展绿色化、低碳化是实现高质量发展的关键环节”，谈谈企业可持续发展传播如何跟国家战略结合起来实现双赢？

参考文献

[1] 居延安. 公共关系学. 3 版. 上海：复旦大学出版社，2005.

[2] 卡特里普，等. 公共关系教程：第 8 版. 北京：华夏出版社，2001.

[3] 黄昌年，等. 公共关系学. 上海：上海交通大学出版社，2003.

[4] 张克非. 公共关系学. 北京：高等教育出版社，2001.

[5] 吕维霞. 案说公共关系. 北京：对外经济贸易大学出版社，2002.

[6] 李道平，等. 公共关系学. 5 版. 北京：经济科学出版社，2014.

[7] 汪秀英. 公共关系学. 2 版. 北京：中央广播电视大学出版社，2000.

[8] 胡学亮，等. 公关传播案例评析. 北京：中国传媒大学出版社，2008.

[9] 陈百君，等. 现代公共关系学. 2 版. 北京：经济管理出版社，2010.

[10] 肖辉. 实用公共关系学. 北京：北京大学出版社，2001.

[11] 鄢龙珠. 现代公共关系学. 北京：清华大学出版社，北京交通大学出版社，2011.

[12] 熊卫平. 公共关系学：理论 实务 实例. 北京：高等教育出版社，2006.

[13] 符玉琴. 实用公共关系学. 成都：西南财经大学出版社，2002.

[14] 蒋春堂. 公共关系学教程. 武汉：武汉大学出版社，2004.

[15] 曾琳智. 新编公关案例教程. 2 版. 上海：复旦大学出版社，2010.

[16] 查灿长. 公共关系学. 上海：上海大学出版社，2010.

[17] 赵晓兰，等. 最新公共关系学. 4 版. 北京：中国社会科学出版社，2008.

[18] 龙志鹤. 公关案例选粹与评析. 北京：经济管理出版社，2011.

[19] 威尔科克斯，等. 对世界说话：公共关系与传播. 北京：中国人民大学出版社，2020.

[20] 张践. 公共关系学. 北京：中央广播电视大学出版社，2004.

[21] 陶应虎，等. 公共关系原理与实务. 北京：清华大学出版社，2006.

[22] 中国国际公共关系协会. 最佳公共关系案例. 合肥：安徽人民出版社，2005.

[23] 康晓光. 非营利组织管理. 2 版. 北京：中国人民大学出版社，2020.

[24] 任焕琴. 公共关系学实用教程. 北京：北京大学出版社，2012.

[25] 张岩松，等. 公共关系实务. 北京：清华大学出版社，2012.

[26] 胡学亮. 公关传播案例评析. 北京：中国传媒大学出版社，2008.

[27] 龚荒. 公共关系：原理·实务·案例. 北京：清华大学出版社，北京交通大学出版社，2009.

[28] 马志强. 现代公共关系案例教程. 上海：上海交通大学出版社，2012.

[29] 张云. 公共关系：理论、实践与案例. 上海：华东师范大学出版社，2012.

[30] 吴柏林. 公共关系：理论与实务. 北京：中国人民大学出版社，2013.

[31] 秦勇. 公共关系学：理论、方法与实践. 北京：中国发展出版社，2014.

[32] 蔡炜. 公共关系学. 上海：华东理工大学出版社，2014.

[33] 谭昆智. 公关原理与案例剖析. 2版. 北京：清华大学出版社，2015.

[34] 绍兵. 从"青岛大虾"事件看旅游危机公关的缺位. 国际公关，2015 (6).

[35] 中国公共关系网（17PR）编委会. 2013最具公众影响力公共关系案件集. 北京：企业管理出版社，2014.

[36] 中国公共关系网（17PR）编委会. 2014最具公众影响力公共关系案件集. 北京：企业管理出版社，2015.

[37]《公共关系学报》编辑委员会. 公共关系学报：2015年第1卷第1期. 北京：企业管理出版社，2015.

[38]《公共关系学报》编辑委员会. 公共关系学报：2015年第1卷第2期. 北京：企业管理出版社，2015.

[39] 中国公共关系协会，等. 中国公共关系年度报告（2014）. 武汉：华中科技大学出版社，2015.

[40] 柳斌杰. 中国公共关系发展报告（2018）. 北京：社会科学文献出版社，2018.

[41] 金旗奖编委会. 2017最具公众影响力的公共关系案例集. 北京：中国财富出版社，2018.

[42] 柳斌杰. 中国公共关系发展报告（2019）. 北京：社会科学文献出版社，2019.

[43] 张蓓. 说服：公共关系中的文化与修辞. 北京：社会科学文献出版社，2021.

[44] 陈先红，等. 积极公共关系：中国公共关系研究的本土化探索. 新闻大学，2019 (4).

[45] 冯丙奇，等.《人民日报》中的公共关系意涵界定：1949—2012. 国际新闻界，2014 (3).

[46] 胡百精. 先秦修辞思想与中国古代公共关系史. 当代传播，2014 (2).

[47] 刘欣. 华为自主品牌产品走向世界市场的国际化战略及实施路径. 对外经贸实务，2016 (8).

[48] 刘欣. 我与美国主播翠西·里根"辩论"前后. 全球传媒学刊，2019，6 (3).

[49] 香港"旧城中环"公关项目. 国际公关，2018 (4).

[50] 谢文新，严永怡. 华为公司国际化战略分析. 国际经贸探索，2010，26 (9).

[51] 俞新天. 论新时代中国民间外交. 国际问题研究，2017 (6).

[52] 张景云. 中国品牌全球化战略：华为的案例研究. 品牌研究，2018 (1).

[53] 张鹏. 从"概念舶来"到"初步内化"："公共关系"见于《人民日报》的考证（1946—1996）. 国际公关，2021 (3).

图书在版编目（CIP）数据

公共关系：理论、实务与技巧 / 林升栋，周安华编著. -- 9 版. -- 北京：中国人民大学出版社，2025. 6.（高等学校经济管理类核心课程教材）. -- ISBN 978-7-300-34126-2

Ⅰ. C912.31

中国国家版本馆 CIP 数据核字第 2025R8M401 号

“十二五”普通高等教育本科国家级规划教材

高等学校经济管理类核心课程教材

公共关系：理论、实务与技巧（第 9 版）

林升栋　周安华　编著

Gonggong Guanxi：Lilun、Shiwu yu Jiqiao

出版发行	中国人民大学出版社		
社　　址	北京中关村大街 31 号	**邮政编码**	100080
电　　话	010－62511242（总编室）		010－62511770（质管部）
	010－82501766（邮购部）		010－62514148（门市部）
	010－62511173（发行公司）		010－62515275（盗版举报）
网　　址	http://www.crup.com.cn		
经　　销	新华书店		
印　　刷	北京宏伟双华印刷有限公司	**版　　次**	2004 年 5 月第 1 版
开　　本	787 mm×1092 mm　1/16		2025 年 6 月第 9 版
印　　张	20.75 插页 1	**印　　次**	2025 年 8 月第 2 次印刷
字　　数	475 000	**定　　价**	58.00 元

中国人民大学出版社　管理分社

教师教学服务说明

中国人民大学出版社管理分社以出版工商管理和公共管理类精品图书为宗旨。为更好地服务一线教师，我们着力建设了一批数字化、立体化的网络教学资源。教师可以通过以下方式获得免费下载教学资源的权限：

- ★ 在中国人民大学出版社网站 www.crup.com.cn 进行注册，注册后进入“会员中心”，在左侧点击“我的教师认证”，填写相关信息，提交后等待审核。我们将在一个工作日内为您开通相关资源的下载权限。
- ★ 如您急需教学资源或需要其他帮助，请加入教师 QQ 群或在工作时间与我们联络。

中国人民大学出版社　管理分社

教师 QQ 群：648333426（工商管理）　114970332（财会）　648117133（公共管理）
教师群仅限教师加入，入群请备注（学校＋姓名）

联系电话：010-62515782，82501868，82501048，62514760

电子邮箱：glcbfs@crup.com.cn

通讯地址：北京市海淀区中关村大街甲 59 号文化大厦 1501 室（100872）

管理书社　　人大社财会　　公共管理与政治学悦读坊